ZHONGGUO CHENGZHEN TUDI LIYONG
SHINIAN BIANQIAN

中国城镇土地利用
十年变迁

（2009—2018）

姜　栋　何欢乐　黄　亮／主编

法律出版社 LAW PRESS · CHINA
北京

图书在版编目（CIP）数据

中国城镇土地利用十年变迁：2009—2018 / 姜栋，何欢乐，黄亮主编. -- 北京：法律出版社，2022

ISBN 978-7-5197-6822-5

Ⅰ. ①中… Ⅱ. ①姜… ②何… ③黄… Ⅲ. ①城市土地－土地利用－研究－中国－2009-2018 Ⅳ. ①F299.232

中国版本图书馆CIP数据核字（2022）第107854号

中国城镇土地利用十年变迁（2009—2018）
ZHONGGUO CHENGZHEN TUDI LIYONG SHINIAN BIANQIAN（2009—2018）

姜 栋
何欢乐 主编
黄 亮

责任编辑 张红蕊
装帧设计 汪奇峰

出版发行 法律出版社
编辑统筹 法规出版分社
责任校对 王 丰
责任印制 耿润瑜
经　　销 新华书店

开本 710毫米×1000毫米 1/16
印张 31.25 **字数** 435千
版本 2022年10月第1版
印次 2022年10月第1次印刷
印刷 北京建宏印刷有限公司

地址：北京市丰台区莲花池西里7号（100073）
网址：www.lawpress.com.cn
投稿邮箱：info@lawpress.com.cn
举报盗版邮箱：jbwq@lawpress.com.cn

销售电话：010-83938349
客服电话：010-83938350
咨询电话：010-63939796

书号：ISBN 978-7-5197-6822-5
定价：128.00元

凡购买本社图书，如有印装错误，我社负责退换。电话：010-83938349

目　　录

绪　　论 ……………………………………………………………… 001

第一部分　全国城镇土地利用总体分析

第一章　城镇土地利用现状分析 ……………………………………… 007

第一节　城镇土地利用现状 ……………………………………………… 007

第二节　城镇土地十年分布变化趋势 …………………………………… 011

第三节　全国村庄土地利用现状及变化 ………………………………… 024

第二章　城镇土地利用结构分析 ……………………………………… 030

第一节　城镇土地利用结构现状及空间差异 …………………………… 030

第二节　城镇土地利用结构十年变迁 …………………………………… 046

第三章　城镇土地利用的产出效益分析 ……………………………… 069

第一节　城镇土地利用产出效益分析 …………………………………… 069

第二节　城镇土地利用产出效益十年变迁 ……………………………… 074

第三节　城镇土地利用合理性分析 ……………………………………… 081

第四章　城镇土地节约集约利用评价 ………………………………… 093

第一节　建设用地节约集约利用评价 …………………………………… 093

第二节　城镇建设用地节约集约利用评价 ……… 095

第五章　城镇土地利用生态效益分析 ……… 108

第一节　全国城镇生态用地特征分析 ……… 108

第二节　全国城镇土地利用污染物排放特征分析 ……… 117

第三节　全国城镇土地利用与生态环境关联分析 ……… 120

第六章　结　　论 ……… 128

第二部分　不同用地类型专题分析

第一章　我国城镇居住用地与工业用地比例关系研究（2013年） ……… 135

第一节　我国居住用地与工业用地比例关系存量特征分析 ……… 136

第二节　我国居住用地与工业用地比例关系增量特征分析 ……… 143

第三节　我国居住用地与工业用地比例关系空间分异特征分析 ……… 145

第四节　我国居住用地与工业用地比例关系的形成机制分析 ……… 148

第五节　我国居住用地与工业用地比例关系失衡影响分析 ……… 152

第六节　主要结论 ……… 155

第二章　我国城镇工矿仓储用地变动趋势及原因分析（2014年） ……… 158

第一节　全国城镇工矿仓储用地变动趋势分析 ……… 159

第二节　城镇工矿仓储用地变动比较分析 ……… 161

第三节　城镇工矿仓储用地变动特点及原因 ……… 169

第四节　主要结论 ……… 171

第三章　我国城镇公服用地均等化研究（2014年） ……… 173

第一节　我国城镇公服用地演变特征分析 ……… 174

第二节　我国城镇公服用地内部构成分析 ……179
第三节　我国城镇公服用地均等化测度 ……185
第四节　主要结论……189

第四章　我国城镇物流用地产出效益分析（2018年）……191

第一节　物流用地概念的界定 ……193
第二节　全国物流用地现状分析……194
第三节　物流用地产出效益分析……200
第四节　主要结论……208

第三部分　不同区域城镇土地专题分析

第一章　京津冀地区城镇土地利用结构与时空变化（2018年）……213

第一节　京津冀地区城镇土地利用现状及其变化 ……213
第二节　京津冀地区重点城市土地利用结构现状及其变化对比 …… 215
第三节　京津冀地区城镇土地利用结构变化原因分析 ……222
第四节　主要结论……229

第二章　长江三角洲地区工矿仓储用地利用特征分析（2014年）……232

第一节　长三角地区城镇土地利用现状及其变化 ……232
第二节　长三角地区重点城市土地利用结构现状及变化对比……234
第三节　长三角地区工矿仓储用地高占比原因分析 ……237
第四节　主要结论……240

第三章　“十二五”期间我国城市群城镇建设用地利用特征研究（2015年）……242

第一节　我国城市群发展阶段划分 ……243

第二节　“十二五”初期各阶段城市群城镇土地利用特征 ……………252
第三节　“十二五”初期各阶段城市群内部城市规模结构分析 ………257
第四节　“十二五”期末我国城市群城镇建设用地增长特征分析……262
第五节　“十二五”期末我国城市群城镇建设用地利用区域
　　　　差异分析 ……………………………………………………266
第六节　“十二五”期间长江三角洲城市群城镇建设用地增长
　　　　特征分析 ……………………………………………………273
第七节　主要结论……………………………………………………276

第四部分　城镇土地利用专题分析

——数据运用与政策讨论

**第一章　我国城乡建设用地增长与经济增长的
　　　　关系研究（2011年）** …………………………………… 281
第一节　我国城乡建设用地增长与经济增长关系分析 ……………282
第二节　四大经济区用地增长与经济增长的关系分析 ……………285
第三节　省级单元用地增长与经济增长的关系分析 ………………290
第四节　重点城市用地增长与经济增长的关系分析 ………………296
第五节　主要结论……………………………………………………297

**第二章　“十二五”期间我国城镇建设用地增长与人口城镇化的
　　　　关系研究（2015年）** …………………………………… 298
第一节　“十二五”期间我国人口城镇化特征分析 ………………298
第二节　“十二五”期间我国建设用地增长与人口城镇化
　　　　关系分析 ……………………………………………………302
第三节　“十二五”期间省级单元建设用地增长与人口城镇化的
　　　　关系分析 ……………………………………………………305

第四节　主要结论……313

第三章　我国城镇建设用地所有制结构演变研究（2012年）……315

第一节　我国城镇建设用地所有制结构截面分析……316
第二节　抽样城市城镇建设用地所有制结构变化分析……321
第三节　抽样城市土地所有制结构与经济发展水平相关性分析……325
第四节　主要结论……333

第四章　我国城镇地区集体土地利用及演变特征研究（2018年）……335

第一节　我国城镇土地权属结构概况……335
第二节　2018年度全国城镇地区集体土地利用现状分析……338
第三节　2016—2018年全国城镇地区集体土地的时空差异分析……349
第四节　土地制度改革试点单元城镇地区集体土地利用特征……359
第五节　主要结论……374

第五章　广东省城镇用地增长特征及“三旧”改造实施效果分析（2011年）……375

第一节　广东省“三旧”改造政策及效果预期……375
第二节　广东省城镇建设用地规模增长特征分析……378
第三节　广东省各市城镇建设用地规模增长差异分析……389
第四节　主要结论……401

第六章　我国农村土地三项制度改革试点地区土地利用特征及工作进展研究（2017年）……403

第一节　农村土地三项制度改革试点工作的背景……403
第二节　农村土地三项制度改革试点单位土地利用现状及变化特征……415

第三节　农村土地三项制度改革工作进展及影响因素分析 ……………439
第四节　主要结论………………………………………………………………447

第七章　基于夜间灯光数据的我国重点城市用地强度
研究（2017年）……………………………………………………………449
第一节　我国重点城市夜间灯光指数时空差异分析 ………………………450
第二节　基于夜间灯光数据的城市土地经济强度分析 ……………………454
第三节　基于夜间灯光数据的城市土地综合效益分析 ……………………461
第四节　主要结论………………………………………………………………471

第八章　基于用地效率的我国收缩型城市土地利用
研究（2017年）……………………………………………………………473
第一节　收缩型城市相关研究综述 …………………………………………473
第二节　我国收缩型城市的识别和收缩特征分析 …………………………477
第三节　2012—2017 年度我国收缩型城市建设用地利用特征
及时空差异分析 ……………………………………………………………481
第四节　主要结论………………………………………………………………492

绪　论

一、城镇土地利用的时代背景

作为一切生活和生产活动的载体，土地利用是各类规划和城镇建设的基本对象。中国人多地少且存在大面积的生态脆弱地区，人地矛盾突出。党的十八大报告对生态文明建设开辟专章详述：“把生态文明建设放在突出地位，融入经济建设、政治建设、文化建设、社会建设各方面和全过程，努力建设美丽中国，实现中华民族永续发展。”随着党的十九大宣布中国特色社会主义已进入新时代，我国社会主要矛盾已经转化为人民日益增长的美好生活需要和不平衡不充分的发展之间的矛盾。生态文明建设对土地利用研究有着深刻的理论意义和实践意义。

在国家迈向现代化强国的进程中，不可避免地要通过国土开发推进城镇化、工业化和农业现代化进程。在这个过程中，既要统筹兼顾，着力解决发展中长期存在的问题，促进城乡、区域、沿海和中西部协调发展，增强发展的平衡性，同时还应建设生态文明、倡导绿色发展，不断形成平衡发展结构，增强发展后劲，提升发展的整体效能，促进经济社会可持续健康发展。这对国土利用而言是迫切而又艰巨的任务。

中国的土地利用规划与管理源于农业生产活动，成长于耕地保护的土地用途管制制度设立，将在中国未来的国土空间开发保护制度建立进程中得到更高更新的发展。对此，我们应做到：一方面，结合生态文明建设和国土空间开发保护制度的建立，推动土地资源配置和土地空间组织的科学化和协同化；另一方面，更好地发挥和拓展土地用途管制的作用，推动中国特色的土地发展权管理科学化和合理化[1]。

为摸清全国各地城镇土地利用现状、结构、效率效益等特征以及其中所存在的问题，从2009年开始，国土资源部每年在全国范围内进行一次城镇地籍调查数据汇总工作，对城镇内部每块土地利用状况逐级汇总，形成全国城镇土地利用数据。目前，自然资源部已形成了覆盖全国31个省（自治区、直辖市）（不含我国香港特别行政区、澳门特别行政区和台湾地区）的所有城市、建制镇连续十年（2009—2018年）的城镇各类土地以及农村土地利用数据，详细掌握了全国城镇内部土地利用状况、农村土地利用状况及其变化情况。

二、城镇土地利用分析的现实意义

改革开放40多年来，中国经济保持了长期高速增长，土地作为重要的生产要素，在经济增长中扮演了举足轻重的角色。在当前城镇化快速发展的背景下，城市的土地利用面临多个两难境地：从数量上看，经济发展用地需求激增与有限的土地供应之间存在矛盾；从质量上看，生态文明时代用地的多样化需求与当前土地治理模式僵硬之间存在矛盾；从布局上看，我国土地资源的稀缺性与非集约状态并存，区域可持续发展受到威胁。

因此，在土地资源利用日益受限的条件下，如何实现城市发展从粗放型向集约型方向转变，实现城镇建设用地减量增长的目标，通过怎样的用地结构调整及空间布局优化，推动产业升级和空间布局调整，是未来中国经济转型中需要解决的关键问题，也是构建和谐的人地关系与走可持续发展道路的重要战略。

我国幅员辽阔，各地资源禀赋、社会经济发展水平以及城镇化所处阶

---

〔1〕 林坚等：《土地利用规划学30年发展综述》，载《中国土地科学》2017年第9期。

第一章　城镇土地利用现状分析

第一节　城镇土地利用现状

一、全国城镇土地利用现状

截至2018年12月31日，全国城镇土地总面积981.4万公顷（14,713.6万亩）。其中，城市面积占45.5%，建制镇面积占54.5%。

地类上，住宅用地面积最大、占比最高，面积达331.4万公顷，占全国城镇土地总面积的33.76%；其次是工矿仓储用地279.8万公顷，占28.51%；公共管理与公共服务用地（以下简称公服用地）[1]121.7万公顷，占12.40%；交通运输用地113.0万公顷，占11.51%；商业服务用地（以下简称商服用地）[2]74.0万公顷，占7.54%；其他土地（包括特殊用地、水域及水利设施用地及其他用地）共计61.7万公顷，总计占6.28%（见图1-1-1）。

〔1〕 在第二次全国国土调查所使用的用地分类中，公服用地是指用于机关团体、新闻出版、科教文卫、公用设施等的土地，包含了机关团体用地、新闻出版用地、科教用地、医卫慈善用地、文体娱乐用地、公共设施用地、公园与绿地、风景名胜设施用地。

〔2〕 在第二次全国国土调查所使用的用地分类中，是指主要用于商业、服务业的土地，包含了批发零售用地、住宿餐饮用地、商务金融用地、其他商服用地。

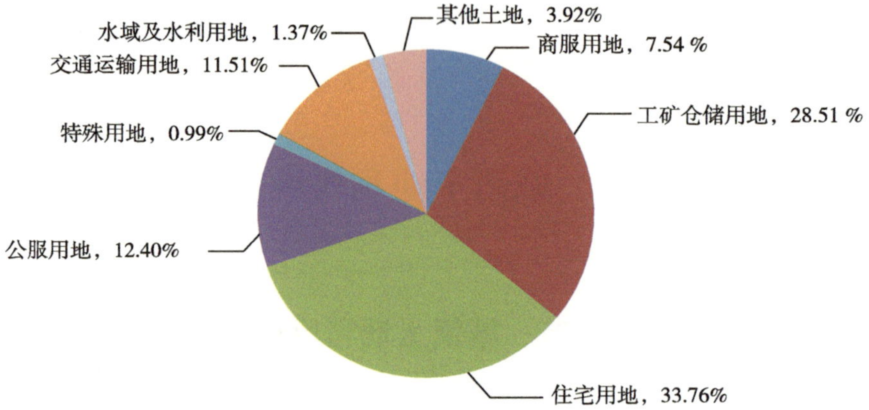

图1-1-1 2018年全国城镇土地利用结构

二、四大经济区及各省城镇土地利用现状

1.东部地区城镇土地规模大

2018年度东部地区城镇土地面积389.1万公顷，占全国城镇土地总面积的39.64%；中部地区230.4万公顷，占23.47%；西部地区265.1万公顷，占27.01%；东北地区96.8万公顷，占9.86%（见图1-1-2）。

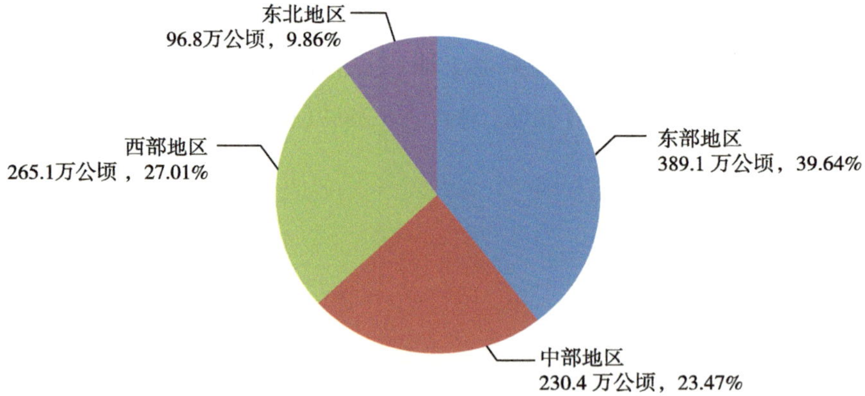

图1-1-2 2018年四大经济区城镇土地规模及占比

东部地区城镇土地占区域土地总面积的4.16%，中部地区占2.25%，西部地区占0.41%，东北地区占1.20%。由此说明，东部地区城镇建设集中连

片度最高、中部地区其次、东北地区第三、西部地区最低，集中程度都在不断提高。

2. 东部地区工矿仓储占比高

四大经济区的城镇土地利用结构与其经济发展阶段基本相当，但需注意个别地区城镇扩张的同时商服、公服或交通等服务设施短缺或过度配给的问题。东部地区工矿仓储用地占比最高为32.45%，超出全国总体水平3.94个百分点，而住宅用地、交通运输用地占比偏低，均为四大经济区中同类用地占比最低的区域，值得关注；西部地区则与东部地区相反，商服用地和公服用地占比为四大区域同类用地占比最高，均高于全国总体水平，而工矿仓储用地占比最低，仅23.74%，比东部地区同类用地占比少8.71个百分点，比全国总体水平低4.77个百分点，反映出经济发展水平差异对土地利用结构的影响；东北地区的住宅用地、交通运输用地占比最高，住宅用地占比达37.07%，比最低的东部地区超出4.46个百分点，而商服用地和公服用地占比最低，投资软环境亟待改善；中部地区除商服用地占比偏高，占比8.69%外，其他各类用地占比居中，与全国城镇土地利用结构相近（见图1-1-3）。

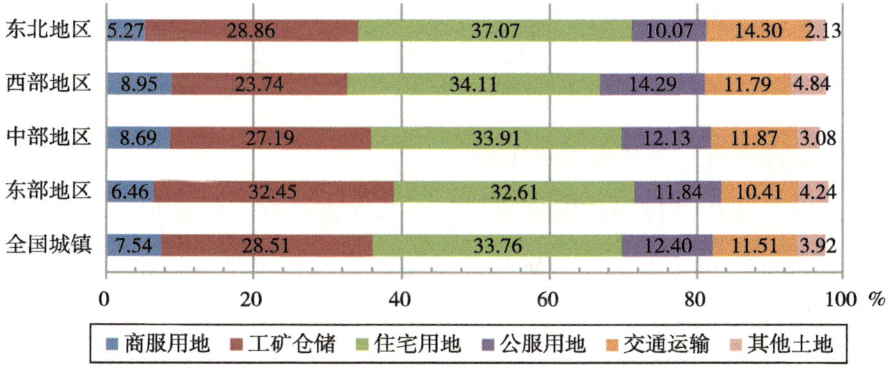

图1-1-3　2018年四大经济区城镇土地利用结构

3. 产出效率由沿海到内陆递减

城镇土地产出效率的区域差异呈现由东到西，由沿海到内陆递减的规律。商服用地地均第三产业增加值由东部→东北→中部→西部依次递减，东部地区遥遥领先，其商服用地地均产出值是第二名东北地区的1.77倍。工矿仓储用地地均第二产业增加值总体呈现东部→中部→西部→东北地区由东南到西北阶梯状递减的趋势，其中在川渝及相邻湖南、河南、陕西省份出现一个小高地。

物流用地地均产出效益则保持由东部沿海经济圈省份（长三角、珠三角和环渤海地区）→交通枢纽及资源型省份（重庆、云南）→中西部及东北省份逐渐递减，西南省份物流用地产出效益高。近年来，以重庆为代表的西南部省份如贵州、云南、广西等物流产出效益稳步上升，中部地区省份的物流产出效益提升空间大。

城镇土地利用效率的区域分布与经济发展阶段基本匹配，经济发达地区，土地利用效率高、地耗水平低，城镇土地集约利用趋势显著。

4.四大经济区城镇生态环境问题各异

2018年东部地区生态用地[1]规模最大占全国生态用地的40%，生态用地结构与全国整体类似，人工与自然7∶3。西部地区生态用地率最高达3.67%、人均生态用地水平也最高达4.84m^2/人，但城镇生态用地超过80%都是人工化的公园绿地。中部地区大面积河流水面带来50%的自然生态用地，难能可贵，但是中部地区城镇生态用地率较低，人均生态用地水平最低。

5.碳排放量与经济发展成正比

2018年单位建设用地碳排放量依次为东部地区>中部地区>东北部地区>西部地区，单位城镇用地碳排放量与经济发展水平成正比。而污染物排放则与各地区治理水平有关。东北和西部地区环境治理水平有待提高，未处理垃圾的排放排名靠前。

〔1〕“生态用地”指城镇建设用地中的生态用地，包括公园与绿地、河流水面和内陆滩涂，以下简称生态用地。

第二节　城镇土地十年分布变化趋势

一、十年间全国城镇土地利用分布变化及空间特征

1. 全国城镇土地量速齐降、增长趋缓

2009—2018年全国城镇土地年均增长量为28.4万公顷，年均增速为3.4%，十年间全国城镇土地增长呈减速趋势，增长量速齐降。年度城镇土地新增量在2018年达到最低点，为17.7万公顷，仅为2011年增量峰值37.7万公顷的47%，年增速1.8%，为峰值5.0%的1/3强（见图1-1-4）。

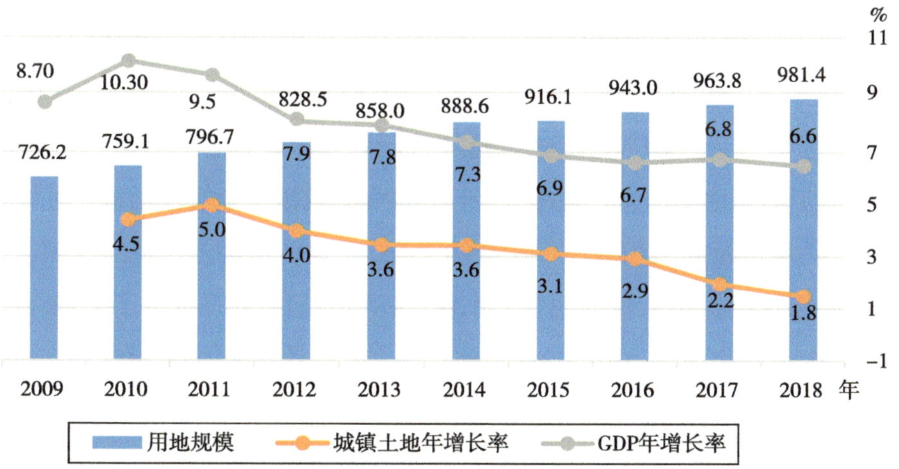

图1-1-4　全国城镇土地总量、年增速及GDP增长率

近十年，我国宏观经济增长趋势平稳收缩，自2016年开始全国国内生产总值（GDP）增速平稳，在6.5%—7%之间，而全国城镇土地扩张持续收缩，土地利用宏观调控在减量发展、提质增效方面的意图明显，尤其在北京、上海等超大城市中已见成效。

2. 城镇土地利用结构持续向工矿、住宅和商服用地集中

2018年，全国城镇土地增长量的78.6%来自住宅用地、工矿仓储用地和商服用地，其中住宅用地增长量为6.7万公顷，占38%。从增长率来看，

此三个地类的增长率均超过了全国平均水平1.8%，商服用地年增长率最高为2.6%（见图1-1-5）。

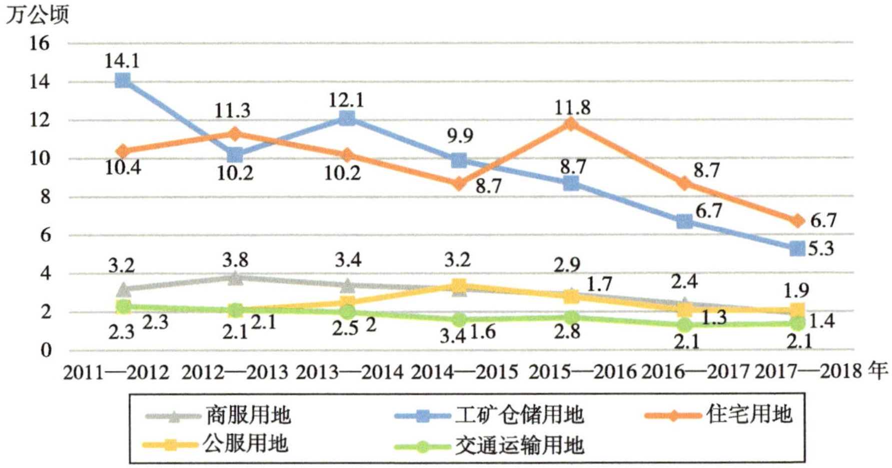

图1-1-5　全国城镇土地各地类增长量变化

由于不同地类的差异化增长，十年间全国城镇土地利用结构中住宅用地、工矿用地及商服用地的占比持续上升，而其他地类占比持续收缩。其中工矿用地占比扩大最为明显，由25.2%增长到28.5%，提升了3.3个百分点；其次是商服用地，由6.3%增长到7.5%；最后是住宅用地，由33.1%增长到33.8%。在各类城镇用地增量上，十年间工矿仓储用地增长最多，累计增加96.64万公顷，累计增长了52.77%；其次是住宅用地，累计增加91.27万公顷，累计增长了38.0%；最后是商服用地，累计增加28.01万公顷，累计增长了60.89%。而公服和交通运输用地增量为20万—25万公顷，增速低于全国水平，其他类土地出现负增长，占比缩减。考虑到近年来还有高铁等重大交通基础设施的建设，城镇范围内公共服务类型用地被生产用地挤压，土地利用结构持续向工矿仓储、商服等产出效益更高的用途倾斜（见图1-1-6）。

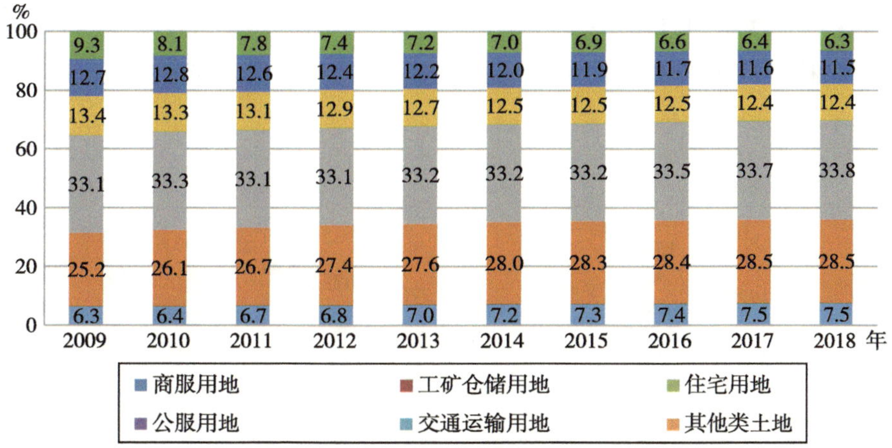

图1-1-6　2009—2018年间全国城镇土地利用结构变化

3.人均用地水平缓慢减少，经营性用地产出效益大幅提升

人均城镇用地水平缓慢减少。近十年，全国人均城镇用地呈现前期波动升高后期缓慢下降的趋势，从2009年的116.8m²/人升高至2016年的118.9m²/人，后下降至2018年的118.1m²/人，与2013—2014年持平。人均城镇住宅用地缓慢减少了0.05m²/人，人均公服用地及人均交通运输用地水平同步持续缓慢减少，人均商服用地水平则持续小幅上升。

经营性用地产出效益大幅提升。近十年，全国城镇土地商服用地地均第三产业增加值由2009年的3217.4万元/公顷大幅增长至6400.8万元/公顷，年均增长率达7.95%。全国城镇土地工矿仓储用地地均第二产业增加值[1]也从2009年的440.9万元/公顷，大幅上涨至2018年的729.3万元/公顷，年均增长率为5.93%，低于商服用地产出效益的增长。2018年商服用地地均第三产业增加值是工矿仓储用地地均第二产业增加值的8.8倍，2009年为7.3倍，第三产业的增长优势逐步显现。而地均产出效益增长态势呈现波动发展，商服用地产出效益的增长稳中有波动，而工矿仓储用地产出效益的增长大起大落，在2013—2015年间出现增长波动下滑，2015年甚至出现了负

〔1〕 计算城镇工矿仓储用地产出效益时，城镇工矿仓储用地还需加入城镇采矿用地。

增长，其后提速回升至9.1%，但2018年增长率又回调至2.1%，这与我国供给侧结构性改革产业结构调整、退二进三等宏观经济战略的实施有关（见图1-1-7）。

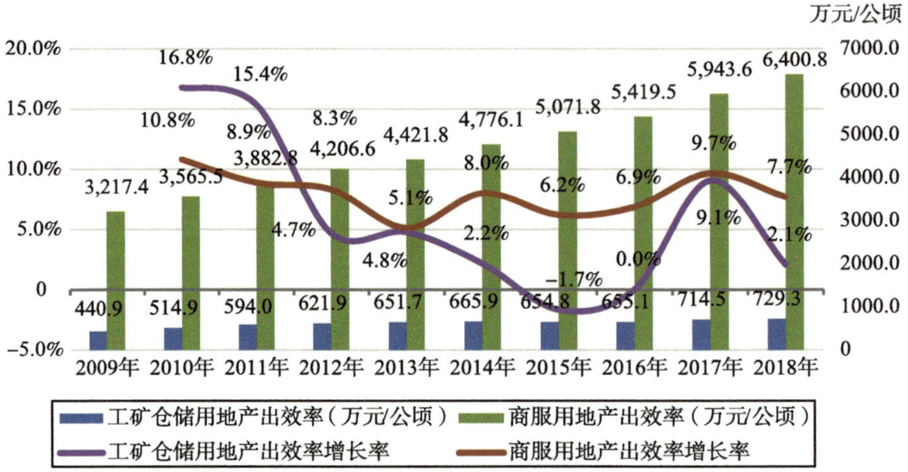

图1-1-7　2009—2018年全国城镇土地利用效率变化

4.生态用地波动增长，污染物排放、碳排放整体呈降低趋势

十年间，城镇土地生态用地波动增长，自然生态用地的增长量和增长率小幅波动，人工生态用地则波动较大。2018年全国城镇生态用地增长量为47,993.7公顷，累计增长率为17.02%。城镇生态用地率由2010年的3.8%跌至2018年的3.36%，城镇人均生态用地水平由4.3m^2/人跌至3.97m^2/人。总体上生态环境治理还没法明显缓解城镇化过程带来的生态环境负效应。

十年间，城镇土地利用污染物排放管理效果显著。单位面积工矿仓储用地废气排放量、单位面积工矿仓储用地废水排放量、单位面积工矿仓储用地工业固体废物排放量和单位面积住宅用地未处理垃圾排放量四项指标均出现明显降低，尤其未处理垃圾和废气排放效果明显。

十年间，全国单位面积建设用地碳排放量呈增大—降低—再增大的趋势，累计降低7.63%。全国城镇土地单位建设用地面积碳排放量在波动下降，生态环境治理成效明显。

二、四大经济区城镇土地分布变化及空间特征

1.西部地区是城镇土地增长重点，京沪开始减量发展

2008—2018年，四大经济区城镇土地增长格局基本保持稳定。西部地区是城镇土地增长的重点，年均增长量位居四大经济区榜首，达9.4万公顷，基本每年全国总增长的量中超过1/3发生在西部地区（2016年除外）。在年增长率上西部地区也遥遥领先，除个别年份外，四大经济区在城镇土地年增长率上一直是西部地区>中部地区>东部地区>东北地区（见图1-1-8）。2015—2016年是中部地区个别省份城镇土地扩张的峰值。

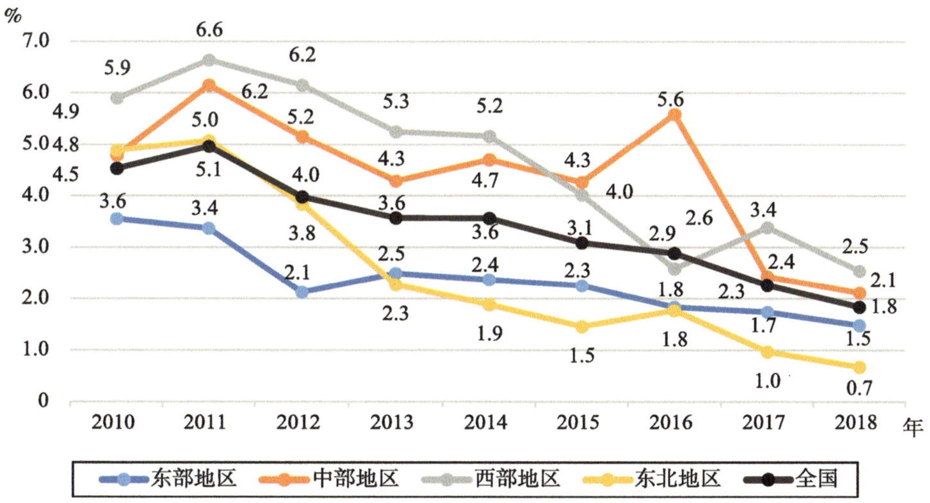

图1-1-8　四大经济区城镇土地年增长率变化

在2019—2018年的城镇土地增长趋势上，四大经济区各自特征明显。东部地区城镇土地增长量明显收缩；东北地区则表现为低水平持续收缩；中西部地区的新增量在高位波动下降（见图1-1-9）。由此，东部地区城镇土地全国占比在持续收缩，由43.45%收缩到39.64%；西部、中部地区城镇土地全国占比在稳步提升，其中西部地区占比由24.32%提升到27.02%，中部地区由21.57%提升到23.48%，东北地区2018年已不足10%。

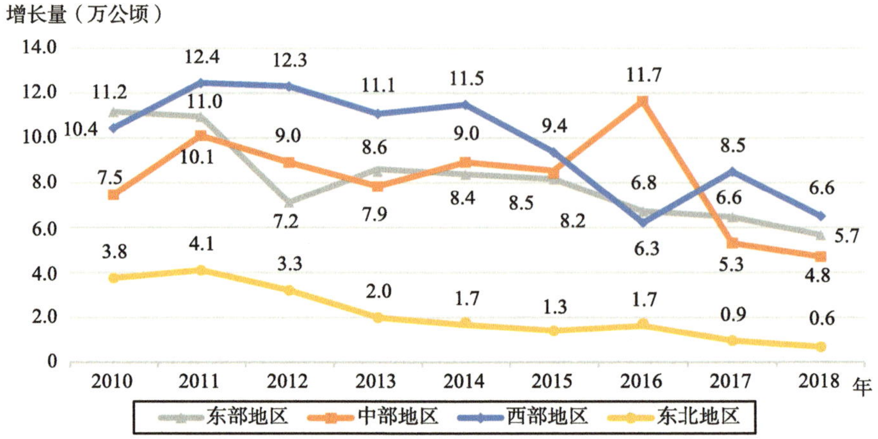

图1-1-9　四大经济区城镇土地年增长量变化

河南、广东、江苏、湖北的城镇土地年均累计增长最多，均超过15万公顷；贵州的年均增速最高达14.08%，是唯一一个城镇土地年均两位数增长的省份；排名第二的重庆市城镇土地年均增长率为7.47%；上海、北京、天津的城镇土地年均增速最小，在1.08%—1.50%之间。

2. 东部地区结构稳定精明增长，东北地区收缩

2009—2018年间，除东北地区外，其他三大经济区土地利用结构变化与全国趋势基本一致，工矿仓储用地、商服用地、住宅用地占比提高，尤其是各区工矿仓储用地占比均明显提高，而公服用地、交通运输用地等其他地类占比下降。

十年间[1]，东部地区的工矿仓储用地大幅提升3.98个百分点、交通运输用地占比降低2.09个百分点，各类用地占比微调不超过1%。东部省份海南的住宅用地占比累计提升11.7个百分点，海南国际旅游岛带来的房地产开发建设成效显著。如果排除海南省的影响，东部地区住宅用地占比下降应该超出0.1个百分点，结合东部地区近年城镇土地的增量大幅下降，已出现部分精明增长的趋势[2]（见图1-1-10）。京沪两地工矿仓储用地占比下

〔1〕 趋势计算以2012—2018年这一阶段为准。

〔2〕 东部地区城镇住宅用地占比2009—2018年出现波动，2009年为31.4%，2012年提升到32.8%，而2015年又降至32%，2018年逐步爬升至32.61%。

降，而公服用地占比、交通设施用地占比提升，用地结构更为合理。

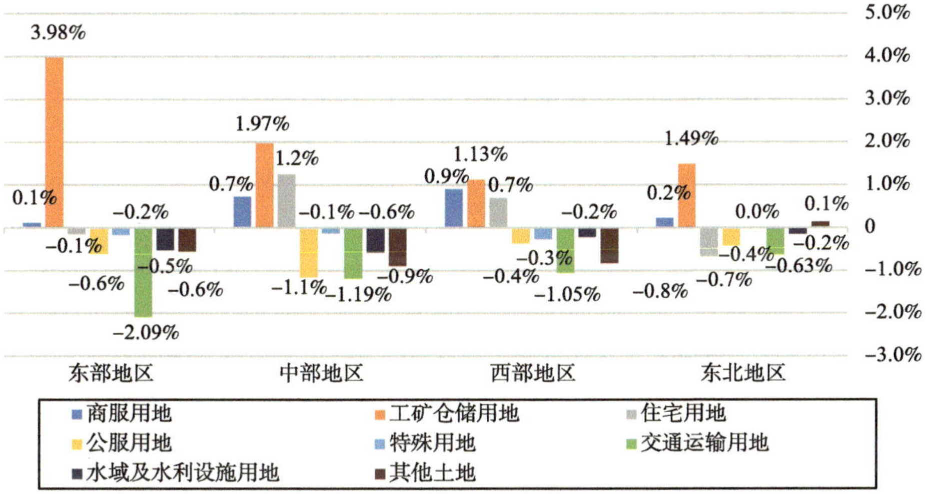

图1-1-10　2012—2018年四大经济区城镇土地利用结构变化

中部地区、西部地区变化趋势与全国类似但幅度更大，其中中部地区工矿仓储用地占比提高了1.97个百分点、住宅占比提高了1.24个百分点，均居四区之首；西部地区幅度稍小。西部宁夏、青海和重庆工矿用地占比都显著提升，西藏的住宅用地占比有两位数的提升，增加了12.5个百分点。

东北地区为典型的收缩型地区，人口流失、经济发展停滞，相应其住宅、商服和公服用地占比均出现滑落，如住宅用地占比减少0.67个百分点，黑龙江等个别省份商服用地出现规模缩减。但与此同时，工矿用地占比提高了1.49个百分点，交通用地占比下降了0.63个百分点。以黑龙江为典型代表，除了工矿用地、商服用地占比在扩大外，其他类别用地均被挤占，其住宅用地占比降低了6.63个百分点，而黑龙江的工矿用地占比提高了6.51个百分点。

3.经营性用地产出效益区域差异在扩大、中部商服崛起

商服用地产出效益方面，四大经济区商服用地地均第三产业增加值呈增长趋势[1]，在地均产出值上东部遥遥领先，东北紧随其后，第三、四名分

〔1〕 趋势计算以2012—2018年这一阶段为准。

别为中部和西部，第一、二名比值由2012年的1.71倍扩大到2018年的1.77倍，区域差异更为明显（见图1-1-11）。工矿仓储用地产出效益高低次序为东部>中部>西部>东北，一、二名比值由2012年的1.13倍扩大到2018年的1.23倍，区域发展差异在逐渐扩大（见图1-1-12）。

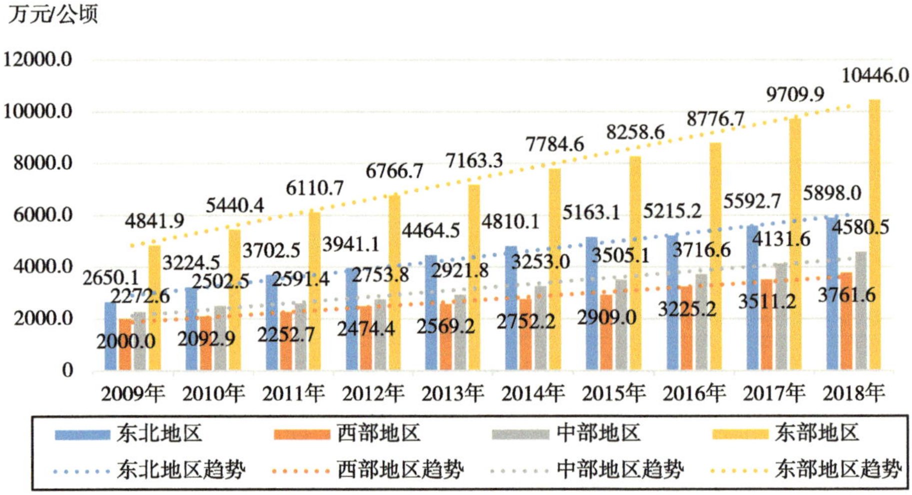

图1-1-11　2009—2018年四大经济区商服用地地均第三产业增加值变化

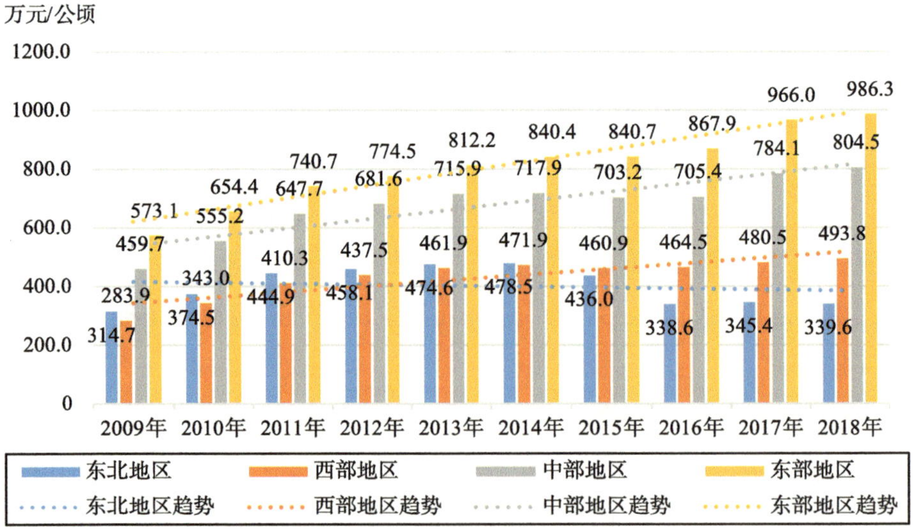

图1-1-12　2009—2018年四大经济区工矿仓储用地地均第二产业增加值变化

市＞大城市＞中等城市＞小城市的规律，其中特大城市和大城市城镇土地增长最为明显，增量分别达64.1万公顷和58.3万公顷，分别占全部地级市城镇土地总增量的48.1%和38.1%。也就是说，297个地级市的城镇土地增量其中80%发生在人口规模超百万的大城市和特大城市中，近五成增长集中在14个特大城市。

4.发达经济城市城镇土地增长量速齐低，集约化发展特征明显

2017—2018年度，工业化成熟期和工业化发达期的两类城市新增城镇土地占总量的75.81%，其中工业化发达期占42.90%。在分布格局方面，新增城镇土地规模上呈现工业化发达期>工业化成熟期>工业化中期>发达经济>工业化初期的态势，增长速度上呈现工业化发达期>工业化中期>工业化成熟期>发达经济>工业化初期的态势，发达经济城市的城镇土地增长量和增速均为各类城市最低，集约化发展特征明显；而2015年左右，工业化成熟期城市城镇土地增量与增速均处在较高水平，目前宏观调控效果凸显（见图1-1-14、图1-1-15）。

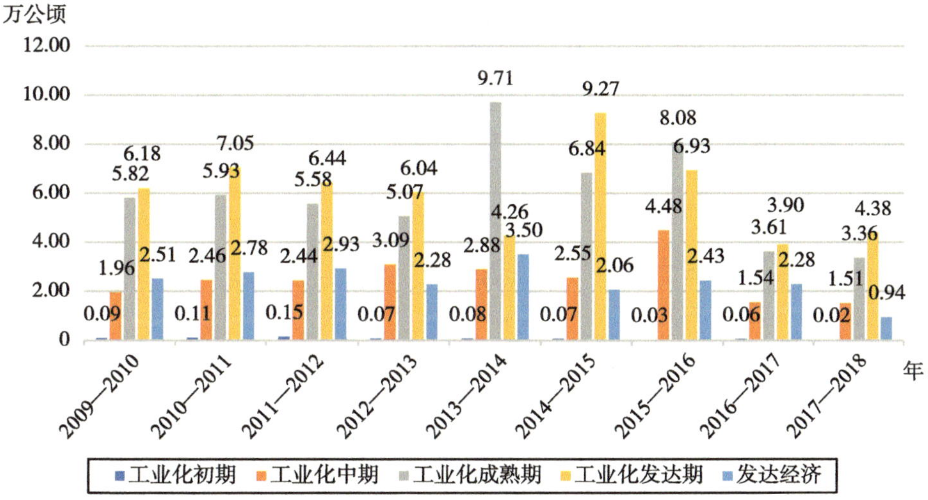

图1-1-14　2009—2018年不同经济发展水平城市城镇土地增长量

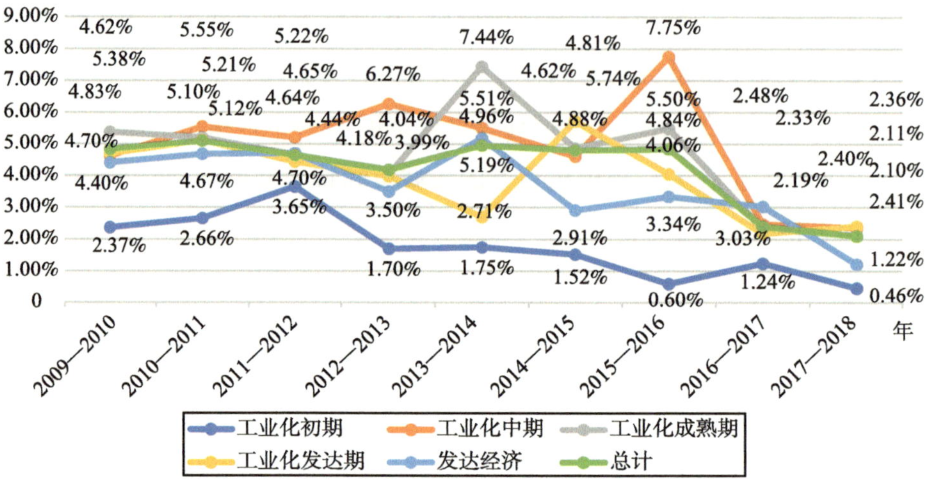

图1-1-15　2009—2018年不同经济发展水平城镇土地增长率

第三节　全国村庄土地利用现状及变化

2013年，城镇地籍调查开始通过抽样的方式大规模收集村庄用地数据。本节重点分析2018年全国村庄建设用地的现状特征，以及2014—2018年村庄建设用地的变动情况。

一、全国村庄土地利用现状

2018年，通过实际调查、推算、业内判断等方式共采集了41,067个村庄的用地数据，其中通过实际调查方式获得村庄用地22022个，占总数的53.6%。2018年，村庄数据实际调查的占比由2017年的49.9%[1]小幅提升。

〔1〕 2017年共采集40311个村庄数据，其中20107个为实际调查数据，占比为49.9%。

1. 村庄用地中建设用地占比接近九成

根据2018年实际调查村庄土地数据汇总，全国实际调查村庄土地总量为70.1万公顷，其中村庄建设用地占比为90.4%，农用地占比为8.5%，未利用地占比为1.2%，村庄建设用地占比接近九成。

东北地区村庄平均土地规模最大，为66.5公顷；西部地区村庄平均土地规模最小，为32.9公顷；东部地区村庄平均土地规模为33公顷。

东北地区村庄用地中建设用地比重高达95.6%，高于全国水平，农村土地城镇化趋势明显；中部和西部地区分别为93.9%和91.0%；东部地区最低为85.7%。这个结果可能与不同地区农用地地籍管理归属不同有关，东北、中部地区大量农用地在地籍管理系统中归属上级镇而非村庄单元，导致村庄建设用地占比较高。

2. 农村宅基地占比高、服务性用地占比有所提高

2018年全国空间抽样村庄〔1〕建设用地结构上，村庄住宅用地占建设用地比重为63.9%，另外工矿仓储用地占比为9.7%，商服用地占比为2.5%，公服用地占比为3.2%。

村庄服务性用地占比较低；商服用地占比虽较2017年有所提升〔2〕，但仍处于低水平，约为全国城镇水平的1/3；而公服用地占比仅为全国城镇平均水平的1/4（见图1-1-16）。公共设施用地占比为5.0%，不足国家村镇规划建设标准的下限（6%）。农村社区服务均等化工作还有很大提升空间。

---

〔1〕 为了避免统计抽样率不均衡对最终全国分析结果的影响，对天津、河北、山西、上海、浙江、山东、海南、云南、青海、宁夏等10个统计抽样率高于全国平均抽样率的省（自治区、直辖市），应用全国平均抽样率重新进行随机抽样后，得出19423个空间抽样村庄样本。

〔2〕 2017年全国抽样实际调查村庄建设用地结构上，住宅用地占建设用地占比为63.9%，交通运输用地占比为11.2%，工矿仓储用地占比为9.8%，商服用地占比为2.1%，公服用地占比为3.3%。

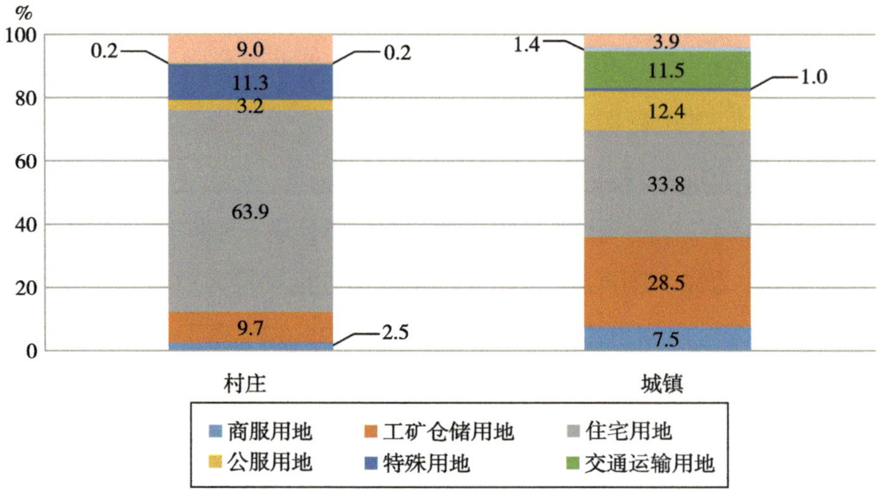

图1-1-16 2018年全国村庄用地与城镇土地利用结构对比

3.东北村庄城镇化特征明显，中西部有待提高

数据显示，东北地区的村庄城镇化特征最为明显。其中，公服用地占比为3.3%；商服用地占比为5.1%，为四大经济区中上水平；交通运输用地占比为16.8%，为四大经济区村庄建设用地中占比最高，配套较为完善；工矿仓储用地占比高达16.3%，村庄产业发展程度较高。各大经济区住宅用地占比基本保持在56%—67%；除东北地区外，村庄工矿仓储用地占比呈现东部>西部>中部的态势。

与村镇规划标准（GB 50188—1993）对比，四大经济区村庄公共设施用地和绿地比例均低于规范下限值（见表1-1-3），公共服务均等化工作仍有很大空间。从商服、交通运输等服务性用地占比来看，中西部农村社区服务均等化有待提高，中部村庄需要完善商服用地配套，西部村庄则要加强交通运输用地配套，同时建设用地使用效率有待提高。

表1-1-3　2018年全国村庄用地四大经济区结构差异

单位：%

区域	商服用地	工矿仓储用地	住宅用地	公服用地	交通运输用地	其他用地
全国	2.5	9.7	63.9	3.2	11.3	9.0
东部	1.7	11.7	63.8	3.2	13.0	6.0
中部	1.1	5.3	65.3	2.9	10.1	15.1
西部	5.8	3.9	66.8	3.7	2.8	16.8
东北	5.1	16.3	56.3	3.3	16.8	2.3

二、全国村庄土地利用变化分析

1.村庄规模小幅上升，建设用地占比波动下降

根据连续抽样村庄〔1〕结果，2014—2018年全国村庄土地规模小幅上升，整体趋势为波动上升，总增幅为2%。村庄建设用地占比波动下降，2014年为87.4%，2015年下降至75.8%，中间经历回升，但在2018年又有所回落，总体下降了2.6个百分点。建设用地占比大幅波动的主要原因是农用地规模波动，五年间农用地占比上升2.6个百分点。

2.中部地区村庄用地在扩张，建设用地占比提升大

除其他三个经济区村庄用地规模持平或小幅下降外，中部地区村庄用地规模呈波动增长，年均增长率达0.6%。而其村庄建设用地占比上升超过20个百分点，这也与其农用地规模的大幅波动有关。

〔1〕 利用连续抽样数据，即筛选出2014—2018连续四年都有被统计到的990个村庄样本，并对其中山东省的样本进行等距抽样，最终得到598个村庄样本，分布在17个省份。

附

一、城市人口规模分类的划分方法

将297个地级及以上城市按照城镇化人口规模分为四个等级（见附表1-1）。

附表1-1　不同人口规模等级代表城市

规模等级	城市个数（个）	代表城市
超大城市及特大城市	14	上海、北京、重庆、深圳、广州、武汉、天津、成都、东莞、南京、郑州、杭州、长沙、沈阳
大城市	78	哈尔滨、青岛、西安、合肥、昆明、太原、长春、大连、长沙、济南、厦门、南宁、乌鲁木齐、苏州、宁波、石家庄、南昌、贵阳、汕头、兰州、无锡、福州、洛阳、佛山、临沂、温州、唐山、呼和浩特、惠州、包头、常州、邯郸、珠海、徐州、烟台、淄博、柳州、南阳、南通、淮安、保定、济宁、海口、银川、赣州、绍兴等
中等城市	105	邢台、锦州、赤峰、商丘、宜昌等
小城市	100	阳江、鄂尔多斯、松原、晋城、鹤壁等

二、城市经济发展阶段的划分方法

钱纳里工业化发展阶段理论通常被用来划分不同经济发展水平城市所处的具体阶段，根据人均GDP水平将工业化进程划分为三个阶段六个时期〔1〕（见附表1-2）。本研究将其中的1970年美元标准分别换算到2009—2017年美元标准〔2〕，并将美元折算成人民币〔3〕，按照每一年度的换算数值来进行数据的分析处理。由此2017年形成的各阶段标准为：人

〔1〕 资料来源：[美]H.钱纳里等：《工业化和经济增长的比较研究》上海三联书店1989年版。

〔2〕 以1970年为基期，累计各年度的通货膨胀率，得出2017年美元相比于1970年美元的通货膨胀率为433%。

〔3〕 2017年1—12月，人民币对美元期初价为6.8588，期末价为6.5342，最高价为6.8993（2017年3月），最低价为6.53242（2017年12月），年平均中间价6.7518。本研究采用央行公布的2017年人民币对美元的年平均中间价6.7518，即1美元=6.7518元人民币。

均GDP为4102—8204元为初级产品生产阶段，8240—16407元为工业化初期，16407—32815元为工业化中期，32815—61528元为工业化成熟期，61528—98445元为工业化发达期，98445—147667元为发达经济阶段。按此标准对283个地级市[1]进行划分，因处于初级产品生产阶段城市较少，研究意义较小，故将其归入工业化初期进行研究。

附表1–2　钱纳里工业化进程阶段划分

收入水平 （以1970年美元计，美元/人）	时期	阶段	
140—280	1	第一阶段	初级产品生产期
280—560	2	第二阶段	工业化初期
560—1120	3		工业化中期
1120—2100	4		工业化成熟期
2100—3360	5		工业化发达期
3360—5040	6	第三阶段	发达经济期

由此将295个重点城市按照人均GDP水平分为5种类型（见附表1–3）。

附表1–3　不同经济发展水平代表城市

发展阶段分类	城市个数（个）	代表城市
发达经济城市	16	东营、深圳、大庆、珠海、包头、烟台、镇江、长沙、宁波、广州、无锡、杭州、苏州、常州、克拉玛依、南京
工业发达期城市	64	青岛、扬州、北海、北京、上海、合肥、佛山、咸阳、武汉、泰州、南通、沧州、天津、三明、湘潭、威海、芜湖、大连、淄博、泉州、宜昌、鄂尔多斯等
工业成熟期城市	125	盐城、哈尔滨、拉萨、鄂州、西安、盘锦、台州、荆门、莆田、湖州、乌鲁木齐、黄石、潍坊、郴州、贵阳等
工业中期城市	83	吴忠、吉安、潮州、保定、邵阳、玉林、赤峰、巴彦淖尔、聊城、梅州、通化、永定、汕尾、开封等
工业初期城市	7	鹤岗、伊春、绥化、鸡西、陇南、巴中、定西

[1] 由于鞍山、辽阳、长春、长陵、东莞、中山、三沙、重庆、儋州、拉萨、嘉峪关数据缺失，本研究选取余下的283个地级及以上城市为研究对象。

第二章 城镇土地利用结构分析

第一节 城镇土地利用结构现状及空间差异

一、全国及四大经济区城镇土地利用结构现状分析

1. 全国：城镇住宅用地占比超1/3

2018年，全国城镇土地住宅用地面积达331.4万公顷，占全国城镇土地总面积的33.76%；工矿仓储用地279.8万公顷，占28.51%；公服用地121.7万公顷，占12.40%；交通运输用地113.0万公顷，占11.51%；商服用地74.0万公顷，占7.54%；其他土地（包括特殊用地、水域及水利设施用地、其他用地）共计61.7万公顷，总计占6.28%。

2. 四大经济区：东部工矿用地占比高、西部配套水平高

东部地区工矿仓储用地占比最高，为32.45%，超出全国总体水平3.94个百分点，而住宅用地、交通运输用地比例偏低，分别为32.61%、10.41%，均为四大经济区中同类用地比例最低的区域。

西部地区商服用地和公服用地比例为四大区域同类用地比例最高，分别为8.95%、14.29%，均高于全国总体水平；而工矿仓储用地比例最低，仅为23.74%，比东部地区同类用地比例少8.71个百分点，比全国总体水平低4.77个百分点，反映出经济发展水平差异及其阶段性对土地利用结构的影响。

东北地区的住宅用地、交通运输用地比例最高，住宅用地比例达37.07%，比最低的东部地区超出4.46个百分点，而商服用地和公服用地比例最低，占比分别为5.27%、10.07%。

中部地区商服用地占比偏高，为8.7%；其他各类用地占比居中，与全国城镇土地利用结构相近（见图1-2-1）。

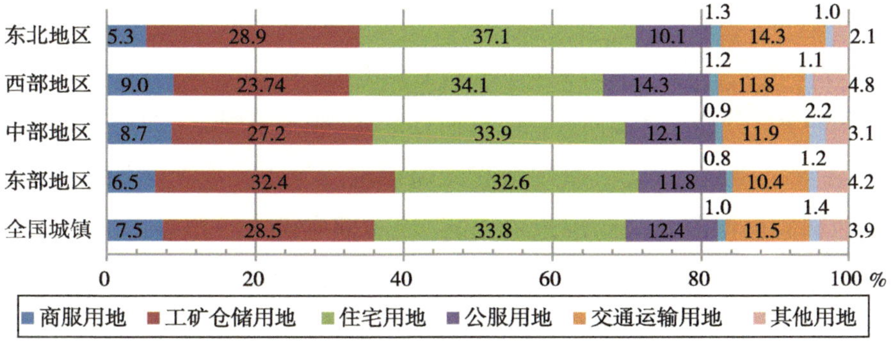

图1-2-1　2018年四大经济区城镇土地利用结构比较

3.各省份[1]:城镇工矿仓储用地占比差异显著,住宅差异小

各省份城镇工矿仓储用地占比差异显著。江苏最高,达40.42%,超出全国平均水平11.91个百分点;其次为湖北36.93%、天津34.88%、宁夏34.95%、浙江34.78%、山东32.60%、福建32.16%。总体来看,东部省份占比偏高,有7个省市超过30%,但河北、北京、海南例外;西部省份占比偏低,最低的西藏仅5.58%,其次是云南10.35%。这反映出东西部经济发展水平的差异性,而北京、海南工矿仓储用地占比偏低则与其功能定位有关(见图1-2-2)。

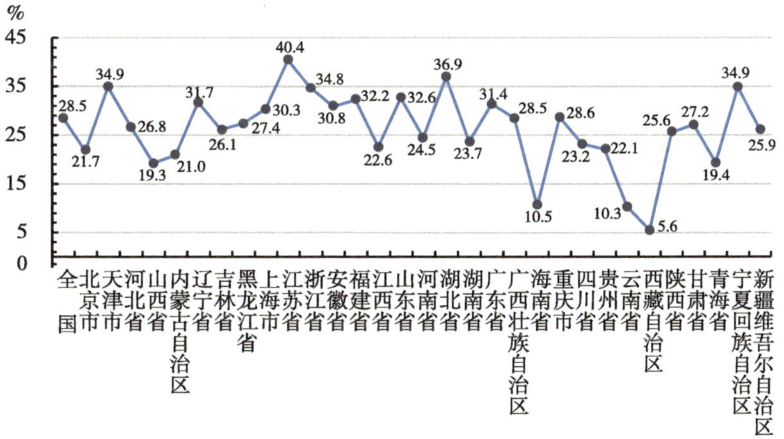

图1-2-2　2018年城镇工矿仓储用地占比的省份间比较

---

〔1〕 含自治区、直辖市,下同。

相对而言，各省份城镇住宅用地占比差异较小。全国城镇住宅用地平均占比为33.76%，最高值高出全国平均水平8.24个百分点，最低值低于全国平均水平8.84个百分点。普遍而言，中西部省份占比偏高，天津、上海占比偏低。

各省份商服用地、公服用地和交通运输用地占比有所不同。总体而言，西部省份商服及公服用地占比高，而东部省份二类用地占比低，例如上海市作为全国重要的经济中心，其城镇商服用地占比仅为6.4%，低于全国平均水平1.1个百分点；东北省份交通运输用地占比低（见图1-2-3）。

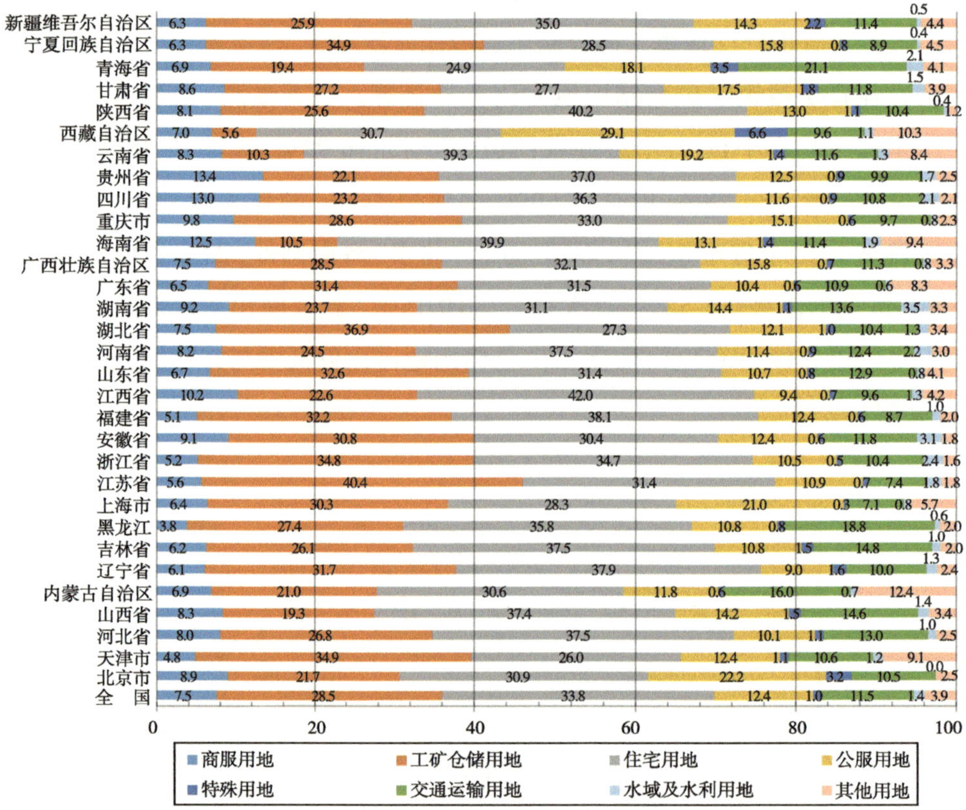

图1-2-3　2018年城镇土地利用结构的省份间比较

4. 各省份：用地结构体现经济发展地域差异

综合各省份的城镇土地利用结构特征可以看出，江苏、天津、上海三省市具有“高工矿仓储用地占比、较低住宅、商服、交通运输用地占比”的特征；而陕西、云南、贵州、四川四省则与之相反，具有较高的商服、住宅用地占比和低工矿仓储用地占比。这充分体现了东、西部省份城镇土地利用结构特点及差异性。

也有特例，海南省与其他东部省份截然不同，其商服用地占比位居全国第三，而工矿仓储用地占比则全国倒数第三，体现了其作为东部沿海旅游城市的产业及用地结构特色。另外，上海市的城镇高工矿、低住宅和商服用地占比特征，主要是由于外围建制镇的这些特征所致，而其城市用地结构并非如此。

5.政策区：长江经济带亟待提升交通配套用地比例

“一带一路”沿线省份和长江经济带覆盖范围广，跨越全国大部分地区。2018年两大区域的城镇土地利用结构与全国城镇类似，住宅用地、工矿仓储用地面积占绝对优势。不同的是，两大区域的工矿仓储用地占比略高于全国平均水平，住宅用地占比则略低。长江经济带工矿仓储用地占比高出全国平均水平6.5个百分点，“一带一路”沿线省份工矿仓储用地占比超出全国平均水平1.5个百分点；两区域的住宅用地占比分别低于全国城镇平均水平2.5个、1.9个百分点。另外，长江经济带的交通运输用地占比低于全国城镇平均水平2.7个百分点（见图1-2-4）。

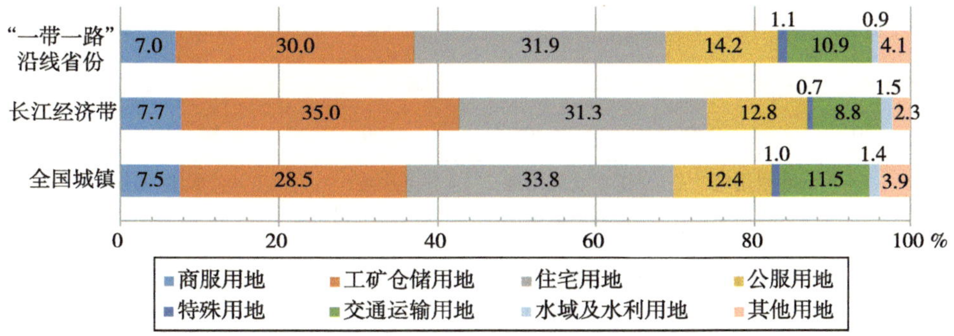

图1-2-4　2018年“一带一路”沿线省份与长江流域经济带城镇土地利用结构比较（城市）

“一带一路”沿线省份中，“一带”更接近于全国城镇平均，“一路”则突出了东部沿海省市的城镇土地利用结构特征，表现为高工矿仓储、低住宅和商服用地占比特点（见图1-2-5）。

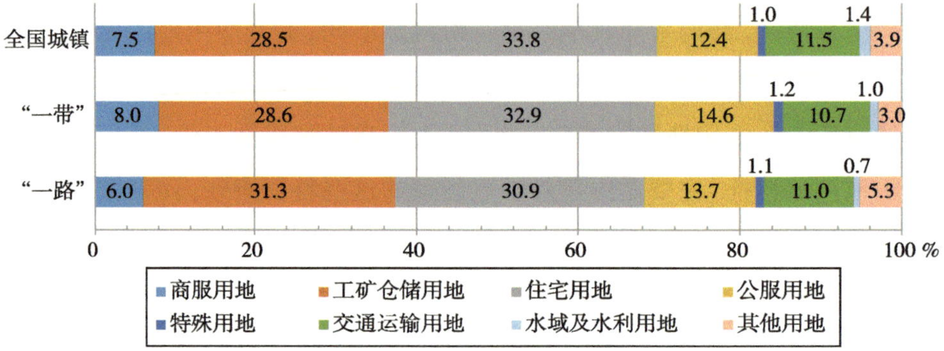

图1-2-5　2018年“一带”与“一路”城镇土地利用结构比较（城市）

长江经济带的城镇土地利用结构分异特征也很明显。上游地区的商服、住宅用地占比明显偏高，工矿仓储用地占比明显偏低；下游地区则相反，表现为工矿仓储用地占比显著偏高，商服、住宅用地占比明显偏低；中游地区居中，与全国城镇平均较为接近（见图1-2-6）。

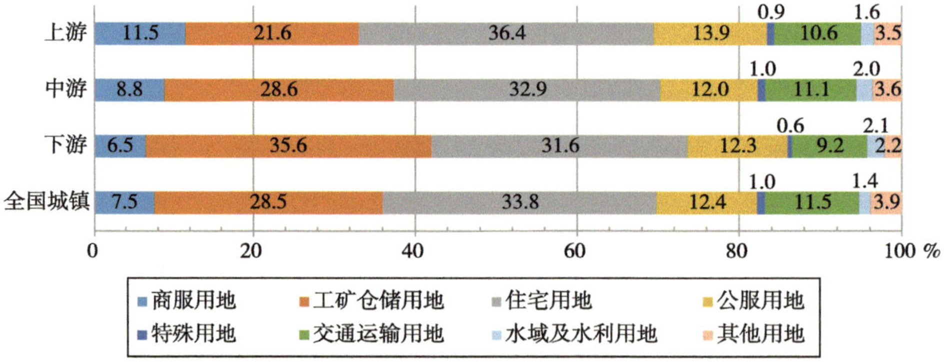

图1-2-6　2018年长江流域经济带上、中、下游城镇土地利用结构比较（省份）

大城市→大城市→中等城市→小城市依次升高，特大城市最低仅18.67m^2/人（见表1-2-1），近2/3的特大城市未达到《城市用地分类与规划建设用地标准》(GB 50137—2016，以下简称《城市用地标准》)规定的低限。这一方面反映出特大城市居住用地高度集约，另一方面也显露出供给相对不足的矛盾。

表1-2-1　2018年不同规模城市人均居住用地面积与《城市用地标准》比较

气候区	城市规模	平均值（m^2/人）	最大值（m^2/人）	最小值（m^2/人）	标准差	《城市用地标准》（m^2/人）	达标城市比例（%）	超标城市比例（%）	低标城市比例（%）
Ⅰ Ⅱ Ⅵ Ⅶ（134个城市）	特大城市	25.37	37.78	18.67	0.07	28—38	75.00	0.00	25.00
	大城市	35.30	62.97	18.15	0.10		30.77	43.59	25.64
	中等城市	37.26	81.75	11.41	0.15		27.27	40.91	31.82
	小城市	44.04	112.41	0.00	0.21		25.53	55.32	19.15
Ⅲ Ⅳ Ⅴ（161个城市）	特大城市	16.64	27.81	5.64	0.06	23—36	20.00	0.00	80.00
	大城市	25.63	49.65	7.98	0.08		53.85	7.69	38.46
	中等城市	31.95	66.76	11.55	0.11		46.67	33.33	20.00
	小城市	42.00	116.36	9.48	0.21		21.15	61.54	17.31

除居住用地外，特大城市还有多类人均用地指标不达标。例如，特大城市人均公服用地面积最低仅5.70 m^2/人，略高于《城市用地标准》规定的人均5.5m^2的低限（见图1-2-12）。特大城市人均交通设施用地低至6.35m^2/人，大城市、中等城市分别为8.18 m^2/人和10.74 m^2/人，均低于《城市用地标准》12 m^2/人的低限[1]。除深圳、天津两市外，其余12个特大城市（占84.62%）均未达标，大城市也有八成以上未达标，中等城市有近2/3未达标（见表1-2-2）。

〔1〕 需要说明的是，由于城市轨道交通用地缺少相应的统计数据，分析中未能将其归入，若将该项用地加上，则城市道路与交通设施用地面积会略有增加，尤其是特大城市。

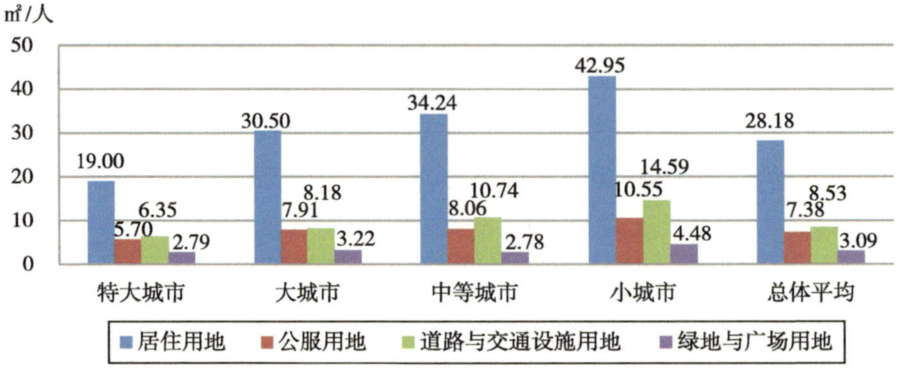

图1-2-12　2018年不同规模城市四类建设用地人均面积现状对比

表1-2-2　不同规模城市道路与交通设施用地人均面积与《城市用地标准》比较

土地类型	城市规模	平均值（m²/人）	最大值（m²/人）	最小值（m²/人）	标准差	《城市用地标准》（m²/人）	达标城市比例（%）	低标城市比例（%）
道路与交通设施用地	特大城市	6.35	14.30	1.80	0.04	≥12	14.29	84.62
	大城市	8.18	23.71	0.24	0.05		17.95 4	82.05
	中等城市	10.74	49.96	0.37	0.08		35.58	64.42
	小城市	14.59	59.75	0.00	0.12		48.48	51.52

（2）半数大城市工业用地比例超标，特大城市居住用地占比低

大城市的工业用地占比最高，达30.58%，超出重点城市平均约2.63个百分点。有半数以上的大城市（38个）超过了《城市用地标准》规定的15%—30%的上限（见图1-2-13、表1-2-3）。基本呈现由大城市向特大城市、中等及小城市递减的特点。这在一定程度上体现了城市发展的阶段性特征，在城市化快速发展阶段，往往表现为第二产业用地迅速扩张，当城市达到一定规模后，随着人口的集聚，公服、交通用地需求增加，工业占比相应降低。

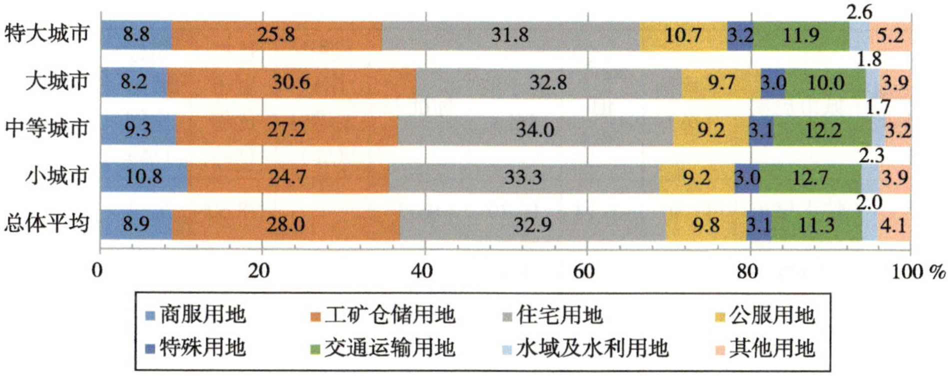

图1-2-13　2018年不同规模城市土地利用结构现状对比

表1-2-3　2018年不同规模城市工业用地占比与《城市用地标准》比较

土地类型	城市规模	平均值（%）	最大值（%）	最小值（%）	标准差	《城市用地标准》（%）	达标城市比例（%）	超标城市比例（%）	低标城市比例（%）
工业用地	特大城市	25.8	39.1	15.93	0.07	15—30	78.57	21.43	0
	大城市	30.6	54.38	7.8	0.11		38.46	51.28	10.26
	中等城市	27.2	51.78	2.03	0.1		49.04	36.54	14.42
	小城市	24.7	59.5	0	0.13		36.36	21.21	42.42

大、中、小城市的居住用地占比差异不大，均在33%上下。中等城市略高，超出重点城市平均1.14个百分点；特大城市的居住用地占比偏低，仅为31.80%，略低于《城市用地标准》规定的25%—40%中值（见表1-2-4），深圳、广州两市均未达标。

表1-2-4　2018年不同规模城市居住用地占比与《城市用地标准》比较

土地类型	城市规模	平均值（%）	最大值（%）	最小值（%）	标准差	《城市用地标准》（%）	达标城市比例（%）	超标城市比例（%）	低标城市比例（%）
居住用地	特大城市	31.80	46.14	16.20	0.07	25—40	78.57	7.14	14.29
	大城市	32.76	53.68	18.49	0.07		71.79	17.95	10.26
	中等城市	34.00	66.32	14.85	0.09		59.62	25.96	14.42
	小城市	33.34	75.66	0.00	0.13		52.53	28.28	19.19

（3）六成城市公服用地占比超标，半数城市交通用地比例低

商业服务设施用地占比由小城市→中等城市→大城市依次降低，特大城市又有所回升。小城市最高，为10.78%，高于重点城市平均水平1.86个百分点；中等城市次之，大城市最低，为8.22%，低于重点城市平均水平0.70个百分点（见图1-2-13）。

若将超大城市从特大城市中分出，可发现超大城市的商业服务设施用地占比达9.5%，超过中等城市水平，超出重点城市平均约0.6个百分点。这说明当城市发展到成熟阶段时，商服用地占比又呈现上扬趋势。但与国外相应级别的城市相比，我国的超大城市商业服务设施用地占比依然偏低。

从公服用地占比来看，小城市、中等城市最低，由小城市→中等城市→大城市→特大城市依次上升，从9.19%升至10.72%，反映出大城市、特大城市公共服务配套相对完善的特点。按照《城市用地标准》规定，各级城市的该类用地占比普遍超标，超标城市所占比例均在六成以上（见表1-2-5）。

表1-2-5　不同规模城市公服用地占比与《城市用地标准》比较

土地类型	城市规模	平均值（%）	最大值（%）	最小值（%）	标准差	《城市用地标准》（%）	达标城市比例（%）	超标城市比例（%）	低标城市比例（%）
公服用地	特大城市	10.72	19.28	7.18	0.03	5—8	28.57	71.43	0.00
	大城市	9.70	15.67	1.31	0.03		25.64	67.95	6.41
	中等城市	9.19	21.77	1.61	0.03		21.15	71.15	7.69
	小城市	9.19	100.00	3.59	0.14		27.27	63.64	9.09

各级城市道路与交通设施用地占比普遍偏低，尤其大城市仅为10.05%，有一半以上的大城市没有达到《城市用地标准》规定的10%—30%的下限。小城市该类用地占比最高，但也仅为12.71%；尽管特大城市为71.43%达标，但平均占比仅11.94%，略高于《城市用地标准》规定的10%—30%的下限（见表1-2-6）。

表1-2-6　不同规模城市道路与交通设施用地占比与《城市用地标准》比较

土地类型	城市规模	平均值（%）	最大值（%）	最小值（%）	标准差	《城市用地标准》（%）	达标城市比例（%）	超标城市比例（%）	低标城市比例（%）
道路与交通设施用地	特大城市	11.94	22.07	5.50	0.04	10—30	71.43	0.00	28.57
	大城市	10.05	25.48	0.28	0.05		44.87	1.28	53.85
	中等城市	12.25	32.10	0.36	0.07		50.00	6.73	43.27
	小城市	12.71	33.32	0.00	0.08		44.44	8.08	47.47

城市绿地与广场用地低标问题更为突出，即使占比高的特大城市、大城市也仅相当于《城市用地标准》规定低限（10%—15%）的一半左右，其他级别城市仅相当于《城市用地标准》规定低限的1/3，特大城市100%未达标，其他级别城市90%以上未达标。

人均绿地与广场用地面积小城市平均值最高，仅相当于《城市用地标准》规定低限（10.0 m^2/人）的45%，有87.88%的小城市未达标，其他级别城市低标率均在95%以上，特大城市100%未达标（见表1-2-7）。

表1-2-7　不同规模城市绿地与广场用地占比及人均面积与《城市用地标准》比较

类型	城市规模	平均值	最大值	最小值	标准差	《城市用地标准》	达标城市比例（%）	超标城市比例（%）	低标城市比例（%）
比例（%）	特大城市	5.25	8.61	1.79	0.02	10—15	0	0	100
	大城市	3.94	16.33	0.34	0.03		3.85	1.28	94.87
	中等城市	3.17	11.91	0.04	0.02		3.85	0	96.15
	小城市	3.91	13.26	0	0.03		7.07	0	92.93
人均面积（m^2/人）	特大城市	2.79	7.1	0.39	0.02	≥10	0	—	100
	大城市	3.22	14.43	0.21	0.03		3.85	—	96.15
	中等城市	2.78	16.38	0.03	0.03		0.96	—	99.04
	小城市	4.48	26.84	0	0.05		12.12	—	87.88

3.不同发展阶段城市土地利用结构现状及对比

（1）经济发展阶段越高，高工矿低住宅特征越明显

不同发展阶段城市的工矿仓储用地占比由工业化初期→中期→成熟期→发达期→发达经济期依次呈不同幅度增加。发达经济城市的工矿仓储用地占比最高，达36.9%，超出城市总体平均6.9个百分点，具有一定优势（见图1-2-14）。工矿仓储用地占比由中期→成熟期以及由发达期→发达经济期两个阶段升幅较大，梯级上升约5—6个百分点，由初期→中期以及成熟期→发达期两个阶段升幅较小，不足3个百分点。发达经济期城市中有81.3%（13个）工矿仓储用地占比超过了30%。

住宅用地占比则刚好相反，由工业初期城市→中期→成熟期→发达期→发达经济期依次呈梯级缩减。工业初期城市住宅用地占比高达40.9%，而发达经济期城市低至28.7%，相差12.2个百分点。各阶段城市之间相差1.7—5.0个百分点，初期→中期阶段城市降幅最大，达5个百分点

（见图1-2-14）。

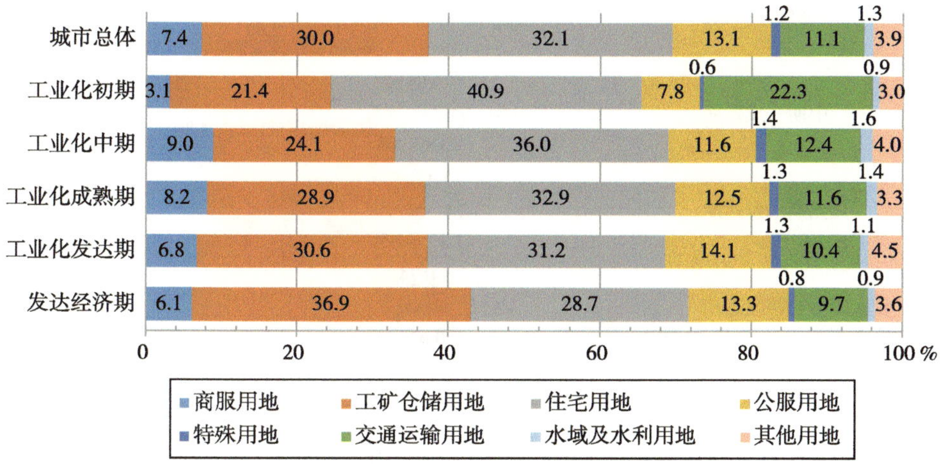

图1-2-14　2018年不同发展阶段城市土地利用结构现状对比

（2）经济发展阶段越高，高工矿低住宅特征越明显

商服用地占比工业中期城市最高为9.0%，由工业初期城市→中期→成熟期→发达期→发达经济期呈先升后降趋势，发达经济期商服用地占比为6.1%。由成熟期到工业化发达期降幅较大，为1.4个百分点，其他阶段降幅均在1个百分点以内。

公服用地占比工业化发达期城市最高为14.1%，工业初期城市最低仅为7.8%，由初期→中期→成熟期→发达经济期→发达期逐步上升，初期到中期升幅最大达3.8个百分点，以后各期变化不大，均在1.6个百分点以内，到发达经济期又有所回落。

交通运输用地占比与公服用地恰好相反，工业初期城市最高为22.3%，发达期城市最低为9.7%，由工业初期→中期→成熟期→发达期→发达经济期城市依次降低。由初期到中期降幅大，陡降9.9个百分点（见图1-2-15）。

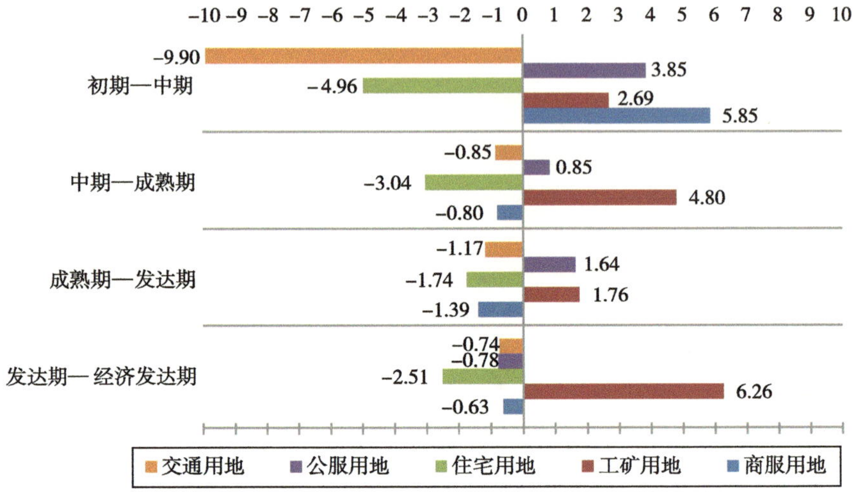

图1-2-15　2018年不同发展阶段城市五大类用地占比差距（单位：百分点）

其他土地占比各发展阶段城市差别不大，均在3—5个百分点之间，工业化初期城市最低为3.0%，工业化发达期城市最高为4.5%。

总体来看，城市土地利用结构与其经济发展水平具有较强的相关性，随着经济发展水平的提高，其工矿仓储用地占比上升、居住用地占比下降趋势明显。发达经济城市与其他发展阶段城市相比，突出表现为高工矿仓储、低住宅用地占比的特征。原因在于发达经济城市中除广州、杭州、南京等综合实力较强外，其余多半为以工矿业为主的城市，如东营、大庆、包头、镇江、宁波、无锡、苏州、常州等，这些城市（除东营和镇江外）的工矿仓储用地占比均超过40%，其中常州市高达54.7%。

第二节　城镇土地利用结构十年变迁

一、全国及区域城镇土地利用结构变化

1.近十年工矿用地占比扩大

2018年度全国城镇土地总面积为981.4万公顷，比2017年增长17.7万

从各省区城镇土地利用结构变化特征来看，总体呈现集中趋势，信息熵和均衡度降低，优势度上升。新增城镇用地多流向工矿仓储用地、商服用地和住宅用地三大用途，有近半数的省份体现出类似的结构变化特征，仅在程度上存在差异，但也有些省份体现出一些特殊性，大致可归纳为结构稳定型、小幅调整型、变化趋同型及特征各异型四种类型。

渐趋成熟型。十年间，北京、上海、天津三个直辖市的土地利用结构略显均衡化趋势。除北京的住宅用地、上海的公服用地和工矿仓储用地、天津的住宅用地及公服用地、商服用地占比变化超1个百分点外，其余变化不大。上海市商服用地占比增加0.65个百分点、工矿仓储用地占比下降2.93个百分点，土地利用结构渐趋成熟。另外，上海市公服用地占比累计增长3.12个百分点；天津市与之类似，商服用地、住宅用地占比增加，但幅度偏小，仍待进一步调整。这些特征与同为四大直辖市之一的重庆市形成鲜明对比（见图1-2-21）。

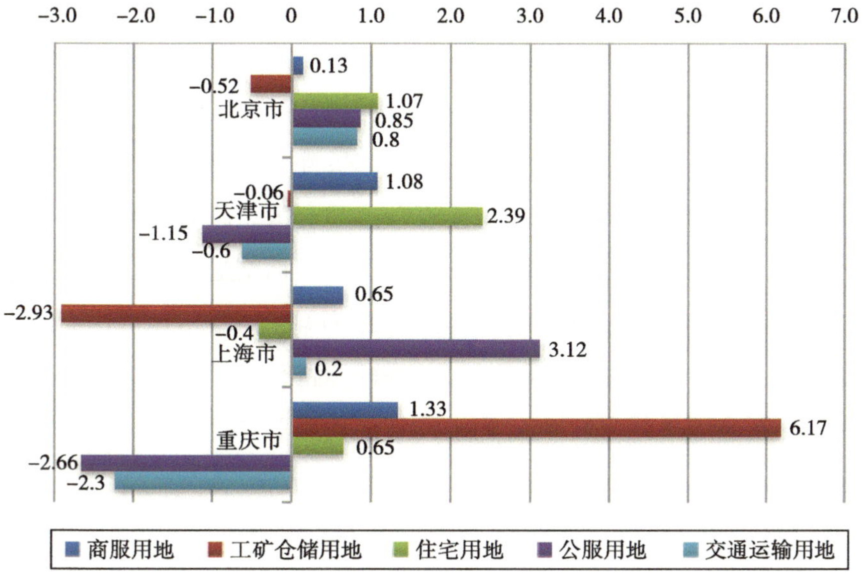

图1-2-21　2009—2018年四个直辖市城镇土地利用结构变化对比（单位：百分点）

小幅调整型。东部地区的广东省2009—2018年新增土地面积居全国第二位，但由于其城镇用地基数大，且新增土地在各用途间分配较为均衡，略向工矿仓储、住宅、商服三类用途集中，占比增幅并不大，介于1.3—2.3个百分点；浙江省也有类似特点，但主要集中于工矿仓储和住宅用途，占比增幅分别为2.08个、1.31个百分点；中西部也有少数省份土地利用结构变化较小，如山西省、广西壮族自治区等。

变化趋同型。全国大多数省份城镇用地向工矿仓储、商服用地倾斜，尤其工矿仓储用途集中趋势明显。位于中、西部的湖北、宁夏两省区该类用地占比增幅超过10个百分点，西部地区的新疆、重庆、贵州和东北地区的黑龙江均超过5个百分点，全国共有18个省区工矿仓储用地占比增长超过3个百分点。

特征各异型。东部地区海南省最为特殊，城镇土地结构内部调整最大，其商服、住宅用地占比分别增长4.22个和10.26个百分点，而其他土地（99%为空闲地）占比则大幅减少14.99个百分点；江西省与其他中部地区省份不同，新增城镇用地主要集中于商服、住宅用途，占比分别增长3.83个、5.78个百分点，2018年住宅用地占比高达42.00%，居全国之首；西部地区宁夏回族自治区城镇土地结构变化最大，其工矿、住宅用地占比大幅上升10.97个、3.21个百分点，商服用地占比大幅下降7.49个百分点，是西部地区工矿仓储用地占比第一个超30%的省区；东北地区黑龙江省最具典型性，除工矿仓储用地占比上升6.51个百分点与全国总趋势一致外，其商服、住宅用地占比大幅下降2.54个和6.63个百分点，而交通用地占比则提升了4.57个百分点，均与大趋势相反。黑龙江省住宅、商服用地占比大幅下降与海南省的两类用地占比大幅上升形成鲜明对比，2018年黑龙江省商服用地占比降至全国最低为3.77%，而海南省的商服和住宅用地占比均高居全国第三位，分别达到12.45%和39.94%。

（3）政策区："一带"似全国、"一路"差异大

十年间，"一带一路"城市带、长江经济带的城镇土地利用结构与全国城镇土地利用结构变化的总体趋势一致，均表现为向工矿仓储、商服、住宅三大类用地集中，但程度不同。相对而言，两大区域的工矿仓储用地占

比增幅略低，而住宅用地占比增幅略高。按省区统计，“一带一路”工矿仓储用地占比增幅低于全国城镇平均水平0.60个百分点，长江经济带的住宅用地占比增幅则高出全国城镇平均水平0.62个百分点（见图1-2-22）；按节点城市统计则差异较大，“一带一路”工矿仓储用地占比增幅低于全国城镇平均水平1.89个百分点（见图1-2-23）。另外，长江经济带的商服用地占比增幅较大，按省区统计高出全国城镇水平0.80个百分点。

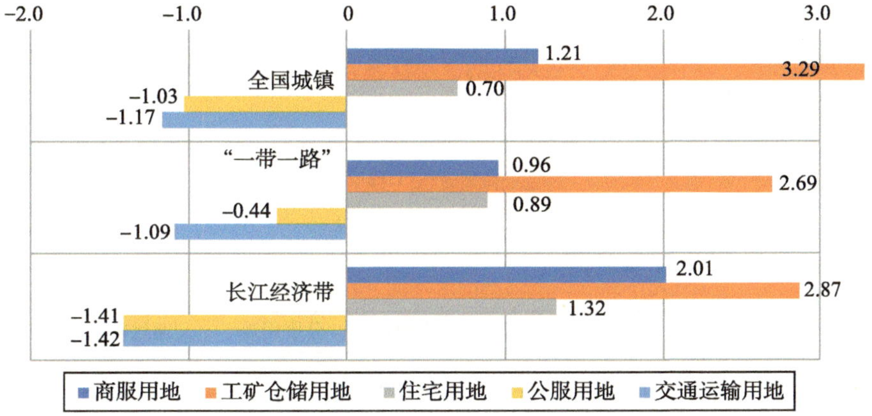

图1-2-22　2009—2018年“一带一路”、长江经济带城镇土地利用结构变化（按省区统计，单位：百分点）

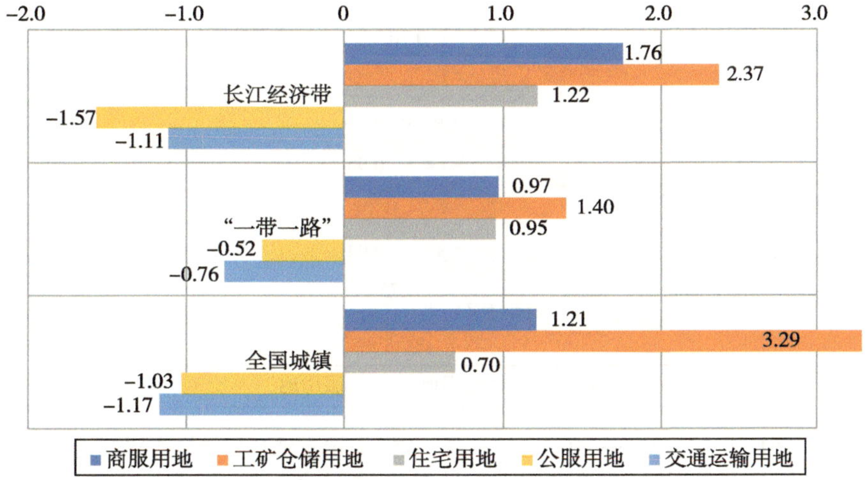

图1-2-23　2009—2018年“一带一路”、长江经济带城镇土地利用结构变化（按城市统计，单位：百分点）

"一带一路"、长江经济带的城镇土地利用结构变化特征均出现明显差异。"一带一路"中的"一带"土地利用结构变化与全国城镇基本一致，而"一路"则差异较大（见图1-2-24、图1-2-25）。

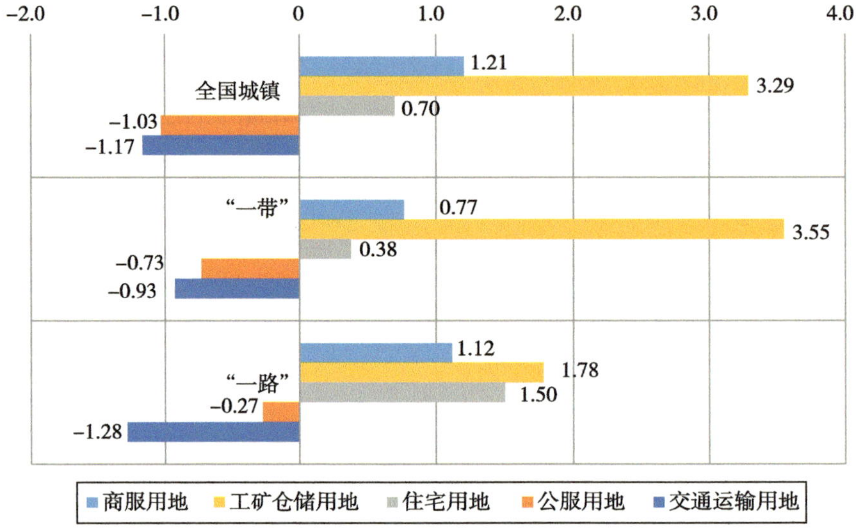

图1-2-24　2009—2018年"一带一路"城镇土地利用结构变化对比
（按省区统计，单位：百分点）

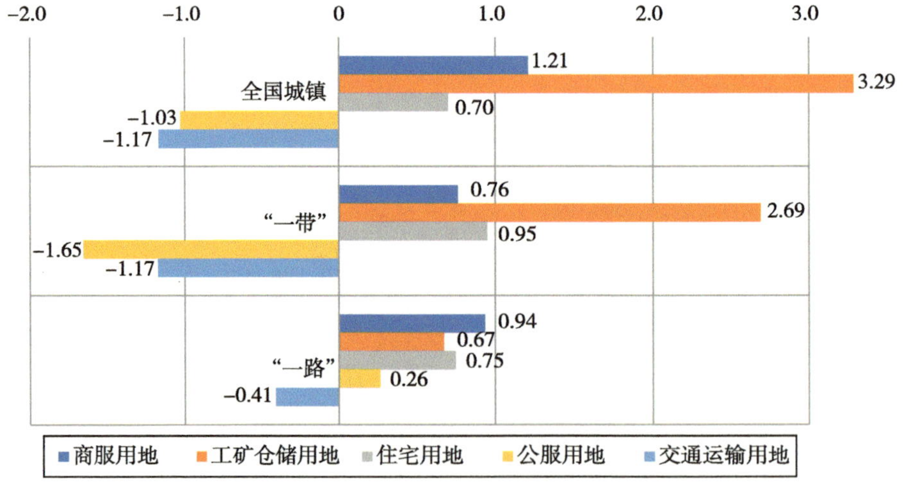

图1-2-25　2009—2018年"一带一路"城镇土地利用结构变化对比
（按城市统计，单位：百分点）

长江经济带的城镇土地利用结构变化也出现分异。中游地区的城镇土地利用结构变化幅度最大，上游次之，下游最小。中游地区的工矿仓储用地增幅和公服用地降幅均远超过全国城镇和长江经济带的平均水平，按省区统计，分别超出全国城镇平均水平2.39个和1.93个百分点；按节点城市统计差异更大，分别超出3.41和3.05个百分点（见图1-2-26、图1-2-27）。

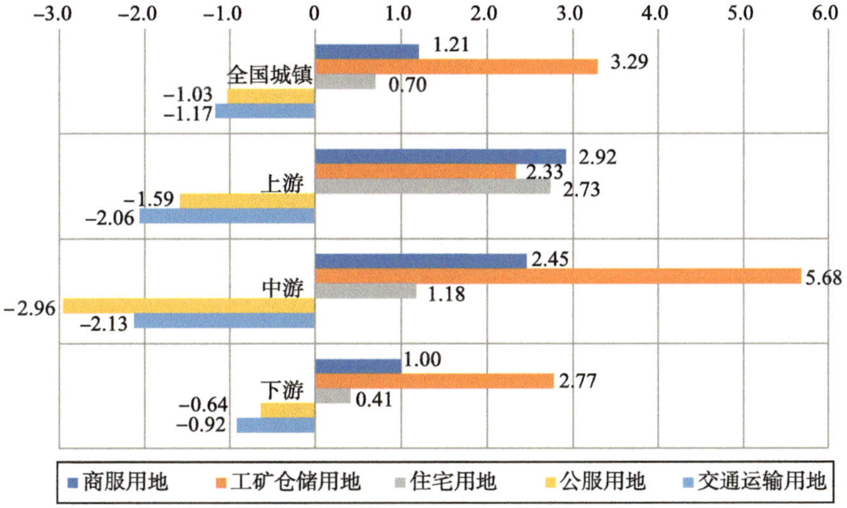

图1-2-26　2009—2018年长江经济带上、中、下游城镇土地利用结构变化对比（按省区统计，单位：百分点）

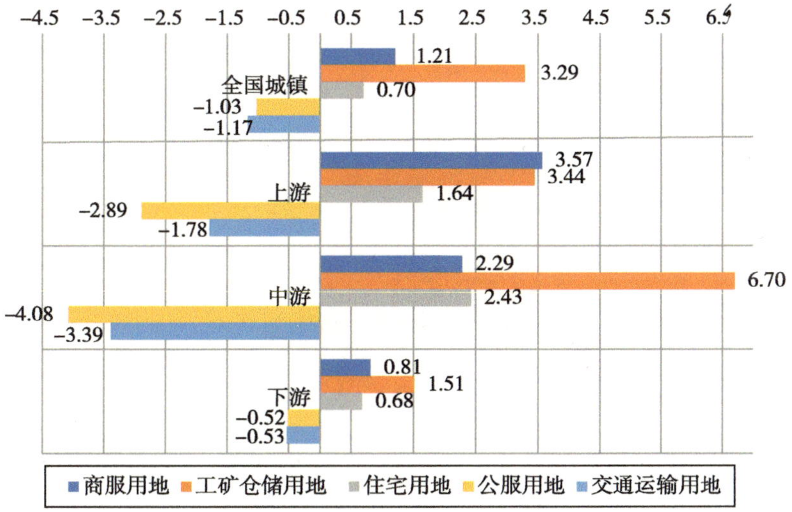

图1-2-27　2009—2018年长江经济带上、中、下游城镇土地利用结构变化对比（按城市统计，单位：百分点）

二、主体功能区城镇土地利用结构变化对比

1. 重点开发区扩工矿、优化开发区扩商服住宅

十年间，优化开发区与重点开发区的城镇土地利用结构与全国城镇土地利用结构的变化趋势基本一致，主要表现为工矿仓储用地、商服用地占比提高，公服用地和交通运输用地占比降低，但变化幅度存在差异，优化开发区城镇土地利用结构相对稳定，而重点开发区调整幅度较大，且两区住宅用地占比变化存在差异。

十年间，优化开发区和重点开发区的工矿仓储用地、商服用地占比均有提高，但幅度不同。优化开发区两类用地占比增幅较低，分别低于全国城镇平均水平1.53个和0.53个百分点，而重点开发区工矿仓储用地占比大幅提升，高于全国平均水平近1个百分点。重点开发区公服用地和交通运输用地占比降低，分别下降了1.18个和1.36个百分点。住宅用地方面，优化开发区占比上升0.90个百分点，而重点开发区仅提高0.16个百分点，体现出大力发展工业、挤压各类公服用地及住宅用地的特征（见图1-2-28）。

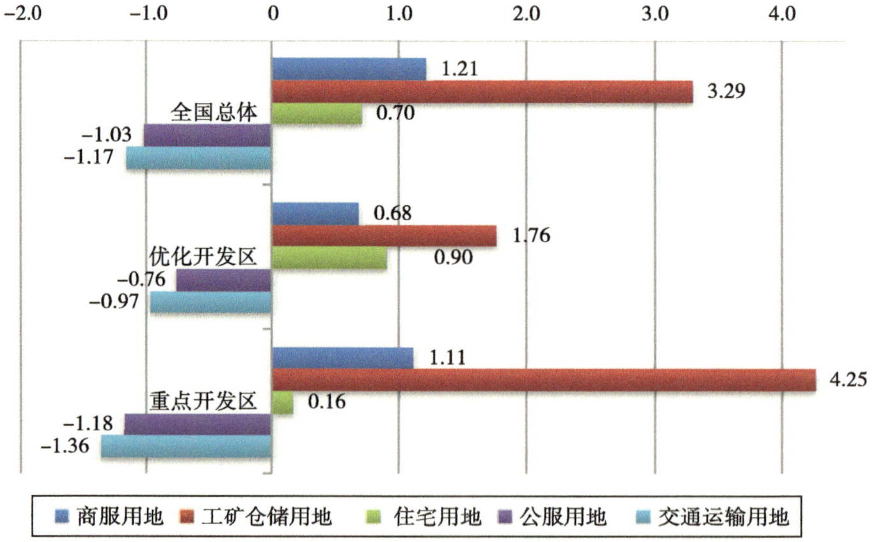

图1-2-28 2009—2018年优化开发区和重点开发区城镇土地利用结构变化（单位：百分点）

2. 优化开发区城镇土地利用结构特征出现分异

三大优化开发区的城镇土地利用结构变化特征出现分异，长三角与珠三角特征相似，而环渤海地区则有所不同。2009—2018年，长三角与珠三角地区的城镇土地利用结构变化与优化开发区整体趋势一致，即工矿仓储用地、商服用地和住宅用地的占比均有所提高，公服用地和交通运输用地占比有所降低。相较于全国总体水平，长三角和珠三角地区的工矿仓储用地占比提高幅度较小，而住宅用地占比提高幅度较大。这从一个侧面反映了近几年这两个区域发展的重点不再是工业规模的扩张，而是质量的提升，由此带来人口集聚效应更加强劲（见图1-2-29）。

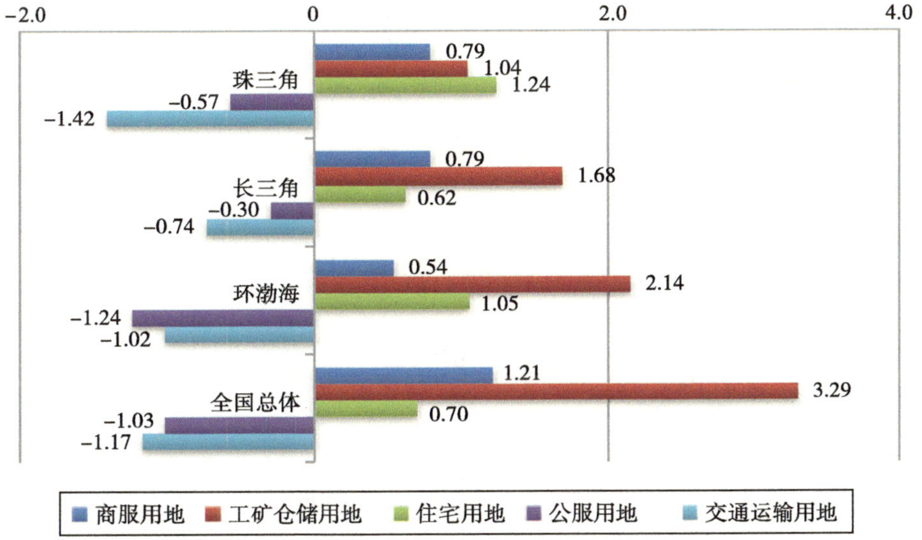

图1-2-29　2009—2018年三大优化开发区城镇土地利用结构变化（单位：百分点）

环渤海地区城镇土地利用结构变化前些年与全国总趋势更接近，也就是工矿仓储用地占比提高幅度较大，住宅用地占比增幅较小，但近三年工矿仓储用地占比增幅缩小，而住宅用地占比增幅加大，变化特征与长三角和珠三角渐趋一致，这种变化主要是由于京津冀一体化发展，带动了区域产业结构调整。

三、重点城市土地利用结构变化对比

1. 城镇之间：建制镇工矿仓储用地占比扩张显著

十年间，全国城市与城镇土地利用结构变化总体趋势一致，均向工矿仓储、商服、住宅三大类用地集中，公服用地、交通运输用地占比呈缩小趋势，且商服用地占比变化幅度差异不大。但工矿仓储用地、住宅用地集中程度存在较大差异。城市与城镇相比，工矿仓储用地集中程度较低，占比增幅低于城镇1.17个百分点；而住宅用地则相反，城市住宅用地则集中趋势明显，超出城镇0.73个百分点。这种差异主要是由于建制镇与城市土地利用结构变化不同所致，建制镇的工矿仓储用地占比增幅远高于城市，而住宅用地占比则略呈负增长（见图1-2-30）。

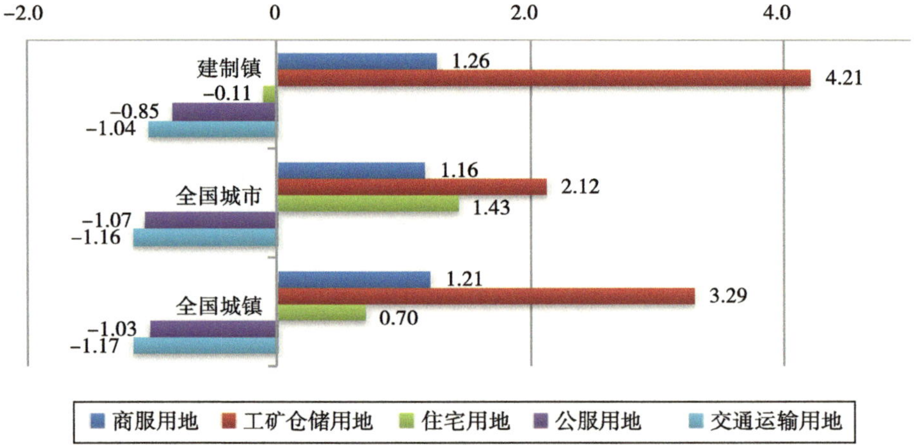

图1-2-30　2009—2018年全国城市与城镇土地利用结构变化对比（单位：百分点）

2. 不同行政级别城市：城市级别越高土地利用结构越稳定

十年间，不同行政级别城市土地利用结构变化产生明显分异。总体来看，随着城市级别的升高，其土地利用结构变化幅度逐渐缩小，尤其是工矿仓储用地占比变化最为明显，副省级城市、省级城市变化幅度明显缩小。具体特征可概括为：

（1）地级市土地利用结构变化与全国城市总体变化趋势最为接近，明显向工矿仓储、商服、住宅三大类用地集中，而公服用地、交通运输用地占比则明显缩减。

（2）县级市与地级市土地利用结构变化趋势类似，但其工矿仓储用地占比增幅明显高于其他各级城市，高达3.20个百分点，超出全国城市平均水平1.08个百分点，体现了低级别城市大多处于工业快速扩张阶段的发展特征。

（3）省级、副省级城市土地利用结构相对稳定，且分别呈现向商服、住宅用途集中趋势。其中，省级城市（四个直辖市）除商服用地占比增幅达1.47个百分点，超出全国城市平均水平外，其他地类变化幅度均在1个百分点以下。副省级城市与其类似，除住宅用地上升1.76个百分点，公服用地下降1.49个百分点，其他地类占比变化幅度均在0.60个百分点以下（见图1-2-31）。

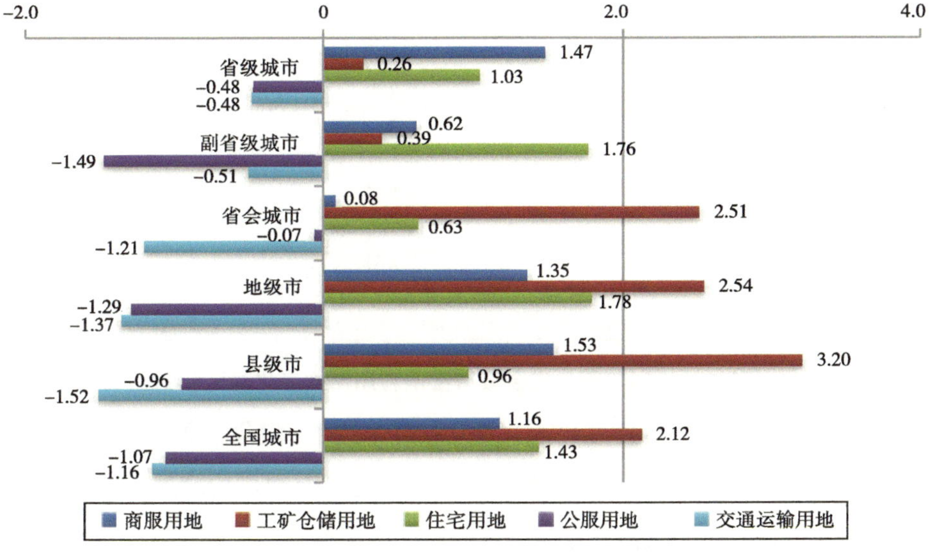

图1-2-31 2009—2018年全国及各行政级城市土地利用结构变化（单位：百分点）

省级、副省级城市的工矿仓储用地占比增幅均较小，分别为0.26和0.39个百分点，远低于全国城市平均增幅；而省级城市的商服用地、副省级城市的住宅用地却表现出较强的集中趋势，反映出这两级城市多处于较高发展阶段，工业用地扩张已趋于缓慢，随着人口集聚和第三产业的发展，用地结构呈现出向商服、住宅倾斜趋势。但省级城市的住宅用地占比增幅偏小，副省级城市的商服用地占比增幅较小，尚需进一步调整。

（4）省会城市与上述两级城市土地利用结构变化迥然不同，主要表现为高工矿仓储用地占比增长，住宅用地占比增幅较小，商服用地占比增长更是接近于零，一定程度上体现出均衡化趋势。通过进一步分析发现，其工矿仓储用地占比增长主要源于以下7个城市：西部地区的南宁、乌鲁木齐、贵阳增幅分别高达9.51、5.30和3.85个百分点；增幅超过3个百分点的还有海口、石家庄、太原和银川四个城市（见图1–2–32）。其他省会城市该

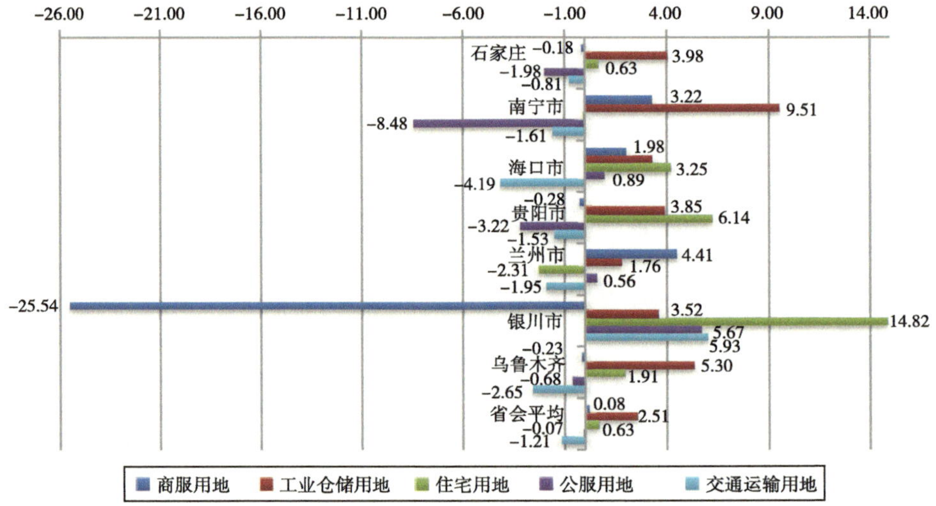

图1–2–32　2009—2018年部分省会城市土地利用结构变化对比（单位：百分点）

类用地占比增幅均在3个百分点以下，长沙、昆明、南昌、拉萨甚至还呈现负增长；另外，银川、贵阳、郑州三市住宅用地占比增长均超过5个百分点，反映出省会城市之间土地利用结构变化的差异性。需说明，银川市2009—2016年间土地利用结构波动大，2010年其商服用地、公服用地占比分别下降9.3、9.8个百分点，而住宅用地占比大幅上升23.6个百分点，2010—2015年间调整不大，但2016年其商服用地占比又陡降19.1个百分点，而公服用地占比却大幅上升15个百分点，可能与统计口径调整有关，2017年、2018年度变化不大。

（5）地级市土地利用结构变化与全国城市总体变化趋势最为接近，明显向工矿仓储、商服、住宅三大类用地集中，而公服用地、交通运输用地占比则明显缩减。

（6）县级市与地级市土地利用结构变化趋势类似，但其工矿仓储用地占比增幅明显高于其他各级城市，高达3.20个百分点，超出全国城市平均1.08个百分点，体现了低级别城市大多处于工业快速扩张阶段的发展特征。

3.不同规模等级城市：城市规模越小土地利用结构变动越大

十年间，所有地级及以上重点城市土地利用结构变化总体呈现向工业（特大城市除外）、商服、居住三大类用地集中，也略向物流仓储用地、公用设施用地集中趋势，公服用地、道路与交通设施用地、绿地与广场用地占比呈缩小趋势，不同规模等级的城市呈现较有规律的差异性。

从各类用地占比变化幅度看，小城市调整最大，除居住用地外，其余主要地类变化幅度均高于其他级别城市；从各类用地结构变化特征看，呈现由小城市→中等城市→大城市→特大城市波浪式变化，工业用地、居住用地和商服用地占比变化更为明显（见图1-2-33），体现出城市发展的阶段性特征。

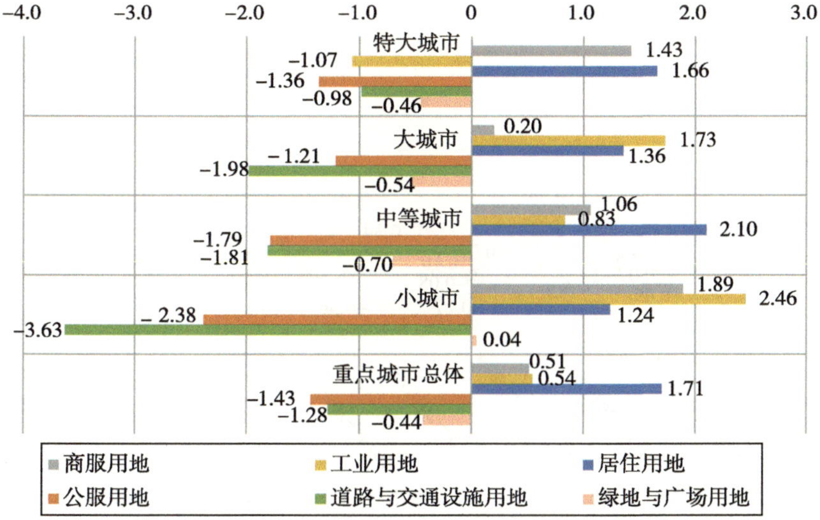

图1-2-33　2009—2018年各级城市土地利用结构变化对比（单位：百分点）

(1)大、中、小城市工业用地占比变化均呈现增长趋势。其中,小城市增幅最大,其次是大城市,中等城市增幅较小。特大城市与之相反,工业用地占比则呈缩减趋势,反映出城市发展不同阶段的产业结构调整特点。小城市低端工业扩张较快,到中等城市阶段则趋缓,而大城市的中高端工业发展迅速,工业用地再度扩张,但到特大城市阶段,第三产业快速发展,商服用地、居住用地占比增加,工业用地占比相应缩减,用地结构再次调整。

从工业用地占比的年度变化趋势看,大城市、小城市均为2010年增幅大,此后又分别在2012年和2014年出现较大增幅;特大城市整体呈缩减趋势,尤其2012年以后,各年占比增幅均小于或接近于0,2014年和2016年度减幅较大(见图1–2–34、图1–2–35)。

(2)2009—2018年商服用地占比累计增幅,小城市最大,增长1.89个百分点,其次是特大城市,增长1.43个百分点,大城市累计增幅最小,仅0.20个百分点。需说明的是,尽管特大城市商服用地占比增幅明显高于大城市,但其内部各城市间差异性较大,商服用地占比累计增幅最大的成都市达8.68个百分点,上海市增长2.14个百分点,而深圳市累计增幅0.54个百分点,广州几乎为零,北京市则为负值(见图1–2–36)。

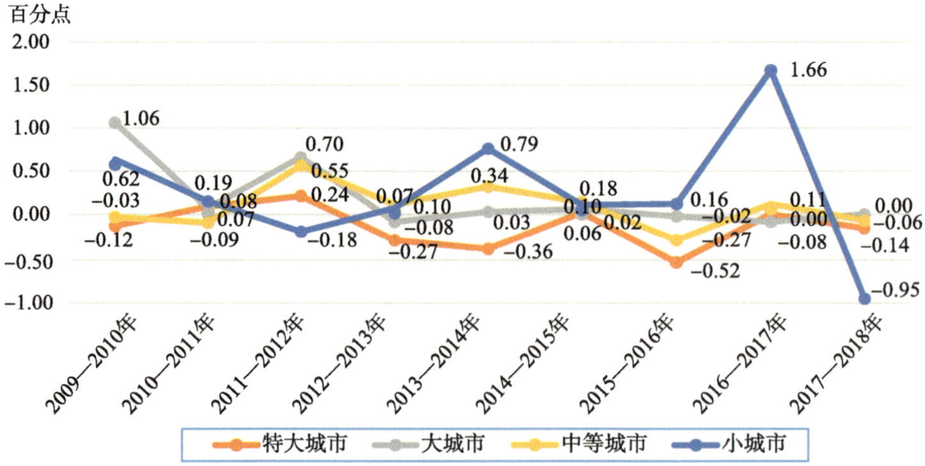

图1–2–34　2009—2018年各级城市工业用地占比年度变化对比

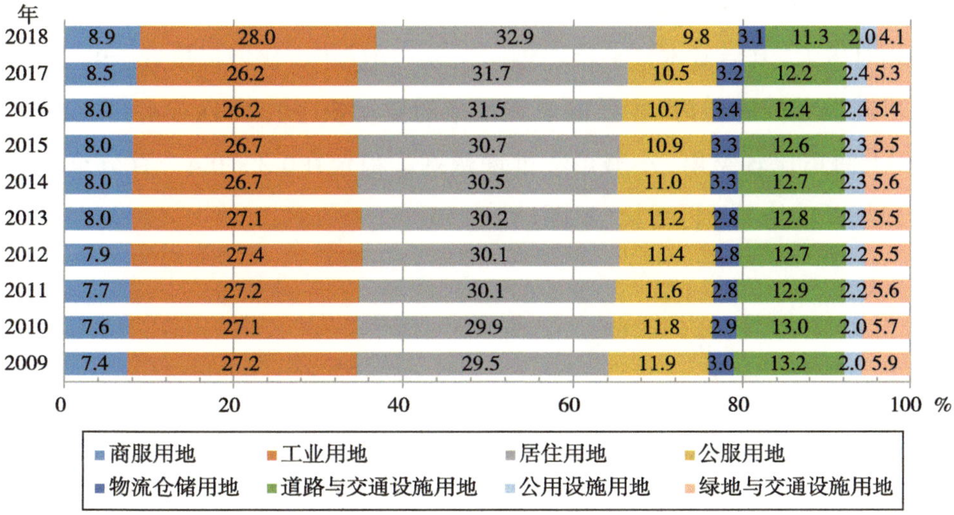

图1-2-35　2009—2018年特大城市土地利用结构变化

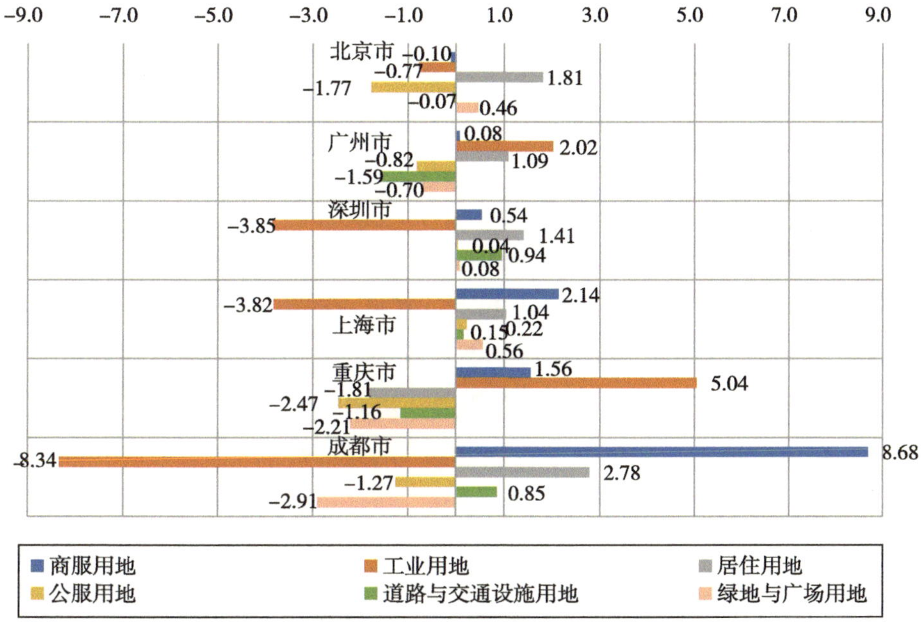

图1-2-36　2009—2018年部分特大城市土地利用结构变化对比(单位:百分点)

就商服用地占比的年度变化趋势看，大城市、中等城市波动较大，

2010年均呈现负增长，2011年出现较大幅度反弹，2012年回落后呈小幅波动，中等城市趋向平稳增长，大城市2016年出现回落；特大城市2010年增幅相对较大，其后基本呈平稳趋势，2014—2016年占比增幅接近于0，2017年出现较大幅度上扬（主要源于成都市的拉动效应），2018年占比也有增长，上海市比较突出；小城市年度增幅基本稳定在0.3—0.4个百分点，但2014年以后基本不再增长（见图1-2-37）。

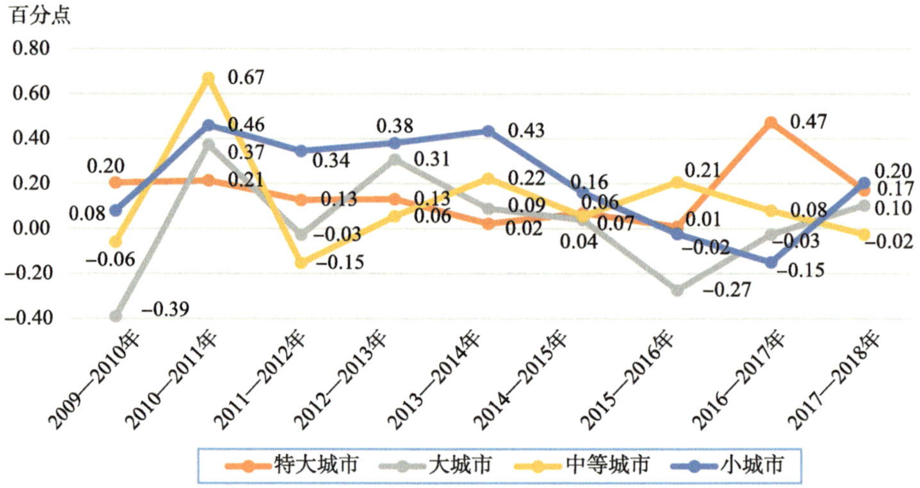

图1-2-37　2009—2018年各级城市商服用地占比年度变化对比

（3）各级城市居住用地占比变化差异不大。中等城市累计增幅最高增长2.10个百分点，特大城市增长1.66个百分点，小城市增幅最低为1.24个百分点。尽管特大城市居住用地占比增幅较高，但2018年其居住用地占比仍低于其他级别城市，仅为31.8%，有待进一步调整。

从居住用地占比的年度变化趋势看，小城市波动大，其他级别的城市2010年增幅相对较大，2011年大幅回落，而后基本趋向平稳，而2016年又有所上扬，尤其是特大城市2016年上扬幅度较大，尽管2017年增幅缩小，但仍然增长了0.15个百分点，呈现合理化调整趋势（见图1-2-38）。

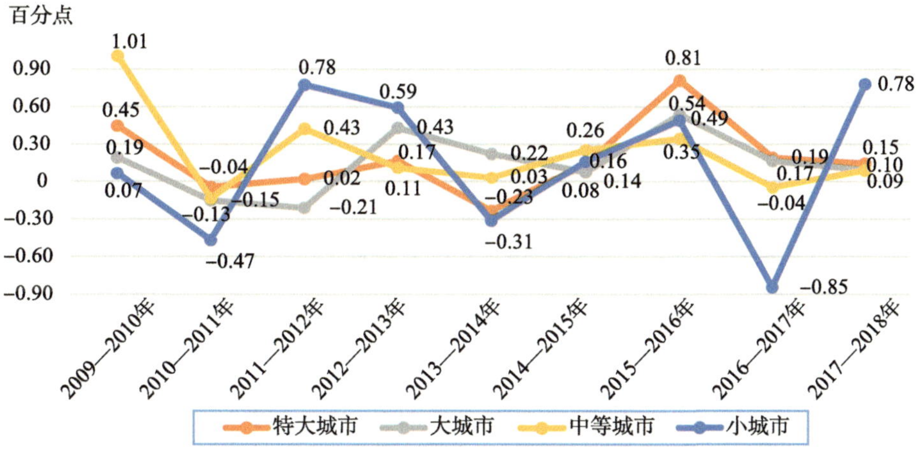

图1-2-38　2009—2018年各级城市居住用地占比年度变化对比

从2009—2018年人均居住用地面积变化看，特大城市呈减小趋势，大城市基本维持不变，中等城市、小城市均呈增加趋势，且增幅随城市级别的降低而上升，小城市人均居住用地面积增加6.37m^2，而特大城市则减小2.03 m^2（见图1-2-39），特大城市由2009年的人均21.0 m^{2}降至19.0 m^2，各级城市间差距拉大，特大城市的人均居住用地面积不足小城市的一半，明显低标，未来仍需进一步调整（见表1-2-8）。

表1-2-8　2009—2018年不同规模城市四类建设用地人均面积变化

城市规模	居住用地（m^2/人）	公服用地（m^2/人）	道路与交通设施用地（m^2/人）	绿地与广场用地（m^2/人）
特大城市	−2.03	−1.46	−1.32	−0.60
大城市	−0.06	−1.12	−1.76	−0.49
中等城市	4.39	−0.81	−0.62	−0.35
小城市	6.37	−0.55	−1.71	0.64
总体平均	0.50	−1.16	−1.46	−0.41

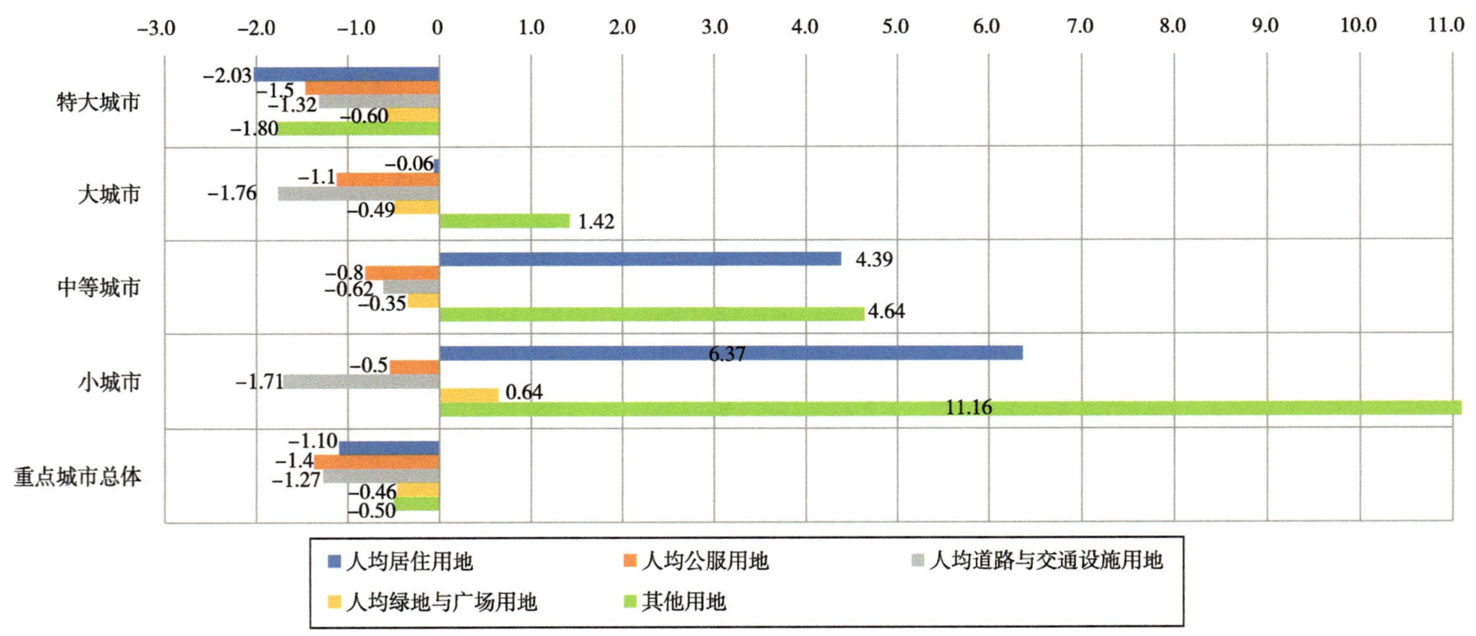

图1-2-39　2009—2018年各级城市土地人均面积变化对比（单位：m^2/人）

（4）2009—2018年间，各级城市公服用地占比均呈减小趋势，除小城市减幅较大超出重点城市平均约1个百分点外，其他级别城市降幅差异不大，均在1.2—1.8个百分点之间。

（5）各级城市的道路与交通设施用地占比亦均呈减小趋势，小城市减幅最大，超出重点城市平均约2.35个百分点；特大城市减幅相对较小，低于重点城市平均0.30个百分点；大城市、中等城市降幅接近，超出重点城市平均0.50—0.70个百分点。

但从人均道路与交通设施用地面积变化的差异来看，则特大城市基本与重点城市平均减幅接近。由此导致该项指标原本偏低的特大城市2018年降至6.4 m^2，比《城市用地标准》规定人均12m^2的低限低了5.6m^2，需引起足够重视。

（6）除小城市绿地与广场用地占比基本稳定外，其余级别城市均略呈减小趋势，且差异不大。各级城市绿地与广场用地占比普遍不达标，人均用地面积也远低于《城市用地标准》规定的10.0m^2的低限。

4. 不同发展阶段城市：除工矿外发展阶段越高土地利用结构越稳定

十年间，不同发展阶段城市城镇土地利用结构变化与全国城镇总体趋势基本一致，均向工矿仓储、商服、住宅三大类用地集中，公服用地和交通用地比重呈缩减趋势，但各发展阶段城市之间表现出较大差异性（见图1-2-40）。

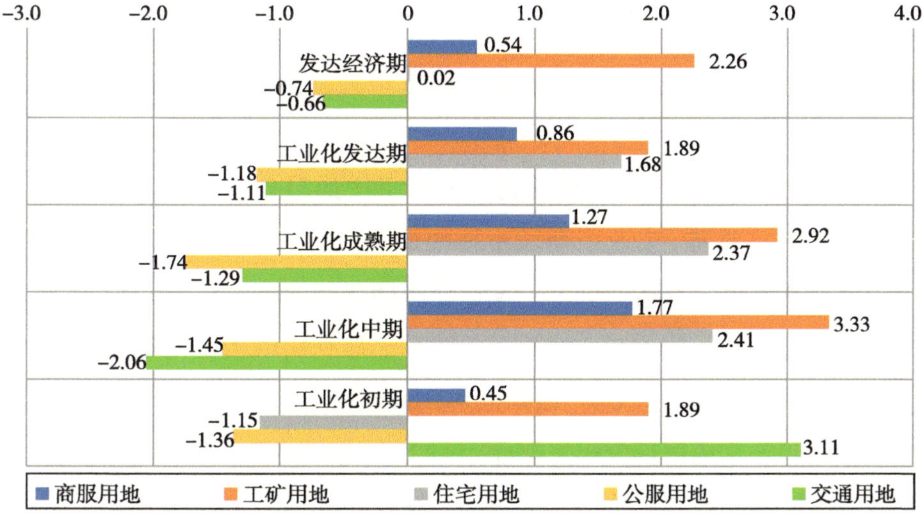

图1-2-40　2009—2018年不同发展阶段城市土地利用结构变化对比（单位：百分点）

十年间，各发展阶段城市土地利用结构变化呈现出以下特征：

（1）工矿仓储用地占比增长幅度工业中期城市最大，增长3.33个百分点；工业化成熟期城市次之，增长2.92个百分点；发达期与发达经济期城市接近且增幅相对较低。表明由工业化初期城市→中期城市→成熟期城市→发达期城市→发达经济期城市，工矿仓储用地规模先是大幅度扩张，而后扩张速度逐渐趋缓。这在一定程度上反映出不同发展阶段城市工矿业发展特点，随着经济的不断发展，工矿业用地扩张呈现出变缓趋势，但仍在扩张。

（2）商服用地占比工业化中期城市增幅最大，经历了工业化初期城市→中期城市→成熟期城市→发达期城市→发达经济期城市的变化，其商服用地占比变化先是呈扩大趋势，到工业化中期城市以后则依次缩减，到发达经济城市商服用地占比增幅仅为0.54个百分点。这一方面反映出按人均GDP单一指标进行城市经济发展水平分类所表现出的规律性，另一方面也反映出我国发达经济期城市的城镇商服用地占比增幅总体偏低。

（3）住宅用地占比变化存在差异，工业化初期城市缩减1.15个百分点，而工业中期、成熟期、发达期城市则占比增加且增幅接近，介于1.70—2.40个百分点，而发达经济期城市住宅用地占比基本维持不变。

（4）各发展阶段城市的公服用地占比均呈缩减趋势。发达经济城市减幅最小（0.74个百分点），其他发展阶段城市减幅接近，均介于1.20—1.70个百分点。

（5）交通用地占比除工业化初期城市呈增加趋势外，其他各发展阶段城市均呈减小趋势，工业中期城市减幅最大，为2.06个百分点，由中期城市→成熟期城市→发达期城市→发达经济期减幅依次缩小。

从以上分析可以看出，对于重点城市土地利用结构变化趋势的研究，无论按行政级别、城市规模，还是人均GDP水平分类，均带有一定局限性，本部分第四章将选用11个相关指标，对295个重点城市进行聚类分析，以进一步揭示城市土地利用结构变化的规律性及其原因。

第三章　城镇土地利用的产出效益分析

第一节　城镇土地利用产出效益分析

一、2018年城镇土地商服用地产出效益分析

城镇土地利用效率重点分析城镇用地中商服用地、工矿仓储用地两类以经营性、生产性为主的用地类型的土地产出效益，分别用单位商服用地的第三产业增加值反映商服用地产出效益；用单位工矿仓储用地的第二产业增加值反映工矿仓储用地产出效益，分别按照全国层面、不同区域、典型城市分析测算相应的产出效益指标，进行土地利用效益分析，并对各类用地的土地利用效益空间格局特征进行分析，据此提出土地利用效益优化建议及对策。

1.全国及四大经济区城镇土地商服用地产出效益分析

2018年全国商服用地地均第三产业增加值为6400.82万元/公顷。70.97%的省市地均第三产业增加值低于全国平均值，在空间上呈现从沿海到内陆递减的特征。十年间，全国商服用地产出效益呈现稳步上升趋势，但增长速度则呈现先下降、后上升的趋势，2018年全国商服用地总体产出效益增长率同比下降1.89%。全国商服用地产出效益也呈现前七年逐年递增的趋势，2016年出现首次下降，说明区域差异较上一年度有所减小。2018年较上一年出现微幅下降，整体区域差异仍维持较高水平。

2018年四大经济区商服用地地均第三产业增加值，呈现“东部→东北部→中部→西部”梯度递减的整体特征（见表1-3-1）。2018年东部地

区商服用地地均第三产业增加值最高为10446.05万元/公顷，相较上一年，2018年东部、中部、西部、东北部商服用地地均第三产业增加值年增长率分别为7.58%、10.87%、7.13%和5.46%，中部地区商服用地地均第三产业增加值涨幅最高，而东北地区涨幅在四大经济区中持续保持末位。

表1-3-1　2018年全国四大经济区商服用地地均第三产业增加值

地区	商服用地地均第三产业增加值（万元/公顷）
东部地区	10446.05
中部地区	4580.49
西部地区	3761.63
东北地区	5897.98

2.各省城镇土地商服用地产出效益分析

各省商服用地的土地利用产出效益分布不均衡，商服用地地均第三产业增加值呈现从沿海到内陆递减的规律。2018年，高于全国水平的分别是北京、天津、黑龙江、上海、江苏、浙江、福建、山东和广东等9个省市，占全国总数的29.03%。2018年商服用地效益最高的上海市单位商服用地第三产业增加值为18396.09万元/公顷，最低的海南省单位商服用地的第三产业增加值为2345.38万元/公顷，高低差距7.84倍以上。

3.优化开发区与重点开发区城镇土地商服用地产出效益分析

2018年优化开发区域的商服用地产出效益（12582.49万元/公顷）高于重点开发区域（5766.41万元/公顷），且各区域内部差异较大。

从优化开发区域内部看，商服用地地均第三产业增加值呈现“珠三角→长三角→环渤海”的次序递减的规律。

珠三角地区商服用地地均第三产业增加值为16151.49万元/公顷，长三角地区为14524.35万元/公顷，而环渤海地区为9679.83万元/公顷，只为珠三角水平的59.93%。

从重点开发区域内部看，区域商服用地产出效益差异也比较大。商服用地地均第三产业增加值最高的是海峡西岸地区，为12945.49万元/公顷；最低的是宁夏沿黄经济区，仅为2948.51万元/公顷。

4.重点城市城镇土地商服用地产出效益分析

84个重点城市商服用地产出效益差异大。2018年84个重点城市商服用地地均三产增加值平均为8610.53万元/公顷，其中深圳的商服用地产出效益最高，达37573.07万元/公顷，是城市均值的4.37倍，而上海、北京、天津和重庆4个直辖市其指标水平仅为深圳的48.96%、38.62%、43.55%和13.72%，与最低的阜新市（1502.65万元/公顷）相差24倍。

重点城市商服用地产出效益空间差异明显。除深圳市外，广州市、杭州市、南京市、无锡市、厦门市、上海市、常州市、北京市、福州市、天津市等东部沿海中心城市的商服用地产出效益较高，地均三产增加值均超过10000万元/公顷。其次主要是商服业较发达的中部城市、东北地区经济较发达城市以及西部的部分城市，地均三产增加值5000万—10000万元/公顷，如中部地区的南宁、长沙、太原、郑州、南昌等和东北地区的大连、哈尔滨、沈阳以及西部地区的重庆、西安、兰州，这些城市由于经济发展基础较好，多数为省会城市，产业转型发展较早，因此商服业发展较好，加之在经济转型发展过程中注重土地利用结构调整，因此其商服用地产出效益较高。最后是地均三产增加值低于5000万元/公顷的城市，中西部城市超过一半，包括安阳、新乡、荆州等，此外还有部分东北部地区的城市以及东部环渤海地区的城市。

二、2018年城镇土地工矿仓储用地产出效益分析

1.全国及四大经济区城镇土地工矿仓储用地产出效益分析

2018年全国工矿仓储用地地均第二产业增加值为729.32万元/公顷，同比上升2.07%。2018年四大经济区工矿仓储用地地均第二产业增加值，呈现“东部→中部→西部→东北部”递减的趋势。2018年东部地区工矿仓储

用地地均第二产业增加值为986.28万元/公顷，中部、西部和东北部地区分别为东部水平的81.56%、50.06%和34.43%，中部与东北、西部两大地区差异显著。

2.各省城镇土地工矿仓储用地产出效益分析

各省工矿仓储用地产出效益分布不均衡，工矿仓储用地地均第二产业增加值基本呈现从东南沿海到西北内陆阶梯状递减的趋势。2018年，上海、福建、广东、北京、浙江、重庆、湖南、江苏、河南、陕西、四川、湖北、天津和山东14个省市工矿仓储用地产出效益超过全国平均水平，占全国总数的45.16%（见图1-3-1）。其中，工矿仓储用地地均第二产业增加值最高的是上海市为1648.22万元/公顷，是全国平均水平的2.14倍；地均第二产业增加值较低的省份主要处于西部欠发达地区，最低的青海省为121.07万元/公顷，最高者是最低者的13.6倍。

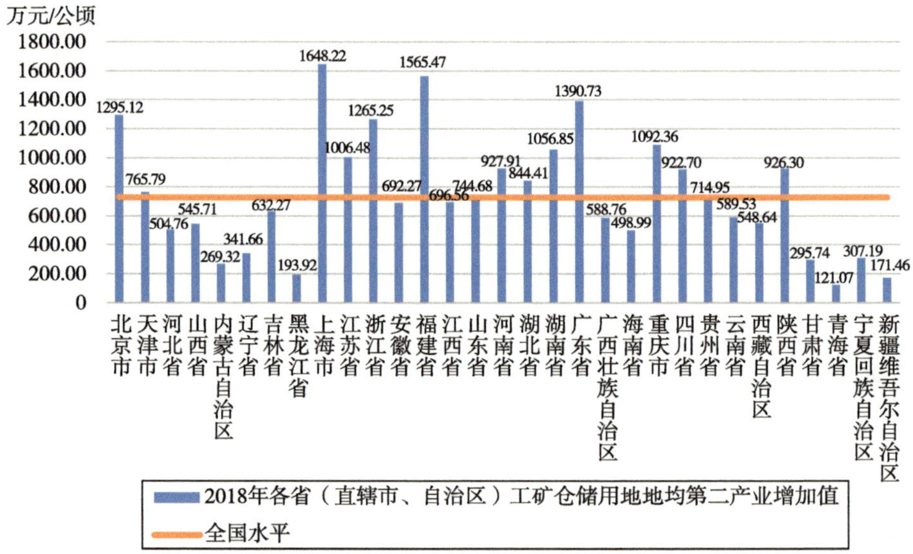

图1-3-1　2018年各省（直辖市、自治区）工矿仓储用地地均第二产业增加值与全国水平比较

3.优化开发区与重点开发区城镇土地工矿仓储用地产出效益分析

优化开发区域的工矿仓储用地地均第二产业增加值为965.68万元/公

顷，高于重点开发区域的829.63万元/公顷。

从优化开发区域内部看，工矿仓储用地地均第二产业增加值表现为“珠三角→长三角→环渤海”依次递减的规律，工矿仓储用地地均第二产业增加值分别为1749.43万元/公顷、1378.47万元/公顷、558.89万元/公顷。

珠三角地区工矿仓储用地产出效益最高，珠三角地区制造业总体上呈现“两走廊、多基地”的发展格局，形成了珠江口东岸的电子信息产业和珠江口西岸的优势传统产业走廊，以及各具特色的装备、汽车、石化、船舶制造等产业基地。珠三角地区产业结构高级化、产业布局一体化是其用地产出效益居高的主要原因。长三角地区的产出效益紧随其后，这与其高速经济、社会发展有着密切的关系。环渤海地区的产出效益相对较低，应逐步加强环首都圈产业发展一体化布局，提高环渤海地区用地产出效益。

从重点开发区域内部看，区域内部工矿仓储用地产出效益差异较大。其中工矿仓储用地地均第二产业增加值最高的是海峡西岸地区，为1707.06万元/公顷；最低的是兰州－西宁地区，增加值仅为271.95万元/公顷，最高者是最低者的6.28倍。

海峡西岸地区的工矿仓储用地地均第二产业增加值最高，其内部福州市、泉州市、温州市和揭阳市的产出效益均较高，该地区地处海峡西岸区域，近年来大力发展临港工业，发展成熟且产值高，工矿仓储用地利用较为集约；而兰州－西宁地区的工矿仓储用地地均第二产业增加值最低，在于其地处西北地区，区位优势较薄弱，且产业结构发展不完善，导致用地较为粗放。

4.重点城市城镇土地工矿仓储用地产出效益分析

84个重点城市工矿仓储用地产出效益差异较大。2018年84个重点城市的工矿仓储用地地均二产增加值平均为729.324万元/公顷，其中深圳的工矿仓储用地产出效益最高，2018年深圳的工矿仓储用地地均二产增加值达到3276.74万元/公顷，是城市均值的3.58倍，而南昌、杭州、长沙、福州、广州紧随其后，其工矿仓储用地地均二产增加值均超过1700万元/公顷。

最低的为阜新市，其地均二产增加值为126.45万元/公顷，约为深圳市的1/26。

重点城市工矿仓储用地产出效益地域差异显著。地均二产增加值大于1000万元/公顷的重点城市主要集中在珠三角和长三角地区，如深圳、广州、杭州、厦门、无锡、上海等，还包括一些逐渐崛起的中部城市，如长株潭城市群的长沙、株洲、湘潭等，以及位于西部地区的重庆、西安、成都等省会城市。其次为经济较发达的部分省会城市，如昆明、海口、哈尔滨、太原、兰州、西宁等，以及环渤海经济圈的部分城市，如烟台、青岛、天津等。东北地区老工业基地的城市工矿仓储用地地均二产增加值明显偏低，如本溪、鞍山、丹东、大庆、辽阳、阜新、齐齐哈尔、佳木斯、鸡西、伊春等，此外还包括西部地区的部分城市，如银川、乌鲁木齐等。这些城市多具有丰富的矿产资源，工矿用地资源相对丰富，但利用较为粗放，生产效率和经济产出相对较低。

第二节　城镇土地利用产出效益十年变迁

一、城镇土地商服用地产出效益变化分析

1.全国及四大经济区城镇土地商服用地产出效益变化

2009—2018年，全国商服用地产出效益呈现稳步上升趋势（见图1-3-2）。十年间，全国商服用地地均第三产业增加值累计升高了98.94%，年均平均增长率为7.95%。该商服用地地均第三产业增加值整体增长态势比较稳定，增长速度则呈现先下降、后上升的趋势，从2010年的10.82%下降到2013年的5.12%，随后波动上升至2017年的9.58%。2018年全国商服用地产出效益增长率较2017年略有放缓，同比下降1.89%。

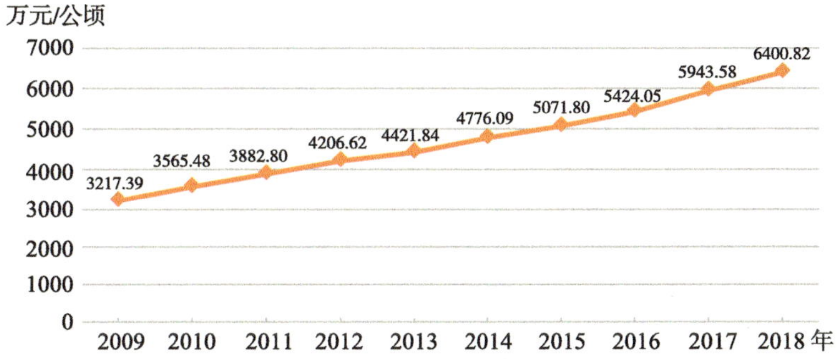

图1-3-2　2009—2018年商服用地地均第三产业增加值变化

十年间，商服用地地均第三产业增加值在地均产出值及平均增长值上均呈现“东部地区增长最高，东北其次，中西部较低”的特征，整体区域格局未发生变化（见图1-3-3）。在商服用地产出效益的变化趋势上，四大经

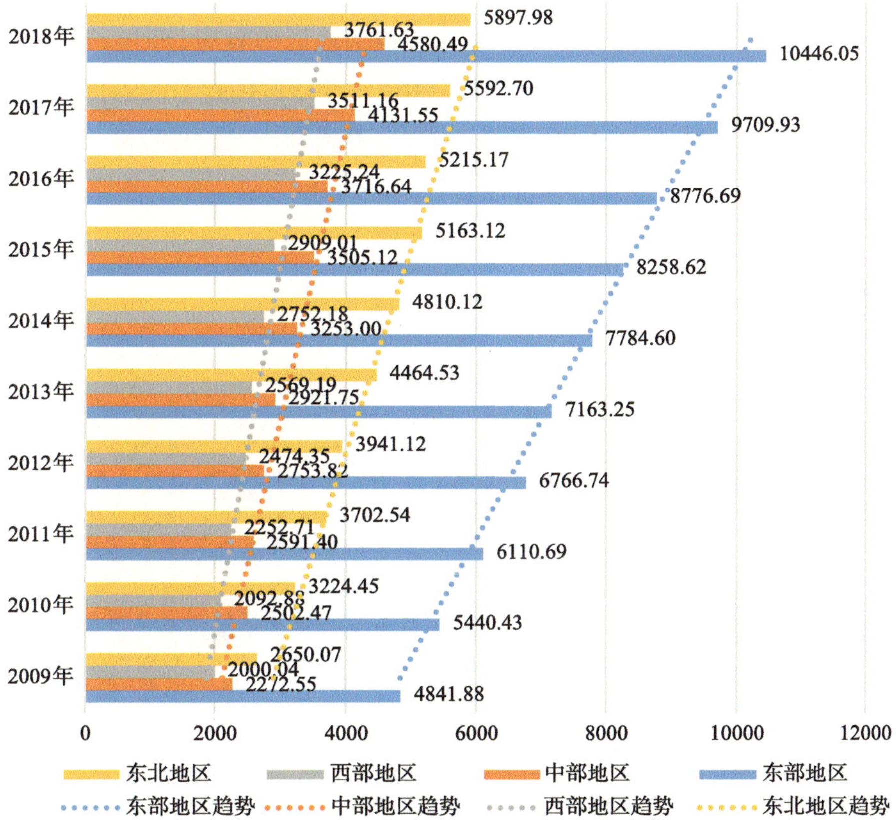

图1-3-3　2009—2018年四大经济区商服用地地均第三产业增加值变化

济区商服用地地均第三产业增加值平均增长率呈现"东北地区增长率最高，东部其次，中西部增长率最低"的特征，依次为9.45%、8.95%、8.13%（中部）和7.29%（西部）。这说明东北地区产业结构转型对商服用地产出效益的提高起到了较大作用，而西部地区亟须改善第三产业内部结构，探索商服用地节约集约利用措施，以提升产出效益。

2.各省城镇土地商服用地产出效益变化

十年间，各省商服用地利用效率的增幅差异较大。宁夏的商服用地地均第三产业增加值年均增幅高达21.00%；增幅最小的是贵州省，年均增幅仅为2.55%，其次小的是内蒙古、辽宁和江西，年均增幅为3.73%、4.05%和4.80%。其余省份其商服用地地均第三产业增加值年均增幅在5%—20%之间（见图1-3-4）。东部地区的上海、河北、江苏、福建、广东、海南，中部地区的山西、安徽、江西、湖北、湖南，西部地区的重庆、四川、广西、贵州、西藏、内蒙古、陕西、甘肃、青海、新疆，东北地区的辽宁、吉林，这些省份商服用地效率虽然也在稳步提升，但用地集约利用率增长较慢。

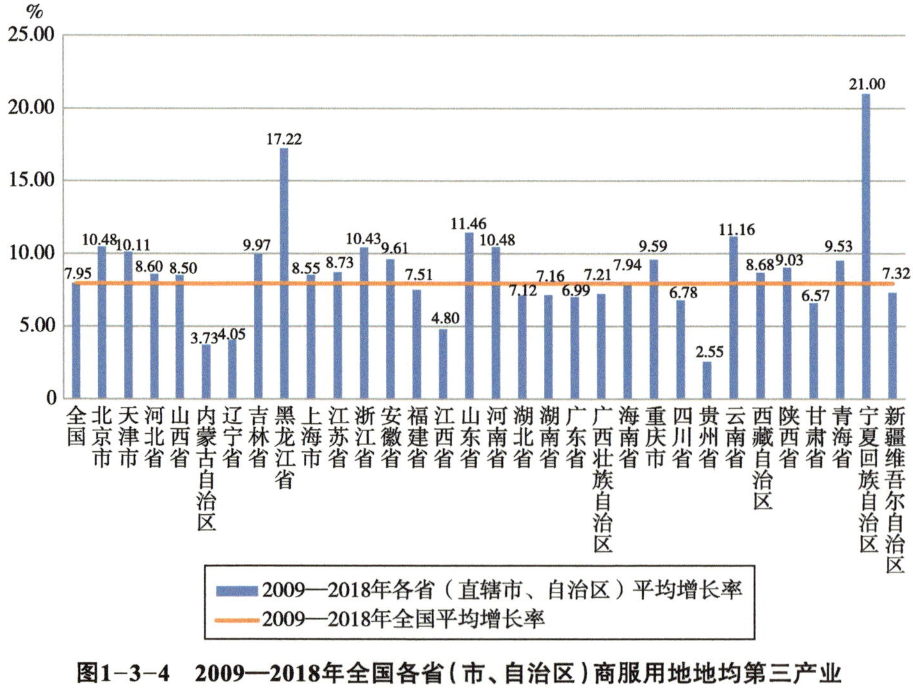

图1-3-4 2009—2018年全国各省（市、自治区）商服用地地均第三产业增加值平均值增长率

十年间，商服用地产出效益区域差异呈现先上升后下降的趋势。通过泰尔指数进行时间序列上的全国商服用地地均第三产业增加值差异程度分析显示（见图1-3-5），2009—2015年泰尔指数逐年增加，即全国商服用地产出效益区域差异逐渐拉大，并在2015年达到了近6年最高值，说明全国各省的商服业发展差异较大，存在显著的不均衡现象。2016年以后，这一不均衡现象有所趋缓，泰尔指数呈波动下降的态势。2018年，泰尔指数微幅下降至0.0672，整体区域差异仍维持较高水平。

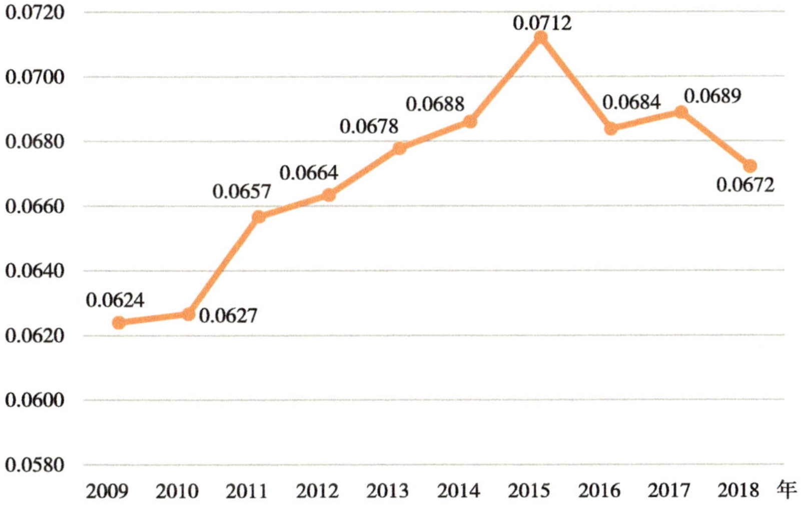

图1-3-5　2009—2018年商服用地泰尔指数变化

3.重点城市城镇土地商服用地产出效益变化

十年间，各重点城市商服用地产出效益平均增长率，绝大多数在0—20%之间，占84个城市的86.90%（73个）。增长率高于20%的城市有6个，占重点城市的7.14%。其中，平均增长率最高的是吉林市（37.88%），其次是大庆市（35.34%）、银川市（33.39%）、鹤岗市（26.36%）、齐齐哈尔市（24.14%）与昆明市（23.99%）。增长率为负的城市有4个，占重点城市的4.76%，其中平均增长率最低的城市是黄石市（-1.83%），其次是本溪市（-1.72%）、阜新市（-0.90%）、鞍山市（-0.24%）。

二、城镇土地工矿仓储用地产出效益变化分析

1. 全国及四大经济区城镇土地工矿仓储用地产出效益变化

十年间，全国工矿仓储用地地均第二产业增加值除2015年出现小幅下降外，整体呈现上涨趋势，从2009年的440.93万元/公顷上涨至2018年的729.32万元/公顷（见图1-3-6）。

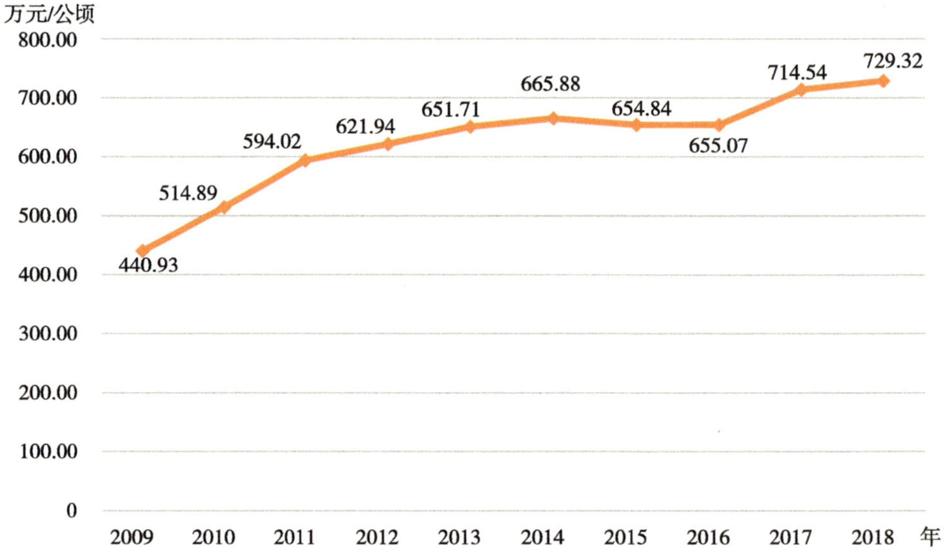

图1-3-6　2009—2018年工矿仓储用地地均第二产业增加值变化

十年间，四大经济区工矿仓储用地地均第二产业增加值出现了大幅上升的趋势（见图1-3-7），整体“东部地区最高，中部、西部次之，东北部最低”的空间梯度格局特征保持不变。2009—2014年四大经济区工矿仓储用地产出效益逐渐提高，但在2015年除东部地区仍呈现持续上升外，其他三个区域均呈下降态势，且以东北地区下降幅度最大，达到-8.88%。2016年，东部、中部、西部三个区域均稳步提升，而东北地区作为老工业基地，受资源型行业独大、产业结构单一化等因素的影响，继续扩大了下降趋势。2017年起，四大区域工矿仓储用地产出效益又恢复了上涨趋势。

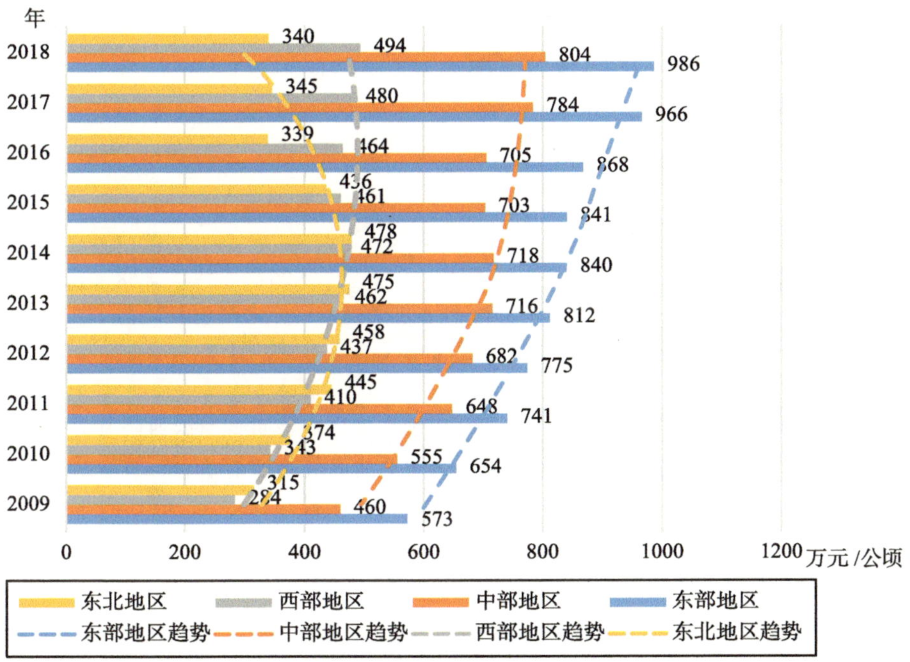

图1-3-7　2009—2018年四大经济区工矿仓储用地地均第二产业增加值变化情况

在工矿仓储用地产出效益的变化趋势上，四大经济区增长速度均呈现先下降，后回升趋势，2015年东部地区增长率不足1%，其他三个区域均出现负增长。2016年除东北地区外，其余三个区域增速回升。2017年，四大区域工矿仓储用地产出效益均呈现不同程度的上涨。2018年四大经济区工矿仓储用地地均第二产业增加值，呈现“东部→中部→西部→东北部”递减的趋势。西部、中部地区涨幅最高，分别为2.77%、2.59%；东部涨幅较低，为2.10%；东北地区呈现负增长，为-1.67%。2018年，除东北地区外，东部、中部、西部三个区域均稳中有升，但涨幅趋缓。

2.各省城镇土地工矿仓储用地产出效益变化

从各省工矿仓储用地地均第二产业增加值平均增长率看，靠前的省份主要是西藏、云南、广西、贵州、陕西、安徽、福建、江西、青海、海南，十年平均增长率均在8%以上。这些省份多以中西部地区省份为主，虽然这些地区的工矿仓储用地地均第二产业增加值的绝对值不高，但近几年其产出效益增长较快。十年平均增长率均在5%以下的省份主要是宁夏、河南、吉林、重庆、甘肃、辽宁、内蒙古以及黑龙江（见图1-3-8）。

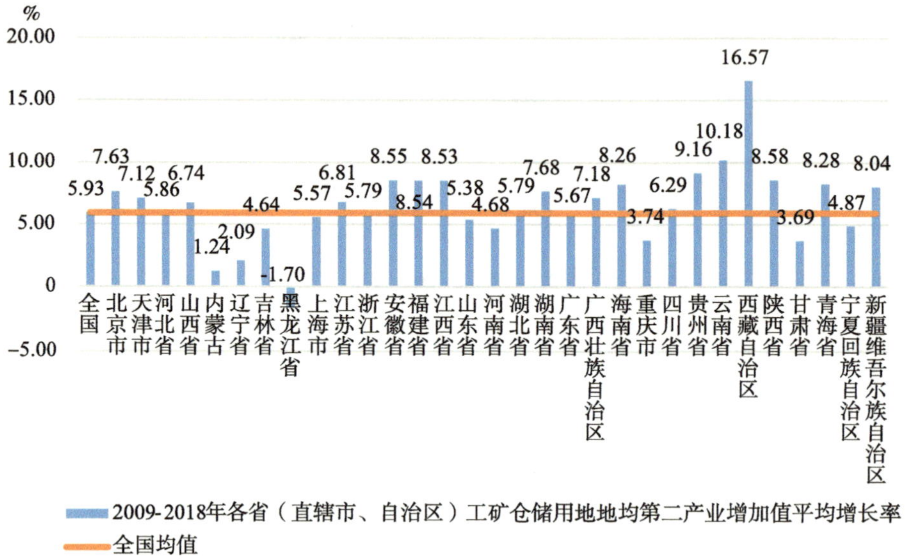

图1-3-8　2009—2018年各省（市、自治区）工矿仓储用地地均第二产业增加值平均增长率

十年间，工矿仓储用地产出效益区域差异变化总体呈现“U”字形特征。通过泰尔指数进行时间序列上的全国各省之间工矿仓储用地地均第二产业增加值分异程度的分析，2009—2012年全国工矿仓储用地产出效益区域差异呈现逐渐下降态势，而2013—2018年，区域差异逐渐回升。2018年泰尔指数值上升至0.0622，达到10年内最高，这说明全国各省（直辖市、自治区）之间工矿仓储用地产出效益分异程度呈逐渐拉大趋势，全国省际尺度工矿仓储用地产出效益分化不断趋紧。

3. 重点城市城镇土地工矿仓储用地产出效益变化

十年间，各重点城市工矿仓储用地产出效益平均增长率，绝大多数（67个城市）均在0—10%之间，占84个城市的80.72%。十年间，平均增长率最高的城市是抚顺市（17.62%）。平均增长率为负的城市有6个，占重点城市的7.14%，最低的城市是合肥市（−3.34%），其次是沈阳市（−3.17%）。

第三节　城镇土地利用合理性分析

从产出效益层面看，土地利用效率取决于单位面积上的产业增加值的大小；从结构效益层面看，城市土地配置的结构效益的高低，主要取决于城市土地配置的合理程度、城市基础设施的发展水平以及城市建设总体容量的控制标准。从城市土地结构效益方面，针对非经营性及生产性的住宅用地、商服用地及公服用地的合理性进行分析，并通过各类用地地价水平、用地变化量之间的比较关系，分析各类用地之间的协调性，为合理确定城镇土地利用方向和供给规模提供科学依据。

一、城镇住宅用地合理性分析

城镇住宅用地是城镇用地的主要组成部分，本部分根据城镇土地利用中住宅用地结构，结合城市住宅用地和城区常住人口之间的协调关系，研究全国及重点区域城市住宅用地合理性。

1.全国城镇住宅用地合理性分析

2018年全国平均城镇住宅用地占城镇土地总面积比例为33.76%，其中有15个省份的住宅用地比例大于全国平均值；2018年全国平均人均住宅用地面积为38.85m^2/人，其中有14个省份的人均住宅用地面积大于全国平均值，占45.16%。上海、湖南、湖北、北京、广东、天津、河北、重庆、云南、福建、甘肃、山西、河南、四川、山东、浙江、广西人均住宅用地面积较低，其中最高的广西壮族自治区为38.67m^2/人，均低于全国平均水平，且这些城市住宅用地占比也较低。新疆、内蒙古、西藏等省份人均住宅用地面积均超过70m^2/人，这些地区经济发展水平不高，地广人稀，用地模式较为粗放，应适当提高土地的集约程度，同时控制住宅用地的供应规模（见图1–3–9）。

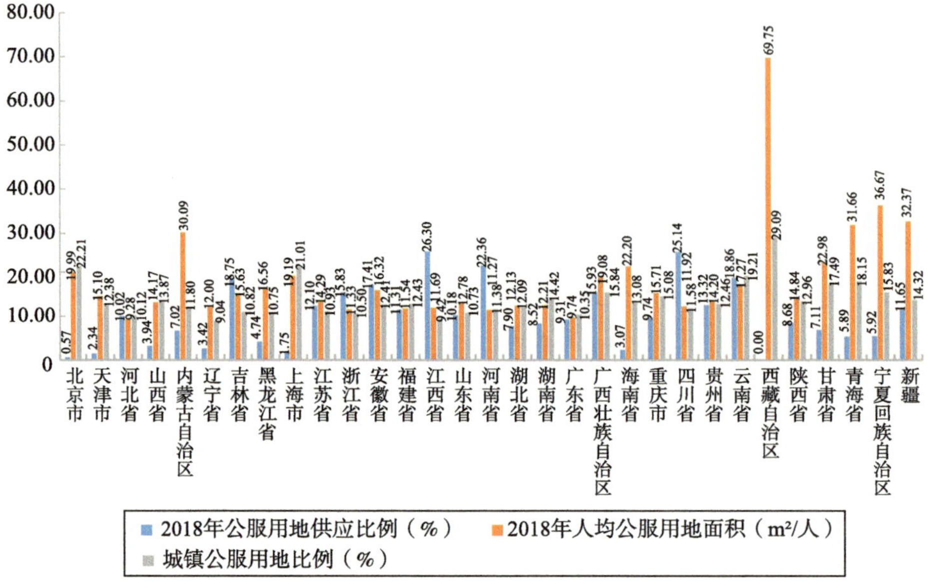

图1-3-9　2018年全国各省（市、自治区）城镇住宅用地合理性分析

2. 区域城镇住宅用地合理性分析

从四大经济区人均住宅用地面积来看，东北地区人均住宅用地面积最高，为52.83m^2/人；西部地区次之，为45.03m^2/人；中、东部地区分别为35.51m^2/人、34.84m^2/人，在四大经济区中处于较低水平。从四大经济区城镇住宅用地占比来看，东北地区住宅用地比例最高，为37.07%；西部次之，为34.11%；中、东部地区较低，分别为33.91%和32.61%（见图1-3-10）。

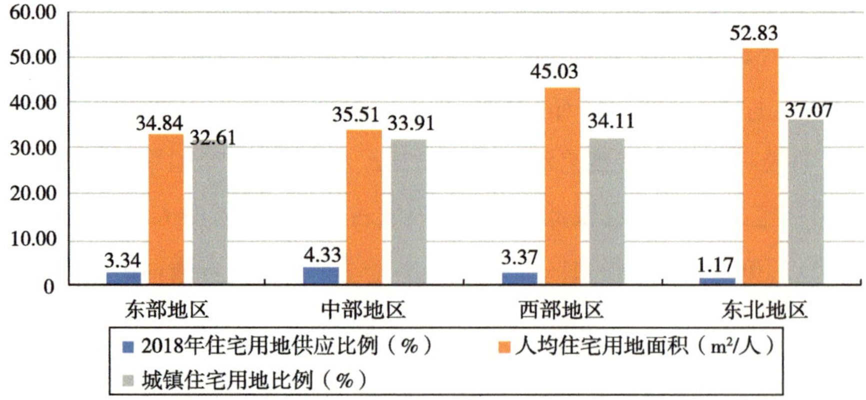

图1-3-10　四大经济区住宅用地合理性分析

从优化开发区与重点开发区的住宅用地分布看，优化开发区人均住宅面积平均值为21.90m^2/人，平均城市住宅用地占比为30.27%；重点开发区的人均住宅用地面积平均值为32.11m^2/人，城市住宅用地占比平均值为33.66%。优化开发区的城市住宅用地比例和人均住宅用地面积平均值均低于重点开发区的相关指标，而住宅地价却远高于重点开发区域的住宅地价。

结合住宅用地供应比例分析，重点开发区的住宅供地比例（5.09%）略高于优化开发区的住宅供地比例（4.94%）。国务院对于主体功能区的定位和发展提出了以下要求：优化开发和重点开发区域在集聚经济的同时要集聚相应规模的人口，并且在扩大城市建设空间的同时，提高建成区人口密度。因此，对于优化开发区域，应挖掘已有住宅用地潜力，提高集约节约水平是区域发展中解决住宅用地紧张的可行途径；对于发展潜力较大、集聚人口和经济条件较好的重点开发区域，应适当增加住宅用地供应规模。

3.重点城市城镇住宅用地合理性分析

2018年全国84个重点城市，30.95%的城市住宅用地占比在《城市用地标准》的合理范围之内，鸡西、潍坊、阜新、伊春、西安、乌鲁木齐、长春、抚顺、齐齐哈尔市等的住宅用地占比超出《城市用地标准》规定的38m^2/人的上线，同时35.71%的城市低于28m^2/人的下限。其中，大庆市住宅用地占比仅为16.89%，在重点城市中排名最低，而鸡西市的住宅用地占比则高达54.89%，排名最高。

一般来说，规模较大、经济发展水平较高的城市，其人均住宅用地水平较低；而规模中小、经济发展水平较低的城市，其人均住宅用地水平较高。人均住宅用地水平最高的城市是鸡西、潍坊、阜新，分别为81.75m^2/人、62.97m^2/人、62.75m^2/人。6个超大城市的人均住宅用地水平除重庆外均低于标准（北京、天津位于Ⅰ、Ⅱ、Ⅵ、Ⅶ气候区，标准为28—38m^2/人，上海、广州、深圳重庆位于Ⅲ、Ⅳ、Ⅴ气候区，标准为23—36m^2/人），其中上海、长沙、汕头三个城市的人均住宅用地水平在84个重点城市中最低，分别为

8.02m^2/人、15.44 m^2/人、15.61m^2/人，北京为18.67m^2/人，天津接近标准水平，重庆为23.92m^2/人。

二、城镇公服用地的合理性分析

1.全国城镇公服用地合理性分析

2018年全国平均城镇公服用地占城镇土地总面积的比例为12.40%，人均公服用地面积为14.27m^2/人。

城镇公服用地占比最高的省份为西藏，达到29.09%，其次是北京、上海两市，分别达到22.21%和21.01%，分别作为首都、金融贸易中心的北京、上海两个特大城市经济发展水平高，对公服用地的需求较大。除此之外，公服用地占比较大的省份主要集中在西部地区，如云南、青海、甘肃、广西、重庆和宁夏等，这些省份和自治区城市化水平较低，相应的经济社会发达程度也较低，用地类型较为单一，由于住宅、工业和商服用地比例较发达城市偏低，所以公服用地比例相对较高。低于全国平均值的省份由低到高分别为辽宁、江西、河北、广东、浙江等东部较为发达的省份，在9%—11%之间。这些省份多为我国最具影响力的多功能制造业中心，在城市发展过程中，由于工业和商业、旅游等服务业用地比例较大，所以公服用地面积相对较少。除此之外，位于东北部的辽宁、黑龙江、吉林的公服用地占比也相对较少，分别为9.04%、10.75%、10.82%，该地区是我国重要的老工业基地，重型装备和设备制造业基地，同时也是重要粮食作物产区，公共服务与公共设施建设较为欠缺（见图1-3-11）。

从2018年各省人均公服用地水平来看，最高的是西藏（69.75m^2/人），最低的是河北（9.28m^2/人），高低差距较大，且58.06%的省份其人均公服用地面积均高于全国平均水平。从这些省份的分布看，高于全国平均水平的省份大部分是西部地区，如西藏、宁夏、新疆、青海、内蒙古和甘肃等，人均公服用地面积均大于20.00m^2/人。

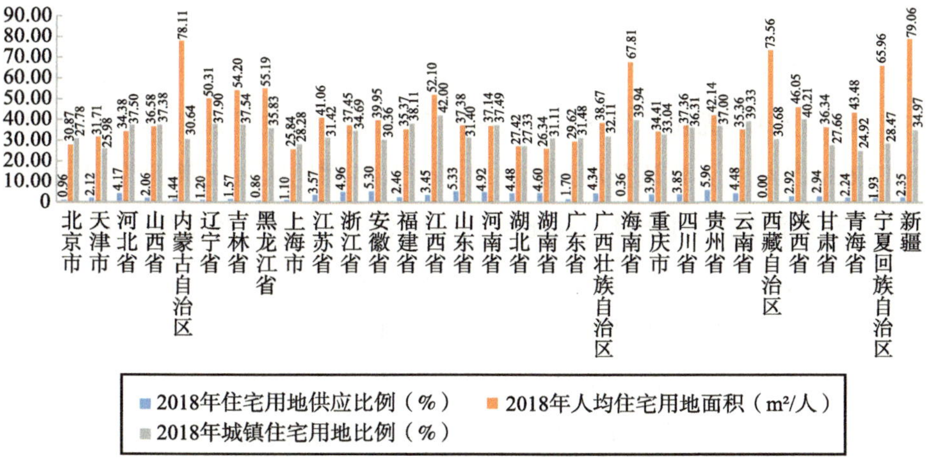

图1-3-11　全国各省（市、自治区）城镇公服用地合理性分析

2. 区域城镇公服用地合理性分析

从人均公服用地水平看，2018年四大经济区呈现东部、中部、东北、西部逐渐增加的特征，东部地区最低为12.65m^2/人，西部地区最高为18.87m^2/人，中部和东北部地区基本持平，分别为12.70m^2/人和14.35m^2/人。从城镇公服用地比例看，2018年四大经济区呈现由东北部、东部、中部、西部逐渐增加的特征，东北地区最低为10.07%，西部地区最高14.29%（见图1-3-12）。

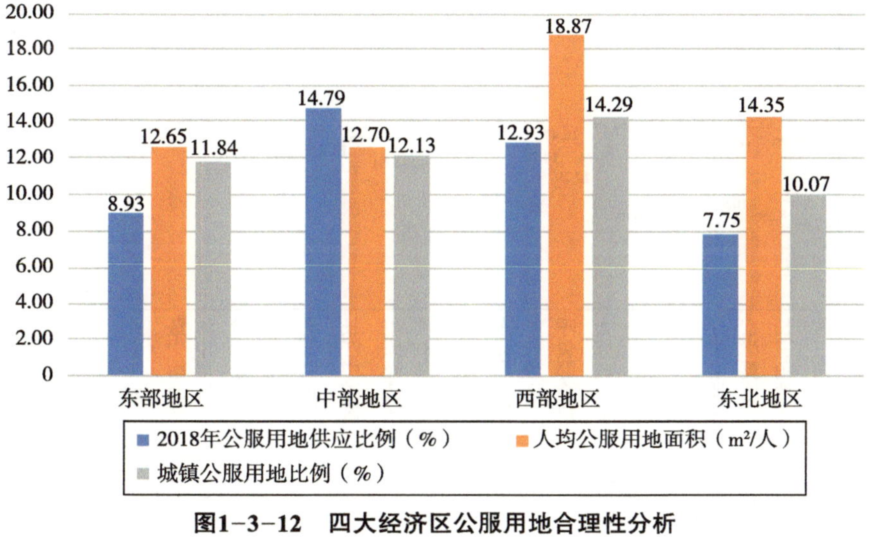

图1-3-12　四大经济区公服用地合理性分析

2018年，重点开发区域公服用地比例（14.80%）高于优化开发区域（14.52%），其人均公服用地面积（14.12m²/人）也高于优化开发区域（10.50m²/人）。优化开发区中，山东半岛地区的人均公服用地面积最高，为15.63m²/人。从城镇公服用地占比看，京津冀地区占比最大为17.59%。此外，环渤海地区的公服用地比例平均值（14.53%）与整个优化开发区域公服用地比例平均值（14.52%）相当，这表明环渤海地区的公服用地比例水平可以表征整个优化开发区的公服用地比例水平。珠三角地区公服用地占比（12.85%）略低于优化开发区域平均值（14.52%）。天山北坡地区人均公服用地面积处于重点开发区最高水平，为32.84m²/人，但其城镇公服用地占比却不高，仅为13.20%。此外，人均公服用地面积位于次位的是藏中南地区，为32.54m²/人，其城镇公服用地占比也较高，达24.59%。从人均公服用地面积看，重点开发区中的18个地区，6个区域低于平均值（14.12m²/人），其余12个区域高于区内平均值。从城镇公服用地占比看，18个地区中有8个区域低于平均值（14.80%），其余10个区域均高于平均值。其中，呼包鄂榆地区的城镇公服用地占比最低，为12.29%（见图1-3-13）。

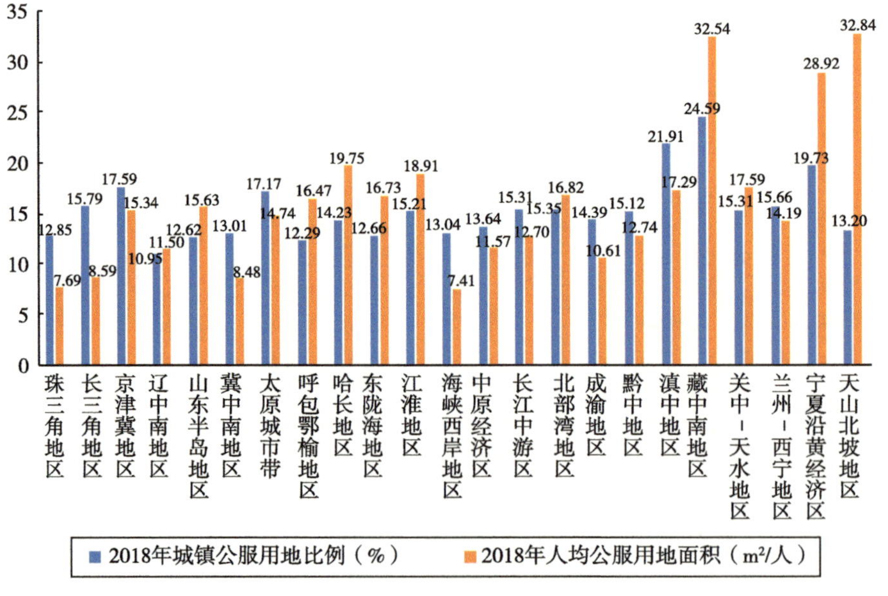

图1-3-13　2018年主体功能区公服用地指标分析

3.重点城市城镇公服用地合理性分析

2018年，城镇公服用地比例由高至低前三的城市分别为拉萨市（27.05%）、昆明市（24.82%）和长沙市（24.43%）。拉萨市和昆明市分别是西藏自治区和云南省的第一大城市，由于自然风光和民族特色显著，旅游业成为拉萨市和昆明市的支柱产业。为了保障当地市民和游客的基本生活条件，政府投入大量资金和人力对拉萨市和昆明市的公共基础设施进行建设，所以拉萨市和昆明市的公服用地比例位列全国前列。长沙市是中部地区的代表性城市，近年来长沙的战略目标是全力打造“三个中心”，即国家智能制造中心、国家创新创意中心、国家交通物流中心，构建国家中心城市新格局。而构建新型现代化城市，需要完善的公共基础设施，需要大量的公服用地作为支撑，因此，2018年长沙市的公服用地比例处在全国前列。

人均公服用地面积和城镇公服用地比例最低的三座城市均为汕头市、保定市和丹东市，其人均公服用地面积分别为2.92m^2/人、3.45m^2/人和3.84m^2/人，均低于《城市用地标准》规定的下限。其城镇公服用地比例分别为7.07%、6.47%和4.07%。另外，上海市因其较高的人口聚集度使其人均用地面积较低（4.83m^2/人），同样处于5.5m^2/人的标准以下，但上海的城镇公服用地比例却处于全国较高水平。

人均公服用地面积较高的城市包括拉萨市、大庆市、银川市，分别为40.29m^2/人、38.62m^2/人、27.74m^2/人。由于拉萨市公服用地比例高，人口总量小、密度低，因此其人均公服用地面积为全国最高值。大庆市位于松嫩平原中西部，作为东北老工业基地，是一座以石油、石化为支柱产业的新兴城市，绿地、公共设施用地面积较高。银川市是宁夏回族自治区的政治、经济以及交通中心，随着银川市城市化进程的不断加快，公共管理与公共服务不断完善，城镇公服用地的规模也相应扩大。

三、城镇商服用地的合理性分析

1.全国城镇商服用地合理性分析

2018年全国平均城镇商服用地占城镇土地总面积的比例为7.54%，人均商服用地面积为8.68m^2/人，两项指标均高于全国平均水平的省市有8个，占全国省份总数的25.81%。

城镇商服用地比例最低的两个省市为黑龙江省和天津市，分别为3.77%和4.80%，均不足5%。人均商服用地面积最低的6个省份由低到高分别为福建省、浙江省、黑龙江省、上海市、天津市和广东省，其人均商服用地面积均不足7.0m^2/人，福建省全国最低为4.69m^2/人。福建省、浙江省、上海市、天津市和广东省位于东部沿海地区，经济和金融贸易的发展水平较高，人均商服用地面积较小表明这些省份商服用地投入产出比较高，利用效率优于其他省份。另外，这些省份2018年商服用地供应比例在全国处于中上等水平，这也是影响其人均商服用地面积的原因之一。

城镇商服用地比例最高的4个省份为贵州省、四川省、海南省和江西省，其城镇商服用地比例均大于10.00%，其中贵州省比例最高可达13.45%。这些省份经济发展程度中等偏低，较少的人口规模使其人均商服用地面积较大，土地利用效率较低，节约集约水平有限。城镇商服用地比例最低的两个省市为黑龙江省和天津市，分别为3.77%和4.80%，均不足5%。黑龙江省作为我国北方大型重工业基地，工业用地是该地区主要用地类型，因此其商服用地比例相对较小。天津市作为京津冀城市群的重要城市，承载了自北京市转移出来的大量加工制造业，在土地利用中以工业用地为主，挤占了商服用地的比例。这里需要说明的是，北京商服用地占比为8.95%，商服用地占比处于中等偏上水平。北京市是我国的政治经济中心，商业服务业较为发达，商服用地需求较大，商服用地占比较高，但是由于北京人口密度大，导致北京市的人均商服用地面积并不高（8.05 m^2/人），低于全国商服用地的平均水平（10.0m^2/人）。而海南、江西等省份，经济发展程度不高，但其商服用地占比较大，较少的人口规模也使其人均商服用地面积较大，土地利用效率较低，节约集约水平有限。

2. 区域城镇商服用地合理性分析

2018年四大经济区城镇商服用地占比由高到低依次为：西部、中部、东部、东北部；人均商服用地面积由高到低依次是西部、中部、东北部、东部；商服用地供地占比由高到低依次为：东部、西部、中部、东北部。西部、中部地区商服用地比例与人均商服用地面积较高，商服用地比例分别为8.95%和8.69%，人均商服用地面积分别为11.82m²/人和9.10m²/人。而东部、东北部地区较低，商服用地比例分别为6.46%和5.27%，人均商服用地面积分别为6.90m²/人和7.51m²/人。两项指标均低于全国平均水平（见图1-3-14）。

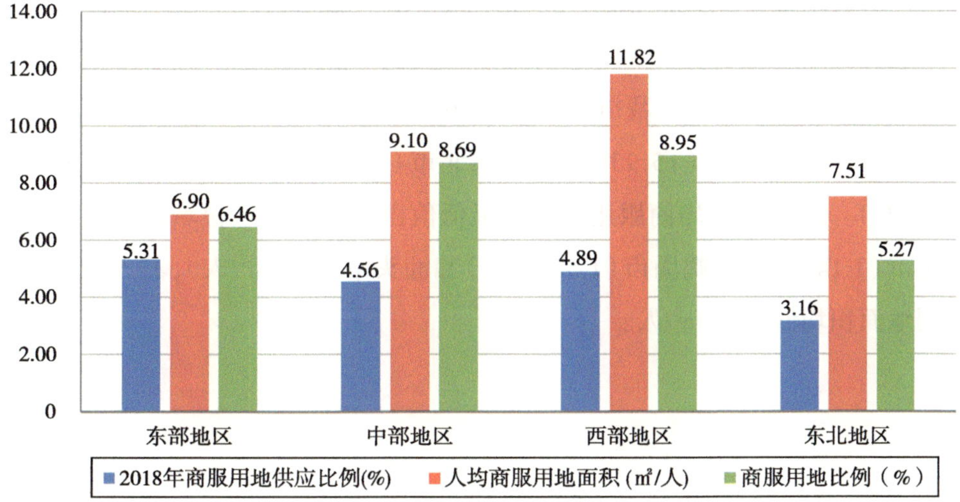

图1-3-14　四大经济区城镇商服用地合理性分析

优化开发区域的人均商服用地面积的平均值为2.57m²/人，商服用地比例为3.55%；重点开发区域的人均商服用地面积平均值为7.31m²/人，商服用地比例为7.66%；优化开发区域人均商服用地面积与商服用地比例的平均值均低于重点开发区域，但其商服用地供应比例比重点开发区高，且其商服地价水平值高于重点开发区域。

3. 重点城市城镇商服用地合理性分析

在重点城市中，淮北市城镇商服用地占比最高为19.34%，此外，成都市（14.37%）、贵阳市（13.26%）、海口市（12.56%）和重庆市（11.20%）比例也居于重点城市前列。淮北市作为一个中等城市，城镇总面积较小，一定程度上造成了商服用地比例偏高。成都市和贵阳市分别作为四川和贵州的省会，是本省政治、经济、文化、科教、交通中心。两座城市以及重庆市同时是西南地区重要的交通通信枢纽、工业基地及商贸旅游服务重要城市节点，因此其商服用地比例较高。2018年鹤岗市商服用地比例最低，为0.88%。伊春市（1.77%）、本溪市（1.87%）比例也较低，这与这些城市第二产业较为发达有关。

从人均商服用地面积看，2018年84个重点城市人均商服用地面积平均值为6.20m^2/人，其中37个城市（占重点城市总数的44.05%）高于平均值，47个城市（占重点城市总数的55.95%）低于平均值。其中，排名前三的分别是潍坊市（15.93m^2/人）、淮北市（15.61m^2/人）、长春市（13.59 m^2/人）。2018年人均商服用地面积最低值由低到高前三位城市分别是本溪市（1.14m^2/人）、鹤岗市（1.52m^2/人）和汕头市（1.77m^2/人），其人均商服用地面积均低于2.0m^2/人。

附

一、城镇土地利用产出效益分析方法

在测算与分析相关土地利用效益指标的基础上，引入了泰尔指数分析相关指标的时空差异，以此来分析工矿仓储用地和商服用地产出效益在全国、区域（包括四大经济区和主体功能区）时间序列上的变化规律，以及区域内部和区域间的产出效益差异比较。泰尔指数是一个衡量经济不平等的统计量，其最大优点是可以用来衡量组内差距和组间差距对总差距的贡献程度，其取值范围为0—1。泰尔指数越大，表明差异越大，其计算过程如下。

假定Y_{ij}表示第i个地区第j个省份城市建成区的二产（三产）产业增加值，S_{ij}表示第i个区域第j个省份的工矿仓储（商服）用地面积，则$Y=\sum_i\sum_j Y_{ij}$和$S=\sum_i\sum_j S_{ij}$分别表示所有省份的第二产业增加值（第三产业增加值）和工矿仓储（商服）用地总面积。据此，土地经济密度差距可以用如下泰尔指数T来刻画：

$$T=\sum_i\sum_j\left(\frac{Y_{ij}}{Y}\right)\log\left(\frac{Y_{ij}/Y}{S_{ij}/S}\right) \tag{1}$$

（1）式 测度了二产（三产）产业增加值与工矿仓储（商服）用地面积的偏离程度，令$T_p=\sum_j\frac{Y_{ij}}{Y_i}\log\left(\frac{Y_{ij}/Y_i}{S_{ij}/S_i}\right)$表示第i个区域内各省份工矿仓储（商服）用地之间的土地经济密度差距，则有：

$$\begin{aligned}T&=\sum_i\left(\frac{Y_i}{Y}\right)T_p+\sum_i\left(\frac{Y_i}{Y}\right)\log\left(\frac{Y_i/Y}{S_i/S}\right)\\&=\sum_i\left(\frac{Y_i}{Y}\right)T_p+T_{BR}\\&=T_{WR}+T_{BR}\end{aligned} \tag{2}$$

（2）式显示：特定经济体的土地经济密度差距在“空间”意义上可以分

解为两个部分：

$T_{WR}=\sum_{i}(\frac{Y_i}{Y})T_p=\sum_{i}\sum_{j}(\frac{Y_i}{Y})(\frac{Y_{ij}}{Y_i})\log(\frac{Y_{ij}/Y_i}{S_{ij}/S_i})$是区域内部差距之和（组内差距），$T_{BR}=\sum_{i}(\frac{Y_i}{Y})\ \log(\frac{Y_i/Y}{S_i/S})$是区域之间差距（组间差距）。$T_{WR}/T$和$T_{BR}/T$分别表示了组内和组间差距对总体地区差距的贡献度。

二、城市用地分类与规划建设用地指标

根据2012年《城市用地标准》，分析城镇住宅、公共管理和公共服务用地的合理性。

居住用地占比及人均用地面积指标

用地类型	人均用地面积（m^2/人）	占城市建设用地比例（%）
住宅用地Ⅰ、Ⅱ、Ⅵ、Ⅶ气候区	28.0—38.0	25.0—40.0
住宅用地Ⅲ、Ⅳ、Ⅴ气候区	23.0—36.0	
公服用地	≥5.5	5.0—8.0

注：城镇总面积包括特殊用地、水域及其他用地等非建设用地，因此上表中的住宅、公共服务用地占比相比于规划中的占比偏低。

一级区区划指标

区名	各区辖行政区范围
Ⅰ气候区	黑龙江、吉林全境、辽宁大部、内蒙古中北部及陕西、山西、河北、北京北部的部分地区
Ⅱ气候区	天津、山东、宁夏全境、北京、河北、山西、陕西大部、辽宁南部、甘肃中东部以及河南、安徽、江苏北部的部分地区
Ⅲ气候区	上海、浙江、江西、湖北、湖南全境、江苏、安徽、四川大部、陕西、河南南部、贵州东部、福建、广东、广西北部和甘肃南部的部分地区
Ⅳ气候区	海南、台湾地区全境、福建南部广东、广西大部以及云南西部和无江河谷地区
Ⅴ气候区	云南大部、贵州、四川西南部、西藏南部一小部分地区
Ⅵ气候区	青海全境、西藏大部、四川西部、甘肃西南部、新疆南部部分地区
Ⅶ气候区	新疆大部、甘肃北部、内蒙古西部

第四章　城镇土地节约集约利用评价

第一节　建设用地节约集约利用评价

通过计算相应的指标对人口发展与城乡建设用地变化、经济发展与建设用地变化的匹配程度进行分析，从而判断评价对象的土地利用趋势潜力类型。土地利用趋势潜力类型按照集约程度，从优到劣依次划分为：挖潜发展型、集约扩张型、低效扩张型、发展迟滞型和粗放扩张型。

依据国土资源部《建设用地节约集约利用评价规程》（TD／T 1018—2008，以下简称《建设用地规程》），城市用地状况分析选取用地弹性指标、贡献比较指数及其相应的分指标（见表1-4-1），分别进行人口发展与城乡建设用地变化、经济发展与建设用地变化的匹配程度分析。

表1-4-1　城市用地状况评价指标体系

指数	分指数	分指数指标
用地弹性指数（EI）	人口用地弹性指数（PEI）	人口与城乡建设用地增长弹性系数（PEI1）
	经济用地弹性指数（EEI）	地区生产总值与建设用地增长弹性系数（EEI1）
贡献比较指数（CI）	人口贡献度指数（PCI）	人口与城乡建设用地增长贡献度（PCI1）
	经济贡献度指数（ECI）	地区生产总值与建设用地增长贡献度（ECI1）

人口发展与城乡建设用地变化的匹配程度分析选取人口与城乡建设用地增长弹性系数、人口与城乡建设用地增长贡献度指标。人口与城乡建设用地增长弹性系数，是指基准年之前3年（含基准年）的人口增长幅度与同期城乡建设用地总面积增长幅度的比值。人口与城乡建设用地增长贡

献度，是指人口增长量占全部评价对象总人口增长量的比值，与同期城乡建设用地增长量占全部评价对象城乡建设用地增长总量的比重之比值，无量纲。

经济发展与建设用地变化的匹配程度分析选取地区生产总值与建设用地增长弹性系数、地区生产总值与建设用地增长贡献度指标进行分析。地区生产总值与建设用地增长弹性系数，是指基准年之前3年（含基准年）的地区生产总值增长幅度与同期建设用地总面积增长幅度的比值。地区生产总值与建设用地增长贡献度，是指地区生产总值增长量占全部评价对象的地区生产总值增长量的比值，与同期建设用地增长量占全部评价对象的建设用地增长总量的比重之比值，无量纲。

人口发展与城乡建设用地变化匹配程度分析的土地利用趋势类型具体划分标准如下（见表1-4-2）：

表1-4-2　人口发展与城乡建设用地变化的匹配程度分析的土地利用趋势类型

原始数据状况	指标值分布	判定的土地利用趋势类型
人口增长，用地减少或者不变	PEI1＜0；PCI1＜0	挖潜发展型
人口增长，用地增长	同时满足PEI1≥γ、PCI1≥1	集约扩张型
	其他情形	低效扩张型
人口减少或不变，用地减少或不变	PEI1≥0；PCI1≥0	发展迟滞型
人口减少或不变，用地增加	PEI1＜0；PCI1＜0	粗放扩张型

注：γ是指所有评价对象相应指标的平均值和1之间的较大值。

经济发展与建设用地变化匹配程度分析的土地利用趋势类型具体划分标准如下（见表1-4-3）：

表1-4-3　经济发展与建设用地变化的匹配程度分析的土地利用趋势类型

原始数据状况	指标值分布	判定的土地利用趋势类型
经济增长，用地减少或者不变	EEI1＜0；ECI1＜0	挖潜发展型

续表

原始数据状况	指标值分布	判定的土地利用趋势类型
经济增长，用地增长	同时满足EEI1≥γ、ECI1≥1	集约扩张型
	其他情形	低效扩张型
经济减少或不变，用地减少或不变	EEI1≥0；ECI1≥0	发展迟滞型
经济减少或不变，用地增加	EEI1<0；ECI1<0	粗放扩张型

注：γ是指所有评价对象相应指标的平均值和1之间的较大值。

第二节　城镇建设用地节约集约利用评价

依据《建设用地规程》对全国84个重点城市建设用地节约集约利用状况进行分析，根据用地弹性指数定义，采用以2018年位基准年前3年（含基准年）的相关数据归纳总结各城市建设用地节约集约利用的区域特征。

一、四大经济区城镇土地节约集约利用分析

1.人口发展与区域建设用地变化的匹配程度分析

从人口发展与建设用地变化的匹配程度来看，根据划分标准，四大经济区中，东部地区城镇土地节约集约利用类型趋势属于集约扩张型，中部地区、西部地区和东北部地区均属于低效扩张型。其中，人口用地弹性指数中部地区最高（2.56），东部地区最低（-2.19）。人口与建设用地增长弹性系数 呈现中部地区、西部地区、东北地区、东部地区依次递减的趋势。

东部地区，受厦门市建设用地总量负增长影响，厦门市人口与建设用地增长弹性系数、人口与建设用地增长贡献度分别为-375.10、-307.60，造成东部地区整体指标水平为负值，人口与建设用地增长弹性

系数为-2.19，人口贡献度指数为-6.49。其中，系数最小的城市厦门市为-375.10，系数最大的城市北京市为93.48，两者相差468.58，该地区大部分城市属于集约扩张型，其中，高于重点城市平均值（0.44）的城市有22个，为东部重点城市总数的73.33%。

中部地区人口与建设用地增长弹性系数为2.56，人口贡献度指数为0.71。其中系数最小的城市为大同市，仅为-0.81，系数最大的城市为襄阳市，为12.91，两者相差13.72。说明四大经济区内中部地区城市间土地利用差异较大。人口用地弹性系数大于重点城市平均值（0.44）的城市为12个，约占中部重点城市总数的57.14%，说明中部地区城市整体土地节约集约水平较高。

西部地区人口与建设用地增长弹性系数为2.45，人口贡献度指数为0.85。其中，系数最大的城市成都市为10.07，系数最小的城市乌鲁木齐市为-0.54，两者相差10.61。土地利用类型属于集约扩张型的仅有贵阳市和乌鲁木齐市两个城市，占西部重点城市总数的14.29%。西部地区大多数城市均属于低效扩张型，其人口增长缓慢、土地面积广袤，用地低效扩张较为严重。

东北地区人口与建设用地增长弹性系数为1.15，人口贡献度指数为0.31。其中，系数最大的城市大连市为24.19，系数最小的城市为鞍山市，仅为-16.15，两者相差40.34。其内部东北地区重点城市，除大连市、哈尔滨市和沈阳市人口用地弹性指数较高外，其余城市人口用地弹性指数均处于较低水平。这主要由于该地区城市在建设用地较快增长的同时，人口的增长速度较为缓慢，甚至出现负增长。这在一定程度上反映出我国东北地区人口收缩现象愈加普遍，建设用地的低效蔓延仍在持续，如何应对人口流失和建设用地低效利用所带来的双重压力将是东北地区城市转型发展急需解决的关键问题。

2.经济发展与区域建设用地变化的匹配程度分析

从经济发展与建设用地变化的匹配程度来看，根据划分标准，东部地区属于低效扩张型，中部地区属于集约扩张型，西部地区和东北地区均属于低效扩张型。

东部地区，受厦门市建设用地总量负增长影响，厦门市经济与建设用地增长弹性系数、经济与建设用地增长贡献度分别为-1191.94、-425.50。因此，造成东部地区整体指标水平为负值，经济与建设用地增长弹性系数 为-18.79，经济贡献度指数为-6.05，为四大经济区中系数最低的区域。该区域中，大部分城市的系数均不高，但高于重点城市平均值（-5.33）的城市有29个，占东部地区重点城市总数的96.67%。除南京市、张家口市、保定市、徐州市为低效扩张型外，其余各城市均为集约扩张型。这在一定程度上表明，东部地区各城市建设用地节约集约利用程度均处于较高水平。

中部地区，经济与建设用地增长弹性 系数为4.70，经济贡献度指数为1.17。该区域中系数最大的城市太原市为12.22，系数最小的城市淮南市仅为1.29，两者相差10.93，整体属于集约扩张型。中部地区经济用地弹性指数（EEI）均高于重点城市平均值（-5.33），共21个。区域内其余各城市均为低效扩张型，多为中部地区各省份省会城市，在中部地区区域经济发展中起到了重要的引领作用，建设用地利用仍存在较大的挖潜空间。

西部地区经济与建设用地增长弹性 系数为3.46，经济贡献度指数为0.91。其中，系数最大的城市成都市为8.90，系数最小的城市呼和浩特市仅为-2.78，两者相差11.68。该区域内柳州市、成都市、昆明市、西安市、西宁市共5个城市属于集约扩张型，多为西部地区省会城市，其经济发展速度快于建设用地的增长。而其余城市，除呼和浩特市属于粗放扩张型外，其余各城市属于低效扩张型，建设用地节约集约利用水平仍亟待提升。

东北地区经济与建设用地增长弹性系数 为-1.42，经济贡献度指数为-1.87。其中，系数最大的城市抚顺市为75.29，系数最小的城市大连市为-33.69，两者相差108.98。其内部城市除抚顺市、长春市、哈尔滨市、牡丹江市为集约扩张型外，其余城市均为粗放扩张型和低效扩张型。东北地区属于老工业基地，生产设施陈旧、生产效率不高、用地产出率较低，导致其建设用地不集约利用情况十分严重，该地区有很大的挖潜空间。

二、优化开发区与重点开发区建设用地节约集约利用分析

1.人口发展与区域建设用地变化的匹配程度分析

优化开发区域：根据人口与区域建设用地变化匹配程度发现，从均值来看，长三角地区、珠三角地区以及环渤海地区均为集约扩张型。进一步对主体功能区内部各城市分析，长三角地区人口用地弹性指数为5.01，其中宁波市的指标值最高，为14.72，无锡市最低，为−3.00。此外，上海市、南京市人口用地弹性指标水平也相对较低，分别为−0.23、0.37，均小于1。环渤海地区的人口用地弹性指数为10.47，北京市、天津市、沈阳市、大连市、青岛市属于集约扩张型。本溪市、辽阳市、抚顺市、鞍山市四个东北城市均属于粗放扩张型，人口用地弹性指数和人口与建设用地增长贡献度均小于0。

重点开发区域：受厦门市数据影响，重点开发区域人口与建设用地增长弹性系数平均值、人口与建设用地增长贡献度系数平均值均为负值，分别为−4.79、−6.04，属于低效扩张型。

就重点开发区域内各城市指标看，保定市和邯郸市人口与建设用地增长弹性系数均较高，分别为34.25、39.97，同时其人口与建设用地增长贡献度系数均大于1，分别为4.25、11.40，两城市土地节约集约利用水平较高；大庆市、齐齐哈尔市、牡丹江市、吉林市、贵阳市、乌鲁木齐市等城市的人口与建设用地增长弹性系数均为负值，说明在人口减少的同时建设用地却还在增加，土地利用较为粗放。

2.经济发展与区域建设用地变化的匹配程度分析

优化开发区域：从经济发展与区域建设用地匹配程度进行分析，优化

开发区域中，长三角地区、珠三角地区与环渤海地区均属于集约扩张型。

珠三角地区经济与建设用地增长弹性系数为8.88，其中深圳市、广州市经济与建设用地增长弹性系数分别为13.00、4.76，经济与建设用地增长贡献度分别为9.64、2.85，均大于1。因此，两市建设用地节约集约利用水平较高，均属于集约扩张型。

长三角地区经济与建设用地增长弹性系数为11.05，经济与建设用地增长贡献度为3.94，整体属于集约扩张型。就区域内具体城市看，上海市、无锡市经济与建设用地增长弹性系数较高，分别为23.43、20.35，南京市最低，为2.48。除南京市外，其余各城市均属于集约扩张型。

环渤海地区经济与建设用地增长弹性系数、经济与建设用地增长贡献度分别为31.69、14.10，属于集约扩张型。其中，仅有北京市、天津市、唐山市、抚顺市、青岛市、潍坊市和烟台市属于集约扩张型；沈阳市、大连市、本溪市、辽阳市、丹东市和鞍山市6个城市均位于东北地区，经济与建设用地增长弹性系数和经济与建设用地增长贡献度均小于0，均为粗放扩张型。

重点开发区域：经济总量与建设用地总量均呈增长状态，但经济与建设用地增长弹性系数和经济与建设用地增长贡献度均小于0。因此，从经济发展与区域建设用地匹配程度进行分析，重点开发区域属于低效扩张型。

就区域内部各城市来看，近一半的城市为集约扩张型，主要包括石家庄市、邯郸市、太原市、哈尔滨市、牡丹江市、长春市、合肥市、汕头市、福州市、武汉市、黄石市、长沙市、湘潭市、衡阳市、南昌市、海口市、湛江市、成都市、昆明市、西安市和西宁市，在我国各大经济区域均有分布。

此外，厦门市为挖潜发展型，其建设用地总面积呈现负增长，但经济总量保持上升。呼和浩特市、大庆市、吉林市为粗放扩张型，经济总量不断下降，建设用地却依旧在增加，城市土地利用较为粗放，建设用地利用效率亟待提升。

三、重点城市建设用地节约集约利用分析

1. 人口发展与区域建设用地变化的匹配程度分析

通过计算人口与城乡建设用地增长的弹性系数及人口与城乡建设用地增长贡献度，2018年全国84个重点城市人口有增有减，而建设用地量除厦门市以外，其他城市均呈现不同程度的增长。因此，根据前述划分标准，84个重点城市可以分为4种土地利用趋势类型：挖潜发展型、集约扩张型、低效扩张型和粗放扩张型，其中挖潜发展型城市占1.19%（仅厦门市1个），集约扩张型城市占39.29%（33个），低效扩张型城市占29.76%（25个），粗放扩张型城市占29.76%（25个）（见表1-4-4）。

表1-4-4　全国84个重点城市人口发展与土地利用趋势类型分类

原始数据状况	指标值分布	城市名称	土地利用趋势类型
人口增长，用地减少或者不变	PEI1＜0；PCI1＜0	厦门市	挖潜发展型
人口增长，用地增长	PEI1≥1、PCI1≥1	北京市、天津市、邯郸市、保定市、张家口市、太原市、沈阳市、大连市、长春市、哈尔滨市、徐州市、常州市、杭州市、宁波市、淮北市、福州市、南昌市、济南市、青岛市、枣庄市、泰安市、开封市、武汉市、襄阳市、长沙市、广州市、深圳市、汕头市、南宁市、柳州市、重庆市、成都市、兰州市	集约扩张型
	其他情形	石家庄市、唐山市、呼和浩特市、包头市、丹东市、南京市、苏州市、合肥市、淄博市、烟台市、潍坊市、临沂市、平顶山市、安阳市、新乡市、焦作市、黄石市、株洲市、湘潭市、衡阳市、昆明市、拉萨市、西安市、西宁市、银川市	低效扩张型

续表

原始数据状况	指标值分布	城市名称	土地利用趋势类型
人口减少或不变，用地减少或不变	PEI1≥0、PCI1≥0	无	发展迟滞型
人口减少或不变，用地增加	PEI1<0、PCI1<0	大同市、鞍山市、抚顺市、本溪市、锦州市、阜新市、辽阳市、吉林市、齐齐哈尔市、鸡西市、鹤岗市、大庆市、伊春市、佳木斯市、牡丹江市、上海市、无锡市、淮南市、郑州市、洛阳市、荆州市、湛江市、海口市、贵阳市、乌鲁木齐市	粗放扩张型

四大类型城市的土地利用特征如下：

挖潜发展型城市：此类城市的特征是人口增长，而建设用地总规模减少或者不变，即通过有效开发利用存量建设用地以实现和承载人口规模的增长。挖潜发展型城市的人口与建设用地增长弹性系数（PEI1）和人口与建设用地增长贡献度（PCI1）均小于0。就数据测算结果看，仅厦门市属于此类城市，厦门市建设用地增长率为−0.03%，而人口增长率为12.03%。人口与建设用地增长弹性系数（PEI1）和人口与建设用地增长贡献度（PCI1）分别为−375.10、−307.60，均远小于0。

近年来，厦门市积极开展政策研究，进一步优化土地资源配置和提升土地节约集约利用水平，通过分类别、多渠道的方式加快盘活存量土地资源，一些批而未供、供而未用、低效使用的存量土地重新焕发生机。

集约扩张型城市：集约扩张型城市在人口增长的同时，用地规模也随之增长。同时，人口与建设用地增长弹性系数（PEI1）和人口与建设用地增长贡献度（PCI1）均大于1。因此，此类型城市人口的增长对全国总人口的增长贡献度高于建设用地增长对区域总建设用地增长的贡献度，建设用地节约集约利用水平较高。

此类型城市主要以东部沿海地区核心城市、中西部地区省会城市为主，包括东部地区的北京市、天津市、杭州市、宁波市、福州市、济南市、青岛市、广州市、深圳市等，中西部地区的南昌市、武汉市、长沙市、南宁市、重庆市、成都市、兰州市等。这些城市往往是长江三角洲、京津冀等城市群的核心城市，作为区域协调发展的主要动力引擎，其在具备行政资源和市场资源同时高度集中、区域人口要素不断聚集发展优势的同时，也面临城市建设用地面积涨幅有限的制约。因此，促进和提升城镇建设用地的节约集约利用水平也是此类型城市转型发展的必经之路。

具体来看，杭州市、宁波市、大连市、青岛市与沈阳市人口增长率分别为61.51%、57.44%、40.74%、35.60%、22.69%，而建设用地面积增长率分别为4.31%、3.90%、1.68%、3.86%、1.84%，人口与建设用地增长弹性系数分别为14.27、14.72、24.19、9.21、12.31。这些城市往往具有优越的区位优势及良好的经济发展基础，随着经济的多元化发展，土地利用形式多样性和土地面积的有限性倒逼城镇建设用地朝着节约集约利用方向发展。

值得注意的是，包括襄阳市、开封市、柳州市、淮北市等在内的中部地区城市，在新增建设用地面积有限的紧约束下，也进入集约扩张型城市行列。上述4个城市建设用地面积增长率分别为6.12%、14.45%、8.66%、4.49%，而人口增长率分别高达78.97%、56.81%、39.98%、26.81%，人口与建设用地增长弹性系数分别为12.91、3.93、4.62、5.97。人口增长速度远大于建设用地增长速度，建设用地节约集约利用水平不断提高。

低效扩张型城市：此类城市在人口与建设用地面积均保持增长的同时，人口与建设用地增长弹性系数（PEI1）小于1，或是人口与建设用地增长贡献度（PCI1）小于1。即这些城市人口的增长对全国总人口的增长贡献度要低于建设用地增长对区域总建设用地增长的贡献度。

具体来看，此类型城市主要以东中部地区资源型城市、西部地区省会城市为主。东中部地区资源型城市，如石家庄市、唐山市、合肥市、淄博市、烟台市、潍坊市、临沂市、平顶山市、安阳市、新乡市、焦作市、黄石市、株洲市、湘潭市、衡阳市、丹东市等，此类城市人口增长幅度较小，但是用地面积增长却较快，城镇建设用地扩张严重，节约集约利用水平有待提升。

西部地区包括呼和浩特市、昆明市、拉萨市、西安市、西宁市、银川市等在内的主要省会城市，均是人口增长低于建设用地增长速度，城市发展的集约度不高，呈现显著的低效扩张态势。

此外，以南京市、苏州市为代表的少数东部地区发达城市，地处长三角城市群，受上海市强大的辐射影响，自身人口增长率并不高。但其建设用地面积增长率仍居高不下，建设用地面积增长率远高于人口增长率，因此造成土地节约集约利用水平并不高。

粗放扩张型城市：此类型城市的特征是人口减少或不变，但建设用地面积增加，建设用地利用方式较为粗放。在建设用地持续增加的情况下，人口增长率为负，其人口与建设用地增长弹性系数（PEI1）小于0，人口与建设用地增长贡献度（PCI1）也小于0。

此类型城市主要以东北地区城市为主，此外还包括部分中西部地区三线城市和少数省会城市。包括鞍山市、抚顺市、本溪市、锦州市、阜新市、辽阳市、吉林市、齐齐哈尔市、鸡西市、鹤岗市、大庆市、伊春市、佳木斯市、牡丹江市等在内的大量东北地区城市，均存在不同程度的建设用地增加和人口数量减少并存的城市扩张与收缩现象。这些城市人口与建设用地增长弹性系数、人口与建设用地增长贡献度均为负值。究其原因，这些城市作为传统老工业基地与资源型城市，多处于资源枯竭与产业变迁所导致的人口流出困境。同时，受自身科技创新水平、投资能力等原因的影响，建设用地无序蔓延、低效利用十分严重，因此造成其建设用地利用方式粗放，节约集约利用水平低下。

此外，值得注意的是，大同市、郑州市、洛阳市、淮南市、荆州市、贵阳市、乌鲁木齐市等中西部城市和无锡市、湛江市、海口市等少数东部沿海地区城市同样存在人口数量减少而建设用地面积增加的现象，建设用地节约集约利用水平亟待提升。

2.经济发展与区域建设用地变化的匹配程度分析

通过计算地区生产总值与建设用地增长弹性系数和地区生产总值与

建设用地增长贡献度关系，可以分为挖潜发展型、集约扩张型、低效扩张型和粗放扩张型四类土地利用趋势类型：全国83个重点城市中，土地利用类型属于挖潜发展型的城市占1.20%（仅厦门市1个），集约扩张型的占51.81%（43个），低效扩张型占33.74%（28个），粗放扩张型占13.25%（11个）。83个城市中没有属于发展迟滞型的（见表1-4-5）。

表1-4-5　全国83个重点城市经济发展与土地利用趋势类型分类

原始数据状况	指标值分布	城市	土地利用趋势类型
经济增长，用地减少或者不变	EEI1＜0、ECI1＜0	厦门市	挖潜发展型
经济增长，用地增长	同时满足EEI1≥1、ECI1≥1	北京市、天津市、石家庄市、唐山市、邯郸市、太原市、抚顺市、长春市、哈尔滨市、牡丹江市、上海市、无锡市、常州市、苏州市、杭州市、宁波市、合肥市、福州市、南昌市、济南市、青岛市、淄博市、枣庄市、烟台市、潍坊市、泰安市、临沂市、武汉市、黄石市、襄阳市、长沙市、湘潭市、衡阳市、广州市、深圳市、汕头市、湛江市、柳州市、海口市、成都市、昆明市、西安市、西宁市	集约扩张型
	其他情形	保定市、张家口市、大同市、包头市、齐齐哈尔市、鸡西市、伊春市、佳木斯市、南京市、徐州市、淮南市、淮北市、郑州市、开封市、洛阳市、平顶山市、安阳市、新乡市、焦作市、荆州市、株洲市、南宁市、重庆市、贵阳市、拉萨市、兰州市、银川市、乌鲁木齐市	低效扩张型
经济减少或不变，用地减少或不变	EEI1≥0、ECI1≥0	无	发展迟滞型
经济减少或不变，用地增加	EEI1＜0、ECI1＜0	呼和浩特市、沈阳市、大连市、鞍山市、本溪市、丹东市、锦州市、阜新市、辽阳市、吉林市、大庆市	粗放扩张型

四大类型的土地利用趋势分布情况如下：

挖潜发展型城市：此类型城市的特征是建设用地节约集约利用水平较高，经济增长的同时建设用地总面积不变或呈现下降趋势，并且地区生产总值与建设用地增长弹性系数（EEI1）和地区生产总值与建设用地增长贡献度（ECI1）均小于0。就数据测算结果看，仅厦门市属于此类城市。研究期内，厦门市地区生产总值与建设用地增长弹性系数（EEI1）和地区生产总值与建设用地增长贡献度（ECI1）分别为−1191.94、−428.26，均远小于1。土地资源是经济社会发展的重要基础，也是市场经济条件下政府掌握的主要资源。如何破解土地资源紧缺问题，拓展产业和城市发展空间，已经成为我国城市转型发展面临的主要问题之一。近年来，在新增建设用地供应紧张的情况下，厦门市积极通过政策引导，探索多渠道、多方式存量土地再开发，“向存量建设用地要效率”，通过严控建成区新增建设用地规模以有效实现城市经济的可持续增长。

集约扩张型城市：集约扩张型城市在保持经济增长的同时，建设用地规模也随之增长，并且经济增长率大于建设用地增长率，地区生产总值与建设用地增长弹性系数（EEI1）和地区生产总值与建设用地增长贡献度（ECI1）均大于1。即此类型城市经济的增长对全国经济增长总量贡献度高于建设用地增长对区域总建设用地增长的贡献度，建设用地节约集约利用水平较高。

此类型城市主要以东部沿海地区发达城市、中西部地区省会城市和区域中心城市为主。以北京市、上海市、广州市、天津市、青岛市、宁波市、深圳市、厦门市、杭州市、苏州市、福州市和汕头市等为代表的东部沿海地区发达城市，在保持经济快速增长的同时，由于土地资源的紧缺，建设用地面积扩张较慢，建设用地节约集约利用水平较高，均属集约扩张型城市。此类城市的经济增长并不是完全建立在建设用地扩张的基础上，其地区生产总值的增长速度要远大于其建设用地增长的速度，并且地区生产总值增长的贡献度也远远大于建设用地增长的贡献度。

此外，作为各省政治、经济、文化和产业中心，包括太原市、长春市、哈尔滨市、合肥市、南昌市、济南市、武汉市、成都市、昆明市、西安市、西宁市等在内的省会城市，凭借自身良好的经济基础与区位优势，在保持经济稳定增长的同时，有效控制建设用地规模的增加。相应地，此类城市地区生产总值增长的贡献度也远大于建设用地增长的贡献度，因此，其建设用地利用的集约程度均处于较高水平。

低效扩张型城市：此类型城市的特点是经济增长率和建设用地增长率均大于0，但地区生产总值与建设用地增长贡献度（ECI1）小于1。表明此类型城市经济增长对全国经济增长总量的贡献度小于建设用地增长对全国总建设用地增长的贡献度，建设用地扩张较为低效粗放。土地利用趋势类型属于此类型的城市，主要以东北地区重工业城市和中西部地区省会城市为主。

齐齐哈尔市、鸡西市、伊春市、佳木斯市等东北地区城市，多属于老工业城市，工矿企业内设备陈旧、资金投入改造不足，土地产出效益相对较低，因此其建设用地扩张仍较为低效。

此外，包括淮南市、淮北市、郑州市、开封市、洛阳市、平顶山市、安阳市、新乡市、焦作市、荆州市、株洲市、南宁市、重庆市、贵阳市、拉萨市、兰州市、银川市、乌鲁木齐市等在内的中西部城市，土地利用类型也处于低效扩张型，建设用地节约集约利用水平有待进一步提升。

粗放扩张型城市：此类型城市的特点是经济增长为负，而建设用地规模仍处于扩张状态，即地区生产总值与建设用地增长弹性系数（EEI1）和地区生产总值与建设用地增长贡献度（ECI1）均小于0。该类型城市包括呼和浩特市、沈阳市、大连市、鞍山市、本溪市、丹东市、锦州市、阜新市、辽阳市、吉林市、大庆市。除呼和浩特市以外，均属于东北地区。以沈阳市、大连市和鞍山市为例，地区生产总值与建设用地增长弹性系数（EEI1）分别为−7.36、−33.69、−26.37，地区生产总值与建设用地增长贡献度（ECI1）分别为−2.68、−25.29、−5.47。经济总量下跌，但建设用地总面积仍处于扩张状态。因此，这些城市的土地利用类型属于粗放扩张型。

3.综合比较

将两种分析结果综合考虑，7个城市为粗放扩张型，占重点城市的8.33%；9个城市为低效扩张型，占重点城市的10.71%；23个城市为集约扩张型，占重点城市的27.38%。对比粗放扩张型、低效扩张型与集约扩张型的城市，有以下几方面的特征：

（1）双粗放扩张型城市均位于东北地区，且人口和经济增速均为负值；

（2）绝大部分双低效扩张型城市的城镇土地扩张快于城镇人口增长；

（3）双集约扩张型的城市其人口与经济增长速度均快于城市土地扩张。

第五章　城镇土地利用生态效益分析

第一节　全国城镇生态用地特征分析

城镇土地利用是城镇中工业、交通、商业、文化、教育、卫生、住宅和公园绿地等的建设状况。城镇土地利用总量、各类用地占比是人口规模、经济结构与社会服务建设水平的集中反映，也间接影响着城镇生态环境的质量。据此，以生态用地（汇）特征分析、污染物排放（源）特征分析和关联（源汇）关系分析为切入点展开分析。

一、全国及四大经济区城镇生态用地特征分析

1.全国及四大经济区城镇生态用地现状特征

为从多角度了解2018年全国城镇生态用地构成特征，采用生态用地面积、生态用地率和人均生态用地面积三个指标进行度量。其中，生态用地率即城镇生态用地总面积占建设用地总面积的百分比，人均生态用地面积是城镇人口平均占有生态用地的面积，计算公式如下：

$$R\_eco=A\_eco/A\_built \tag{1-5-1}$$

$$EA\_per=A\_eco/P \tag{1-5-2}$$

式中，R_eco为生态用地比率（%），A_eco为城镇生态用地面积，A_built为建设用地总面积；EA_per为人均生态用地面积（m^2/人），P为对应统计区域内的城镇人口数。

2018年，全国城镇生态用地总面积（包括建制镇及以上所有行政区

划单元）约33万公顷，全国城镇生态用地率为3.36%，人均生态用地面积为3.97m²/人，人均公园绿地面积为2.89m²/人。其中，公园与绿地面积为24.07万公顷，占生态用地总量的72.93%；河流水面面积为8.12万公顷，占生态用地总量的24.61%；内陆滩涂面积为8098.77公顷，占生态用地总量的2.45%。

2018年，四大经济区中，东部地区城镇生态用地总面积最高，约为13万公顷；其次为西部地区（约9.72万公顷）、中部地区（约7.20万公顷），东北地区最低，仅为3万公顷左右。从构成占比分异来看，2018年四大经济区城镇生态用地中公园与绿地面积最大、河流水面次之，内陆滩涂面积最小（见图1-5-1）。从人均生态用地面积和生态用地率来看，西部地区生态用地率、人均生态用地面积均最大，分别为3.67%和4.84m²/人；东北地区生态用地率最小（3.03%）；东部地区人均生态用地面积为3.61m²/人，生态用地率与全国平均水平基本持平，为3.38%；中部地区人均生态用地面积和生态用地率均低于全国水平，分别为3.27m²/人和3.13%。

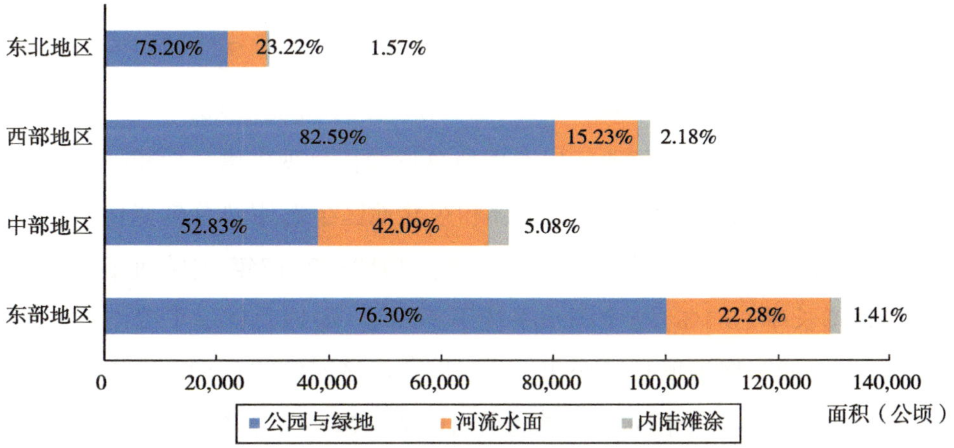

图1-5-1　2018年四大经济区生态用地构成比例

2. 全国及四大经济区城镇生态用地变化特征

2009—2018年，全国城镇生态用地增长量为47993.7公顷，增长率为17.02%。从变化趋势来看，2009年以来全国城镇生态用地呈现先增—后降—再增—再降—又升—略降的趋势（见图1-5-2）。其中，公园与绿地增长量和增长率均呈较大波动状态，变化趋势与全国城镇生态用地同步；河流水面增长量和增长率则呈小幅波动状态，即先增—后降—再增—再降的趋势。

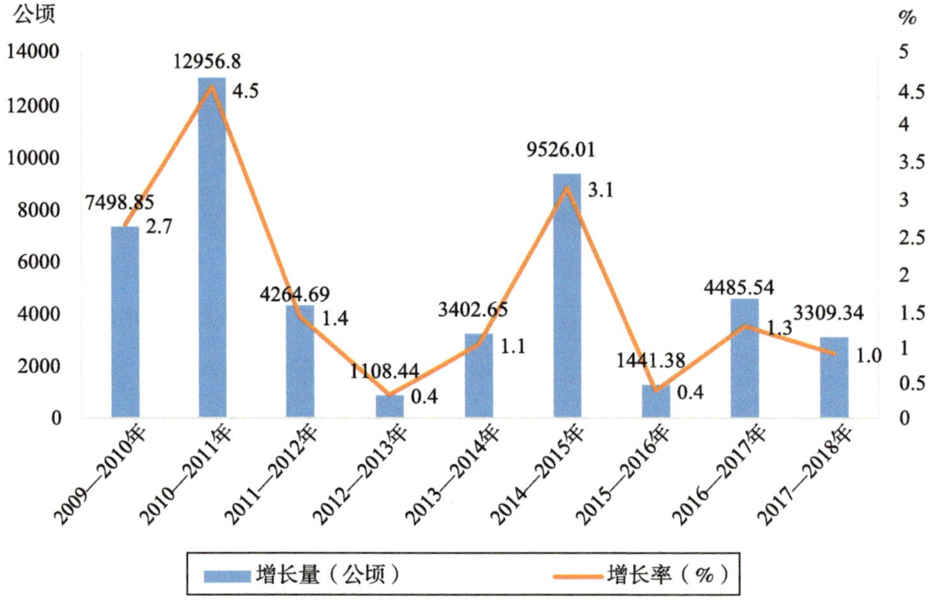

图1-5-2　2009—2018年全国城镇生态用地变化状况

十年间，东部和西部地区生态用地总量增长呈现先增—后减—再增—再减趋势，且变化幅度较大；而中部和东北地区生态用地总量变化幅度相对平稳，呈现先减—后增—再减的态势。2017—2018年，中部地区，公园与绿地增长率（0.1%）与全国水平持平不明显；湿地总体呈下降态势。西部地区，公园与绿地增长量变化量位居四大经济区榜首（1634.84公顷），增长率为2.1%，高于全国水平，湿地中内陆滩涂减少高于其他三个地区，变化量为22.58公顷，变化率为-1.1%；河流水面面积有所上升，因此湿地整体增长（1.5%）。东部地区，河流水面面积趋于平稳，因此湿地整体增长（0.3%）。东北地区，公园与绿地面积变化量为13.07公顷，变化率为0.1%；湿地面积基本不变。

二、主体功能区城镇生态用地特征分析

2018年，优化开发区生态用地总面积为7.91万公顷，生态用地率为4.11%，人均生态用地面积为5.06m²/人；重点开发区生态用地总面积为8.79万公顷，生态用地率为4.06%，人均生态用地面积为5.13m²/人。可见，优化开发区与重点开发区生态用地率和人均生态用地面积均高于全国水平（3.36%，3.97m²/人），整体呈现生态建设与城市化发展并行的良好态势。因此在总体上，优化开发区生态用地建设水平优于重点开发区；而重点开发区在快速开发建设影响下生态用地建设形势紧迫（见图1-5-3）。

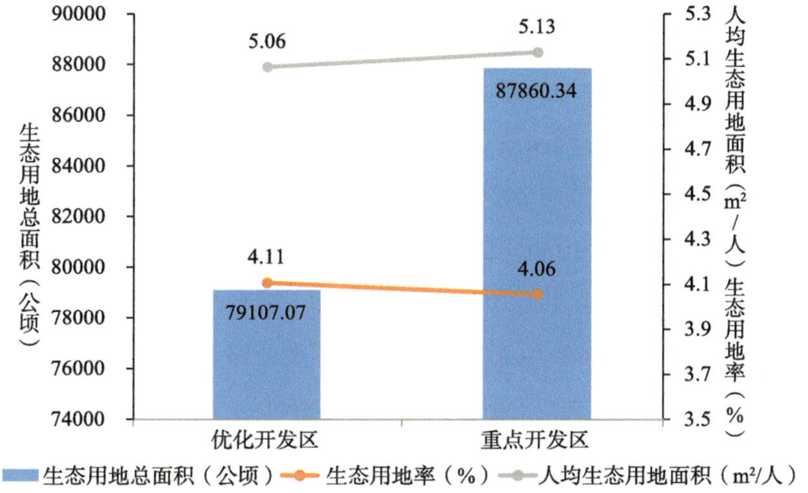

图1-5-3　2018年主体功能区生态用地总体特征

在内部构成上，各大主体功能区公园与绿地面积仍是城镇生态用地的主体，占各自生态用地总面积的75%以上。其中，优化开发区内公园与绿地面积为6.56万公顷（82.91%），重点开发区内公园与绿地面积为7.12万公顷（81.07%）。

全国城镇生态用地率和人均生态用地面积均高于全国水平的区域主要集中在西北、长江沿岸地区和北部湾地区，其中，属于优化开发区的是长三角地区、京津冀地区，属于重点开发区的包括北部湾地区、藏中南地区、成渝地区、滇中地区（显著高于全国水平）、呼包鄂榆地区、东陇海地

区、哈长地区等。均低于全国水平的区域主要集中在人口密集的中部地区，包括太原城市带、冀中南地区、关中—天水地区、海峡西岸地区、中原经济区和黔中地区六个重点开发区。人均生态用地面积高—生态用地率低于全国水平的区域主要集中在东部沿海地区，包括属于优化开发区的辽中南地区、山东半岛地区和珠三角地区。

三、各省级行政区城镇生态用地特征分析

从总面积来看，东部沿海的江苏省、浙江省、安徽省以及山东省城镇生态用地总面积较大，其中江苏省城镇生态用地总面积最高；安徽省、浙江省、山东省和河南省均大于1.6万公顷。北部北京市、黑龙江省、辽宁省和内蒙古自治区，中部四川省、重庆市，东部的上海市，南部的广东省、湖南省、云南省、广西壮族自治区以及西北的新疆维吾尔自治区城镇生态用地总面积居中，均大于1万公顷。南部江西省和贵州省，东部吉林省以及中西部的其他各省市城镇生态用地总面积较低，特别是陕西省、青海省和西藏自治区以及海南省城镇生态用地总面积不足或略微大于3500公顷，西藏自治区城镇生态用地总面积最低仅有1432.38公顷。

从城镇生态用地构成情况来看，2018年全国大部分省级行政区城镇生态用地中公园与绿地面积均最大、河流水面次之，但湖南省和贵州省湿地面积及占比明显超过公园与绿地。具体来看，公园与绿地面积最大的省级行政区为江苏省，其次是山东省和上海市，最小的是青海省。

全国生态用地率和人均生态用地均高于全国水平的省份主要分布在西北、西南和华东地区等；均低于全国水平的省份主要分布在沿黄河、渤海湾及内陆相连的省份，以及广东、贵州、江西三省；人均生态用地面积低—生态用地率高于全国水平的仅有福建省、湖南省、四川省；人均生态用地面积高—生态用地率低于全国水平的省份包括吉林省、海南省、甘肃省和青海省，除海南省外均位于我国北部。

四、城镇生态用地城市类型分异特征

1.根据城市规模分类

2018年，78个大城市的生态用地总面积最高（8.10万公顷），中等城市和超大城市次之，生态用地总面积分别为4.11万公顷和4.07万公顷，而100个小城市的生态用地总面积合计不足2.4万公顷。中等城市生态用地率最小，为3.60%，特大城市与小城市生态用地率（3.76%，3.62%）居中，大城市相对较高，为3.77%；超大城市的生态用地率最高，达5.52%。人均生态用地面积与生态用地率总体特征略有不同，人均生态用地面积指标从大到小依次为小城市、中等城市、大城市、超大城市、特大城市。由此可见，中小规模城市城镇生态用地建设水平较低，生态用地总面积、生态用地率和人均城镇生态用地面积明显不足。

从生态用地构成上看，不同规模等级的城市亦呈现“公园与绿地比例高（均大于64%），河流水面比例次之，内陆滩涂比例最低”的内部构成特征。其中，内部构成比例差值最大的为超大城市，公园与绿地面积约为其他两类生态用地面积之和的15倍以上，体现了超大城市公园建设的先进性；差值较小的是中等城市，公园与绿地面积约为其他两类生态用地总面积的2倍；而特大城市、大城市和小城市的公园与绿地面积约为其他两类生态用地总和的5倍。

2.根据城市经济发展水平差异分类

2018年，全国城镇生态用地建设状况与经济发展水平关系密切。17个处于发达经济水平的城市生态用地总面积为1.7万公顷，189个处于工业化后期（包括成熟期、发达期）城市的城镇生态用地总面积均在7万公顷以上，而91个处于工业化前期（包括初期和中期）城市的城镇生态用地总面积均低于2万公顷，特别是工业化初期的9个城市生态用地总量仅为10.85万公顷。

生态用地内部构成与城市化进程也密切相关。处于发达经济阶段和工业化发达期的城市公园与绿地面积（2.23万公顷、7.77万公顷）约为湿地面积（0.60万公顷、1.56万公顷）的5倍。处于工业化成熟期的城市与工业化发达期的城市相比，除湿地面积略大之外，生态用地率、人均生态用地面积与城市人均生态用地面积均有不足。处于工业化初期阶段的城市开发水平较低，湿地面积维持较高水平，公园与绿地面积（0.26万公顷）约为湿地面积的3倍（0.08万公顷）；但由于公园与绿地建设较为落后，故其生态用地率明显低于工业化后期城市。处于工业化中期的城市，由于城市建设大规模侵占原有的生态用地（湿地），湿地面积比例低于工业化初期城市并高于工业化后期城市，但其公园与绿地建设水平未达到工业化后期城市的建设水平，因此生态用地率与人均生态用地面积最低。

可见，城镇生态用地率与城市经济发展水平特别是城市化进程中湿地保护、公园与绿地建设水平密切相关。

五、城镇生态用地“城区—外围县”分异特征

以27个省会城市和4个直辖市为研究单元，从“城区—外围县”〔1〕角度分析全国城镇生态用地建设特征，厘清我国城市地域内生态用地建设的差异。

1. 总体分异特征

2018年，31个城市（包括城区与外围县）的城镇生态用地总量合计9.80万公顷，生态用地率约4.90%，人均生态用地面积为5.42m²/人。其中，城区生态用地总量共7.26万公顷，占31个城市生态用地总量的74.08%；生态用地率为5.50%，人均生态用地面积为4.01m²/人。外围县生态用地总面积共计2.54万公顷，仅为城区生态用地总量的1/4；生态用地率和人均生态用地面积分别为3.72%和4.46m²/人。城区城镇生态用地总量、生态用地率和人均生态用地面积均明显高于外围县，由此可见，在城市建设进程中更加重

〔1〕“中心城”定义为市辖区，外围县定义为市辖县县政府所驻建制镇和市辖县范围内的建制镇。《建制镇规划建设管理办法》第3条规定：“办法所称建制镇，是指国家按行政建制设立的镇，不含县城关镇。县城关镇通常是指县政府所驻的建制镇，算是一种特殊的建制镇。”

视城区的生态用地建设，城区的生态用地面积显著提升。

从生态用地构成来看，31个城市从生态用地构成来看，无论是城区还是外围县，公园与绿地面积比（85.98%、87.73%）均在80%以上，是城镇生态用地的主体；河流水面次之，内陆滩涂最小（见图1-5-4）。其中，城区公园与绿地面积为6.24万公顷，是外围县公园与绿地面积的近3倍（2.23万公顷）。城区河流水面面积0.97万公顷，占城区生态用地总量的13.32%；外围县河流水面面积0.30万公顷，占外围县生态用地总量的11.85%。城区内陆滩涂面积0.05万公顷，占城区生态用地面积的0.70%；外围县内陆滩涂面积0.01万公顷，占外围县生态用地总量的0.42%。可见，31个城市在城区、外围县的生态用地建设情况具有一定的差异性。

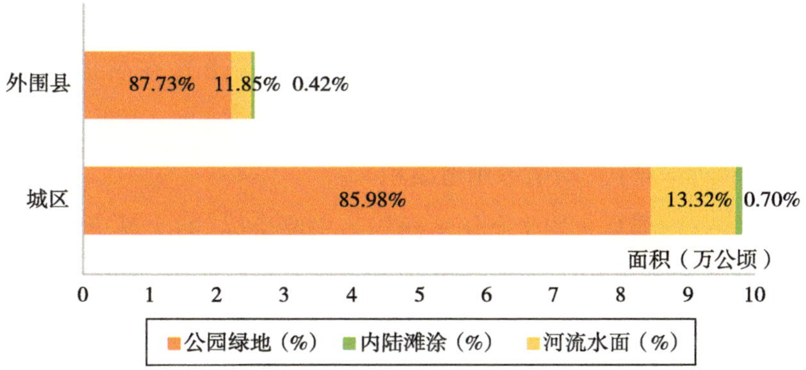

图1-5-4 2018年城区—外围县生态用地构成特征

2. 区域间差异：生态用地率

将城区—外围县的城镇生态用地率作为指标来看，除昆明市、乌鲁木齐市、郑州市、南昌市和太原市外，其余26个城市的城区生态用地率均高于外围县。其中，城区与外围县城镇生态用地率最接近的城市是郑州市（二者分别为2.85%和2.95%）；城区和外围县城镇生态用地率差值最大的城市是昆明市，其外围县生态用地率比城区高10.01%。城区和外围县城镇生态用地率最大的均为昆明市，分别为13.03%和23.04%；城区城镇生态用地率最小的城市为石家庄市（1.39%），外围县城镇生态用地率最小的城市为长春市（0.15%）。

以31个城市的城区—外围县生态用地率平均水平为对照，利用四象限图可将31个城市城区—外围县生态用地率划分为高高区、低高区、低低区、高低区四个区间：[1]

（1）位于高高区的城市包括3个直辖市（北京市、上海市、重庆市）和4个省会城市（杭州市、合肥市、昆明市和银川市）。

（2）位于低高区的城市包括4个省会城市，即太原市、南昌市、拉萨市和乌鲁木齐市，集中在中西部的内陆地区。

（3）属低低区的城市有13个省会城市，即石家庄市、沈阳市、长春市、南京市、济南市、武汉市、广州市、南宁市、贵阳市、西安市、兰州市、成都市和郑州市，在东北、中西部和南部均有分布。

（4）位于高低区的城市包括1个直辖市（天津市）和6个省会城市（哈尔滨市、呼和浩特市、福州市、长沙市、海口市、西宁市），在东北、中部和南部均有分布。

3. 区域间差异：人均生态用地面积

以城区—外围县人均生态用地面积为主要指标，31个城市的分异特征如下：城区人均城镇生态用地面积最大的城市为合肥市（10.65m²/人），其次是昆明市（9.34m²/人）；城区人均城镇生态用地面积最小的城市是石家庄市（1.13m²/人）。

外围县人均城镇生态用地面积差异悬殊，其中外围县人均城镇生态用地面积最大的是昆明市（54.59m²/人），其次是南京市（11.28m²/人）；最小为长春市（0.07m²/人）。总体看来，31个城市中城区人均生态用地面积小于外围县的城市有4个，分别为南京市、南昌市、昆明市和成都市。

若按照31个城市城区—外围县人均城镇生态用地面积平均水平，也可

---

〔1〕 高高区—城区和外围县的生态用地率均高于31个城市的平均水平；低高区—城区生态用地率低于31个城市的平均水平，外围县生态用地率高于31个城市的平均水平；低低区—城区和外围县生态用地率均低于31个城市的平均水平；高低区—城区生态用地率高于31个城市的平均水平，外围县生态用地率低于31个城市的平均水平。

将除呼和浩特市、上海市、长沙市、乌鲁木齐市、银川市以外的26个城市分为高高区、低高区、低低区、高低区四个区间：[1]

（1）位于高高区的有北京市、昆明市和拉萨市。

（2）属低高区的城市有南京市、南昌市。

（3）低低区的城市包括13个省会城市，即石家庄市、太原市、杭州市、福州市、武汉市、广州市、南宁市、贵阳市、西安市、兰州市、西宁市、成都市和郑州市，主要分布在除西北地区以外的大部分地区。

（4）属高低区的城市有2个直辖市（重庆市和天津市）和7个省会城市（沈阳市、哈尔滨市、长春市、济南市、合肥市和海口市、西宁市），大多分布在东北地区和沿海地区。

第二节　全国城镇土地利用污染物排放特征分析

一、全国城镇土地利用废物排放特征分析

1.全国整体水平

十年间，[2]单位面积工矿仓储用地废气排放量、单位面积工矿仓储用地工业固体废物排放量和单位面积住宅用地未处理垃圾排放量三项指标的整体变化趋势为逐渐减小，单位面积工矿仓储用地废水排放量相较其余三项指标的变化趋势并不明显（图1–5–5）。

---

〔1〕 高高区—城区和外围县的人均生态用地面积均高于31个城市的平均水平；低高区—城区的人均生态用地面积低于31个城市的平均水平，外围县的人均生态用地面积高于31个城市的平均水平；低低区—城区和外围县的人均生态用地面积均低于31个城市的平均水平；高低区—城区的人均生态用地面积高于31个城市的平均水平，外围县的人均生态用地面积低于31个城市的平均水平。

〔2〕 2018年缺乏废气、废水和固废排放量统计数据。

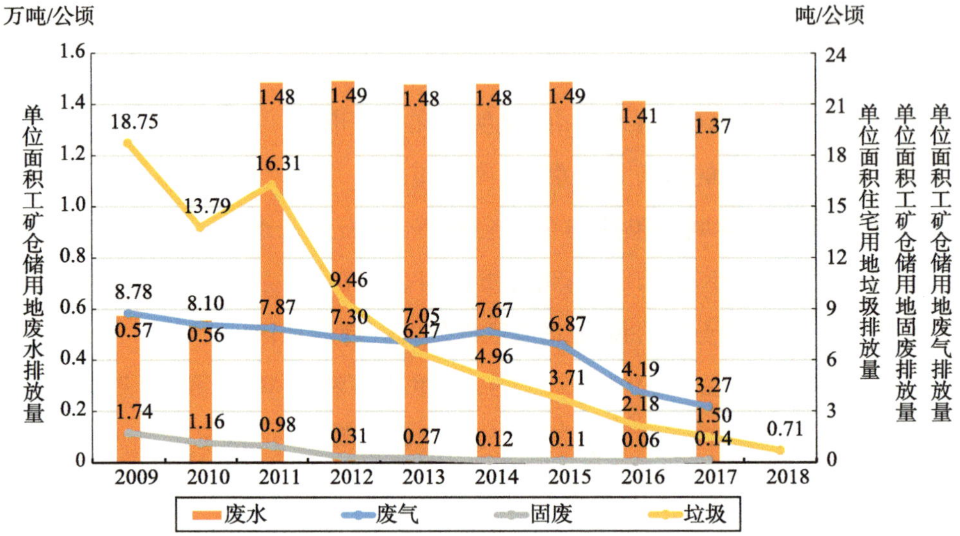

图1-5-5　2009—2018年全国单位面积土地废物排放特征

2.四大经济区

2018年，四大经济区单位面积住宅用地未处理生活垃圾量均低于4吨/公顷，最大为东北地区（3.69吨/公顷），其次为西部地区（0.85吨/公顷），之后为东部地区（0.18吨/公顷），最小为中部地区（0.06吨/公顷）。

3.省级行政区

2018年，省级行政区单位面积住宅用地未处理生活垃圾排放量最大为吉林省（7.13吨/公顷），其次为黑龙江省（5.47吨/公顷）、天津市（3.96吨/公顷）、新疆维吾尔自治区（3.35吨/公顷），其余各省均小于3吨/公顷。

二、全国城镇土地利用碳排放特征分析

1.全国整体水平

2018年全国30个省级行政区[1]碳排放总量为105.53亿吨，单位面积建设用地碳排放量为866.62吨/公顷（见图1-5-6）。与上一年度相比，2018

〔1〕 2018年缺乏西藏自治区化石能源消费量统计数据。

年单位面积建设用地碳排放量由743.40吨/公顷增加至866.62吨/公顷，增幅为14.88%。十年间，全国单位面积城镇土地碳排放量呈先增长后降低再增长的趋势，累计降低2.69%。

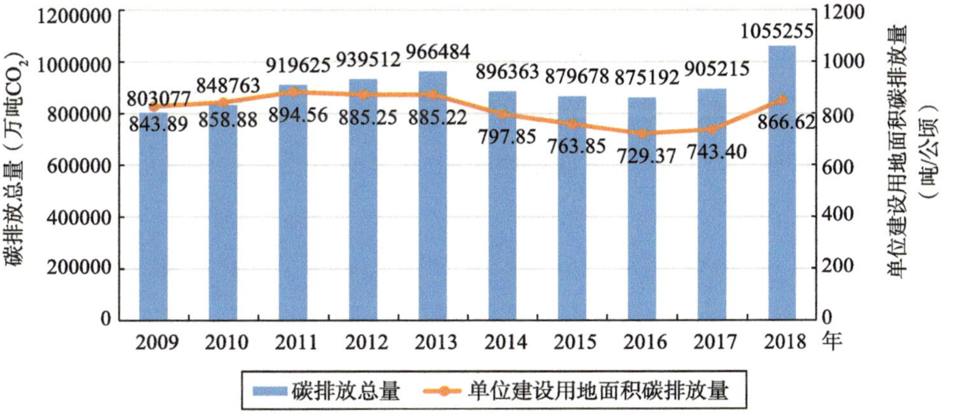

图1-5-6　2009—2018年全国单位面积城镇土地碳排放特征

2. 四大经济区

2018年，四大经济区单位面积建设用地碳排放量均在650—1000吨/公顷。其中，东部地区（900.77吨/公顷）最高，高于全国水平，其次为中部地区（746.96吨/公顷）和东北地区（719.55吨/公顷），再次是西部地区单位面积碳排放量（668.13吨/公顷），均低于全国水平（779.54吨/公顷）。

3. 省级行政区

2018年，与全国水平相比，单位面积城镇建设用地碳排放量高于全国平均水平779.54吨/公顷的省份有10个。其中，河北省、山西省和上海市单位面积建设用地碳排放量位居全国前三位，分别为2033.84吨/公顷、1421.50吨/公顷和1144.93吨/公顷。单位面积城镇用地碳排放量低于全国水平的省份有21个，单位面积建设用地碳排放量介于500—800吨/公顷的省份居多，青海省（西部）、黑龙江省（东北）和海南省（南部）单位面积城镇用地碳排放量最低，分别为406.46吨/公顷、360.54吨/公顷、323.36吨/公顷。

第三节　全国城镇土地利用与生态环境关联分析

一、全国城镇土地利用与生态环境关联关系分析

整体来看，以环境污染物（未经处理的城镇生活垃圾和碳排放量）作为生态环境的参考序列，2018年城镇生态环境污染与建设用地规模人口扩展弹性特征的关联度最大，平均关联系数为0.5415；其次为城镇第二三产业增加值特征（0.5398）与建设用地面积（0.5161）（见图1–5–7）。

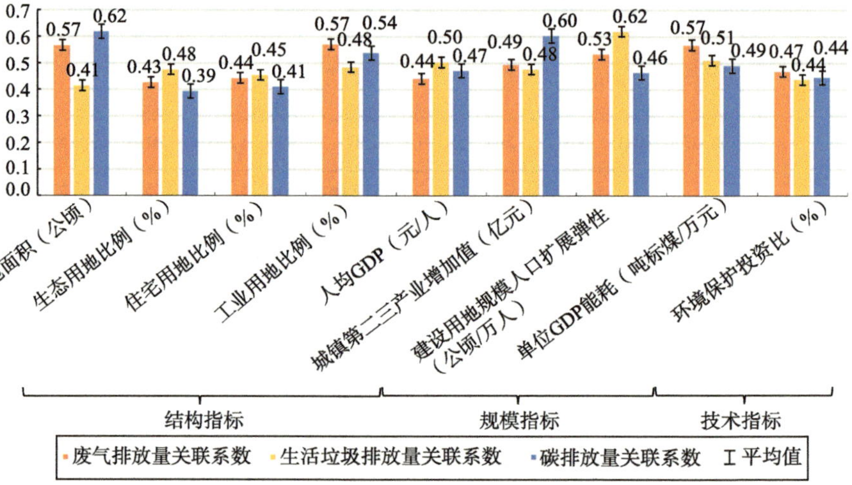

图1–5–7　城镇土地利用与生态环境关联系数

具体来看，以未经处理的城镇生活垃圾（生态环境污染）为参考序列，2018年全国城镇生态环境污染与土地利用的规模特征关联度最大，关联系数为0.5331；其次为技术特征，关联系数为0.4737；最后为结构特征，关联系数为0.4570。在土地利用结构特征中，关联度最大的指标为工矿仓储用地比例，关联系数为0.4843；规模特征中关联度最大的指标为建设用地规模人口扩展弹性，关联系数为0.6195；技术特征中关联度最大的指标为单位GDP能耗，关联系数为0.5108。

若以碳排放量（气候变化）为参考序列，2018年全国城镇气候变化影响与土地利用的规模特征的关联度最大，关联系数为0.5125；其次为结构

特征，关联系数为0.4896；最后为技术特征，关联系数为0.4748。在土地利用结构特征中，关联度最大的指标为建设用地面积，关联系数为0.6185；规模特征中关联度最大的指标为城镇第二三产业增加值，关联系数为0.6032；技术特征中关联度最大的指标为单位GDP能耗，关联系数为0.5090。

二、城镇土地利用与生态环境关联关系的区域分异

根据城镇生态环境指标和土地利用结构、规模和技术3个层面11个指标数据对30个省级行政区[1]进行聚类，可划分为三类（见图1-5-8）：

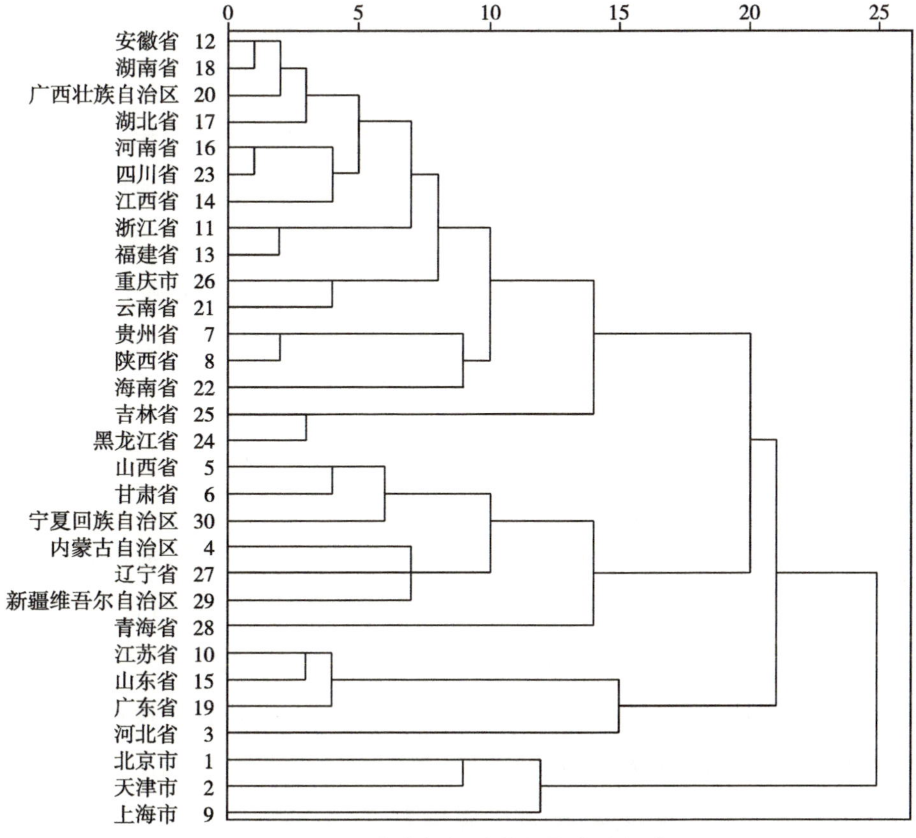

图1-5-8　30个省级行政单位聚类分析谱系

〔1〕 西藏自治区碳排放数据缺失，不计入省级行政区统计结果。

（1）第一类地区包括北京市、天津市和上海市。就总体而言，三者的生态用地比例、人均GDP和建设用地规模人口扩展弹性，较第二类和第三类地区都要高，而平均建设用地面积、住宅用地比例、工业用地比例、单位GDP能耗、环境保护投资比、碳排放量都较其他两类要小。第一类地区的北京市、天津市和上海市三个直辖市，是我国社会经济发展发达地区（京津冀地区和长三角地区）的核心城市，城镇土地利用与生态环境发展趋于友好。其中，上海市处于工业化后期，生态用地比例较高，北京市的住宅用地比例较高，天津市的工业用地比例较高。未来可注重提高城镇生态用地比例，通过经济转型发展提高城镇第三产业增加值，继续通过增加环境保护投资额、降低废弃物排放量，是提升的主要方向。

（2）第二类地区包括江苏省、山东省、广东省和河北省。这一地区属于我国沿海长三角、珠三角、京津冀发达区域，平均建设用地面积、工业用地比例、城镇第二三产业增加值、单位GDP能耗均较高，生态用地比例、建设用地规模人口扩展弹性、未处理的城镇生活垃圾均较低。该类亚区经济发展水平较高，为协调城镇土地利用与生态环境关系、提高城镇土地利用生态效益提供了契机，加强环境保护投资比，增加人均生态用地面积和改善人居环境质量是进一步提升的方向。

（3）第三类地区包括23个省级行政单位，是全国重点开发区的集中分布区域（山西省、甘肃省、宁夏回族自治区、内蒙古自治区、辽宁省、新疆维吾尔自治区、青海省、吉林省、黑龙江省、贵州省、陕西省、海南省、安徽省、湖南省、广西壮族自治区、湖北省、河南省、四川省、江西省、浙江省、福建省、重庆市、云南省）。第三类地区人均GDP、城镇第二三产业增加值较低，住宅用地比例、建设用地规模人口扩展弹性、环境保护投资比、未经处理的城镇生活垃圾较高。由此可见，第三类地区正处于城镇土地利用与生态关系协调的关键时期，经济发展潜力较大，环境压力较大，需进一步集约、低碳、高质发展。

为深入分析23个省级行政单元的差异，进一步根据聚合程度将其划分为4个亚类，不同省市可根据土地利用与生态环境指标聚合度特征，有针对性地提高采取措施提高城镇土地利用生态环境效益：

（1）Ⅰ类包括山西省、甘肃省、宁夏回族自治区、内蒙古自治区、辽宁省、新疆维吾尔自治区、青海省，是我国主体功能区中重点开发区的主要组成部分。该地区住宅用地比例、城镇第二三产业增加值较低，工业用地比例、单位GDP能耗、碳排放均较高。该类地区城镇土地利用的生态环境效应主要取决于产业结构，在后期发展经济的同时应当逐渐改变城市的产业结构，以及增加对清洁能源的利用，实现在发展经济的同时不污染环境。

（2）Ⅱ类包括吉林省、黑龙江省。这一地区人均GDP、环境保护投资比较低，建设用地规模人口扩展弹性、未经处理的城镇生活垃圾排放量较高。因此，该类亚区应当在后期发展经济的同时，增加环境保护投资比例，逐渐降低未经处理的城镇生活垃圾的排放量。

（3）Ⅲ类包括贵州省、陕西省和海南省。这一地区平均建设用地面积、生态用地比例、工业用地比例、碳排放均较低，住宅用地比例、生态用地比例、环境保护投资比均较高。该地区在大力发展经济建设的同时，需保持其较好的生态环境。

（4）Ⅳ类包括安徽省、湖南省、广西壮族自治区、湖北省、河南省、四川省、江西省、浙江省、福建省、重庆市、云南省。这一地区的平均建设用地面积、生态用地比例、人均GDP、城镇第二三产业增加值均较高，而建设用地规模人口扩展弹性、未经处理的城镇生活垃圾均较低。该类地区城镇土地利用与生态环境关系的协调可以从多方面入手，包括提高生态用地建设水平，发展高质量产业，针对高污染高能耗的产业做出调整等。

附

根据生态环境数据可获取性与可比性，选择省级区域为分析单元，以单位面积工矿用地工业废气排放量（吨/公顷）、单位面积工矿用地工业废水排放量（吨/公顷）、单位面积工矿用地工业固体废物排放量（吨/公顷）、单位面积住宅用地未处理生活垃圾量（吨/公顷）和单位城镇建设用地碳排放量（吨CO_2/公顷）作为主要生态环境指标，分析全国城镇土地利用对生态环境的影响。各指标计算公式如下：

$$EQ\_eff=Q\_eff/A\_industry \qquad (1-5-1)$$

式中，EQ_eff 为单位面积工矿用地工业废气排放量，Q_eff为工业废气排放量，A_industry为工矿用地面积。工业废气排放量是指企业厂区内燃料燃烧和生产工艺过程中产生的各种排入空气中含有污染物的气体的总量。工业废气排放量等于燃料燃烧过程中废气排放量加上生产工艺过程中废气排放量。

$$EQ\_sewage=Q\_sewage/A\_industry \qquad (1-5-2)$$

式中，EQ_sewage为单位面积工矿用地工业废水排放量，Q_sewage为工业废水排放量，A_industry为工矿用地面积。工业废水排放量是指经过企业厂区所有排放口排到企业外部的工业废水量，包括生产废水、外排的直接冷却水、超标排放的矿井地下水和与工业废水混排的厂区生活污水，不包括独立外排的间接冷却水（清浊不分流的间接冷却水应计算在内）。

$$EQ\_(solid\text{-}wastes)=Q\_(solid\text{-}wastes)/A\_industry \qquad (1-5-3)$$

式中，EQ_（solid−wastes）为单位面积工矿用地工业固体废物排放量，Q_（solid−wastes）为工业固体废物排放量，A_industry为工矿用地面积。工业固体废物排放量是指企业将所产生的固体废物排到固体废物污染防治设施、场所以外的量。工业固体废物排放量=工业固体废物产生量−贮存量−（综合利用量−综合利用往年贮存量）−（处置量−处置往年贮存量），其中工业固体废物产生量（吨）= 一般工业固体废物产生量+危险废物产生量。

$$EQ\_rubbish=(Q\_transport\text{-}Q\_treatment)/A\_homesite \qquad (1-5-4)$$

式中，EQ_rubbish为单位面积住宅用地未处理生活垃圾量，Q_transport为生活垃圾清运量，Q_treatment为无害化处理量，A_homesite为城镇住宅用地面积。

$$EQ_C=\frac{Q_{ei}\times\alpha_{ei}\times\beta_{ei}}{A_{built}} \tag{1-5-5}$$

式中，EQ_C为单位城镇建设用地碳排放量，Q_{ei}为第i类化石能源的消费量，α_{ei}为第i类化石能源对标准煤的折算系数，β_{ei}为第i类化石能源的碳排放系数，A_{built}为城镇建设用地总面积。其中，化石能源消费量统计指标包括煤炭、油品、天然气和电力。煤炭消费量统计指标包括原煤、洗精煤、其他洗煤、焦炭、焦炉煤气、高炉煤气；油品消费量统计指标包括原油、汽油、煤油、柴油、燃料油、石脑油、液化石油气；天然气消费量统计指标包括炼厂干气和天然气。

1.灰色关联与聚类分析

本次分析中，采用国内学者邓聚龙教授提出的灰色关联技术来分析土地利用不同特征与生态环境指标之间的灰色关联度，以确定不同土地利用特征对生态环境指标变化的贡献。

灰色关联理论在灰色系统中最为成熟、应用最为广泛。它与灰系统建模理论、灰色预测方法、灰决策与优化技术以及灰评估技术等共同组成了灰色理论系统。灰色关联分析的基本原理就是通过对统计序列几何关系的比较来分清系统中多因素间的关联程度，序列曲线的几何形状越接近，则它们之间的关联度越大。其分析的主要步骤包括：

（1）设定参考序列和比较序列

参考序列为

$$Y_i=[\,Y_i(1),Y_i(2),\cdots Y_i(\mathrm{k})\,]\,i=1,2:\mathrm{n} \tag{1-5-6}$$

比较序列为

$$X_j=[\,X_j(1),X_j(2),\cdots X_j(\mathrm{k})\,]\,j=1,2:\mathrm{m} \tag{1-5-7}$$

式中，参考序列Y_i为需要作比较的母因素，本次研究中为水质指标；比较序列X_j为与母因素进行关联程度比较的子因素，本次研究中为景观格局指数；i和j分别为参考序列和比较序列中因素的个数；k =1，2，…，t为参与灰色关联度计算的数据序列个数。

（2）计算关联系数

$$\xi_{ij}(k)=\frac{Min_j\,Min_i\,\Delta_{ij}(k)+\rho\,Max_j\,Max_i\,\Delta_{ij}(k)}{\Delta_{ij}(k)+\rho\,Max_j\,Max_i\,\Delta_{ij}(k)} \quad (1-5-8)$$

式中，$\xi_{ij}(k)$为比较序列$X_j(k)$对参考序列$Y_i(k)$的关联系数；$\Delta_{ij}(k)=[\,Y_i(k)-X_j(k)\,]$为参考序列与比较序列在第$k$个序列的绝对差；$Min_jMin_i\Delta_{ij(k)}$为两级最小差，$Max_jMax_i\Delta_{ij}(k)$为两级最大差。可以看出，当$\Delta_{ij}(k)$取两级最小值时，关联系数$\xi_{ij}(k)$取最大值；当$\Delta_{ij}(k)$取两级最大值时，关联系数取最小值。$\rho$为灰度系数，也称为分辨系数，为介于［0，1］区间上的数值，一般取$\rho=0.5$。

（3）计算灰色关联度

综合各点（k=1，2，度）的关联系数，就可以得到比较序列与参考序列的关联度γ_{ij}：

$$\gamma_{ij}=\sum_{k=1}^{t}W_j(k)\times\xi_{ij}(k) \quad (1-5-9)$$

式中，$W_{j(k)}$为比较序列中不同序列的因子权重，一般情况下可以取各个序列的权重相同。关联度γ_{ij}越大，说明比较序列X_j与参考序列Y_i的关系越密切，或者说影响越大。由于参考序列和比较序列可能存在量纲和数量级的差异，因此计算关联度之前需对原始数据进行初值变换或均值变换。

基于此，根据灰色关联度及其他指标的相互关系对省级行政单元进行聚类分析，进而通过区域差异揭示土地利用与生态环境之间的作用关系。

2. 主要分析指标

在本次分析中，根据生态环境的可获取性，以省级行政区为基本分析单元，选择废弃物排放量（废气、未经处理的城镇生活垃圾）和碳排放量作为生态环境指标，并从城镇土地利用结构、规模和技术三个层面度量土地利用特征。其中，城镇土地利用结构特征指标包括建设用地总量、城镇生态用地占比、住宅用地占比和工业用地占比；土地利用规模特征指标包括人均GDP、城镇第二三产业增加值和建设用地规模人口扩展弹性；技术特征指标包括单位GDP能耗、环境保护投资比。

第六章　结　　论

我国幅员辽阔，各地资源禀赋、社会经济发展水平以及城镇化所处阶段均存在较大差异，客观上需根据各地实际情况科学地制定城乡发展规划和供地计划。通过对2009—2018年城镇地籍调查数据进行分析，结合近年来的人口、社会、经济、环境发展等各方面信息，我们发现一些城镇土地利用在2009—2018年的基本规律，并提出相应的讨论方向和政策建议。

一、降速集约发展的趋势愈加明显

2009—2018年城镇土地在各个层面都表现出降速发展的态势。

全国层面城镇土地增长量速度齐降。年度城镇土地新增量在2018年达到最低点17.7万公顷，仅为2012年增量峰值31.8万公顷的47%，增速1.8%，为峰值5.0%的1/3强。2009—2018年我国宏观经济增长趋势平稳收缩，自2016年开始全国GDP增速平稳在6.5%—7%之间，而全国城镇土地扩张持续收缩，土地利用宏观调控在减量发展、提质增效方面的意图明显。

区域层面东部地区城镇土地增长明显收缩。

西部地区仍旧是城镇土地增长重点，量速最高，而东部增长收缩明显。城镇土地利用结构持续向工矿、住宅和商服用地集中，东北地区的持续收缩态势更加明显。

东北地区是典型被动收缩型地区，人口流失、产业发展停滞导致城镇土地增长缓慢。东部地区城镇土地增长收缩、经济发展领先，因而城镇土地产出效益的优势愈加明显。东部地区商服用地产出效益与第二名相比，由2012年的1.71倍提高到2018年的1.77倍，而工矿仓储用地产出效益与第二名相比，由2012年的1.13倍提高到2018年的1.23倍。

城市层面上海、北京、天津的城镇土地年均增速最小，结构日趋合理。三个城市的年均增速均在1.1%—1.5%之间。上海市2016—2017年连续两年城镇土地呈负增长，北京市2018年城镇土地规模减量为0.4%。

提质增效：上海、北京从2012年开始工矿仓储用地持续呈零增长或负增长，商服用地也出现个别年度的零增长或负增长，由此带来用地效率的明显提升。北京市工矿仓储用地产出效率自2010年以来年均增长7.5%，上海则增长4%，这是超大城市通过减量发展达到提质增效的效果。

结构合理：2012—2018年京沪均出现工矿仓储用地占比下降、公服和交通设施占比提升的情况，用地结构更为合理。

二、区域分异扩大

在城镇土地十年发展过程中，地区差异得到某种程度的强化，区域分异在扩大。

城镇经营性用地产出效率方面，发达地区优势加大。发达省份、城镇群、发达城市的优势在扩大，尤其是在工矿仓储用地上。东部地区结构稳定呈增长态势，而东北地区则出现收缩。从功能结构上来看，中部地区尤其是商业服务业正逐步崛起。

在城镇发展模式上，东部地区尤其京沪等超大城市出现主动减量、精明增长，而中、西部地区则依然呈规模扩张态势。例如，贵州省连续多年呈两位数扩张，河南省2016年单年城镇土地扩张6.64万公顷，占当年全国城镇土地增量的1/4。东北地区则出现了被动式收缩，工矿仓储用地产出效率为负增长。

在用地结构差别上，体现出区域不同的对外职能。例如"一带一路"

中，“一带”更接近于全国城镇平均水平，“一路”则突出了东部沿海省市的城镇土地利用结构特征，表现为高工矿仓储、低住宅和商服用地占比特点。长江经济带的城镇土地利用结构分异特征也很明显：上游地区的商服、住宅用地占比明显偏高，工矿仓储用地占比明显偏低；下游地区则相反，表现为显著高的工矿仓储用地占比，及明显偏低的商服、住宅用地占比；中游地区居中，与全国城镇平均水平较为接近。

在城镇土地利用集约程度方面，从优到劣依次划分为挖潜发展型、集约扩张型、低效扩张型、发展迟滞型和粗放扩张型。从经济发展与建设用地变化的匹配程度来看，根据划分标准，东部地区属于低效扩张型，中部地区属于集约扩张型，西部地区和东北地区均属于低效扩张型。根据人口与区域建设用地变化匹配程度，从均值来看，长三角地区、珠三角地区以及环渤海地区均为集约扩张型。从经济发展与区域建设用地匹配程度进行分析，优化开发区域中，长三角地区、珠三角地区与环渤海地区均属于集约扩张型。将几种分析结果综合考虑，共有7个城市为粗放扩张型，占重点城市的8.43%；9个城市为低效扩张型，占重点城市的10.84%；23个城市为集约扩张型，占重点城市的27.71%。对比粗放扩张型、低效扩张型与集约扩张型的城市，有以下三方面特征：

（1）双粗放扩张型城市均位于东北地区，且人口和经济增速均为负值；

（2）绝大部分双低效扩张型城市的城镇土地扩张快于城镇人口增长；

（3）双集约扩张型的城市人口与经济增长速度均快于城市土地扩张。

此外，城市土地利用结构与其经济发展水平也有较强的相关性。随着经济发展水平的提高，城市工矿仓储用地占比上升、居住用地占比下降趋势明显。

三、局部生态效益有待提高

用地的生态效益与城市化进程密切相关。处于工业化成熟期的城市，与工业化发达期的城市相比，生态用地率、人均生态用地面积与城市人均生态用地面积均有不足。处于工业化初期阶段的城市开发水平较低，虽然湿地面积维持较高水平，但由于公园与绿地建设较为落后，故其生态用地率明显低于工业化后期城市。处于工业化中期的城市，由于城市建设大规模侵占原有的生态用地（湿地），湿地面积比例低于工业化初期城市并高于工业化后期城市，但其公园与绿地建设水平未达到工业化后期城市的建设水平，因此生态用地率与人均生态用地面积最低。

从全国生态用地率和人均生态用地面积均高于全国水平的省份主要分布在西北、西南和华东地区等，均低于全国水平的省份主要分布在沿环黄、渤海湾及内陆相连的省份来看，发达经济区域对公园建设先进性和用地生态效益的提高也是基于经济发展的基础上进行后发弥补。

第二部分

不同用地类型专题分析

第一章　我国城镇居住用地与工业用地比例关系研究（2013年）

居住用地与工业用地是我国城市建设用地结构中的主要组成用地。城镇化与工业化进程中，这两类用地比例关系的变化对城市空间的效率及质量产生了影响。2014年《国家新型城镇化规划（2014—2020年）》提出："建立城镇用地规模结构调控机制。严格控制新增城镇建设用地规模，严格执行城市用地分类与规划建设用地标准，实行增量供给与存量挖潜相结合的供地、用地政策""适当控制工业用地，优先安排和增加住宅用地"。探讨居住用地与工业用地的关系对我国建设用地增长控制意义重大。

本章基于2009—2013年全国地籍调查汇总数据，以我国四大经济区、31个省份及288个地级及以上城市单元为分析对象，分析我国居住用地与工业用地在宏观、中观和微观不同层面上的比例关系，挖掘两类用地比例关系的演变特征与动力机制。

研究发现，我国居住用地与工业用地比值随年份持续下降，2013年达到1.32，工业用地比例偏高，两类用地呈现失衡状态；在增量特征上，我国居住用地增长量长期小于工业用地，两类用地供给上不平衡；两类用地比例关系在城镇不同范围存在分异，建制镇范围工业用地增长最为活跃；两类用地的比例关系是在我国城市发展建设历程中演化而成，其失衡状态对经济社会的健康与协调带来了不利影响，主要表现为人均居住面积不达标，生活空间质量难以得到保障，工业用地产出偏低，生产空间效率低下。

第一节　我国居住用地与工业用地比例关系存量特征分析

一、我国居住用地与工业用地比例关系失衡，工业用地比例相对偏高

根据住房和城乡建设部《城市用地分类与规划建设用地标准》(GB 50137—2011)对规划建设用地结构的规定，除工矿城市、风景旅游城市以及其他具有特殊情况的城市，居住用地占城市建设用地的比例应在25%—40%；工业用地占城市建设用地的比例应在15%—30%。由此可知，城市居住用地比例正常情况下应大于工业用地，仅以这两类用地之间的关系探讨其占比的合理性：两类用地比值若小于1，说明工业用地比例偏高或居住用地比例偏低；两类用地比值若小于0.83，说明工业用地比例过高；两类用地比值若大于2.67，则说明工业用地比例偏低或居住用地比例偏高。

2013年，我国31个省级单元中两类用地比值在2.67以上的有西藏自治区、云南省和海南省，其中西藏自治区与海南省表现为居住用地比例适度，工业用地比例偏低，云南省表现为居住用地偏高且工业用地偏低；两类用地比值在1以下的有天津市、湖北省、江苏省、上海市，表现为不同程度的工业用地比例偏高(见表2-1-1)。

表2-1-1　2013年我国各省份城镇居住用地与工业用地比值范围

类别	比值范围	地区个数	省份
居住用地比例偏高/工业用地比例偏低	>2.67	3	西藏、云南、海南
比值正常	1.5-2.67	12	山西、陕西、黑龙江、江西、河南、贵州、湖南、内蒙古、吉林、新疆、河北、北京
	1-1.5	12	四川、福建、重庆市、青海、辽宁、宁夏、广西、甘肃、安徽、浙江、广东、山东
工业用地比例偏高	0.83-1	1	上海
工业用地比例过高	<0.83	3	江苏、湖北、天津

2013年，我国288个地级及以上城市中两类用地比值位于1–2.67之间的占56.94%，属于相对合理的范畴，有21.18%的城市两类用地比值小于1，表现为不同程度的工业用地比例偏高，有21.88%的城市两类用地比值大于2.67，主要表现为工业用地比例偏低。在位属两极的城市中，有11个城市两类用地比值在10以上，多为环境优美、文化资源丰富的风景旅游城市，通常工业用地比例不足5%，居住用地比例超过40%，其中汕尾市、丽江市、池州市、三亚市两类用地比值最高；有12个城市两类用地比值不足0.6，多为自然资源丰富的工矿城市，通常工业用地比例超过40%，居住用地比例不足20%，而其中嘉峪关市、孝感市、金昌市、大庆市两类用地比值最低（见表2–1–2）。

表2–1–2　2013年我国各城市城镇居住用地与工业用地比值范围

类别	比值范围	城市数量	占比（%）
居住用地比例偏高/工业用地比例偏低	>2.67	63	21.88
比值正常	1.5—2.67	90	31.25
	1—1.5	74	25.69
工业用地比例偏高	0.83—1	25	8.68
工业用地比例过高	<0.83	36	12.50

以21世纪其他国际城市/地区的居住用地与工业用地比值为参考，我国两类用地比值的城镇（城市+建制镇）平均水平及城市平均水平都明显偏低。进一步观察我国城镇居住用地与工业用地比例关系的构成可发现，长期的计划经济制度与土地出让政策导致我国城镇用地结构存在一定程度的扭曲，与其他国家城市相比，我国城镇居住用地比例较为合理，但工业用地比例明显偏高，是新加坡的3.5倍，是东京都的7倍之多，这也导致居住用地与工业用地的比值严重偏低（见表2–1–3）。

表2-1-3　我国城镇居住用地、工业用地比例与其他国际城市/地区比较

地区	居住用地比例(%)	工业用地比例(%)	两类用地比值	调查年份
东京都	46.48	3.47	13.39	2007
新加坡	53.40	6.80	7.85	2007
中国香港	28.96	9.27	3.13	2006
纽约	42.15	3.75	11.24	2000
我国城镇平均水平	33.12	25.07	1.32	2013
我国城市平均水平	31.93	23.87	1.34	2013

二、我国居住用地与工业用地比值不断下降，工业用地增长是主导因素

2009—2013年，我国城镇居住用地与工业用地比值不断下降，由1.44减小到1.32，下降幅度随年份逐渐减小，两类用地比值趋于稳定。2013年，我国城镇居住用地与工业用地占建设用地的比重分别为33.12%与25.07%。

在我国城镇建设用地结构中，居住用地与工业用地是占比较高、增长速度较快的两类用地。2009—2013年，居住用地比例有小幅度波动，总体稳定在33%左右；工业用地比例稳健上升，由22.90%增长到25.07%。在增长速度上，工业用地增速始终高于居住用地，2009—2010年差距最大，高达3.63个百分点，2011年以来两类用地均呈增速放缓趋势，增长速度差距逐渐缩小，2012—2013年度仅相差0.66个百分点（见表2-1-4、表2-1-5）。因此，影响我国城镇居住用地与工业用地比例的主要原因是工业用地的增长，在居住用地比例相对稳定的情况下，工业用地的上升导致两类用地比值越来越小，2011年以来工业用地增速放缓，两类用地比值的下降趋势也得到缓解。

表2-1-4　我国城镇居住用地与工业用地占比历年变化

类别	2009年	2010年	2011年	2012年	2013年
工业用地（%）	22.90	23.87	24.37	24.81	25.07
居住用地（%）	33.06	33.31	33.07	32.98	33.12
合计（%）	55.97	57.18	57.44	57.79	58.19

表2-1-5　我国城镇居住用地与工业用地增长速度历年变化

类别	2009—2010年增长率	2010—2011年增长率	2011—2012年增长率	2012—2013年增长率
工业用地（%）	8.94	7.15	4.72	3.20
居住用地（%）	5.31	4.21	2.59	2.54
合计（%）	6.79	5.44	3.49	2.82

三、不同区域居住用地与工业用地比值差异明显，时序变化趋势各异

1.四大经济区特征

区域层面，四大经济区居住用地与工业用地比值呈差异化下降趋势，东部地区两类用地比值最低，东北地区下降幅度最大。东部地区两类用地比值远低于其他经济区及全国平均水平，两类用地比值下降幅度最小，由2009年的1.13下降到2013年的1.08。东北地区与西部地区两类用地比值较高，东北地区由1.93下降到1.58，西部地区下降趋势较缓，由1.85下降到1.66，西部地区自2010年起超越东北地区成为两类用地比值最高的地区。中部地区两类用地比值高于全国平均水平，由1.69下降到1.44（见图2-1-1）。

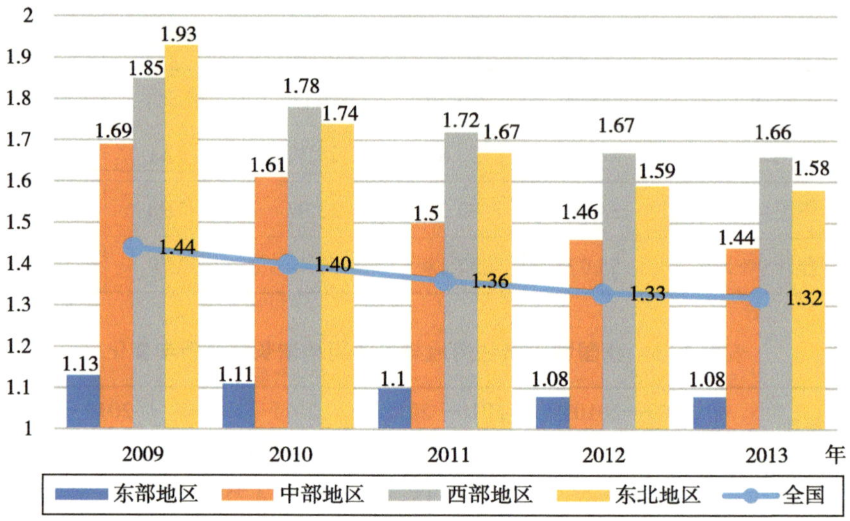

图2-1-1　2009—2013年我国四大经济区城镇居住用地与工业用地比值的变化

分析两类用地比例关系中不同用地的结构特征可发现，居住用地比例的波动性变化与工业用地比例的差异性上升共同构成了四大经济区在两类用地比值上的差别。东部地区居住用地比例与其他地区接近，工业用地比例远远高出其他地区，导致两类用地比值与其他地区差距较大。作为工业化进程走在前列的地区，东部地区工业发展在土地的投入上渐趋饱和，人口的大量涌入导致其居住用地增长仍有大量需求，两类用地比值下降趋势得到缓解甚至有上升势头。东北地区是唯一的居住用地比例连续下降的区域，但2013年37.68%的占比仍在四大经济区中最高，振兴东北老工业基地的国家政策使东北地区工业发展重获动力，两类用地的此消彼长也使东北地区成为两类用地比值下降趋势最为明显的地区。中部地区与西部地区是承接东部地区产业转移与人口疏解的主要地区，2009—2013年中部地区工业用地比例上升势头迅猛，居住用地比例在波动中略有下降，导致两类用地比值随之大幅下降；西部地区居住用地在波动中有所上升，工业用地增长更为稳健，因此两类用地比值表现为平缓下滑（见表2-1-6）。

表2-1-6　2009—2013年我国四大经济区城镇居住用地与工业用地占建设用地比例变化

用地类型	区域	2009年	2010年	2011年	2012年	2013年
居住用地（%）	东部地区	31.42	31.96	31.82	31.84	31.92
	中部地区	33.36	33.23	32.83	32.64	32.71
	西部地区	32.93	33.29	33.14	33.11	33.53
	东北地区	39.49	38.99	38.38	37.83	37.68
工业用地（%）	东部地区	27.92	28.81	29.02	29.40	29.55
	中部地区	19.76	20.61	21.88	22.35	22.77
	西部地区	17.80	18.72	19.23	19.80	20.24
	东北地区	20.46	22.39	23.04	23.79	23.86

2. 省级单元特征

省级单元层面，2013年我国城镇居住用地与工业用地比值较高的省份有西藏自治区（7.70）、云南省（4.89）、海南省（3.64）；较低的有天津市（0.78）、湖北省（0.80）、江苏省（0.83）、上海市（0.98）；大多数省份两类用地比值在1和2之间。从时序变化趋势来看，各省份两类用地比值可分为大幅下滑、小幅下滑、小幅上升及波动较大四类。黑龙江省、青海省、贵州省、新疆维吾尔自治区、海南省、吉林省、湖北省、内蒙古自治区下降幅度比较明显；浙江省、四川省、山东省等15个省份呈小幅下降；广东省、江西省、北京市、上海市、天津市、宁夏回族自治区、云南省呈现小幅上涨；西藏自治区先小幅下降再大幅上涨，其中2012—2013年西藏自治区城镇工业用地大量减少，导致两类用地比值在一年内大幅上涨4.49，这其中不排除统计调查影响数据准确性的可能。

3. 城市分类特征

城市单元层面，不同规模等级城市呈现城市规模越大，居住用地与工业用地比值越低的特征。特大城市（500万人以上）两类用地比值最低，小城市（50万人以下）两类用地比值最高，两类城市平均差距大多在0.3—0.4

之间，这两类城市在变化趋势上相似，均为先下降后上升。大城市（100万—500万人）两类用地比值较低，由2009年的1.34下降到2013年的1.27。中等城市（50万—100万人）与各年全国平均水平基本持平，先缓慢下降，后期保持稳定，由2009年的1.36下降到2013年的1.32（见图2-1-2）。

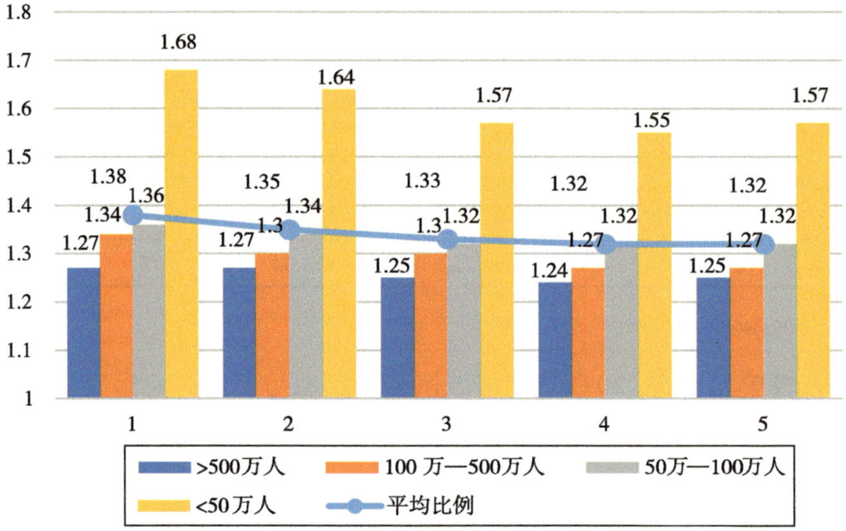

图2-1-2　2009—2013年全国不同规模等级城市居住用地与工业用地比值的变化

分析两类用地比例关系中不同用地的结构特征可发现，居住用地比例变化不甚明显，工业用地比例变化较为显著，这是造成不同规模等级城市两类用地比例关系变化的主要原因。2009—2013年，特大城市（500万人以上）居住用地与工业用地比例均上升了0.6—0.7个百分点，工业用地比例后期开始下滑；大城市（100万—500万人）与中等城市（50万—100万人）居住用地比例分别增长了0.42和1.05个百分点，工业用地比例分别增长了1.77和1.57个百分点，其中大城市（100万—500万人）工业用地比例最高，自2010年起已超过25%；小城市（50万人以下）居住用地比例较高，稳定在31%—32%之间，工业用地比例最低，2013年较2009年增长1.62个百分点后达到20.30%，在各规模等级城市中用地结构相对合理（见表2-1-7）。

表2-1-7　2009—2013年我国城镇居住用地与工业用地占建设用地比例变化

用地类型	规模等级	2009年	2010年	2011年	2012年	2013年
居住用地（%）	>500万人	29.15	29.73	29.64	29.66	29.72
	100万—500万人	32.39	32.86	32.87	32.68	32.81
	50万—100万人	30.85	31.38	31.38	31.73	31.90
	<50万人	31.34	31.80	31.42	31.53	31.93
工业用地（%）	>500万人	23.01	23.50	23.66	23.92	23.74
	100万—500万人	24.10	25.20	25.37	25.74	25.87
	50万—100万人	22.64	23.49	23.72	24.09	24.21
	<50万人	18.68	19.44	20.04	20.35	20.30

第二节　我国居住用地与工业用地比例关系增量特征分析

一、我国居住用地增量长期小于工业用地，2012—2013 年度略有改善

从增量特征来看，城镇建设用地中居住用地增长量长期低于工业用地增长量，两类用地增量比值由2009—2010年的0.86下降到2011—2012年的0.74，间接反映我国在建设用地供应上更偏好工业用地的供给，促成两类用地比值不断下降。2012—2013年下降趋势得到遏制，居住用地增长量首次高于工业用地增长量，比值上升到1.05。

二、特大城市与小城市工业用地增长放慢，失衡趋势有所缓解

2009—2012年全国不同规模等级城市居住用地增长量略低于工业用地，其中大城市（100万—500万人）两类用地增量比值尤其偏低。2012—

2013年度，各级城市居住用地增长量均超过了工业用地，尤以特大城市（500万人以上）与小城市（50万人以下）两类用地增量比值上涨明显。其中，北京、上海在该年度首次实现了工业用地减量化，特大城市工业用地比例由23.92%下降到23.74%，促成了两类用地增长量比值的大幅提升；小城市中亦有多个城市在2012—2013年工业用地量下降，工业用地比例由20.35%下降到20.30%。

三、不同区域两类用地增量比值差异明显，时序变化波动较大

1. 四大经济区特征

从增量特征来看，四大经济区中西部地区两类用地增量比值最高，东北地区最低，二者差距悬殊。西部地区两类用地增量比值大多远高于全国平均水平及其他经济区，除2010—2011年外，其余年份居住用地增长量均高于工业用地，并在2012—2013年达到最高比值1.42。东北地区居住用地增长量长期小于工业用地，2010—2011年两类用地增量比值仅有0.34。除东北地区外，其他经济区两类用地增量比值均在2012—2013年有显著提高，与该年度全国总体情况相一致。

2. 省级单元特征

省级单元两类用地的增量特征上，各年度均有个别省份工业用地呈现负增长，居住用地仅在2011—2012年没有负增长的情况发生。2012—2013年，我国多个省份在保持居住用地正向增长的同时呈现工业用地减量化，与《国家新型城镇化规划（2014—2020年）》适当控制工业用地、优先安排住宅用地的要求相吻合，其中既包含北京、上海等产业结构较优拥有广大经济腹地的地区，也包括西藏自治区、辽宁省等发展受国家政策影响较大的地区。西藏、青海、海南各年度两类用地增量比例关系变化比较剧烈，以西藏为例，2009—2010年，西藏居住用地与工业用地均呈现负增长，居住用地降幅远远高于工业用地，2011—2012年，西藏两类用地均呈现正增

长，居住用地增幅远远高于工业用地，2012—2013年，西藏工业用地再度出现负增长，这种不稳定变化表现在2009—2013年西藏两类用地比例关系上为比值先下降后急剧上升。

第三节　我国居住用地与工业用地比例关系空间分异特征分析

一、城镇之间两类用地比例关系有别，工业用地增长向建制镇范围转移

我国居住用地与工业用地比值及其变化趋势在城市范围与建制镇范围之间存在很大差异。2009—2013年，城市范围两类用地比值在缓慢下降之后有所回升，建制镇范围两类用地比值大幅下降。不同空间范围两类用地比值在2012年发生反转，城市范围转而高于建制镇范围。

这说明我国用地结构特征在城镇内部不同空间范围有所差别，城市范围居住用地与工业用地比例均呈小幅上升，建制镇范围居住用地在波动中保持稳定，工业用地上升势头迅猛。总体来说，这两类用地在空间上的增长趋于向建制镇范围转移，尤其是工业用地在建制镇的大幅度增加是改变我国城镇内部居住用地与工业用地比例关系空间格局的主要原因（见表2-1-8）。

表2-1-8　2009—2013年我国城镇不同范围居住用地与工业用地比例变化

用地类型	城镇范围	2009年	2010年	2011年	2012年	2013年
居住用地（%）	城市	31.25	31.71	31.71	31.76	31.93
	建制镇	34.79	34.33	34.33	34.10	34.19
工业用地（%）	城市	22.38	23.51	23.51	23.83	23.87
	建制镇	23.39	25.16	25.16	25.70	26.15

二、不同区域城镇之间两类用地比例关系有别，两类用地影响程度不同

1. 四大经济区特征

区域层面，城市范围两类用地比值相对稳定，建制镇范围两类用地比值变化较大。东部地区城市范围两类用地比值高于建制镇范围，差距始终维持在0.15—0.20之间；中部地区与东北地区建制镇范围两类用地比值更高，东北地区差异尤其明显；西部地区不同城镇范围两类用地比值的大小关系则随时间推移发生了转换，由建制镇范围更高转变为城市范围更高（见图2-1-3）。

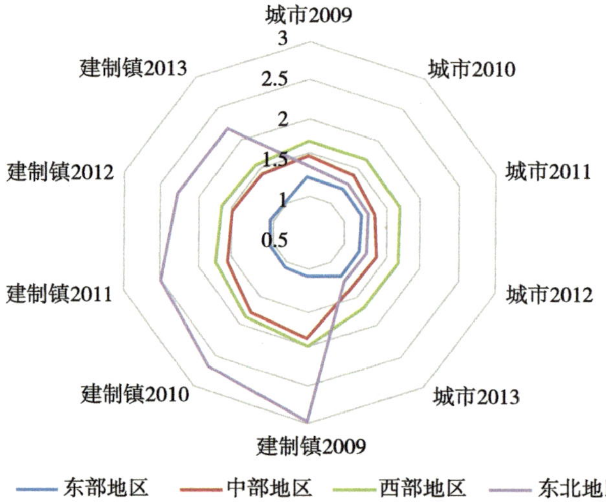

图2-1-3　2009—2013年我国四大经济区不同城镇范围居住用地与工业用地比例关系变化

造成各大经济区两类用地比例关系空间差异的原因略有不同，空间上建制镇范围变化较大，用地类型上工业用地更为活跃。东部地区居住用地与工业用地在建制镇范围占比更高，工业用地相对差距更大；中部地区两类用地在不同空间范围的分布比较平均，建制镇范围居住用地比例稍高；东北地区不同范围用地结构分化明显，居住用地在建制镇范围占比更高，工业用地在城市范围占比更高，但建制镇范围工业用地比例增长很快；西

部地区两类用地在建制镇范围占比更高，但居住用地在城市范围增长更快，工业用地在建制镇范围增长更快，两类用地的差异性增长共同造成了比例关系在不同空间范围上的反转（见表2-1-9）。

表2-1-9　2009—2013年我国四大经济区不同范围居住用地与工业用地比例变化

用地类型	地区	范围	2009年	2010年	2011年	2012年	2013年
居住用地（%）	东部地区	城市	30.63	31.30	31.24	31.27	31.46
		建制镇	32.19	32.59	32.36	32.38	32.35
	中部地区	城市	31.06	31.08	31.00	31.21	31.33
		建制镇	35.33	35.07	34.38	33.83	33.85
	西部地区	城市	30.96	32.39	32.27	32.37	32.62
		建制镇	34.52	34.01	33.81	33.68	34.21
	东北地区	城市	34.10	33.65	33.34	33.15	33.17
		建制镇	47.64	47.13	46.10	44.92	44.47
工业用地（%）	东部地区	城市	25.15	25.76	25.90	26.38	26.31
		建制镇	30.61	31.71	31.9	32.24	32.55
	中部地区	城市	20.58	21.32	22.10	22.17	22.45
		建制镇	19.06	20.00	21.69	22.51	23.03
	西部地区	城市	18.11	18.81	18.88	19.15	19.20
		建制镇	17.55	18.64	19.50	20.30	21.01
	东北地区	城市	23.21	25.42	25.89	26.36	26.34
		建制镇	16.31	17.77	18.70	19.90	20.14

2.省级单元特征

2013年，城市范围两类用地比值更高的有北京、上海、江苏、浙江等18个省份；建制镇范围两类用地比值更高的有天津、河北、山西等12个省份。其中海南（6.63，3.02）、宁夏（2.50，0.81）、上海（1.86，0.77）、青海（2.17，1.16）、黑龙江（1.34，2.51）、吉林（1.40，2.68）、山西（1.79，2.86）两类用地比值在城镇不同空间范围的差距尤为明显（见表2-1-10）。

表2-1-10　2013年我国各省份城镇居住用地与工业用地比值在城镇范围分异情况

居住用地与工业用地比例关系	个数	省份
城市高于建制镇	18	北京、上海、江苏、浙江、安徽、福建、山东、江西、湖北、湖南、广东、广西、海南、重庆、贵州、陕西、青海、宁夏
城市低于建制镇	12	天津、河北、山西、内蒙古、辽宁、吉林、黑龙江、河南、云南、西藏、甘肃、新疆

省级层面居住用地与工业用地比例关系的空间差异受到了两类用地的共同影响。以2013年为例，城市范围比值较高的省份主要是源于工业用地分布的不均衡，而居住用地比例差别较小；建制镇范围比值较高的省份情况恰好相反，城镇之间的主要差异源于居住用地比例。

第四节　我国居住用地与工业用地比例关系的形成机制分析

一、居住用地与工业用地比例关系的形成与比价机制没有显著关系

2013年《中共中央关于全面深化改革若干重大问题的决定》和《国家新型城镇化规划（2014—2020年）》相继提出“建立有效调节工业用地和居住用地合理比价机制，提高工业用地价格”，“适当控制工业用地，优先安排和增加住宅用地”。基于相关政策背景，本部分选取了全国105个重点城市作为研究对象，采用其中103个城市2009—2012年城市动态监测工业地价水平与居住地价水平值，对这些重点城市两类用地价格比与用地存量结构比、增量结构比的关系分别进行回归分析。

通过居住用地和工业用地存量结构比和价格比进行曲线模拟分析表明，没有合适的模型可以解释变量之间的关系，因此认为我国不同城市居

住用地与工业用地的比例关系与同年两类用地价格比没有直接关系。

二、居住用地与工业用地比例关系是随城市发展建设历程演变形成

1991—2013年，我国城市居住用地与工业用地比例关系整体呈现“倒V”形曲线，2001年是两类用地比例关系发生变化的转折点。1991—1999年，居住用地与工业用地比值在波动中上升，居住用地增长速度相对高于工业用地，2001—2013年，居住用地与工业用地比值持续下滑，工业用地增长速度相对高于居住用地（见图2-1-4）。

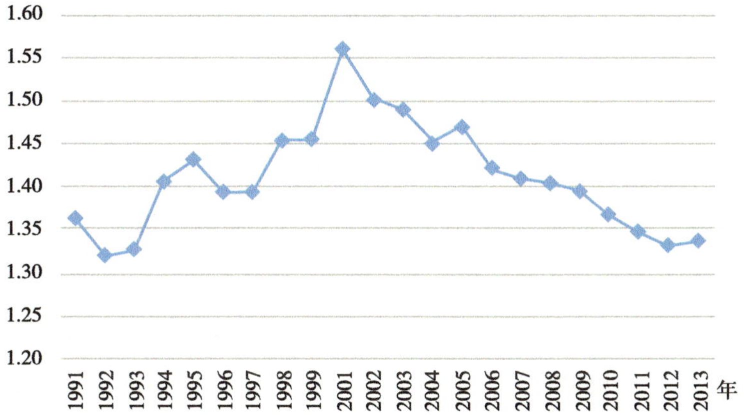

图2-1-4　1991—2013年我国城市居住用地与工业用地比例关系变化

我国居住用地与工业用地的比例关系在城市发展建设历程中伴随着我国的城镇化、工业化进程，受诸多政策因素、规划因素影响逐渐演变形成的。20世纪80年代末90年代初至今，其演变过程大致可分为三个阶段：

第一阶段，1991年之前市场制度引入阶段。计划经济时代，我国“以生产建设为中心”的政策促使工业用地扩展迅速，居住用地增长相对落后。1986年《土地管理法》明确了土地使用权的征用及有偿使用制度，作为一项重要的市场制度，土地有偿使用制度对规划工作也产生了影响。我

国规划界开始反思计划经济语境下的规划，尝试探索适应商品经济和市场经济的规划模式。

第二阶段，1992—2000年市场经济初级阶段。1992年党的十四大明确提出建立和完善我国社会主义市场经济体制。制度转轨使我国市场化进程大力推进，同时也给城市发展注入了新动力。城市资本积累从过往以工业发展为主转向了以城市建设和固定资产投资为主，房地产开发与基础设施建设成为主要内在动力。这一阶段苏联规划理论的影响早已被西方市场经济下的规划理论和方法所取代，我国城市规划对土地、空间资源的配置开始考虑以市场为原则，以追求经济社会效益为重要目标。此时工业用地增长速度已大幅放缓，随着农村人口大量涌入城市以及房地产建设如火如荼地进行，居住用地继续保持增长，两类用地比值在波动中不断上升。

第三阶段，2001年后快速工业化与住房制度改革阶段。2001年我国加入世界贸易组织，为世界市场大量提供出口产品，我国工业逐渐完成从低加工度原料生产向高加工度制造业的转变，工业增加值在十年间增长近3倍。2002年我国实行土地“招拍挂”制度，居住用地与工业用地的出让方式有了本质差异，土地收入在地方财政的比重大幅增加。地方政府以“土地财政”与“工业财政”为主的财政结构决定了其在用地出让上具有鲜明的偏好性。这一时期，我国兴起了开发区、工业区建设的热潮，工业用地面积一路上涨，而在保护耕地政策的限制下，居住用地增长空间进一步被压缩，居住用地与工业用地比值一路下滑。

我国城市发展水平与工业化水平在不同区域间存在差异，为进一步证实城市发展与工业化发展阶段对两类用地比例关系的影响，对我国31个省级单元2012年的工业用地投入强度与产出效率进行了核算，结合这两个指标对工业发展阶段进行评价描述，并将我国各省份划分为四种类型，这四类地区代表了我国工业化发展的四个相对阶段（见专栏2–1–1）。

专栏2-1-1　工业发展阶段的时空分析方法与划分标准

工业用地投入强度和产出强度分别从投入与产出角度衡量了工业用地的效率，并以此反映一个地区工业发展阶段，其公式如下：

$$I=K+L/E$$

$$O=IP/E$$

其中，*I*表示工业投入强度，本文中定义为单位面积工业用地上所投入的全部资本和劳动力的数，以货币量表示，*K*表示工业资本投入，*L*表示工业劳动力投入；*O*表示工业产出强度，指工业用地单位面积产生的工业总产值。*IP*表示工业生产总值（Industrial Production），*E*表示工业用地面积。

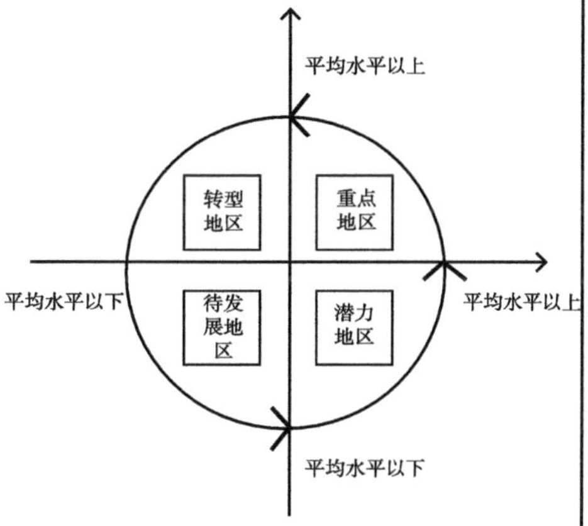

待发展地区：这部分地区工业用地的投入和产出均小于全国平均水平，目前这类地区尚未吸引到更多的资本和劳动力，工业产出效率也比较低，在我国属于工业发展的落后地区。

潜力地区：这部分地区工业用地的投入大于全国平均水平，受国家政策影响或地方政府重视，这部分地区的工业发展已经能吸引到一部分资本与劳动力，但产出仍位列下游，是未来我国工业化发展的潜力地区。

重点地区：这部分地区工业用地的投入与产出均超过了全国平均水平，表明该地区正处于工业发展的蓬勃阶段，工业是支撑当地经济发展的重点产业。

转型地区：这部分地区工业用地的投入小于国家平均水平，但产出却高于平均水平。转型地区的工业发展能在吸引到较多资本和人力资源的同时，保持较高的工业产出强度和效益，表明该地区处于工业发展较为成熟的阶段，产业结构或将面临转型升级。

分析表明，工业化进程走在前列的转型地区居住用地与工业用地比值最低，处于落后阶段的潜力地区两类用地比值最高。

待发展地区：这部分地区工业用地的投入以及工业用地产出均小于全国平均水平，在我国属于工业化发展的后进地区，因此暂不参与两类用地比例关系的比对。

潜力地区（内蒙古、吉林、江西、青海、西藏）：这部分地区主要包含西部与东北部欠发达省份。该地区受国家宏观政策扶持，工业发展得到了较大投入，但产出效率偏低。落后地区工业用地比例较低，两类用地比值最高，但是随着工业用地比例近年来的上升，落后地区居住用地与工业用地比值下降比较明显。潜力地区将是承接转型地区与重点地区产业转移的主要腹地。

重点地区（河北、山西、辽宁、河南、山东、福建、湖南、云南）：重点地区投入与产出均大于全国平均水平，相对潜力地区来说，工业化发展阶段更进一步，居住用地与工业用地比值较低，具体表现为工业用地比例较高，上升空间较小，两类用地比值的下降幅度明显小于潜力地区。

转型地区（北京、天津、上海、江苏、浙江、广东）：该地区处于工业发展较为成熟的阶段，产业结构面临转型升级。转型地区走在我国工业化进程的前列，居住用地和工业用地比值最低，长期下降之后有回升的趋势，工业用地比例增长缓慢，甚至有部分省市工业用地比例开始下降。

第五节　我国居住用地与工业用地比例关系失衡影响分析

一、居住用地与工业用地比例关系的失衡造成生活空间质量降低

居住用地与工业用地合理的比例关系能反映社会对不同类型用地及建筑的需求，目前两类用地比例关系的失衡状态则说明社会需求没有得到正确体现，甚至可能妨害社会公平。人均居住用地面积的大小能体现一个城市生活空间质量水平的高低，通常同一区域人均居住用地面积的提高在用地结构上会表现为居住用地比例上升，而居住用地比例的下降往往导致生活空间的质量得不到保障。

根据住房和城乡建设部《城市用地分类与规划建设用地标准》（GB 50137—2011），Ⅰ、Ⅱ、Ⅵ、Ⅶ气候区人均居住用地面积指标为28—38m²/

人，Ⅲ、Ⅳ、Ⅴ气候区为23—36m²/人。

通过对2013年我国288个地级及以上城市的人均居住面积的核算可以发现，Ⅰ、Ⅱ、Ⅵ、Ⅶ气候区各个居住用地比例范围城市的平均指标都在标准规定之上，其中居住用地在25%—30%之间的城市人均居住用地不达标比重最大，居住用地比例在25%以下的城市不达标率仅有20%，即Ⅰ、Ⅱ、Ⅵ、Ⅶ气候区人均居住面积与居住用地比例之间没有明显关系。Ⅲ、Ⅳ、Ⅴ气候区中，居住用地比例在25%以下的城市平均指标低于标准下限，不达标城市比重高达60%，呈现居住用地比例越低，人均居住面积越小，不达标城市比例越高的特征（见表2-1-11）。

表2-1-11　2013年各气候区不同居住用地比例范围人均居住面积与城市达标情况

气候区	居住用地比例（m²/人）	人均居住用地面积（m²/人）	低于指标下限城市比重（%）	城市总数	低于指标下限个数
Ⅰ、Ⅱ、Ⅵ、Ⅶ气候区	>40%	48.44	10.53	19	2
	30%—40%	41.73	26.15	65	17
	25%—30%	35.47	37.93	29	11
	<25%	37.09	20.00	15	3
Ⅲ、Ⅳ、Ⅴ气候区	>40%	37.78	12.50	24	3
	30%—40%	33.72	32.05	78	25
	25%—30%	27.23	50.00	26	13
	<25%	20.36	61.29	31	19

在国家耕地保护的政策下，建设用地供应总量受到了控制，两类用地比值的不断下降说明居住用地在有限的增长空间中受到了工业用地的强势挤压，以居住用地作为载体的住房供应将随之受到影响。2001—2012年，我国城市每年竣工商品住宅面积占总竣工住宅面积的比例不断攀升，商品住宅销售面积自2004年起超过了商品住宅竣工面积，随后一直保持一定的差距（见图2-1-5）。

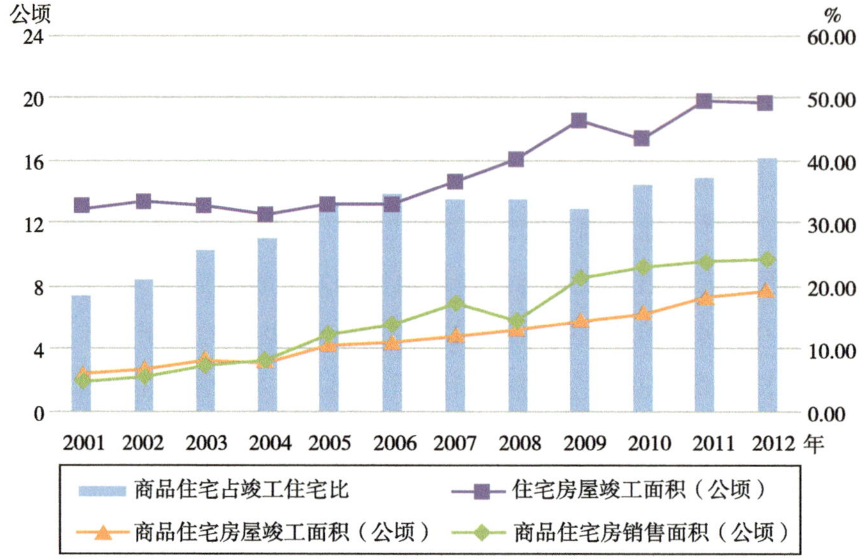

图2-1-5　2001—2012年我国住宅、商品住宅竣工与销售情况变化

在工业用地供给相对稳定，居住用地供给越来越捉襟见肘的情况下，商品住宅的需求量仍在不断上涨，这种失衡可能会进一步促进房价的飙升，增加居民生活压力。以居住用地与工业用地的比值（x_1）、商品住宅销售与竣工面积比值（x_2）两个参数对2001—2012年的全国住宅平均销售价格（y）进行回归分析，得到相关参数的关系为：y=−14467.154×1+808.73×2+23236.607，相关系数R_2为0.906，即住宅销售价格随着居住用地与工业用地比值的下降而上升，随着住宅销售与竣工面积比值的提高而提高。

二、居住用地与工业用地比例关系的失衡造成生产空间效率低下

将地级市单元按城镇人口数量划分为大城市（100万人以上）、中等城市（50万—100万人）和小城市（50万人以下），分析不同规模城市工业用地平均产出率与两类用地比值大小的关系。总体而言，除两类用地比值在1—1.5之间有小幅度上升外，全国平均工业产出基本上随两类用地比值的

减小而减小。就大城市而言，工业用地平均产出随两类用地比值范围的变化呈波动趋势，最高产出位于比值在2—2.67之间，工业用地产出与比值的关系并不明显；中等城市和小城市与全国总体特征保持一致，工业用地平均最高产出均位于比值大于2.67的范围，在1—1.5之间略有反弹，整体上呈现随着两类用地比值减小，工业用地产出降低的趋势，小城市这一特征尤为明显。这说明在我国中小城市层面，居住用地与工业用地比例关系越失衡的地区，工业用地的产出效率越低下，工业用地比例的提高不一定会带来集聚效益，相反可能造成土地利用的不集约。

国家新型城镇化战略提出要走集约、低碳、智能、绿色的城镇化道路。在我国地级及以上城市单元中，中小城市数量占比在70%以上，作为新型城镇化的主要载体，中小城市在我国城市发展宏观格局中的定位已不再是作为大城市的辅助，承接其产业转移与人口疏解，而是依托自身资源禀赋培育特色产业经济，走集约高效之路，展现一种“反城市病”的和谐城市形态。目前我国人口在50万人以下的小城市居住用地与工业用地比例关系是各级城市中最为平衡的，未来发展可避开大城市工业粗放发展的路径，适当控制工业用地比例的提高。

第六节　主要结论

1. 2009—2013年我国城镇居住用地与工业用地比值不断下滑，由1.44减小到1.32，工业用地比例的不断上升是引起两类用地比值下降的主要原因。四大经济区中，东部地区两类用地比值与下降幅度均最小，远低于其他经济区，西部地区两类用地比值最高，东北地区两类用地比值下降最快；省级单元中，西藏自治区、云南省和海南省两类用地的比值较高，天津市、湖北省、江苏省和上海市两类用地的比值最低。根据住房和城乡建设部《城市用地分类与规划建设用地标准》（GB 50137—2011），2013年我国288

个地级及以上城市中两类用地比值处于合理范围的占56.94%，工业用地比例偏高的占21.18%。与其他国家城市相比，我国城镇居住用地比例较为合理，但工业用地比例明显偏高，两类用地比例关系存在失衡状态。

2.我国城镇建设用地增长更偏好工业用地的供给，居住用地增长量长期低于工业用地增长量，两类用地增量比值由2009—2010年的0.86下降到2011—2012年的0.74。2012—2013年居住用地增长量首次高于工业用地增长量，比值上升到1.05，主要源于特大城市（500万人以上）与小城市（50万人以下）工业用地比例下降，两类用地增量比值上涨明显。四大经济区中，西部地区两类用地增量比值最高，东北地区两类用地增量比值最低；省级单元中，西藏自治区、青海省、海南省各年度两类用地增量比例关系变化比较剧烈。

3.我国居住用地与工业用地比值及变化趋势在城市范围与建制镇范围间存在分异。2009—2013年，城市范围两类用地比值下降缓慢，建制镇范围两类用地比值大幅下降，两类用地比值由建制镇范围更高转为城市范围更高，工业用地比例在建制镇的大幅上升是主要原因。四大经济区中，东部地区城市范围两类用地比值更高，中部地区与东北地区建制镇范围更高，西部地区由建制镇范围更高转为城市范围更高；省级单元中，2013年城市范围两类用地比值更高的有北京、上海、江苏、浙江等19个省份，建制镇范围更高的有天津、河北、山西等12个省份。

4.居住用地与工业用地比例关系的形成与两类用地价格比没有显著关系，而是随城市发展与规划建设历程演变而成的，分为三个阶段：1991年前市场制度引入阶段，工业用地扩展迅速，居住用地相对落后；1992—2000年市场经济初级阶段，工业用地增长放缓，居住用地继续稳步增长，两类用地比值在波动中上升；2001年后快速工业化与住房制度改革阶段，工业用地大幅上涨，居住用地增长空间被压缩，两类用地比值持续下滑。根据2012年我国各省工业用地投入与产出情况划分工业发展阶段，工业化程度越高的地区工业用地比例越高，两类用地比值越低，随年份下降幅度越小。

5. 我国城镇居住用地与工业用地比例关系的失衡造成生活空间质量下降，生产空间效率降低。Ⅰ、Ⅱ、Ⅵ、Ⅶ气候区人均居住面积与居住用地比例之间没有明显的关系，Ⅲ、Ⅳ、Ⅴ气候区居住用地比例越低，人均居住面积越小，不达标城市比例越高。2001—2012年，我国商品住宅销售价格随着居住用地与工业用地比值的下降而上升，随着住宅销售与竣工面积比值的提高而提高。大城市（100万人以上）工业用地产出与比值的关系并不明显；中等城市（50万—100万人）和小城市（50万人以下）呈现随两类用地比值减小，工业用地产出降低的趋势。

第二章　我国城镇工矿仓储用地变动趋势及原因分析（2014年）

改革开放40多年来，中国经济保持长期的高速增长，土地作为重要的生产要素，在经济增长中扮演了举足轻重的角色。地方政府通过低价出让土地，吸引外商投资，创办工业园区，推进了工业化高速发展，形成了具有中国特色的出口导向型的工业体系，使中国经济逐步融入全球一体化之中。但与此同时，由于工业用地迅速扩张，大面积占用耕地，使得耕地保护问题日趋严峻。另外，由于工业用地取得成本低，价格机制未能充分发挥作用，一些工业项目低水平重复建设，导致产能过剩，土地利用效率低下，并加剧了环境污染。为扭转这一局面，1998年第二次修正《土地管理法》，提出实行土地用途管制和更严格的基本农田保护制度，国务院上收了建设用地审批权，严格控制经济建设占用耕地指标。其后，中央及相关部门出台了一系列政策文件，如《国务院关于加强土地调控有关问题的通知》（国发〔2006〕31号）、《全国工业用地出让最低价标准》（国土资发〔2006〕307号）等，以遏制城镇用地过度扩张趋势，推进土地集约节约利用。

但政策实施多年来，效果并不显著。从2009—2014年城镇土地利用现状结构及动态变化分析结果显示，工矿仓储用地增幅仍居各类用地前列，其增量和占比（在全国城镇用地中的比重）增长更居各类用地之首。因此，本章针对城镇工矿仓储用地开展专项研究，探讨导致工矿仓储用地长期持续增长的原因，以及有针对性地制定调控措施。

第一节　全国城镇工矿仓储用地变动趋势分析

一、年度变化

截至2014年12月31日，全国城镇工矿仓储用地总面积2492128公顷，比上年增长19.14万公顷，增幅为8.32%，占比增长0.55个百分点，与前几年相比增速明显加快（前五年平均增幅为5.87%）。在八大类城镇用地中，工矿仓储用地的增量和增比均居于首位。尽管其增幅略低于商服用地，但由于其占比高，增量远高于商服用地，且从占比增长来看，工矿仓储用地明显高于其他地类（见图2-2-1）。

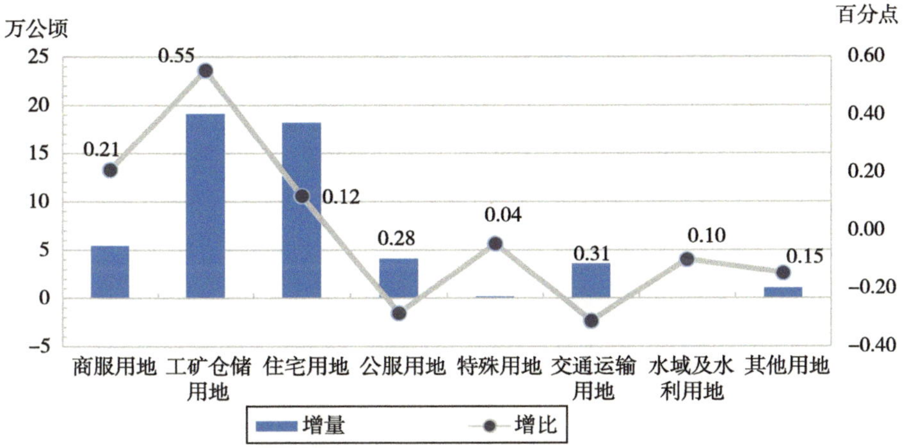

图2-2-1　2014年全国城镇各类用地面积增加及占比增长情况

二、时期变化

2009—2014年，全国城镇八大类用地中，工矿仓储用地的新增面积最多，增加66.08万公顷，年均增幅6.36%，增幅略低于商服用地（见表2-2-1）。

表2-2-1　2009—2014年全国城镇八类用地增长情况

增长情况	地类							
	商服用地	工矿仓储用地	住宅用地	公服用地	特殊用地	交通运输用地	水域及水利用地	其他用地
五年增加（万公顷）	17.60	66.08	55.28	13.81	0.23	14.88	1.04	-6.51
年均增长（%）	6.69	6.36	4.23	2.68	0.51	3.04	1.61	-3.02

为了更科学地反映工矿仓储用地的变动趋势，现以占比增长百分点进行比较，结果显示：2009—2014年工矿仓储用地的占比增长最多，5年增长2.83个百分点，远高于其他地类。在其他各类用地中，商服用地增长0.82个百分点，住宅用地仅增长0.18个百分点，公服、交通运输、水域及水利、其他用地等占比则持续缩减（见图2-2-2）。

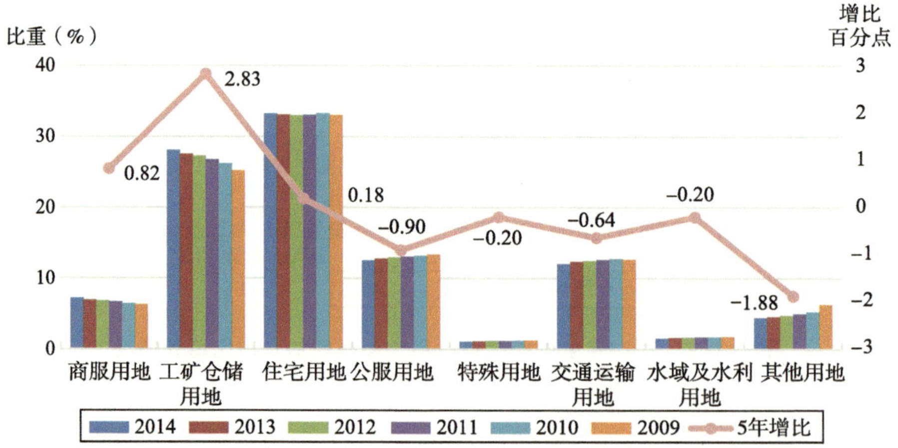

图2-2-2　2009—2014年全国城镇各类用地面积占全国城镇总用地面积的比重及累计增比

第二节　城镇工矿仓储用地变动比较分析

一、省际之间

根据2009—2013年城镇工矿仓储用地占比（占本省市城镇用地总面积的比重，下同）增长情况，居前五位的省级行政单位依次是湖北、贵州、青海、新疆和宁夏。但2014年工矿仓储用地的占比增长与前几年有所不同，年度增长居前五位的依次是新疆、福建、重庆、湖北和宁夏，贵州退居第23位，青海省则由增比排名第三转为减少最多的省份，福建、重庆分别由第12、13位跃升为第2、3位，值得关注。不过，从空间分布来看，工矿仓储用地占比增长较快省市仍集中于中西部地区（见图2-2-3）。

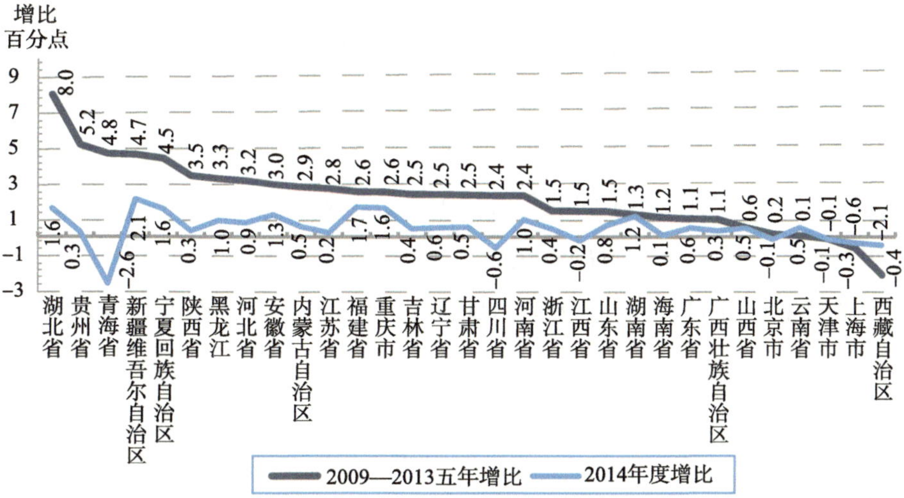

图2-2-3　2009—2013年、2014年各省市城镇工矿仓储用地占比增长情况

二、城镇层级之间

对比分析不同层级城镇工矿仓储用地占比增长情况发现，2009—2014年，其增比与层级高低呈现明显的负相关性，即城镇层级越低，其占比增长越快，从建制镇、县级市、地级市、省会城市、副省级城市到省级城市依次递减（见图2-2-4）。

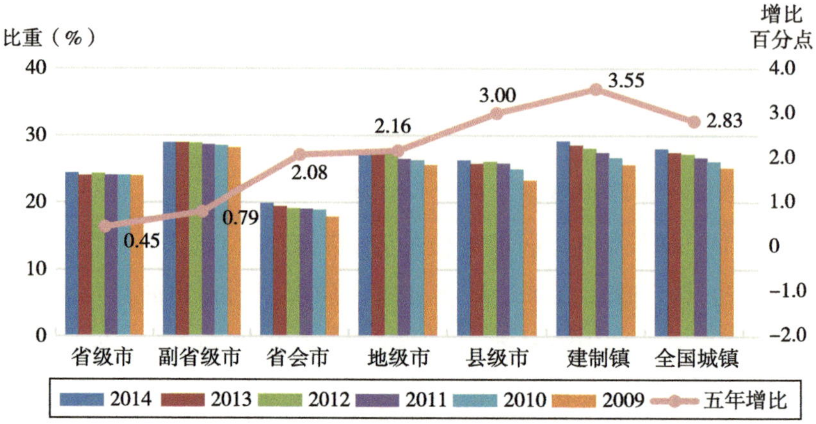

图2-2-4　2009—2014年各级城镇工矿仓储用地占本级城镇总用地面积的比重及累计增比

2014年各级城镇的工矿仓储用地占比继续保持在高位，除省会城市外，其他各级城镇的此项占比都接近或超过25%。其中，建制镇的工矿仓储用地占比增长最快，比上年增长0.65个百分点，达到29.22%，超过此项占比历年最高的副省级城市；占比增长居第二位的是县级市，比上年增长0.54个百分点。但与前几年不同的是，2014年省会城市占比增长超过了地级市，省级城市占比增长远超过副省级城市，而副省级城市该类用地占比与2013年大致持平（见图2-2-5）。为何出现这样的变化，下面将作进一步分析。

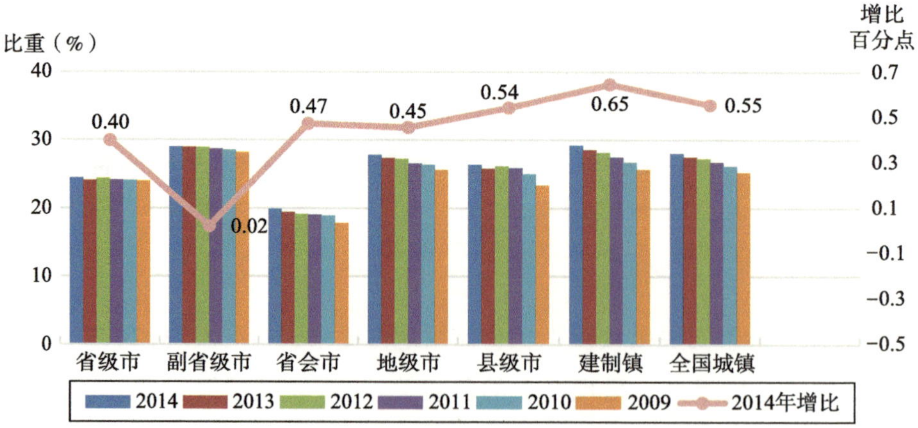

图2-2-5　2009—2014年各级城镇工矿仓储用地占本级城镇总用地面积的比重及2014年增比

三、省级城市

为了找出2014年省级城市工矿仓储用地占比增长较快的原因，进一步分析4个直辖市2014年工矿仓储用地占比增长情况。结果显示，重庆市该类用地占比增长显著（2.51个百分点），北京市与2013年基本持平（仅增0.03个百分点），而天津市和上海市则呈现下降趋势。可见四个直辖市工矿仓储用地变动差异较大，仅重庆市呈快速增长趋势，也是导致省级城市该类用地快速增长的原因（见图2-2-6）。

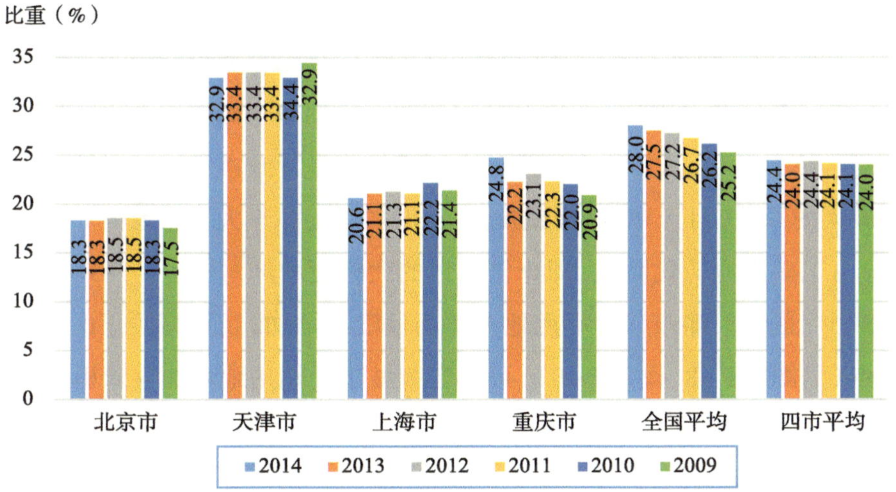

图2-2-6　2009—2014年四直辖市工矿仓储用地占本级城镇总用地面积的比重及其时序变化

为了弄清2014年重庆市工矿仓储用地增长较快的原因，我们对重庆市二级地类占比增长情况作了进一步分析。结果发现，其工矿用地占比增长较快，仓储用地变化不大，工矿用地的快速增长是其主要致因，由此可推断省级城市工矿仓储用地增长主要源于其工矿用地增长。但分析结果却显示，2014年省级城市的仓储用地增长显著，所占比重已居各级城镇之首（见图2-2-7），为何出现看似前后矛盾的结论呢？

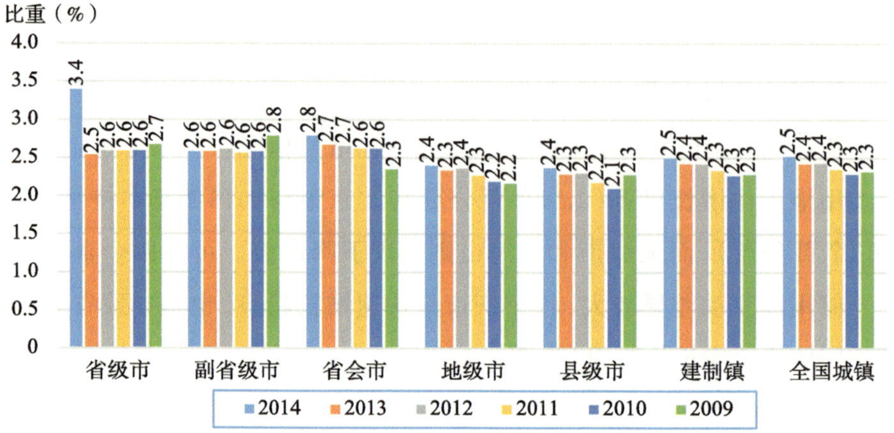

图2-2-7　2009—2014年各级城镇仓储用地占本级城镇总用地面积的比重

为了揭开这个谜底，我们对2014年四个直辖市仓储用地占比变化作了分析。结果显示，天津市仓储用地大规模扩张是导致本级城市仓储用地增幅较大的原因，且天津市仓储用地占比增加主要源于大类用地内部结构调整，由工矿用地转化而来，即仓储用地的大幅度增加对应工矿用地的大幅度减少，最终天津市该大类用地占比不但没有增加，反而减少了0.55个百分点（见图2-2-8、图2-2-9），可见省级城市仓储用地增加并未引致其大类工矿仓储用地增长，属内部结构调整。

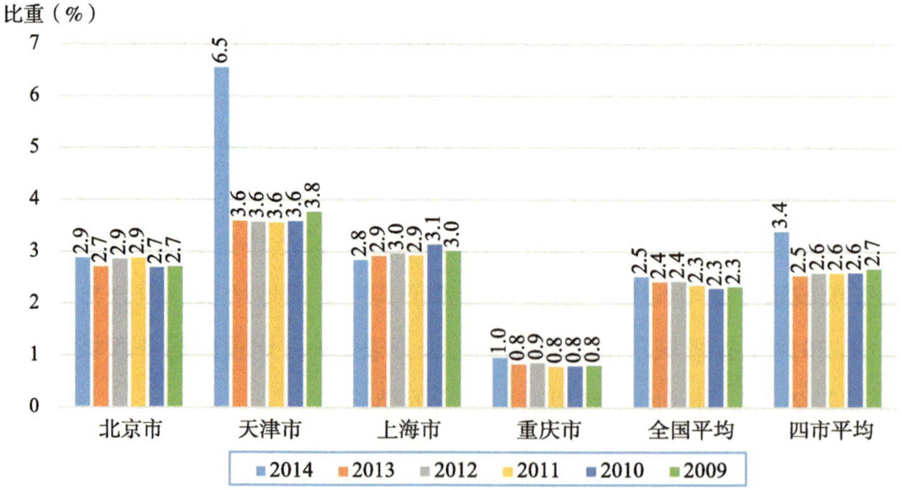

图2-2-8　2009—2014年四直辖市仓储用地占本市城镇总用地面积的比重

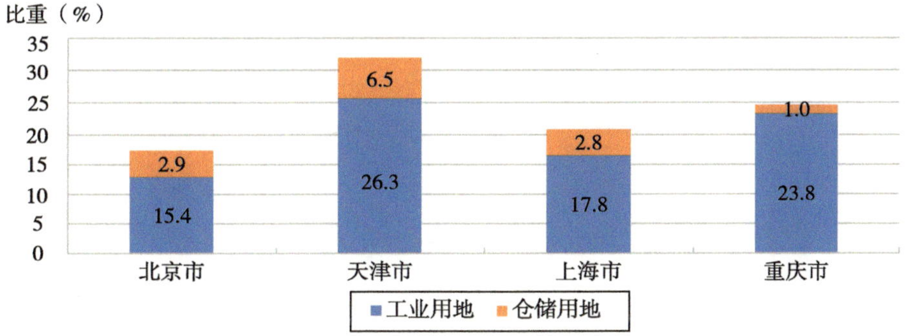

图2-2-9　2014年四直辖市工矿仓储用地内部构成及其占本市城镇总用地面积的比重

四、省会城市

2014年，省会城市工矿仓储用地占比增长最快的是兰州市，比上年增长2.37个百分点，其次是乌鲁木齐市（1.60）、南宁市（1.02）和郑州市（0.94）（见图2-2-10）。进一步分析其内部结构变动发现，乌鲁木齐市工矿仓储用地占比增长全部源于工矿用地增长，仓储用地占比稳定；兰州市也以工矿用地占比增长为主（1.87个百分点），南宁市工矿和仓储用地占比增长均衡，郑州市则以仓储用地占比增长为主（见图2-2-11、图2-2-12）。

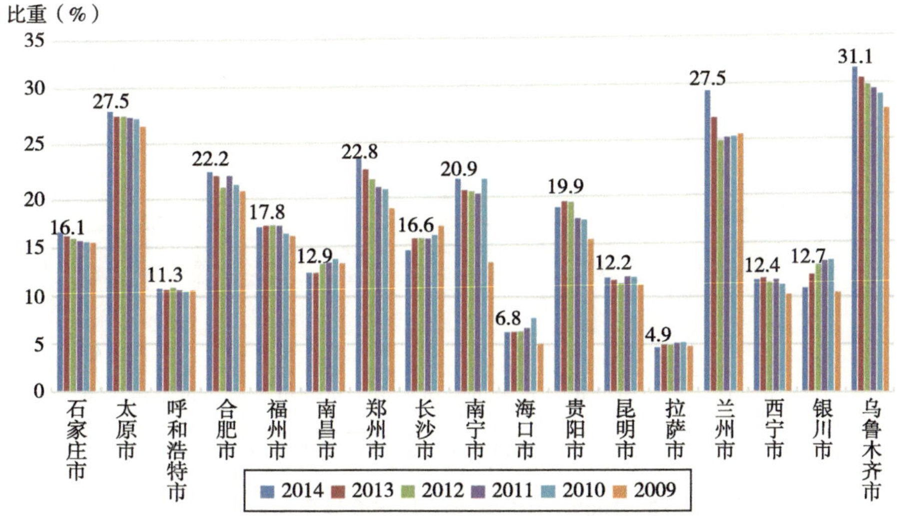

图2-2-10　2009—2014年省会城市工矿仓储用地占本市城镇总用地面积的比重及其时序变化

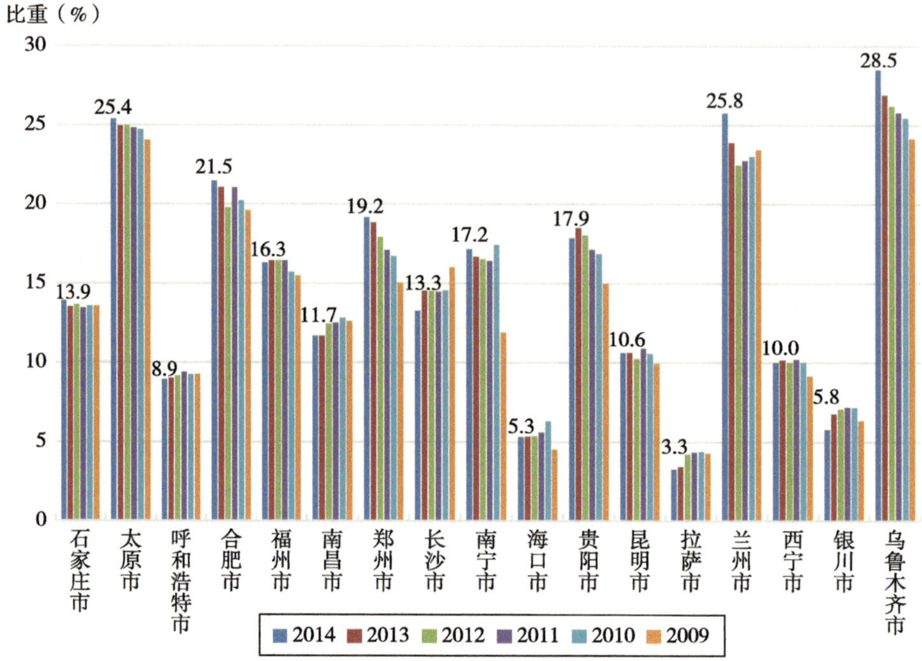

图2-2-11　2009—2014年省会城市工矿用地占本市城镇总用地面积的比重及其时序变化

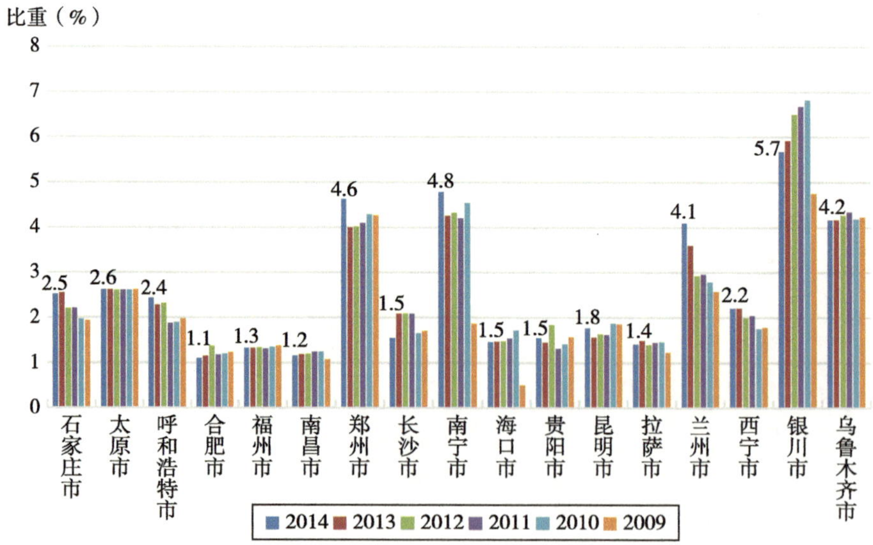

图2-2-12　2009—2014年省会城市仓储用地占本市城镇总用地面积的比重及其时序变化

五、地级城市

2014年，地级市中工矿仓储用地增量最大、占比增长较快的是安徽省滁州市（2397.50公顷、1.8个百分点），两项指标均居前列的还有新疆克拉玛依市（965.49公顷、6.5个百分点），湖北襄阳市（1110.60公顷，2.2个百分点），陕西咸阳市（807.84公顷，1.9个百分点），安徽宿州市（747.5公顷，7.7个百分点），浙江衢州市（732.53公顷，3.5个百分点），内蒙古赤峰市（618.08公顷，5.3个百分点）等（见图2-2-13）。

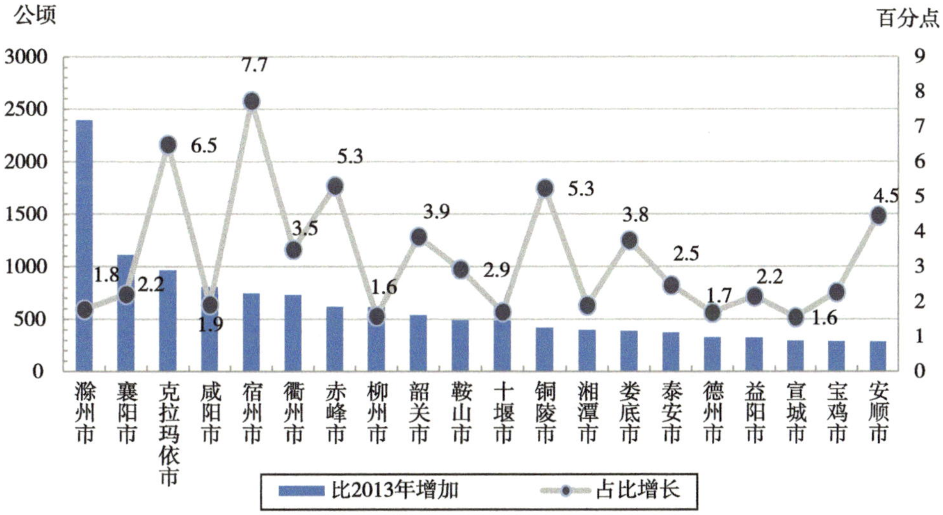

图2-2-13 2014年工矿仓储用地面积及占比增长居前列的地级城市

以上排序综合考虑了工矿仓储用地面积增加及占比增长两项指标，剔除了占比增长在1.5个百分点以下的城市，同时剔除了由于填报数据缺失可能导致错误判断的城市（如广东河源市、四川绵阳市等）。从两项指标综合排序居前20位的地级市空间分布来看，除衢州、泰安、鞍山、德州、鞍山四个城市外，其余城市均分布在中西部地区，充分体现了工矿仓储用地重心继续西移的趋势。

进一步分析地级市工矿仓储用地内部结构变动发现，除赤峰市（仓储用地增长显著）外，其他地级市均以工矿用地增加为主，仓储用地变动不大，这点与省级城市、省会城市有较大不同。

六、县级城市

2014年，县级市工矿仓储用地增量最大、占比增长较快的是新疆喀什市（390.75公顷、3.65个百分点），两项指标均居前列的还有新疆阿拉尔市（326.96公顷、2.25个百分点），河南邓州市（219.61公顷、6.69个百分点），黑龙江富锦市（168.59公顷、3.4个百分点），湖北赤壁市（160.50公顷、2.0个百分点）、老河口市（159.85公顷、1.6个百分点）等（见图2-2-14）。

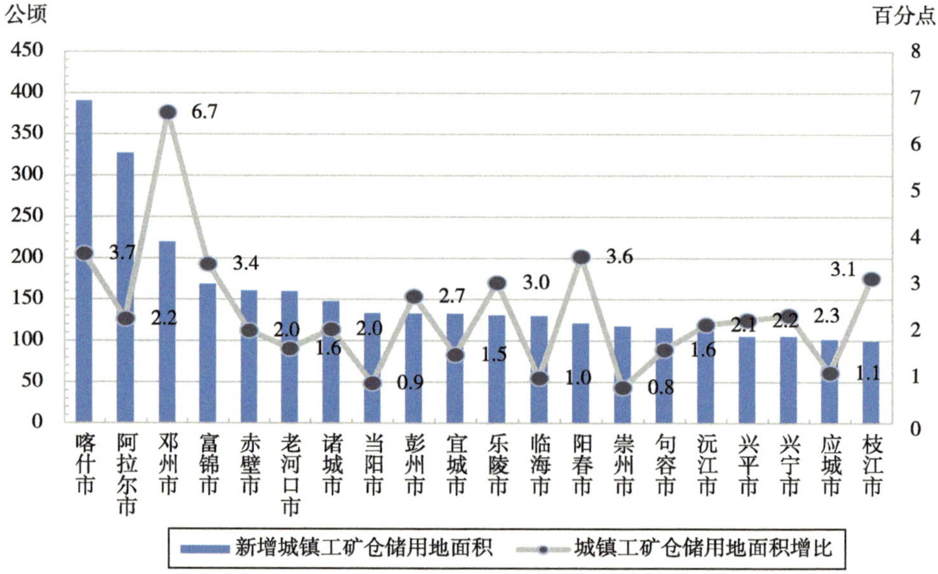

图2-2-14　2014年工矿仓储用地面积及占比增长居前列的县级城市

与地级市类似，县级市排序也综合考虑了工矿仓储用地面积增加及占比增长两项指标，剔除了占比增长在0.75个百分点以下的城市，同时剔除了由于填报数据缺失可能导致错误判断的城市（如内蒙古二连浩特市、四川江油市等）。从两项指标综合排序居前20位的县级市空间分布来看，与地级市类似，也主要分布在中西部地区，同样体现了工矿仓储用地重心西移的趋势。

进一步分析县级市工矿仓储用地内部结构变动发现，以工矿用地增长为主，仓储用地基本稳定，这一特征比地级市更为突出。

第三节　城镇工矿仓储用地变动特点及原因

一、仍呈快速扩展趋势，所占比重持续上升

2009—2013年，城镇工矿仓储用地增加面积及其占比增长均居各类城镇用地之首，2014年增量和增比继续保持首位。该类用地在全国城镇用地中所占比重不断提高，与住宅用地占比的差距越来越小，说明工矿仓储用地仍然呈现不断扩展趋势，集约利用程度有待进一步提高。

二、增势与城镇规模相关，层级差异较为明显

从2009—2014年城镇工矿仓储用地面积增加及占比增长总趋势看，建制镇占比增长最快，之后依次是县级市、地级市、省会城市、副省级城市和省级城市，2014年建制镇的该项用地占比已超过副省级城市，居第一位。城镇工矿仓储用地重心下移既反映了城市的扩散效应，也体现了城乡融合的特征。

三、2014 年增速加快，且呈现出新特征

2014年全国城镇工矿仓储用地占比增长0.55个百分点，且省级城市增比远超过副省级城市，省会城市增比超过地级市，这与前几年的变动趋势有所不同。省级城市工矿仓储用地占比的快速增长，主要是由于重庆市工

矿用地增长所致，这反映出东西部城市土地利用动态变化的差异性，西部仍在扩张，东部则以内部结构调整为主。

省会城市工矿仓储用地占比增长超过地级市，原因与省级城市类似，主要由于西部省会城市（如乌鲁木齐市、兰州市、南宁等）工矿用地增长较快，可能与实施“一带一路”倡议有关；中部省会城市（如郑州市）则表现出与东部省级城市类似的特点，仓储用地占比增加较多。

四、中西部城镇增长快，空间重心西移

各层级城镇中工矿仓储用地增长较快的多集中于中西部地区，无论是省级城市、省会城市，还是地级市、县级市，均体现出这一特点。这一方面反映出东、中、西部城镇所处发展阶段不同，东部城镇扩张趋缓，以内部结构调整为主；而中西部地区随着丝绸之路经济带发展战略的逐步实施，工矿用地增长趋势显现。

五、内部结构调整也体现出城镇层级差异

省级城市（重庆市除外）、副省级城市工矿仓储用地占比基本稳定，其变动主要来自内部结构调整，仓储用地增势较明显，天津市最为典型，北京、大连也有类似特点；而地级市、县级市的工矿仓储用地则增长较快，且以工矿用地增长为主，仓储用地变动不大；省会城市则因所处位置不同而呈现出较大差异性。

这一特征主要源于省级城市、副省级城市工矿仓储用地占比已达到较高比重，而随着物流业迅速发展，仓储用地需求增加，引起其内部结构调整；而地级市、县级市仍处于工矿用地扩张阶段，工矿用地增长相对较快。

省会城市则比较特殊，内部差异较大。乌鲁木齐、兰州等省会城市工矿仓储用地占比相对较高，且增势依然明显，或许与其资源禀赋及地处丝

绸之路经济带有关；而海口、南昌、呼和浩特等城市工矿仓储用地占比相对较低，且变动不大，甚至有减少趋势，反映了不同省会城市的职能定位及其发展特色。

第四节　主要结论

一、主要研究结论

1.工矿仓储用地仍然呈现不断扩展趋势，集约利用程度有待进一步提高。截至2014年12月31日，全国城镇工矿仓储用地总面积为2492128公顷，比上年增长19.14万公顷，增幅为8.32%，占比增长0.55个百分点，增速明显加快。在八大类城镇用地中，工矿仓储用地的增量和增比均居于首位。2009—2014年，全国城镇八大类用地中，工矿仓储用地的新增面积最多，增加66.08万公顷，年均增幅6.36%，增幅略低于商服用地；工矿仓储用地的占比增长最多，五年增长2.83个百分点，远高于其他地类。

2.增势与城镇规模相关，层级差异较为明显。城镇工矿仓储用地重心下移，从2009—2014年城镇工矿仓储用地面积增加及占比增长总趋势看，建制镇占比增长最快，2014年建制镇的该项用地占比已超过副省级城市，居第一位。

3.城镇工矿仓储用地中西部地区增长快，空间重心西移。各层级城镇中工矿仓储用地增长较快的多集中于中西部地区，这反映出东、中、西部城镇所处发展阶段不同，东部城镇扩张趋缓，以内部结构调整为主；而中西部地区随着丝绸之路经济带发展战略的逐步实施，工矿用地增长趋势显现。

二、相关对策建议

1.关注工矿仓储用地内部结构调整，防止转换过程中土地闲置及低效利用。省级城市中天津市的工矿仓储用地内部结构调整最为典型。2014年天津市工矿、仓储用地面积一减一增，且减少量大于增加量，空闲地面积比上年增加2721.25公顷，空闲地占比上升为11.45%，比上年增加2.56个百分点。

2.关注中西部地区工矿仓储用地快速扩张的城镇，防止走东部地区土地粗放经营的老路。陆上丝绸之路经济带发展战略为西部地区开发带来了机遇，但在土地利用方面也面临着挑战，应汲取以往工矿业项目低水平重复建设的教训，提高土地集约化利用程度。

第三章　我国城镇公服用地均等化研究（2014年）

自十六届六中全会提出“逐步实现基本公共服务均等化”以来，我国公共财政、民生建设大力推进，区域协调发展、城乡融合战略相继实施。城镇公服用地代表了公共利益，体现了科教资源、医卫资源、文化资源等在空间上的分布，是政府提供基本公共服务的基础，是规划战略推进区域协同、缩小城乡差距的物质载体。探讨我国城镇公服用地的特征将有助于促进公服用地的均衡与合理布局，对我国形成完善的基本公共服务均等化体系具有重要意义。

本章基于2009—2014年全国地籍调查汇总数据，以我国四大经济区、31个省份及293个地级及以上城市单元为分析对象，分析我国城镇公服用地在宏观、中观和微观不同层面上的分布情况、内部构成和演变特征，并测度不同尺度地区公共用地分布的均等化情况。

研究发现，2009—2014年全国城镇公服用地占比持续下降，2014年占建设用地总量的12.53%，全国整体分布由东到西呈阶梯式上升的特征。四大经济区中西部地区城镇公服用地占比最高，东北地区最低；省际单元中西藏、北京和上海城镇公服用地占比领先，西藏公服用地占比高达29.37%，是辽宁的近3倍；不同规模和发展阶段城市中，中等规模、工业化中期城市公服用地占比最低，而大规模、发达经济城市更注重公服用地的配置，占比最高。

2009—2014年，全国城镇公服用地占比构成中下降速度最快的是科教用地与机关团体用地，分别下降了0.48与0.24个百分点，而公共设施用地则上升了0.22个百分点。2014年全国城镇公服用地的构成中占比最高的是科教用地和公园与绿地，分别占全国总建设用地的4.38%与2.45%；四大经济区中，中部地区公园与绿地仅占1.77%；省级单元中西藏自治区机关团体用地占建设用地总量超10%，北京和上海公园与绿地占比领先全国；公园与绿地占比和城市规模、经济发展水平成正比，机关团体用地、新闻出版用地及医卫慈善用地与之成反比。

我国经济区城镇公服用地整体趋于均衡，区内差异是主要影响因素；其中东部地区内部公服用地占比差异最大，均衡度最低；东北地区内部公服用地均等化水平最高。省际城镇公服用地整体趋于不均衡，区内、区外差异影响程度相当；海南、重庆、北京、上海和湖南省内公服用地较为均衡，而宁夏、黑龙江和新疆则是公服用地分布较不均衡的地区。

第一节　我国城镇公服用地演变特征分析

一、全国城镇公服用地占比持续下降，2014 年达到 12.5%

1.2014年全国城镇公服用地占建设用地总量的12.53%，整体分布由东到西呈阶梯式上升

2014年，全国城镇公服用地（包括建制镇及以上所有行政区划单元）占建设用地总量的12.53%，其中城市地区为13.79%，建制镇地区相对较低，为11.42%（见表2-3-1）。全国整体分布由东到西呈阶梯式上升的特征。

表2-3-1　2009—2014年全国城镇公服用地占比

单位：%

地区	2009年	2010年	2011年	2012年	2013年	2014年
城镇合计	13.43	13.25	13.11	12.88	12.68	12.53

续表

地区	2009年	2010年	2011年	2012年	2013年	2014年
城市	14.72	14.43	14.27	14.06	13.90	13.79
建制镇	12.20	12.15	12.03	11.81	11.59	11.42

2.2009—2014年全国城镇公服用地占比下降0.9个百分点，城市地区下降更快

2009—2014年全国城镇公服用地占比呈缓慢下降趋势，由2009年的13.43%下降到2014年的12.53%，5年间下降0.9个百分点；其中城市地区下降速度较快，5年间下降0.93个百分点，建制镇地区下降0.78个百分点，二者公服用地占比差距缩小。

2009—2014年我国城镇公服用地占比变化的分布上，东部沿海和中部大部分区域与全国保持一致呈下降趋势，西部部分地区和东北少数地区呈现较为明显的上升趋势。

二、西部地区城镇公服用地占比最高，四大经济区占比差异逐渐缩小

1. 西部地区城镇公服用地占比最高，东北地区最低，二者相差近4个百分点

四大经济区中，西部地区公服用地占比始终维持最高水平，2014年占比为14.11%；其次是中部地区，2014年达到12.75%；东部地区和东北地区公服用地占比相对较低，2014年分别为11.95%和10.28%（见表2-3-2）。

表2-3-2　2009—2014年四大经济区城镇公服用地占比

单位：%

地区	2009年	2010年	2011年	2012年	2013年	2014年
东部地区	12.57	12.36	12.27	12.20	12.09	11.95
中部地区	14.06	13.87	13.63	13.27	13.01	12.75

续表

地区	2009年	2010年	2011年	2012年	2013年	2014年
西部地区	15.38	15.35	15.18	14.65	14.27	14.11
东北地区	11.17	10.76	10.49	10.48	10.38	10.28

2.中、西部地区公服用地占比下降速度较快，东部、东北部下降缓慢

2009—2014年四大经济区全国城镇公服用地占比全部呈缓慢下降趋势。其中，占比较高的西部地区和中部地区下降速度更快，分别降低了1.27和1.31个百分点；而占比较低的东部地区和东北地区下降速度较慢，分别降低了0.62和0.89个百分点。整体而言，城镇公服用地占比在各经济区间的差距在逐渐缩小。

三、省际城镇公服用地占比差距明显，西藏、北京及上海占比较高

1.省际城镇公服用地占比差距明显，西藏公服用地占比是辽宁的近3倍

城镇公服用地占比在省级单元中差距明显，2014年占比较高的地区是西藏自治区、北京市和上海市，分别达到29.37%、22.02%和19.39%；占比较低的是辽宁省、河北省和江西省，分别为10.19%、10.16%和9.49%。

2.2009—2014年仅有西藏、甘肃和上海等6个省级单元城镇公服用地占比呈上升趋势

2009—2014年，只有6个省级单元城镇公服用地占比呈上升趋势（见图2-3-1）。西藏自治区、甘肃省和上海市上升幅度较大，分别为5.57、1.57和1.50个百分点；其余25个省级单元城镇公服用地占比呈下降趋势，其中宁夏回族自治区、湖北省和贵州省下降幅度较大，分别为5.49、3.49和3.02个百分点。

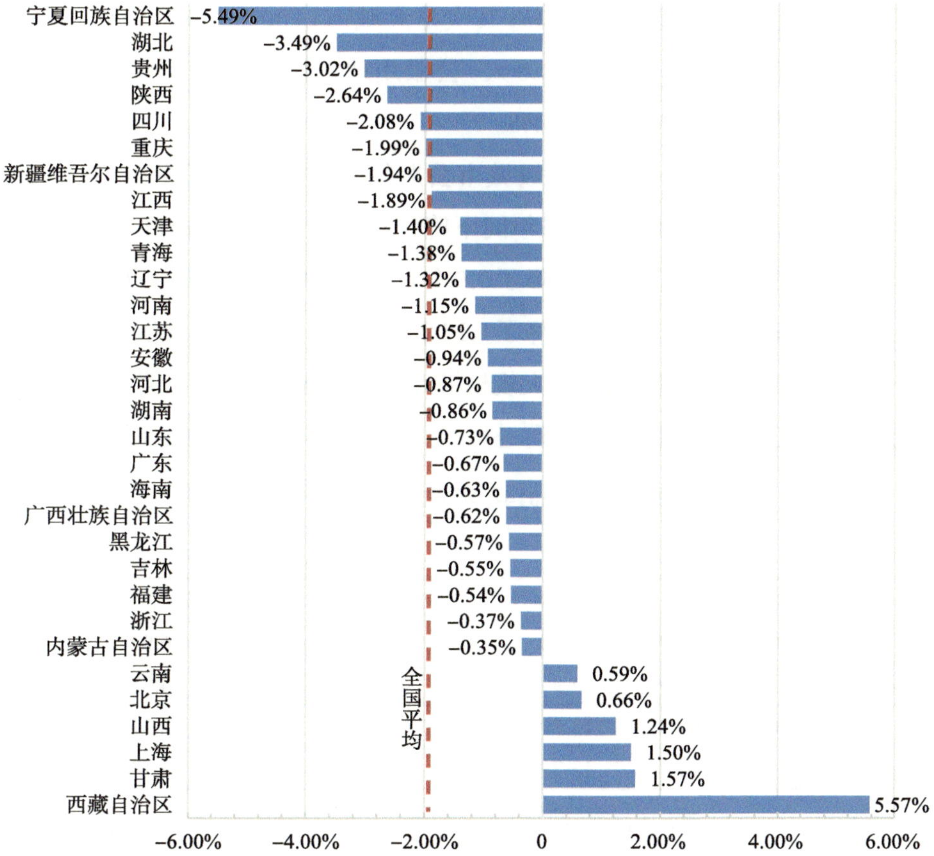

图2-3-1 2009—2014年省级单元城镇公服用地占比变化

四、中等规模、工业化中期城市公服用地占比低，不同等级城市差距增大

1. 特大城市与大城市城市公服用地占比更高，下降速度较为缓慢

按不同人口规模将城市分为四个等级，包括特大城市（500万人以上）、大城市（100万—500万人）、中等城市（50万—100万人）和小城市（50万人以下）。

2014年，各规模等级城市中特大城市（500万人以上）公服用地占比远高于其他规模城市，达到16.79%；其次是大城市（100万—500万人），达到14.00%；中等城市（50万—100万人）公服用地占比最低，仅为12.07%；小城市（50万人以下）占比为13.04%。

2009—2014年，各规模等级城市公服用地占比持续下降（见表2-3-3），其中特大城市（500万人）5年间下降了0.41个百分点，速度最为缓慢；大城市（100万—500万人）下降了0.9个百分点；中等城市（50万—100万人）下降趋势最明显，5年间下降了1.24个百分点；小城市（50万人以下）下降了0.76个百分点。整体而言，大规模城市公服用地占比高，下降速度慢，中小规模城市公服用地占比低，下降速度快，更规模等级城市间的差距在增大。

表2-3-3　2009—2014年不同规模城市公服用地占比

单位：%

城市规模等级	2009年	2010年	2011年	2012年	2013年	2014年
特大城市（>500万人）	17.20	17.05	17.03	16.88	16.92	16.79
大城市（100万—500万人）	14.91	14.59	14.43	14.27	14.03	14.00
中等城市（50万—100万人）	13.30	12.93	12.74	12.44	12.31	12.07
小城市（<50万人）	13.79	13.64	13.50	13.31	13.14	13.04

2. 高经济发展阶段城市公服用地占比更高，下降速度较为缓慢

按人均GDP将城市分为5个等级，包括工业化初期、工业化中期、工业化成熟期、工业化发达期和发达经济阶段。

2014年，各发展阶段等级城市中发达经济阶段城市公服用地占比最高，达到15.52%；其次是工业化发达期城市，达到14.47%；工业化成熟期、工业化中期和工业化初期三个阶段城市公服用地占比较为接近，均低于高发展阶段的城市，分别为13.44%、12.71%和13.51%。

2009—2014年，各发展阶段城市公服用地占比持续下降（见表2-3-4），其中发达经济阶段城市5年间仅下降了0.11个百分点，占比基本维持在15.5%—15.63%之间；工业化发达期城市下降了0.7个百分点；而发展阶段较低的工业化成熟期、中期和初期城市下降速度较快，5年间均下降了1.1—1.2个百分点。整体而言，不同发展阶段城市公服用地占比差距越来越大。

表2-3-4　2009—2014年不同经济发展阶段城市公服用地占比

单位：%

城市发展阶段	2009年	2010年	2011年	2012年	2013年	2014年
发达经济阶段	15.63	15.60	15.54	15.55	15.52	15.52
工业化发达期	15.17	14.95	14.70	14.42	14.27	14.47
工业化成熟期	14.57	14.17	13.92	13.78	13.55	13.44
工业化中期	13.85	13.43	13.46	13.15	13.02	12.71
工业化初期	14.63	14.73	14.54	14.17	13.84	13.51

第二节　我国城镇公服用地内部构成分析

一、科教用地与机关团体用地是全国城镇公服用地占比下降的主体

1.城市与建制镇分异最大的两类公服用地是机关团体用地和公园与绿地

2014年全国城镇公服用地的构成中（见表2-3-5），占比最高的是科教用地及公园与绿地，分别占全国总建设用地的4.38%与2.45%，占比最低的是新闻出版用地与风景名胜设施用地，分别占0.09%与0.31%。

城市地区与建制镇地区占比分异最大的用地类型是机关团体用地及公园与绿地，其中机关团体用地城市地区比建制镇地区低0.41个百分点，公园与绿地城市地区比建制镇地区高1.61个百分点。

表2-3-5　2014年我国城镇公服用地内部结构

单位：%

地区	合计	机关团体用地	新闻出版用地	科教用地	医卫慈善用地	文体娱乐用地	公共设施用地	公园与绿地	风景名胜设施用地
城镇合计	12.53	2.20	0.09	4.38	0.76	0.67	1.66	2.45	0.31
城市	13.79	1.98	0.12	4.85	0.74	0.78	1.66	3.31	0.36
建制镇	11.42	2.39	0.07	3.97	0.78	0.57	1.67	1.70	0.27

2. 2009—2014年全国城镇公服用地中下降最快的是科教用地与机关团体用地

2009—2014年全国城镇公服用地占比下降了0.9个百分点，其中，下降速度较快的是科教用地与机关团体用地，分别下降了0.48与0.24个百分点；而公共设施用地则上升了0.22个百分点（见表2-3-6）。

表2-3-6　2009—2014年我国城镇公服用地内部结构变化

单位：%

2009—2014年变化	合计	机关团体用地	新闻出版用地	科教用地	医卫慈善用地	文体娱乐用地	公共设施用地	公园与绿地	风景名胜设施用地
城镇合计	−0.90	−0.24	−0.01	−0.48	−0.06	−0.09	0.22	−0.21	−0.03

1999年我国高校实行扩招，高等教育逐渐大众化，为满足需求各高校纷纷扩建新校区。在此过程中不少学校忽视了土地的节约集约利用，用地规划扩张速度超过了学生扩招速度，造成土地资源的浪费。对此，原国土资源部要求各省、市严格控制科教用地，北京、江苏、福建等地相继制定出台了高等学校建设用地指标。2009—2014年科教用地占比的变化显示了这一要求和标准制定的良好效果。

机关团体用地由于其特殊性一直在土地出让上享有政策利好。然而，随着我国深入推进土地有偿使用制度改革，原国土资源部要求严格限定划拨用地范围，积极探索对国家机关办公用地等实行有偿使用。我国机关团体用地的利用效率的提高具有潜力，尤其是村镇地区占比较高，这是促进土地节约集约利用不可忽视的一环。

公共设施用地是最能体现公共利益的物质空间载体。尽管我国严控建设用地增长，节约集约用地大势所趋，但公共利益的维护在和谐社会的建构中必须受到重视，人们对公共设施越来越高的需求也应该得到保障。尤其是中西部地区，保证合理的公共设施用地占比有助于居民生活水平和居住水平的提高。

3.除公园与绿地占比偏低，中部与西部在公服用地构成上极为接近

2014年，四大经济区城镇公服用地比例构成中较高的均为科教用地和公园与绿地（见表2-3-7）。其中，东部地区文体娱乐用地占比高于其他三大经济区，新闻出版用地、公共设施用地和风景名胜设施用地均低于其他经济区；中、西部两大经济区在用地构成上特征接近，各类公服用地占比均比较高，但中部地区公园与绿地仅占1.77%，明显低于其他三大经济区；东北地区公服用地占比整体最低，其中机关团体用地、科教用地和文体娱乐用地是造成差距的主要地类。

表2-3-7 2014年四大经济区城镇公服用地内部结构

单位：%

地区	合计	机关团体用地	新闻出版用地	科教用地	医卫慈善用地	文体娱乐用地	公共设施用地	公园与绿地	风景名胜设施用地
东部地区	12.57	1.75	0.06	4.37	0.62	0.77	1.45	2.63	0.29
中部地区	14.06	2.78	0.12	4.65	0.95	0.63	1.52	1.77	0.32
西部地区	15.38	2.71	0.12	4.47	0.85	0.64	2.18	2.81	0.33
东北地区	11.17	1.40	0.10	3.58	0.64	0.41	1.49	2.32	0.34

4.除东北地区外，2009—2014年其他经济区公共设施用地占比有显著提升

2009—2014年，四大经济区的机关团体用地和科教用地占比均有较大幅度下滑，与全国趋势一致（见表2-3-8）；除东北地区外，其他三大经济区的公共设施用地占比有所上升，尤以西部地区上升幅度明显。

表2-3-8 2009—2014年四大经济区城镇公服用地内部结构变化

单位：%

地区	合计	机关团体用地	新闻出版用地	科教用地	医卫慈善用地	文体娱乐用地	公共设施用地	公园与绿地	风景名胜设施用地
东部地区	−0.62	−0.15	−0.01	−0.27	−0.04	−0.09	0.18	−0.20	−0.04

续表

地区	合计	机关团体用地	新闻出版用地	科教用地	医卫慈善用地	文体娱乐用地	公共设施用地	公园与绿地	风景名胜设施用地
中部地区	−1.32	−0.39	0.00	−0.76	−0.09	−0.04	0.19	−0.23	0.01
西部地区	−1.26	−0.38	−0.03	−0.75	−0.09	−0.09	0.36	−0.25	−0.03
东北地区	−0.88	−0.27	−0.02	−0.22	−0.12	−0.14	0.00	−0.05	−0.05

二、西藏自治区城镇公服用地构成中多类用地占比高，时序变化明显

1. 西藏机关团体用地占比超10%，北京、上海公园与绿地占比领先

按二级地类来看，2014年西藏自治区机关团体用地占总建设用地高达10.4%，而上海、天津这一比重均不超过1%；北京科教用地占比为建设用地总量的7.38%，在省级单元中处于领先；甘肃与上海公共设施用地占建设用地均超过4%；上海和北京在公园与绿地占比上高于其他省级单元；其他二类公服用地在省际间的差异相对较小。

2. 新闻出版用地和医卫慈善用地维持稳定，西藏自治区多类公服用地波动变化明显

从二级地类来看，5年间各省级单元新闻出版用地和医卫慈善用地均鲜有变化；机关团体用地变化较显著的地区是西藏和宁夏；科教用地变化较显著的是云南和西藏；文体娱乐用地变化较显著的是西藏和天津；公共设施用地占比上升较多的是甘肃与上海，下降最快的是重庆；公园与绿地占比上升最多的是西藏，宁夏和重庆则有大幅度下降；风景名胜设施用地仅有西藏下降相对明显。

由此可见，我国省级单元中城镇公服用地波动变化最为剧烈的是西藏自治区。西藏自治区建设用地总量比较小，用地特征变化受国家政策影响较大，“西部大开发”“一带一路”等推进了西藏自治区的城镇化进程，公服用地上规模的变化很容易导致在占比上的巨大波动。

三、中小规模、低发展水平城市机关团体用地、新闻出版用地及医卫慈善用地占比更高

1. 科教用地和公园与绿地占比与城市规模大小成正比，机关团体用地、新闻出版用地及医卫慈善用地与之成反比

2014年，各规模等级城市公服用地占比构成中的主体用地均是科教用地和公园与绿地（见表2–3–9）。从各二级地类来看，特大、大规模城市科教用地、公园与绿地和风景名胜设施用地在全国城镇建设用地中的占比更高；中、小规模城市机关团体用地、新闻出版用地、医卫慈善用地的占比更高。

表2–3–9 2014年不同规模城市公服用地内部结构

单位：%

规模等级	合计	机关团体用地	新闻出版用地	科教用地	医卫慈善用地	文体娱乐用地	公共设施用地	公园与绿地	风景名胜设施用地
特大城市（>500万人）	16.79	1.43	0.08	5.59	0.61	1.33	2.18	5.04	0.52
大城市（100万—500万人）	14.00	1.77	0.10	5.48	0.72	0.70	1.52	3.30	0.41
中等城市（50万—100万人）	12.07	2.09	0.11	4.17	0.75	0.64	1.35	2.69	0.27
小城市（<50万人）	13.04	2.44	0.16	3.93	0.81	0.70	1.82	2.89	0.28

2009—2014年，各规模等级城市公共设施用地占比均有一定幅度提高，尤以特大城市增长幅度最大，而各类城市新闻出版用地在5年间均鲜有变化；特大城市文体娱乐用地和风景名胜设施用地下降幅度最大；大城市公园与绿地占比下降幅度最大；中、小城市各二级地类变化趋势比较类似，机关团体用地和科教用地下降最为明显（见表2–3–10）。

表2-3-10　2009—2014年不同规模城市公服用地内部结构变化

单位：%

规模等级	合计	机关团体用地	新闻出版用地	科教用地	医卫慈善用地	文体娱乐用地	公共设施用地	公园与绿地	风景名胜设施用地
特大城市（>500万人）	−0.41	−0.08	−0.02	−0.13	−0.01	−0.33	0.41	0.02	−0.26
大城市（100万—500万人）	−0.90	−0.11	−0.03	−0.26	−0.07	−0.10	0.19	−0.49	−0.04
中等城市（50万—100万人）	−1.24	−0.26	0.01	−0.49	−0.05	−0.10	0.05	−0.39	0.00
小城市（<50万人）	−0.76	−0.26	0.00	−0.49	−0.04	−0.09	0.10	0.07	−0.05

2. 公共设施用地和公园与绿地占比与城市经济发展阶段成正比，机关团体用地、新闻出版用地、医卫慈善用地与之成反比

2014年，各发展阶段城市公服用地占比构成中的主体用地均是科教用地和公园与绿地。从各二级地类来看，发达经济阶段、工业化发达期城市公共设施用地和公园与绿地在全国城镇建设用地中的占比更高；发展阶段相对落后的城市机关团体用地、新闻出版用地、医卫慈善用地的占比更高（见表2-3-11）。

表2-3-11　2014年不同发展阶段城市公服用地内部结构

单位：%

发展阶段等级	合计	机关团体用地	新闻出版用地	科教用地	医卫慈善用地	文体娱乐用地	公共设施用地	公园与绿地	风景名胜设施用地
发达经济阶段	15.52	1.52	0.08	4.99	0.59	1.30	1.82	4.78	0.44
工业化发达期	14.47	1.67	0.09	5.68	0.61	0.65	1.73	3.49	0.55
工业化成熟期	13.44	1.90	0.12	4.92	0.76	0.63	1.58	3.21	0.32
工业化中期	12.71	2.15	0.13	4.36	0.81	0.73	1.58	2.69	0.26
工业化初期	13.51	2.85	0.18	4.41	0.92	0.73	1.56	2.49	0.37

2009—2014年，按各二级地类来看，工业化初期、中期和成熟期城市机关团体用地占比下降幅度较大；除发达经济阶段城市保持不变或小幅提高，各类城市科教用地和公园与绿地占比下降幅度明显；除工业化成熟期城市维持稳定水平外，其他各类城市公共设施用地占比均有一定幅度提高（见表2–3–12）。

表2–3–12 2009—2014年不同发展阶段城市公服用地内部结构变化

单位：%

发展阶段等级	合计	机关团体用地	新闻出版用地	科教用地	医卫慈善用地	文体娱乐用地	公共设施用地	公园与绿地	风景名胜设施用地
发达经济阶段	−0.11	−0.05	−0.01	0.00	−0.04	−0.27	0.29	0.08	−0.12
工业化发达期	−0.70	−0.02	0.00	−0.41	−0.07	−0.05	0.35	−0.31	−0.18
工业化成熟期	−1.13	−0.21	−0.02	−0.36	−0.07	−0.16	0.02	−0.32	−0.01
工业化中期	−1.14	−0.28	−0.01	−0.50	−0.02	−0.06	0.18	−0.42	−0.03
工业化初期	−1.12	−0.35	0.00	−0.52	−0.13	−0.05	0.18	−0.15	−0.11

由此可见，人口规模大、经济发展阶段高的地区更注重城市品质的全面提升，通过公园与绿地的供给优化生态环境和用地结构，而相对落后的中小城市则倾向于提供医卫慈善等基本公共服务的保障。

第三节 我国城镇公服用地均等化测度

本部分将从时序变化和空间分布两个维度来分析不同区域尺度上城镇公服用地的均等化程度。采用泰尔系数、标准差系数和变差系数来衡量区域均衡度，测度结果值越大，则区域差异越大，即区域公服用地均等化水平越低；采用均方差来分解区域内部和区域之间的均衡度，探究区域差异来源。

一、我国经济区公服用地整体趋于均衡，区内差异是主要影响因素

本部分以四大经济区为单元，测算我国城镇公服用地占比的区域均衡程度。

1.四大经济区各自内部的差异对整个区域公服用地均衡度的影响逐年增大

根据泰尔系数、标准差系数和变差系数三个指标的测度结果，2009—2014年我国四大经济区公服用地占比总差异先随时间扩大后减小，2012—2014年逐渐趋于均衡（见表2-3-13）。

表2-3-13　2009—2014年我国区域公服用地占比均衡度测度（按经济区划分）

测度指标	2009年	2010年	2011年	2012年	2013年	2014年
泰尔系数	0.003113	0.003783	0.003979	0.003232	0.002901	0.002837
标准差系数	0.015805	0.017117	0.017249	0.015246	0.014176	0.013867
变差系数	0.118880	0.130799	0.133792	0.120497	0.113968	0.112987

通过对区域公服用地均衡度测度的分解，发现我国四大经济区内部差异始终大于各区域间的差异，且贡献度差距越来越大（见表2-3-14）。2009—2011年，区内差异与区间差异同时扩大，造成区域总体均衡度下降；2012—2014年，二者同时回落，因此区域总体均衡度得到缓慢提升。

表2-3-14　2009—2014年我国区域公服用地占比差异来源（按经济区划分）

年份	2009年	2010年	2011年	2012年	2013年	2014年
总差异	0.000961	0.001829	0.001849	0.00186	0.001536	0.001607
区内差异	0.000654	0.001413	0.001438	0.001532	0.001275	0.001338
贡献度	68.03%	77.27%	77.77%	82.36%	82.98%	83.22%
区间差异	0.000307	0.000416	0.000411	0.000328	0.000261	0.000270
贡献度	31.97%	22.73%	22.23%	17.64%	17.02%	16.78%

2.东部地区内部公服用地差异最大，东北地区公服用地维持相对均衡状态

进一步探讨我国四大经济区内部公服用地的均衡度，东部地区内部公服用地占比差异最大，均衡度最低；东北地区内部公服用地均等化水平最高（见表2-3-15）。

2009—2014年，东部地区公服用地均衡度呈波动降低的趋势；东北地区随时间变化稳步下降；中、西部两大经济区变化趋势恰好相反，中部地区均衡度先上升后下降，而西部地区则随时间变化先差异增大，而后趋向均衡。

表2-3-15 2009—2014年四大经济区内部公服用地占比均衡度测度

测度指标	地区	2009年	2010年	2011年	2012年	2013年	2014年
泰尔系数	东部地区	0.010699	0.012296	0.011912	0.013630	0.014639	0.015827
	中部地区	0.002631	0.001768	0.001300	0.001990	0.002170	0.003041
	西部地区	0.004913	0.013501	0.014431	0.015709	0.013258	0.013953
	东北地区	0.000146	0.000469	0.000527	0.000926	0.000905	0.000860
标准差系数	东部地区	0.032680	0.034612	0.034071	0.036419	0.037713	0.039201
	中部地区	0.015609	0.012586	0.010545	0.012451	0.012573	0.014837
	西部地区	0.025994	0.050663	0.051822	0.052573	0.044914	0.045325
	东北地区	0.002889	0.004993	0.005210	0.006806	0.006666	0.006442
变差系数	东部地区	0.242621	0.261618	0.257637	0.274992	0.286044	0.300130
	中部地区	0.111386	0.090870	0.077268	0.093419	0.096381	0.115602
	西部地区	0.156980	0.299438	0.309186	0.324043	0.286968	0.290968
	东北地区	0.025775	0.046038	0.049150	0.064220	0.063528	0.061962

东部地区虽然整体公服用地占比最高，但是区域内其他省市公服用地的配备相比于北京、上海差距还是比较大，且随时间推移这种不均衡有愈演愈烈的趋势；东北地区三省平均公服用地占比最低，区域差异随时间变化较小，维持一种低水平的相对均衡的状态；中部地区和西部地区的城镇发展进程与国家战略息息相关，因此区域内部用地的均衡特征在时空上呈现波动变化。

二、我国省际公服用地整体趋于不均衡，区内、区外差异影响程度相当

本部分以各省（直辖市、自治区）为单元，测算我国城镇公服用地占比的区域均衡程度。

1. 区内差异与区间差异对省级单元公服用地均衡度影响程度相当

根据泰尔系数、标准差系数和变差系数三个指标的测度结果，2009—2014年我国省际公服用地占比差异在波动中缓慢扩大，区域总体趋于不均衡（见表2-3-16）。

表2-3-16　2009—2014年我国区域公服用地占比均衡度测度（按省划分）

测度指标	2009年	2010年	2011年	2012年	2013年	2014年
泰尔系数	0.009123	0.013956	0.014169	0.014646	0.013465	0.01442
标准差系数	0.031007	0.042765	0.043003	0.043133	0.039192	0.040090
变差系数	0.213080	0.293969	0.298190	0.304662	0.282934	0.291915

通过对区域公服用地均衡度测度的分解，发现我国省级单元区间差异与区内差异贡献相当（见表2-3-17）。2009—2012年，各省级单元内部差异鲜有变化，而区间差异持续扩大，造成区域总体均衡度下降；2013—2014年，区内差异缩小，区间差异增大，这一阶段区域均衡度变化相对稳定。

表2-3-17　2009—2014年我国区域公服用地占比差异来源（按经济区划分）

	2009年	2010年	2011年	2012年	2013年	2014年
总差异	0.001786	0.002498	0.002602	0.002709	0.002347	0.002387
区内差异	0.001006	0.000977	0.001018	0.001088	0.001204	0.001166
贡献度（%）	56.34	39.09	39.13	40.16	51.31	48.84
区间差异	0.000780	0.001522	0.001584	0.001621	0.001143	0.001221
贡献度（%）	43.66	60.91	60.87	59.84	48.69	51.16

2.半数省级单元内部公服用地差异逐渐增大，海南、重庆、北京和上海最为均衡

进一步探讨我国各省级单元内部公服用地的均衡度，从时序变化趋势来看，泰尔系数、标准差系数和变差系数对各省变化特征的测度结果基本一致。大部分省级单元区内差异越来越大；只有吉林、江西、河南等8个省份公服用地逐渐趋于均衡；天津、黑龙江、西藏等7个省份均衡度随时间波动较大（见表2-3-18）。

表2-3-18 2009—2014年省级单元内部公服用地占比均衡度变化趋势

变化趋势	地区
趋于均衡	吉林省、江西省、河南省、湖南省、广东省、海南省、重庆市、四川省
趋于差异	北京市、河北省、山西省、内蒙古自治区、辽宁省、上海市、江苏省、浙江省、安徽省、福建省、山东省、湖北省、广西壮族自治区、贵州省、云南省、陕西省
波动较大	天津市、黑龙江省、西藏自治区、甘肃省、青海省、宁夏回族自治区、新疆维吾尔自治区

从各年度省级单元公服用地均等化程度的排名来看，三项测度指标有一定差异，经比较选择变差系数指标对各省内部公服用地均衡度进行排序。

2009—2014年，海南、重庆、北京、上海和湖南始终位居省内公服用地较均衡的前5位；而宁夏、黑龙江和新疆则是公服用地占比差异较大的省份。

第四节 主要结论

1.2014年全国城镇公服用地占建设用地总量的12.53%，其中城市地区高于建制镇地区，全国整体分布由东到西呈阶梯式上升的特征。四大经济区中西部地区城镇公服用地占比最高，东北地区最低；省际城镇公服用地占比差异明显，西藏、北京和上海城镇公服用地占比领先，西藏公服用

地占比高达29.37%，是辽宁的近3倍；不同规模和发展阶段城市中，中等规模、工业化中期城市公服用地占比最低，而大规模、发达经济城市更注重公服用地的配置，占比最高。

2. 2009—2014年，全国城镇公服用地占比持续下降，5年间下降0.9个百分点。四大经济区中公共用地占比高的中、西部地区下降速度更快，区域间公服用地占比差异逐渐缩小；31个省级单元中仅有6个省、直辖市城镇公服用地占比在5年间有所提升；规模大、经济发达的城市公服用地占比高且下降速度缓慢，不同等级水平的城市间差距增大。

3. 2014年全国城镇公服用地的构成中占比最高的是科教用地和公园与绿地，分别占全国总建设用地的4.38%与2.45%，机关团体用地和公园与绿地在城市和建制镇地区间分异最大；四大经济区中，西部地区各类公服用地占比普遍较高，但中部地区公园与绿地仅占1.77%，明显低于其他三大经济区；省级单元中西藏自治区机关团体用地占建设用地总量超10%，北京和上海公园与绿地占比领先全国；公园与绿地占比和城市规模、经济发展水平成正比，机关团体用地、新闻出版用地及医卫慈善用地与之成反比。

4. 2009—2014年，全国城镇公服用地占比构成中下降速度最快的是科教用地与机关团体用地，分别下降了0.48与0.24个百分点，而公共设施用地则上升了0.22个百分点，其中西部地区上升幅度最明显；省级单元新闻出版用地和医卫慈善用地维持稳定趋势，西藏自治区多类公服用地波动变化明显。

5. 我国经济区城镇公服用地整体趋于均衡，区内差异是主要影响因素；其中东部地区内部公服用地占比差异最大，均衡度最低；东北地区内部公服用地均等化水平最高。省际城镇公服用地整体趋于不均衡，区内、区外差异影响程度相当；海南、重庆、北京、上海和湖南省（市）内公服用地最为均衡，而宁夏、黑龙江和新疆则是公服用地占比差异最大的地区。

第四章 我国城镇物流用地产出效益分析（2018年）

物流业是融合运输业、仓储业、货代业和信息业等产业在内的复合型服务产业，是国民经济的重要组成部分。物流业作为国民经济的基础性、战略性产业，涉及领域广、吸纳就业人数多、促进生产及拉动消费作用大。物流业在促进产业结构调整、转变经济发展方式和增强国民经济竞争力等方面发挥着重要作用，同时也在我国社会经济发展过程中“稳增长”“调结构”“惠民生”等方面较好地发挥了支撑和保障作用。

2014年9月，国务院正式发布《物流业发展中长期规划（2014—2020年）》，将物流业定位为支撑国民经济发展的基础性、战略性产业。2016年3月，国务院编制并发布《国民经济和社会发展第十三个五年规划纲要》，提出在“十三五”期间，加强物流基础设施建设，大力发展第三方物流和绿色物流、冷链物流、城乡配送。实施高技术服务业创新工程。引导生产企业加快服务环节专业化分离和外包。建立与国际接轨的生产性服务业标准体系，提高国际化水平。2017年10月，党的十九大报告进一步提出，要加强水利、铁路、公路、水运、航空、管道、电网、信息、物流等基础设施网络建设。推动互联网、大数据、人工智能和实体经济深度融合，在中高端消费、创新引领、绿色低碳、共享经济、现代供应链、人力资本服务等领域培育新增长点、形成新动能。2018年12月，国务院编制并发布《国家物流枢纽布局和建设规划》，计划到2025年，布局建设150个左右国家物流枢纽，枢纽间的分工协作和对接机制更加完善，社会物流运行效率大幅提高，基本形成以国家物流枢纽为核心的现代化物流运行体系。到2035年，基本形成与现代化经济体系相适应的国家物流枢纽网络，实现与综合交通运输体系顺畅衔接、协同发展，物流规模化、组织化、网络化、智能化水平全面提升，铁路、水运等干线通道能力充分释放，运输结构更加合理。2019年2月，国务院进一步印发《2019年推动物流高质量发展10项重点工作》意见，部署安排多部门具体开展包括国家物流枢纽布局建设、实施物流智能化改造行动、实施全国百家骨干物流园区“互联互通”工程、创新物流用地支持政策等在内的10项重点工作，以巩固物流降本增效成果，增强物流企业活力，提升行业效率效益水平，畅通物流全链条运行。

作为支撑国民经济发展的基础性、战略性、先导性产业，物流产业的高质量发展既是经济高质量发展的重要组成部分，也是推动经济高质量发展不可或缺的重要力量。与此同时，物流业的发展必然要求物流用地的支撑，并在发展过程中提高物流用地的产出效益，促进物流用地节约集约利用。因此，在我国物流业发展的当前阶段，如何以供给侧结构性改革为主线，推动物流业结构优化、动力转换和质量提升，全面提升物流业发展质量和社会产出效益将继续成为改善物流用地供给、提高物流用地利用效率的重要内容。

基于此，本章在2018年度汇总数据以及2009年以来城镇地籍调查汇总数据积累的基础上，结合相关社会经济发展及人口数据，对物流用地现状及发展情况进行分析，并进一步通过测算物流用地的产出效益及其在全国省际之间的变化规律，分析物流用地利用产出效益空间差异的原因，以此为促进我国物流用地的合理高效利用及物流产业健康发展提供相应的基础支撑和分析依据。

第一节　物流用地概念的界定

物流用地是各种物流功能及设施的空间载体，是指服务于不同物流功能、涉及现有不同城市用地类型的特定用地组合。狭义的物流用地是指在现有城市用地中兴建的各类物流设施，从事固定的物流相关活动的用地；广义的物流用地还包括产生和吸引物流、处于城市物流供应链中的用地。本章所界定的物流用地是指狭义的物流用地，包括仓储用地、货运场站用地以及物流中心和物流园区用地。考虑到在城镇地籍调查数据中没有物流中心和物流园区用地数据，因此仅针对仓储用地以及公路、铁路、港口、机场等货运场站用地进行分析（见表2-4-1）。

表2-4-1　物流用地分类

<table>
<tr><th>大类</th><th>中类</th><th>小类</th><th>含义</th></tr>
<tr><td rowspan="2">物流用地</td><td>仓储用地</td><td>仓储用地</td><td>用作物资储备、中转的场所用地</td></tr>
<tr><td>货运场站用地</td><td>铁路用地</td><td>指用于铁道线路、轻轨、场站的用地</td></tr>
<tr><td rowspan="4">物流用地</td><td rowspan="4">货运场站用地</td><td>公路用地</td><td>指用于国、省道、县道和乡道的用地</td></tr>
<tr><td>机场用地</td><td>指用于民用机场的用地</td></tr>
<tr><td>港口码头用地</td><td>指用于人工修建的客运、货运、捕捞与工作及工作船舶停靠的场所及其附属建筑物的用地</td></tr>
<tr><td>管道运输用地</td><td>指用于运输煤炭、石油、天然气等管道及其相应附属设施的地上部分用地</td></tr>
</table>

仓储用地。仓储用地是指城市中专门用作物资储备、中转的场所用地，主要包括仓储企业的库房、堆场、包装加工车间及其附属设施，并不包括工业企业内部、对外交通设施内部或商业服务业内部的专用仓库。仓储

用地是城市用地组成部分之一，它与城市其他功能部分，如工业、对外交通、城市道路、生活居住等有着非常密切的联系，是保障城市良性运转的物质条件之一。

货运场站用地。货运场站用地是指用于运输通行的地面线路、场站等用地，包括铁路、公路、机场、港口码头、地面运输管道等用地。其对应的是城镇土地利用现状分类中的交通运输用地，但不包括街巷用地，这是由于一般交通设施和道路广场用地大都兼具客、货运混合功能，并非专门的物流用地，不宜笼统计入物流用地之内。

第二节　全国物流用地现状分析

一、区域对比分析

2018年，全国物流用地总面积为597285.99公顷，占城镇总面积比例为6.09%。31个省级行政单位中，18个省（直辖市、自治区）的物流用地比例高于全国平均水平。从区域角度来看，物流用地面积比例由高到低依次为：中部、东北部、西部、东部。其中，东部地区物流用地比例最低，为4.68%，低于全国平均值；中部、东北部、西部地区物流用地比例分别为7.86%、7.01%和6.28%。

东部地区中，天津市、山东省、河北省、海南省的物流用地比例较高，分别为8.11%、6.84%、6.29%和6.25%，均高于6.09%的全国平均水平，其余省份均在全国平均水平以下。与之对比来看，经济较为发达的广东省、福建省、上海市、北京市、江苏省、浙江省的物流用地比例反而不高，分别为2.59%、3.42%、3.45%、3.47%、4.01%、4.43%，均低于东部地区的平均水平

（4.68%）。究其原因，物流用地所获取的价值远远低于住宅和商业用地，这些省份经济发展水平较高，土地资源紧张。因此，与工业、商业用地相比，地方政府倾向于分配土地作为住宅及商业规划区，而物流用地的供应相对较少。

中部地区中，除了山西省（6.52%）、江西省（6.17%）和湖北省（5.90%）的物流用地比例略低于区域平均水平（7.86%）外，其余省份的物流用地比例均较高。这与中部地区所处的地理位置以及经济发展水平有一定关系，中部地区在全国经济发展中起到承东启西的作用，“中部崛起”的战略促进了中部经济水平的发展，为现代物流业的发展奠定了经济基础。中部地区物流用地比例最高的省份是湖南省，为10.08%。

西部地区中，重庆市、四川省、贵州省、陕西省、甘肃省和青海省的物流用地比例均高于地区平均水平（6.28%），分别为6.38%、7.65%、9.43%、6.48%、8.21%和8.13%。其中青海省、贵州省、甘肃省地域广阔，经济欠发达，城市建成区面积小，在物流用地面积不变的情况下，城镇总面积较小，造成其物流用地比例较高；云南省的物流用地比例为西部地区物流用地比例的最低值，为3.19%，主要是由于云南省地处云贵高原，地形复杂、交通不便，物流业发展较慢，因此其物流用地比例较小。

东北地区三个省份的物流用地比例与全国平均水平相比偏高，辽宁省物流用地比例为7.12%、黑龙江省物流用地比例为7.45%、吉林省物流用地比例为6.12%。东北地区是全国粮食产业基地，物流业发展基础较好，且该区铁路、港口较多，为物流业发展提供了有利条件。2011年《东北地区物流业发展规划》的发布，明确到2015年初步建立起布局合理、技术先进、便捷高效的现代物流服务体系，有力支撑东北老工业基地的全面振兴。东北地区依托其大型产业基地的区位优势、重要的交通枢纽地位，物流辐射范围不断拓展，物流业迅速发展，因此物流用地比例较高（见图2-4-1）。

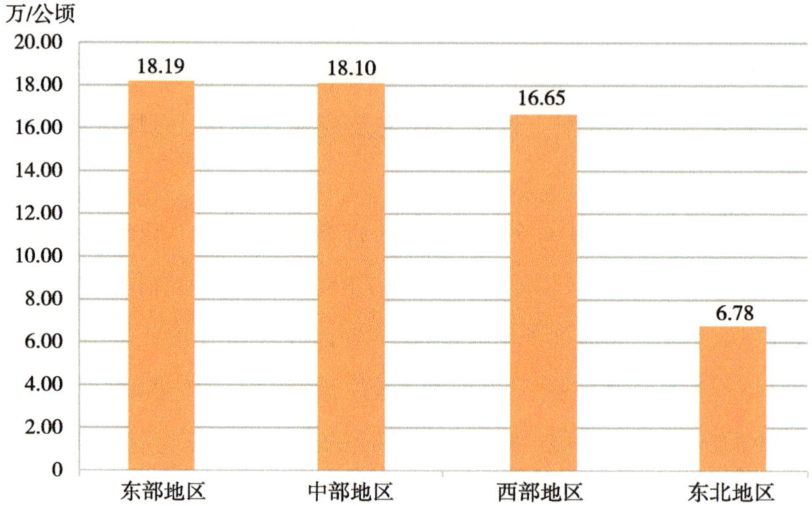

图2-4-1　2018年全国四大经济区物流用地面积及其比例

二、时间序列分析

对历年物流用地面积变化情况进行分析，计算其年变化率，并对全国各省（直辖市、自治区）的物流用地面积变化率进行区域比较分析（见表2-4-2）。

由表2-4-2可知，全国物流用地面积总体呈现增长趋势，平均增长率为4.72%。

表2-4-2　2010—2018年全国物流用地变化率汇总

单位：%

省（直辖市、自治区）名称	物流用地变化率									平均增长率
	2010年	2011年	2012年	2013年	2014年	2015年	2016年	2017年	2018年	
全国	6.38	5.88	5.65	4.53	5.38	3.96	7.14	2.87	2.41	4.90
东部地区	2.79	3.58	2.12	2.36	3.87	2.19	6.51	2.58	1.37	3.0 3
北京市	1.73	9.36	−0.23	−1.51	4.45	3.51	−1.69	0.42	3.06	2.07

续表

省（直辖市、自治区）名称	物流用地变化率									平均增长率
	2010年	2011年	2012年	2013年	2014年	2015年	2016年	2017年	2018年	
天津市	−12.07	0.00	1.55	2.60	33.82	2.61	1.38	1.94	0.98	3.07
河北省	5.64	1.22	2.91	2.57	1.81	1.39	5.31	2.21	0.75	2.63
上海市	−16.58	19.43	0.56	−2.57	0.41	0.09	2.12	2.35	−7.60	−0.60
江苏省	14.63	3.89	−0.49	3.63	1.06	3.48	4.88	5.78	0.84	4.11
浙江省	−7.66	4.10	3.05	2.39	3.39	4.11	7.61	2.22	4.64	2.57
福建省	5.82	2.98	2.06	6.00	3.99	6.33	6.38	4.49	4.04	4.67
山东省	3.41	2.40	3.12	1.67	1.71	1.78	11.42	1.94	1.11	3.13
广东省	7.22	2.99	4.62	2.84	2.20	6.15	7.40	3.06	2.64	4.33
海南省	11.08	3.71	−0.20	4.88	2.72	−14.54	0.49	−4.67	1.39	0.31
中部地区	18.49	8.46	6.32	5.21	7.80	6.22	11.25	3.02	2.27	7.57
山西省	5.97	1.77	0.77	2.61	2.15	1.63	13.74	1.03	1.58	3.40
安徽省	21.85	9.70	6.27	4.82	5.66	8.29	5.76	4.95	2.82	7.67
江西省	5.45	10.35	18.87	2.37	3.82	5.36	10.38	3.75	3.38	6.97
河南省	3.40	4.17	3.01	5.05	5.75	6.73	18.48	1.94	1.97	5.51
湖北省	2.28	10.71	7.42	6.54	10.92	4.28	12.29	2.97	3.20	6.67
湖南省	137.90	15.53	6.25	8.13	16.38	7.05	6.15	3.00	1.05	17.73
西部地区	2.90	7.96	11.09	5.18	6.31	4.40	4.65	3.51	4.27	5.56
内蒙古自治区	−1.82	4.13	4.89	−0.38	8.31	−4.46	5.29	2.52	2.54	2.27
广西壮族自治区	9.44	1.85	3.43	6.80	12.38	13.42	9.46	9.59	4.49	7.81
重庆市	4.08	4.98	6.57	5.42	6.36	4.63	3.16	4.47	5.13	4.97
四川省	7.35	9.31	3.84	3.02	2.27	6.02	1.20	0.02	3.88	4.06
贵州省	11.29	17.62	18.17	12.42	13.51	8.89	18.14	8.05	11.87	13.27
云南省	−1.52	5.86	8.47	17.18	8.66	−10.52	20.07	4.39	4.72	6.01

续表

省（直辖市、自治区）名称	物流用地变化率									平均增长率
	2010年	2011年	2012年	2013年	2014年	2015年	2016年	2017年	2018年	
西藏自治区	−64.10	20.64	35.28	−13.87	0.04	6.67	−0.08	5.04	5.38	−5.59
陕西省	−10.56	23.96	39.81	7.14	7.76	3.09	4.98	2.87	6.01	8.66
甘肃省	11.69	8.75	12.70	15.42	4.54	4.42	2.76	15.01	1.62	8.43
青海省	14.39	2.84	2.45	13.04	2.06	3.52	5.37	3.07	1.02	5.21
宁夏回族自治区	8.72	9.46	9.97	4.96	2.83	4.44	−24.89	−35.37	3.36	−3.29
新疆维吾尔自治区	5.11	1.95	23.18	−1.44	4.80	9.69	5.87	5.54	0.18	5.89
东北地区	1.09	2.63	2.42	7.32	1.84	2.23	4.59	1.72	1.10	2.75
辽宁省	5.40	8.01	12.08	6.56	2.11	1.35	0.91	1.93	0.69	4.27
黑龙江	1.03	−1.57	−7.73	11.22	1.12	3.72	9.58	1.15	1.29	2.06
吉林省	−5.58	1.14	3.03	2.40	2.53	1.43	3.34	2.37	1.57	1.33

从区域角度来看，2010—2018年四大经济区的物流用地面积均有增长，但各地区的物流用地面积增长幅度波动变化较大，增长率不一。四大经济区平均物流用地面积增长率由高到低依次为：中部地区、西部地区、东部地区、东北地区。其中，中部、西部地区平均物流用地面积增长率较高，分别为7.57%和5.56%；东北、东部地区平均物流用地面积增长率较低，分别为2.75%和3.03%；较高值与较低值之间的增长率差距在两倍左右。

就2018年数据来看，在全国各省（直辖市、自治区）的物流用地面积增长率中，贵州省的物流用地面积增长率最高，与2017年相比同比增长11.87%；上海市的物流用地面积增长率最低，为−7.60%。2017年，贵州省发布《贵州省发展冷链物流业助推脱贫攻坚三年行动方案（2017—2019年）》。方案指出，优先将新建冷库用地纳入年度建设用地计划，支持农村合作社在集体建设用地建设产地型冷库，盘活低效闲置资源，改扩建为冷链物流设施。该方案在推进脱贫攻坚任务的同时又极大地促进了本省物流行业的建设，因此贵州省物流用地面积急剧增加，以致其物流用地面积增长率在2018年跃至全国第一。上海市的原始数据表明，2018年全市铁路用地和仓储用地较2017年有大幅缩减，因而物流用地出现负增长。

从时间序列看，2010—2018年全国各省（直辖市、自治区）物流用地面积平均增长率多数为正，只有西藏自治区和宁夏回族自治区为负，分别为−5.59%和−3.29%。尽管2018年西藏自治区和宁夏回族自治区的物流用地面积增长率分别为5.38%和3.36%，但两省前期物流用地面积呈幅度较大的负增长，导致两省物流用地面积增长率平均值为负。另外，在供给侧结构性改革背景下，西藏自治区和宁夏回族自治区针对物流产业实施降本增效政策，减少物流用地供地面积，提高了现有物流用地的利用效率。中部地区2010—2016年物流业发展较为迅速，但受“降本增效”政策影响，2017年后物流用地增长速度有所减缓（见图2−4−2）。

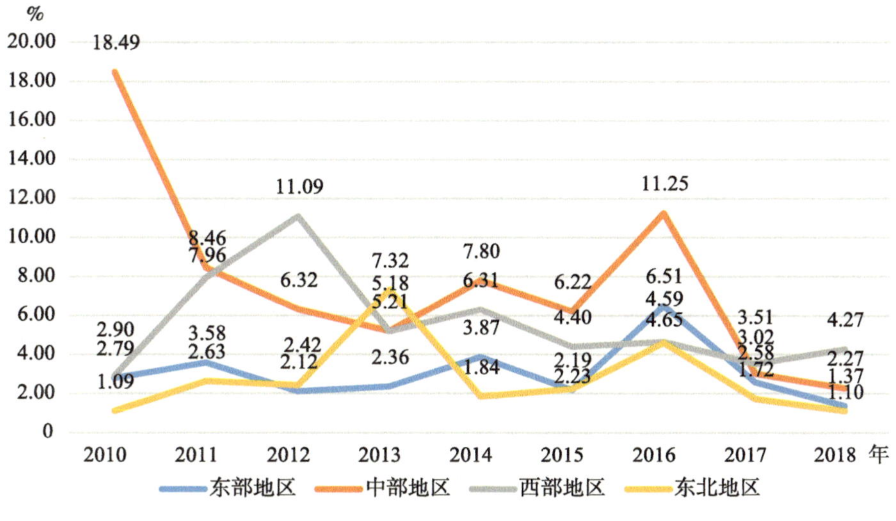

图2−4−2 2010—2018年四大经济区物流用地面积变化率

从区域内部变化来看，东部地区的天津市、福建省和广东省的物流用地面积增长较快，平均增长率分别为3.07%、4.67%和4.33%。中部地区的湖南省、湖北省和江西省的物流用地面积增长较快，平均增长率分别为

17.73%、6.67%和6.97%。西部地区各省（直辖市、自治区）的物流用地面积增长率差异较大。其中，贵州省物流用地面积增长率最高，为13.27%；陕西省和甘肃省次之，其物流用地面积增长率分别为8.66%和8.43%。东北地区中，辽宁省物流用地面积增长较快，平均增长率为4.27%；黑龙江省和吉林省的物流用地面积增长相对缓慢，平均增长率分别为2.06%和1.33%。

三、小结

1.2018年，全国物流用地面积总计59.73万公顷，占城镇土地总面积的6.09%。2010—2018年，全国物流用地面积总体呈增长趋势，平均增长率为4.72%，反映出国家支持物流业等基础性、战略性产业发展的政策方向。从四大经济区来看，东部地区的物流用地面积最高，为18.19万公顷；东北地区的物流用地面积最低，为6.78万公顷；中部地区、西部地区的物流用地面积分别为18.10万公顷和16.65万公顷。区域间物流用地面积比例呈现“中部（7.86%）→东北（7.01%）→西部（6.28%）→东部（4.68%）”梯度递减的特征。

2.2010—2018年，四大经济区物流用地面积均持续增加，其中2018年物流用地面积增长率呈现出西部（4.27%）、中部（2.27%）、东部（1.37%）、东北（1.10%）依次降低的态势。

第三节　物流用地产出效益分析

随着区域经济一体化的发展，物流业在各区域经济联系和沟通上发挥着越来越重要的作用。物流用地承载了物流业的发展，本部分通过计算物流用地地均增加值，分析物流用地的产出效益。

一、区域对比分析

依据物流用地面积以及相应的经济指标，对2018年物流用地地均产业增加值在全国省（直辖市、自治区）范围内进行计算，并采用秩次等值划分法进行分组比较，以此来分析全国各省市物流用地产出效益（见表2-4-3）。

表2-4-3　2018年全国各省（直辖市、自治区）物流用地地均产业增加值等级划分

物流用地地均增加值（万元/公顷）	城市	状态
≥1000	北京、河北、上海、江苏、浙江、福建、广东	物流用地地均增加值高，用地效益高，需保持并改进其用地效益
500≤1000	天津、湖北、重庆、四川、贵州、云南、宁夏	物流用地地均增加值一般，用地效益较低，需改善
<500	吉林、黑龙江、安徽、海南、甘肃	地均增加值较低，物流用地利用不集约，亟须改进

注：部分省市经济数据缺失。

第一等级（物流用地地均产业增加值大于1000万元/公顷）的地区主要包括北京市、河北省、上海市、江苏省、浙江省、福建省和广东省，其物流用地地均产业增加值分别为2310.79万元/公顷、1041.73万元/公顷、2291.50万元/公顷、1139.86万元/公顷、1101.64万元/公顷、2412.39万元/公顷和1969.14万元/公顷。其中，福建省的物流业地均增加值处于全国领先水平。2018年，福建省依托物流节点城市和交通枢纽，结合产业结构和区位条件，推进不同类型物流园区的建设，并结合《福建省加快物流发展实施方案（2016—2020年）》不断完善园区配套设施建设、提升物流园区的管理和服务能力，使福建省的综合运输通道和交通枢纽节点布局更加合理，全面形成“一通道、二枢纽、三中心”物流空间格局。北京市地处环渤海经济区，是京津冀城市群的核心城市，同时担负着首都的特殊城市功能，聚集了大量的城市人口，土地集约利用效率高、物流需求量极大。其物流基础设施完善，行业规模稳步增长，地均增加值居于全国前列。上海市是长江三角洲经济圈的中心，经济发达、人口众多，物流用地需求量大，但可利用土地面积有限，因此上海单位物流用地产出效益也处于全国较高水平，物流用地利用水平集约化程度高。

综合来看，东部地区省份的物流用地面积比例与西部地区省份相比相对较少，但经济产出量大，物流用地相对集约高效。

第二等级（物流用地地均产业增加值处于500—1000万元/公顷）的地区包括天津市（635.76万元/公顷）、湖北省（591.77万元/公顷）、重庆市（737.60万元/公顷）、四川省（500.98万元/公顷）、贵州省（626.32万元/公顷）、云南省（598.65万元/公顷）和宁夏回族自治区（550.95万元/公顷）。其中，重庆市和天津市的物流用地地均产业增加值较高。重庆市作为国家“一带一路”的倡议节点，西南地区保税物流分拨中心以及内陆地区铁路枢纽口岸，凭借着便利的交通运输和政策优势，极大促进了物流业的发展。2018年，重庆市物流业发展规模进一步扩大，成本持续下降，物流枢纽集聚辐射能力逐步增强，地均产业增加值的增长率比2017年增长0.79%。天津市处于环渤海城市群中重要战略地位，其物流业自2014年以来稳步发展。2018年，天津市发布的《天津市物流业空间布局规划（2017—2035年）》进一步明确未来十五年物流产业的发展方向，因此其2018年物流地均增加值增长率位于第二等级前列。云南省深入推进现代物流业转型升级，引导和支持企业通过兼并重组、拓展业务范围等方式实现规模化、集约化发展。在物流业上经济效益由高速增长转向中速增长，物流地均增加值增长率由2017年的6.93%降至2018年的3.43%。湖北省于2017年发布《湖北省人民政府办公厅关于进一步推进物流降本增效促进实体经济发展的实施意见》，旨在降低物流成本，提高运行效率，推进供给侧结构性改革。2018年，湖北省持续推进该方案并取得了阶段性成效，物流用地面积增长3.20%，物流地均产业增加值增长1.84%。2017年，宁夏回族自治区发布《宁夏回族自治区物流业“十三五”发展规划》。规划指出宁夏回族自治区将充分发挥地域优势，由追求规模速度的粗放式增长转变为注重质量效益提升的集约式增长。在产业转型背景下，2018年宁夏的物流业产值略有下降，同比上年地均产业增加值下降11.74%。另外，《四川省现代物流发展白皮书（2018年）》表示四川省已计划初步构建以成都为核心的物流运输结构，搭建“空铁公水”立体的开放体系，同年四川省物流业地均增加值突破500万元/公顷，由第三等级跃至第二等级。

第三等级（物流用地地均产业增加值小于500万元/公顷）的地区主要包括吉林省、黑龙江省、安徽省、海南省和甘肃省，各省物流用地产出效益分别为450.28万元/公顷、319.90万元/公顷、258.11万元/公顷、497.97万元/公顷和228.92万元/公顷。五省的物流用地比例与全国水平相比，均高于全国水平，但是物流用地产出效益不高、物流用地利用集约度较低。其中，安徽省的物流业发展现阶段存在基础设施不配套、快递末端服务能力不足、行业间协调联动不够等问题，一定程度上制约了安徽省物流业的发展。2018年，安徽省颁布《安徽省人民政府办公厅关于推进电子商务与快递物流协同发展的实施意见》，依托“一带一路”倡议和长江经济带发展战略，在“放管服”改革、物流业基础设施建设和提高供应链水平等方面积极做出改进，并取得了2018年物流业地均增加值增长率9.52%的显著成绩。甘肃省物流业由于成本较高、层级较低，物流用地集约化程度低，配套设施不完善等问题使得物流产业处在全国靠后水平。2018年，甘肃省人民政府发布《甘肃省人民政府关于加快发展现代商贸物流业的意见》（甘政发〔2018〕37号），依托“一带一路”倡议等，加快发展现代商贸物流业，并取得了年地均增加值增长率为4.11%的成果。

二、时间序列分析

十年间全国各省（自治区、直辖市）的物流用地地均产业增加值（见表2-4-4），反映了十年来全国物流用地产出效益变化情况。

表2-4-4 2009—2018年全国各省（直辖市、自治区）物流用地地均增加值

单位：万元/公顷

省（自治区、直辖市）	2009年	2010年	2011年	2012年	2013年	2014年	2015年	2016年	2017年	2018年
北京市	1149.10	1444.78	1501.02	1518.19	1668.59	1714.06	1718.34	1884.79	2137.64	2310.79
天津市	481.53	680.57	734.92	782.65	809.11	601.03	592.54	581.47	613.75	635.76
河北省	766.86	849.49	983.6	1033.64	1082.72	1071.86	1040.68	992.51	1022.54	1041.73
山西省	510.76	602.34	684.37	761.01	786.70	682.92	752.62	689.85	771.84	—
内蒙古自治区	447.16	515.7	588.23	639.11	704.69	656.49	568.76	567.33	508.80	—
辽宁省	410.64	456.76	521.61	528.1	528.79	557.06	628.57	455.52	470.13	—
吉林省	280.08	324.55	361.26	384.93	405.51	410.98	414.36	422.62	442.72	450.28
黑龙江	200.17	214.48	252.5	301.33	272.15	305.65	305.01	298.40	311.87	319.90
上海市	899.07	1416.1	1233.94	1265.22	1356.26	1508.78	1635.39	1748.66	1856.15	2291.50
江苏省	695.87	754.22	873.61	970.52	995.29	1020.71	1029.88	1029.80	1062.89	1139.86
浙江省	590.46	775.25	834.85	858.43	869.23	961.86	993.88	1004.20	1072.32	1101.64
安徽省	238.21	220.19	224.63	233.03	241.77	253.84	236.59	233.64	235.68	258.11
福建省	1377.14	1508.73	1621.02	1796.31	1828.57	1973.93	2175.59	2233.41	2390.19	2412.39
江西省	363.61	389.61	401.49	419.72	441.27	444.74	437.60	428.95	449.69	—
山东省	459.52	502.7	579.94	607.74	618.33	543.32	574.53	561.29	660.25	—
河南省	262.47	269.17	284.49	330.85	357.98	417.28	438.29	396.22	433.75	—
湖北省	455.79	522.53	544.57	545.13	589.99	582.97	587.77	546.67	581.06	591.77
湖南省	929.03	461.12	455.02	486.41	489.36	451.07	432.57	428.18	458.11	—
广东省	1192.93	1272.94	1415.53	1532.35	1639.12	1687.85	1699.27	1733.90	1877.16	1969.14
广西壮族自治区	461.13	534.18	642.47	660.65	670.21	645.54	623.06	606.49	603.21	—
海南省	155.64	161.01	182.42	203.64	205.17	262.34	311.37	329.80	404.28	497.97
重庆市	399.03	429.19	478.82	507.31	542.67	619.95	639.08	690.25	731.80	737.60
四川省	217.00	222.74	226.87	241.89	249.53	346.71	373.51	445.55	482.76	500.98

续表

省（自治区、直辖市）	2009年	2010年	2011年	2012年	2013年	2014年	2015年	2016年	2017年	2018年
贵州省	667.80	720.98	754.12	742.41	744.60	701.35	715.33	649.66	651.62	626.32
云南省	457.59	500.41	531.31	558.18	526.33	510.86	602.60	541.31	578.82	598.65
西藏自治区	91.11	264.92	237.76	192.49	248.86	262.31	253.57	249.78	259.25	—
陕西省	536.58	672.75	631.86	504.97	501.78	478.63	489.96	505.18	529.81	—
甘肃省	326.24	310.61	352.44	356.6	335.54	259.53	243.15	233.70	219.88	228.92
青海省	167.08	181.43	194.47	202.02	184.59	199.07	213.13	212.18	224.71	—
宁夏回族自治区	257.40	299.46	328.1	336.73	323.93	315.85	305.08	416.46	624.25	550.95
新疆维吾尔自治区	208.33	210.87	238.68	270.13	300.17	351.08	357.11	357.11	398.35	497.08

从地域来看，东南沿海区域、长三角、珠三角和环渤海地区连续10年成为物流用地产值高点的集聚区。物流用地产出效益呈现明显的东、中、西梯度递减的空间格局。

我国沿海三大经济圈的物流用地产出效益凸显，如环渤海地区的河北省，珠江三角洲地区的广东省，以及长江三角洲的上海市、江苏省、浙江省，这些省市的物流用地产出效益均位于全国前列。一方面，国家提出的“一带一路”、长江经济带、京津冀协同发展分别从大、中、小三个空间尺度层面阐述了国家未来的空间经济发展问题，而宏观经济与物流业发展关系密切，能够为物流产业优化发展带来新机遇。另一方面，沿海三大城市群物流用地效率较高还与当地经济发展水平较高有关。经济发展水平高的省市，其土地价格较高，物流用地成本随之攀升。因此在物流用地市场供给稀缺的情况下，这些地区更加注重物流用地的利用及管理方式，从而提高了物流用地产出效益。

中部地区，其物流用地产出效益略高于西部地区，但是与东部地区差距较大，尤其明显低于东部沿海地区。尽管2018年中部地区部分省份（交通运输、仓储和邮政业生产总值）数据缺失，但从十年中部地区物流用地产出效益的态势可以看出中部地区各省份物流用地效率远低于东部地区。从中部地区物流用地面积来看，2018年达到7.86%，其比例高于其他区域，但产出效益并不高，反映出中部地区物流用地的利用方式较粗放，集约度不高。

西部地区的物流用地产出总效益不高，但个别省份产出效益增长较显著，其中重庆市物流产出效益连续十年稳步上升。重庆市政府还发布了《重庆市人民政府关于贯彻落实国家物流业发展中长期规划（2014—2020年）的实施意见》，意见指出重庆市将结合大产业和交通布局，优化物流网络，全面建成“三基地三港区”国家级核心物流枢纽，并打造三层级物流体系。可以看出政策倾斜和大力支持使得重庆市的物流行业快速发展，不过其产出效益与东部部分城市相比仍有较大差距。

从时间序列的变化看，2010—2017年全国及各省份物流用地地均产业增加值增长率波动起伏较大[1]（表2-4-5）。物流用地产出效益的增长速度有放缓的趋势。2010—2011年，全国物流用地地均产业增加值增长率有所增加，从2010年的6.87%增长到2011年的9.82%；2011年到2012年全国物流用地地均产业增加值大幅下降到2.98%，2013年上升到4.85%。从2013—2016年，全国物流用地地均产业增加值增长率由4.85%逐年下降至2.02%。另外，从各省的物流用地地均产业增加值增长率变化也可以看出，2010—2011年物流用地地均产业增加值涨势强劲，而2013年后增长态势逐渐下降。2017年，全国物流产业的发展恢复高涨势头，全国物流用地地均产业增加值增长率增至8.82%（见表2-4-5）。

〔1〕 由于2018年部分省份（交通运输、仓储和邮政业生产总值）数据缺失，在此不作分析。

表2-4-5　2010—2017年全国物流用地地均产业增加值增长率

年份	全国物流用地地均增加值增长率（%）
2010	6.87
2011	9.82
2012	2.98
2013	4.85
2014	3.85
2015	2.90
2016	2.02
2017	8.82

从2010年起，我国经济增速总体回落，特别是党的十八大以来，我国全面进入深化改革时期，一些高耗能、高污染企业面临停产停业的境遇，现有的科技水平和管理方法已不能充分满足物流产业的发展，物流行业需要进行产业转型，向高技术水平的科技型现代企业发展，由“规模速度型”向“质量效益型”转变。因此在产业转型升级过程中，物流行业的地均增加值增长率逐渐呈放缓趋势。

全国物流用地产出效益增速放缓，与目前我国物流产业整体上运行平稳的态势有较大关系。目前物流业正由“规模速度型”向“质量效益型”转变，国家提出物流业“降本增效”方针，“增速减缓、调整加快、分化明显”是物流业运行的主基调。由于物流业产出增速放缓，故直接导致物流用地产出效益增速也随之放缓。

三、小结

1．2018年，东部地区的北京市、河北省、上海市、江苏省、浙江省、福建省、广东省的物流用地地均产业增加值较高，均在1000万元/公顷以上，福建省2018年物流用地地均产业增加值达到2412.39万元/公顷。除河北省以外，北京市、广东省、福建省、上海市、江苏省和浙江省的物流用地比例较低，分别为3.47%、2.59%、3.42%、3.45%、4.01%和4.43%，均低于6.09%的全国平均水平。物流用地地均产业增加值处于500万—1000万元/公顷的省（直辖市、自治区）主要包括东部地区的天津市，中部地区的湖北省，西北地区的宁夏回族自治区和西南地区的云南省、重庆市、四川省、贵州省。物流用地地均产业增加值较小的地区主要有吉林省、黑龙江省、安徽省、海南省、甘肃省，其物流用地地均产业增加值低于500万元/公顷，同时这些省份的物流用地比例多数较高，物流用地利用方式较为粗放。

2. 十年间，大部分省份物流用地产出效益逐渐增加，全国物流用地地均产业增加值十年间均呈现东南高、西北低的特点。长三角、珠三角和环渤海地区的省市，如上海市、广东省、北京市等，连续十年成为物流用地产值高点的集聚区，越向内陆推进，其地均产值越低。但从时间序列上看，物流用地产出效益的增长速度呈现出逐步放缓的趋势。

第四节　主 要 结 论

一、主要研究结论

物流业是随着市场经济发展而不断发展起来的现代新兴产业，是现代市场经济的重要构成部分。本节在2018年度汇总数据以及2009年以来城镇地籍调查汇总数据积累的基础上，结合相关社会经济发展及人口数据，对物流用地现状及其产出效益变化情况进行了测算和分析，主要研究结论如下：

1. 从物流用地面积情况来看，2018年，全国物流用地总面积为59.73万公顷，占城镇土地总面积的6.09%。2010—2018年，全国物流用地面积总体呈增长趋势，平均涨幅为4.72%，反映出国家支持物流业等基础性、战略性产业发展的政策方向。四大经济区中，东部地区物流用地面积最大，为18.19万公顷；东北地区物流用地面积最小，为6.78万公顷；中部、西部地区物流用地面积分别为18.10万公顷和16.65万公顷。区域间物流用地面积比例呈现出“中部（7.86%）→东北（7.01%）→西部（6.28%）→东部（4.68%）”梯度递减的特征；区域间物流用地面积增长率呈现西部（4.27%）、中部（2.27%）、东部（1.37%）、东北（1.10%）依次降低的趋势。

2. 从物流用地产出效益来看，效益变化呈现出由沿海港口经济圈→东部省份→中部重要交通枢纽省份→中西部省份逐渐递减的趋势。时间序列方面，2010—2018年，部分省份物流用地产出效益逐渐递增，部分省份物流用地产出效益存在波动。空间格局方面，物流用地产出效益总体保持由东到西，由沿海到内陆递减的规律。结合现状进行分析，东部地区物流用地占比低，产值较高，用地相对集约高效；而西部地区物流用地占比高、产值低，总体用地集约度较低。

二、相关对策建议

现代物流业作为城市经济重要组成部分，是影响城市经济运行效率的重要环节，并已经成为许多城市的支柱产业。经过先期的快速发展，我国全面进入深化改革时期，物流业在产业规模、结构上面临调整。因此，建议相关部门重点关注以下几个方面：

一是推进市场一体化建设。首先，促进市场一体化建设发展离不开政府管理模式的变革。各省市应不断深化地区行政管理体制改革，有效破除不利于市场一体化发展、要素资源自由流动的行政壁垒。地方政府要大力促进区域物流行业市场统一，加强区域间的物流合作。其次，强化行业标准，推进市场立法、执法体系的完善。最后，要建立统一的市场标准化原则。这有利于物流行业高效、有序地发展，有利于打破地区垄断。

二是优化区域产业布局。我国东、中、西部地区物流产业差异显著，优化区域产业布局可以促进区域间物流产业地的协调发展，实现物流行业上、中、下游地区联动机制的建立。东部地区物流行业发展水平高于中西部地区，因此要加快与中西部地区的产业对接，实现产业转移，而中西部地区的物流行业则要促进其集群式发展，实现物流集聚。各省市政府应出台各项促进物流产业发展政策，积极促进物流产业升级。最后逐步形成“南北互动，东西联通”的高效率物流业发展格局。

三是扩大对外开放水平。各省市应充分把握与“一带一路”倡议等国家宏观经济发展策略相融合的机遇，促进区域外向型发展策略的实施。特别是中西部地区，应不断扩大对外开放水平，建设西部对外发展大通道。建立高水平的对外开放平台，使本土物流企业与国外先进物流企业形成竞争，有助于本土物流企业内部革新；也有助于国内外物流人才流动，将先进的物流运营方式、管理经验及组织模式等吸收进来。

四是打造立体式交通运输网络体系。我国地形地貌复杂，应充分利用我国的地理优势打造覆盖全范围的立体式交通运输网络体系。东部地区河道密布，又紧邻入海口，经济发达、设施完备，应合理规划铁水陆交通体系，加强物流的顺畅性。中西部地区由于地理、历史等因素影响，物流交通等基础设施有待加强，因此应该增加交通网络的覆盖面积，实现省市间的互联互通，构建一体化的城际交通网络。另外，要将前沿技术运用于交通领域，进行各交通运输方式的优化组合，提高交通技术标准。

第三部分

不同区域城镇土地专题分析

第一章　京津冀地区城镇土地利用结构与时空变化（2018年）

第一节　京津冀地区城镇土地利用现状及其变化

一、2018年京津冀地区城镇土地利用现状

截至2018年12月31日，京津冀地区城镇土地总面积71.7万公顷，占全国城镇土地总面积的7.3%。其中，河北省城镇土地总面积占该区域的54.5%，北京占23.4%，天津占22.1%。

地类上，京津冀地区住宅用地面积23.9万公顷，占33.4%，略低于全国城镇平均占比；工矿仓储用地19.6万公顷，占27.4%，低于全国城镇1.1个百分点；公服用地9.6万公顷，占13.4%，超出全国城镇1.0个百分点；交通运输用地8.5万公顷，占11.9%，略高于全国城镇平均水平；商服用地5.4万公顷，占7.5%，与全国城镇平均水平接近；其余三个地类（特殊用地、水域及其他土地）合计4.6万公顷，占6.4%（见图3－1－1）。

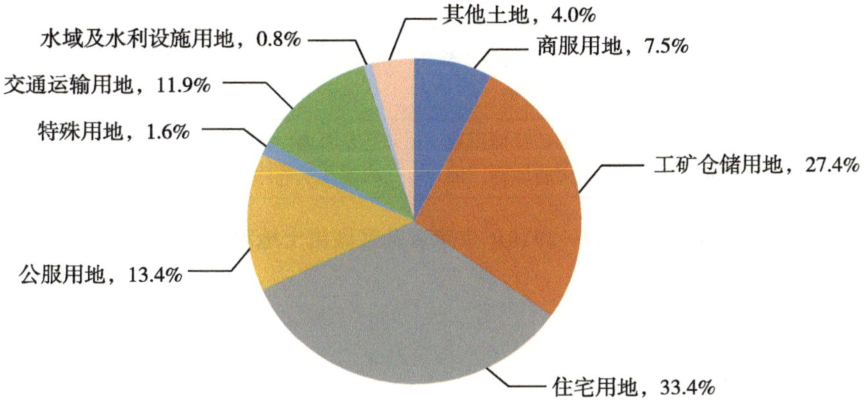

图3－1－1　2018年京津冀地区城镇土地利用结构

总体来看，京津冀地区的工矿仓储用地占比低于全国城镇总体水平，更低于东部地区平均水平；公服、交通运输用地占比略高，其余地类与全国城镇接近。

二、京津冀地区城镇土地利用结构十年变迁

十年间，京津冀地区商服、工矿仓储用地增幅最大，分别增长28.3%和28.8%，年均增长3.16%和3.21%，超过该区域城镇土地总体增长水平；住宅用地增幅19.1%，年均增长2.2%，略高于区域平均增长率。商服、工矿仓储、住宅用地占比分别增加0.65、2.45和0.52个百分点，与全国城镇总体水平相比集中程度较弱；公服用地、交通运输用地占比缩减，与全国城镇总体情况趋势一致；其他土地占比降幅低于全国城镇1.0个百分点（见图3-1-2、图3-1-3）。

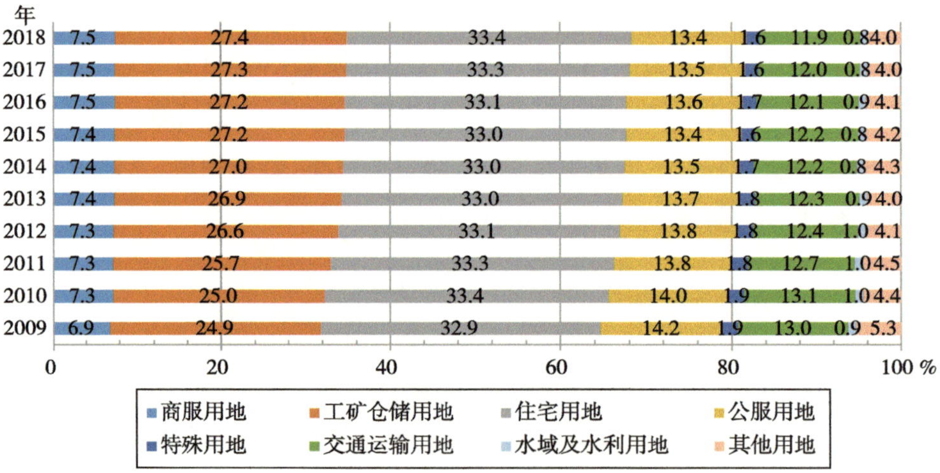

图3-1-2　2009—2018年京津冀地区城镇土地利用结构变化

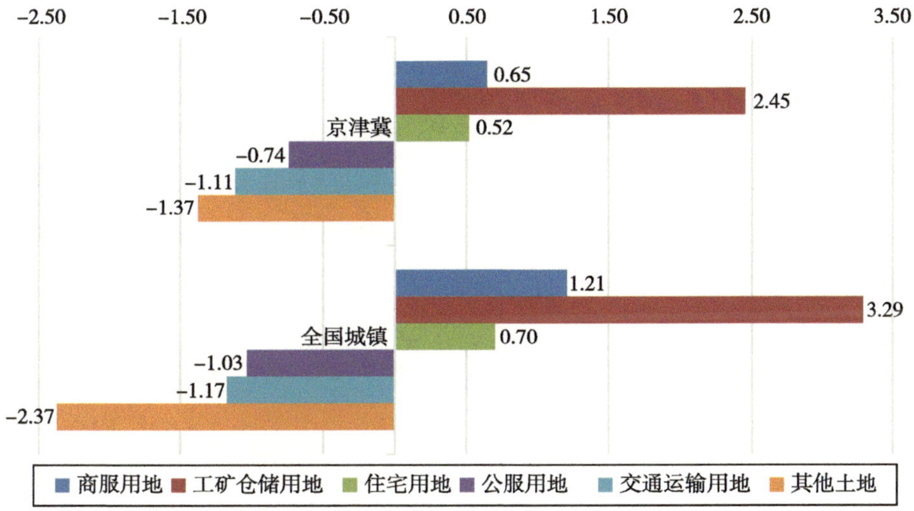

图3-1-3　2009—2018年京津冀地区与全国城镇土地利用结构变化对比（单位：百分点）

第二节　京津冀地区重点城市土地利用结构现状及其变化对比

一、京津冀三省市城镇土地利用结构现状及变化

2018年北京、天津、河北三省市的城镇土地利用现状结构存在较大差异。北京市具有高公服、低工矿仓储用地占比特征；天津市则不同，其工矿仓储用地占比高出京津冀地区7.5个百分点，而商服和住宅用地占比则明显偏低，体现出两个直辖市职能定位及其产业结构的差异性（见图3-1-4）。

河北与天津相比，其土地利用结构亦存在较大反差。河北省的工矿仓储用地占比低于天津8.1个百分点，而住宅用地占比却超出天津11.5个百分点，反映出两地工业化程度及经济发展水平的差异。

另外，北京、天津两市的交通运输用地占比偏低，分别为10.5%和10.6%，分别低于京津冀地区平均水平1.4和1.3个百分点，应引起足够重视。天津市的其他土地占比达9.1%，其中98%以上为空闲地，值得关注（见图3-1-4）。

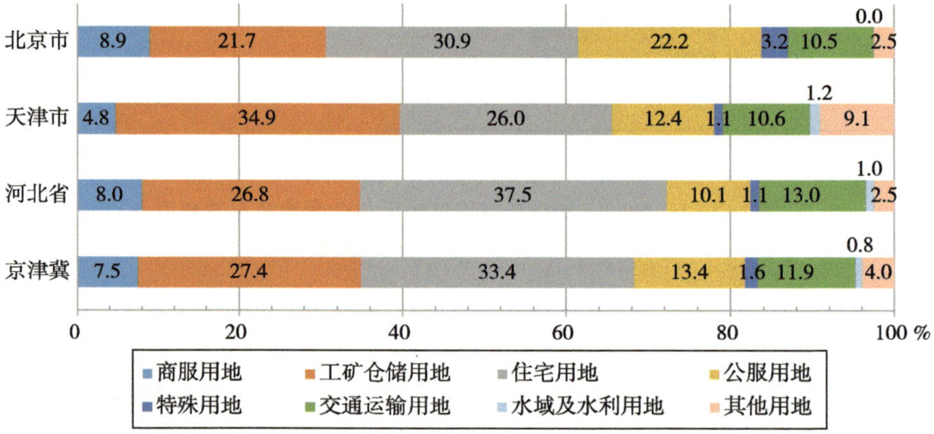

图3-1-4　2018年京津冀三省市城镇土地利用结构对比

十年间，三省市的城镇土地利用结构变化呈现出不同的特点。北京、天津两市的城镇土地累计增幅分别仅为9.8%和13.4%，远低于全国城镇35.2%的累计增幅；土地利用结构变化较小，已基本趋于稳定，且有向均衡化方向调整趋势。北京市交通运输用地占比增加0.8个百分点；天津市住宅用地、公服用地、商服用地占比变化较大，住宅、商服用地占比分别增加2.4和1.1个百分点，公服降1.2个百分点。但2018年天津市的住宅、商服用地占比依然偏低。

相对而言，河北省的工矿仓储用地、交通运输用地调整较大，工矿仓储用地占比增4.9 个百分点，交通运输用地占比降2.4 个百分点（见图3-1-5）。但2018年河北省的工矿仓储用地占比依然偏低，在东部经济区排名倒数第三，仅高于海南和北京。

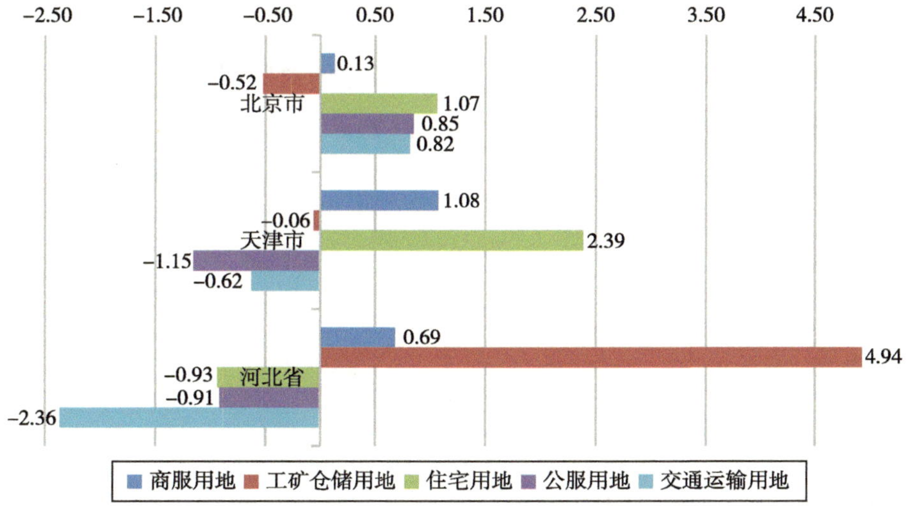

图3-1-5　2009—2018年京津冀三省市城镇土地利用结构变化对比（单位：百分点）

从变化趋势来看，河北省的工矿仓储用地占比在2010—2012年上升幅度较大，两年共上升2.77个百分点，2013年出现回落，2013—2015年增幅基本稳定在0.4个百分点左右，2016年占比略有缩减；天津市2010年大幅下降1.03个百分点，2011年又回升0.77个百分点，以后年度仍有波动，但总体变化不大；北京市基本稳定，上下浮动不超过0.4个百分点（见图3-1-6）。

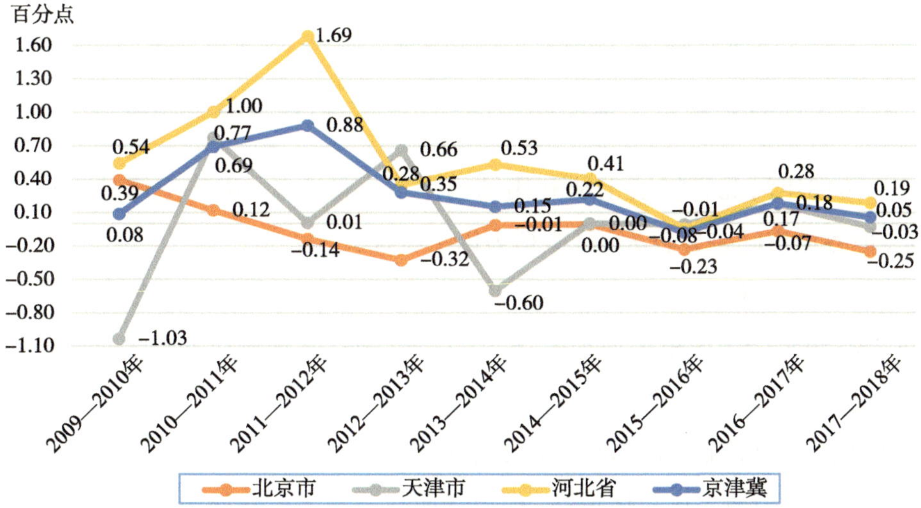

图3-1-6　2009—2018年三省市工矿仓储用地占比年度变化对比

从商服用地占比年度变化来看，2010年变动最大，天津市尤为突出，大幅上升1.34个百分点。此后，京津冀三省市的商服用地占比变化很小，上升幅度均不超过0.2个百分点（见图3–1–7）。

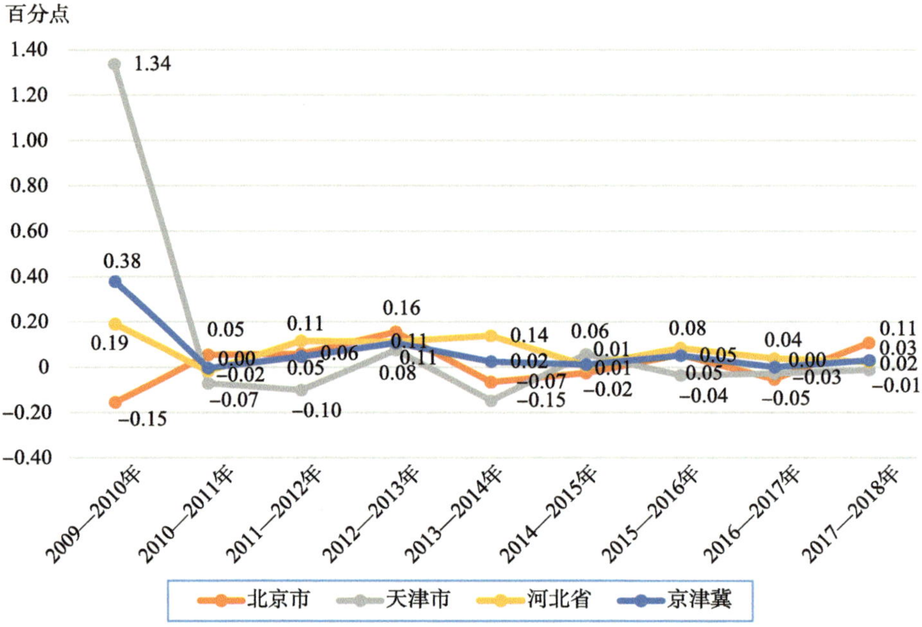

图3–1–7　2009—2018年三省市商服用地占比年度变化对比

二、河北省重点城市城镇土地利用结构现状及变化对比

2018年河北省城镇土地利用结构呈现出低工矿、高住宅用地占比特征，但各城市间差异较大，可概括为以下特征：

1.工矿仓储用地占比总体偏低。除唐山市2018年该类用地占比高达44.7%，超出全国城镇平均水平16.2个百分点外，其他城市均低于全国城镇平均水平。保定市该类用地占比低至18.4%，与唐山市相差26.3个百分点，体现了两市的职能定位与经济发展水平的差异性。

2.住宅用地占比总体偏高，但差异明显。与工矿仓储用地形成鲜明对比，保定市该类用地占比最高，达48.6%，超出河北省总体水平近11.1个百分点；而唐山市则最低，仅28.8%，低于河北省8.7个百分点，该类用地占比明显偏高的还有廊坊（44.1%）、邯郸（42.6%）等市。

3. 商服用地占比总体略高，差异性较大。秦皇岛市该类用地占比高达12.9%，廊坊市则低至5.8%，最高与最低相差1倍以上。承德、邢台两市的该类用地占比也接近10%。

4. 公服用地占比最高的是秦皇岛市，达13.9%；占比最低的保定市，仅占7.8%。交通运输用地占比最高的是承德市，达16.1%；最低的是唐山市，仅占9.0%（见图3-1-8）。

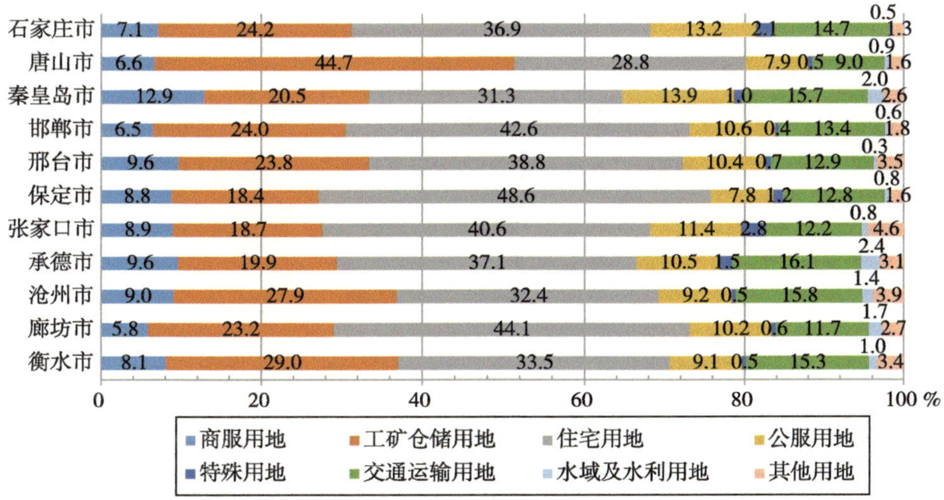

图3-1-8　2018年河北省重点城市城镇土地利用结构对比

总体来看，唐山市的城镇土地利用结构与其他城市迥异，其工矿仓储用地占比全区最高，住宅用地占比全区最低；保定市与之相反，工矿仓储用地占比全区最低，而住宅用地占比全区最高；秦皇岛市的公服、交通运输用地占比均接近全区最高，而唐山市的两类用地占比均接近全区最低。反映出唐山市的工矿业发展具有突出优势，但其交通、住宅用地明显偏低，尤其交通运输用地。

十年间，河北省重点城市[1]城镇土地利用结构变化呈现出较大差异性。唐山市的土地利用结构调整幅度最大，远高于其他城市，工矿仓储用地占比骤升17.41个百分点，而住宅用地占比则陡降7.98个百分点，公服、交通用地占比降幅均超过3.0个百分点；其余5个重点城市中，除秦皇岛市的住宅用地占比增3.83个百分点，张家口市的交通用地占比降2.76个百分点，邯郸市工矿仓储用地增2.71个百分点外，其他地类变动幅度均不超过2.5个百分点，与唐山市差异悬殊（见图3-1-9）。

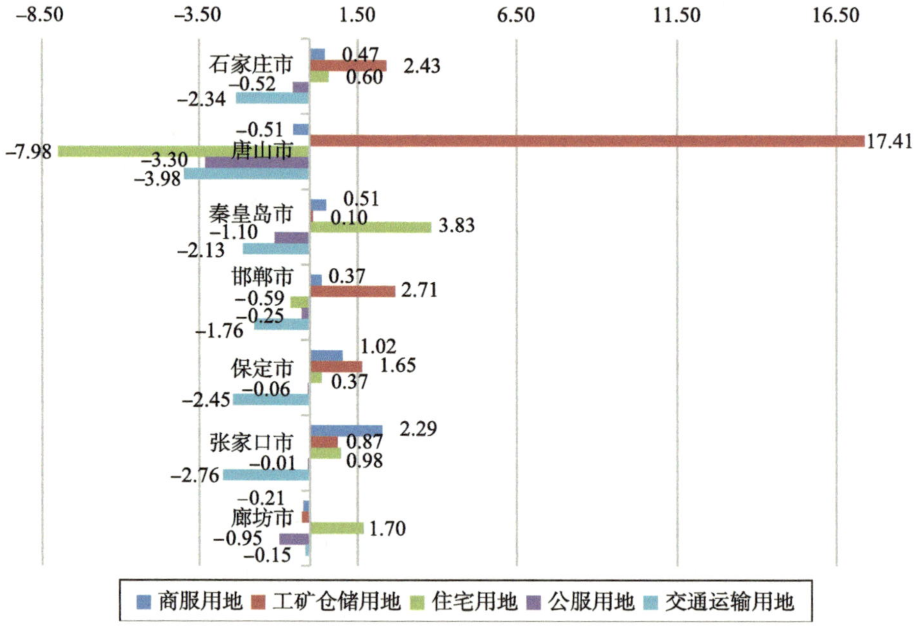

图3-1-9　2009—2018年河北省主要城市城镇土地利用结构变化对比（单位：百分比）

从年度变化特点看，河北省重点城市商服用地、工矿仓储用地和住宅用地在2009—2013年之间波动较大，2013—2018年趋于稳定，唐山、廊坊、秦皇岛等市尤为明显（见图3-1-10、图3-1-11、图3-1-12）。

---

〔1〕 为了突出京津冀产业发展带和城镇聚集轴上的节点城市，本部分未涵盖沧州、衡水等地级城市。

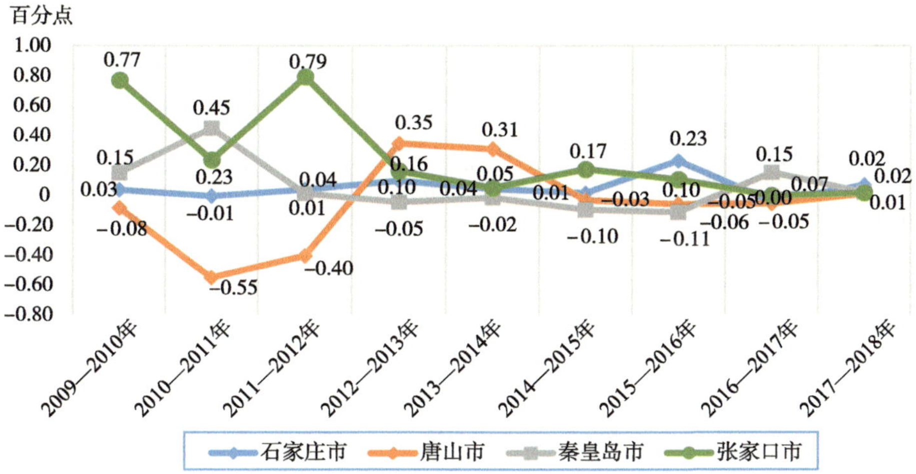

图3-1-10　2009—2018年河北省重点城市商服用地占比年度变化对比

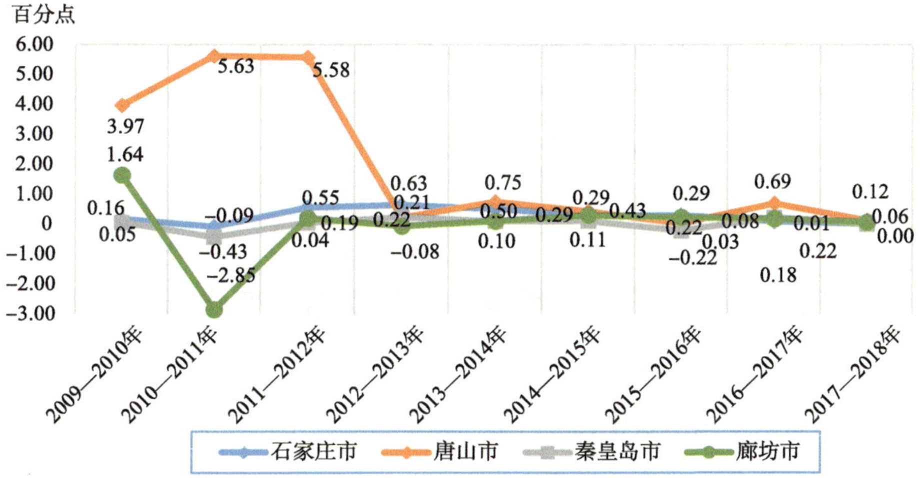

图3-1-11　2009—2018年河北省重点城市工矿仓储用地占比年度变化对比

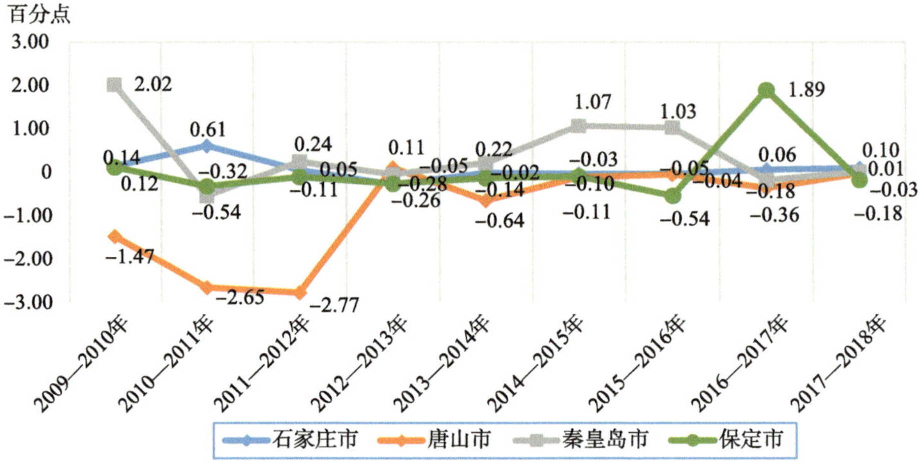

图3-1-12　2009—2018年河北省重点城市住宅用地占比年度变化对比

2009—2012年，唐山市工矿仓储用地占比猛增15.2个百分点，而商服、住宅用地占比分别下降1.0和6.9个百分点，2013—2018年趋于稳定；廊坊市2011年度土地利用结构大幅调整，工矿仓储用地占比下降2.9个百分点，住宅用地占比增长2.4个百分点，其他年份变动较小；秦皇岛市住宅用地占比在2010年、2015年、2016年分别增长2.0、1.1和1.0个百分点。

第三节　京津冀地区城镇土地利用结构变化原因分析

为了进一步揭示京津冀地区不同城市土地利用结构及其变化特点，本部分以京津冀地区为参考区域，以其所包含的13个重点城市为子区域，通过偏离-份额分析，计算其份额量和偏离量，探讨引起土地利用结构变化的原因。

一、京津冀地区城镇土地份额量分析

十年间，京津冀地区城镇土地的总增长率为17.27%，13个城市均按照这个速度增长即城镇建设用地的份额量。为了使分析更具有实际意义，下面以偏离量与份额量的比值来反映各城市各类用地的偏离量对份额量的调整力度（见表3-1-1）。

表3-1-1　2009—2018年京津冀地区城镇土地偏离份额比

单位：%

地区	商服用地	工矿仓储用地	住宅用地	公服用地	特殊用地	交通运输用地	水域及水利设施用地	其他土地
北京	−0.34	−0.58	−0.21	−0.18	−1.10	0.10	0.00	−3.22
天津	1.68	−0.23	0.44	−0.78	−1.44	−0.59	−1.23	−0.97
石家庄	0.24	0.50	−0.12	−0.48	−0.73	−1.13	0.11	−2.01
唐山	1.03	7.01	−0.19	−0.85	−0.02	−0.95	−0.30	−2.04
秦皇岛	−0.11	−0.35	0.51	−0.85	−1.03	−1.14	−1.29	−1.84
邯郸	0.31	0.76	−0.18	−0.24	−0.70	−0.87	−0.36	−1.33
邢台	2.27	0.65	1.08	0.70	1.79	−0.58	3.90	−2.94
保定	0.88	0.66	0.04	−0.07	−1.15	−1.10	−1.28	−0.37
张家口	2.63	0.56	0.39	0.21	−1.30	−1.08	−2.77	0.22
承德	2.36	1.45	0.94	−0.66	0.60	−0.58	−1.38	−0.35
沧州	1.71	1.60	−0.09	0.63	−0.72	0.59	−0.80	−2.26
廊坊	−0.43	−0.27	0.06	−0.76	−1.01	−0.29	4.00	−1.60
衡水	1.01	2.94	0.68	0.31	−0.09	−1.03	−1.55	−3.31
河北省	0.97	1.91	0.13	−0.28	−0.74	−0.78	−0.61	−1.84
京津冀	0.64	0.67	0.11	−0.35	−1.03	−0.58	−0.83	−1.75

从京津冀地区各类城镇用地变化趋势看，偏离量补给效应较显著的是商服用地和工矿仓储用地，挤出效应较显著的是其他土地、特殊用地、

交通运输用地、水域及水利设施用地和公服用地，与全国城镇总趋势基本一致。

从空间分布看，河北省的工矿仓储和商服用地补给效应较强，与京津冀地区总体特征类似；北京市其他土地挤出效应显著，交通用地具有补给效应；天津市的商服、住宅用地具有补给效应，2010年较为突出，其后变化不大，2018年天津市的商服、住宅用地占比仍远低于京津冀地区其他城市，排名最后。此外，天津市其他土地的挤出效应明显弱于北京市及河北省。

二、京津冀三省市城镇土地结构性偏离特征

十年间，京津冀三省市城镇土地增长速度存在较大差异。河北省相对较高，为22.6%；北京、天津两市较低，仅分别为9.8%和13.4%。从三省市各地类土地增长情况看，河北省的商服、工矿仓储用地结构性偏离量均为正值，其增长率超过了该省城镇土地平均增长率，属于增长性结构，是导致城镇土地规模扩张的主要原因。而公服、交通等其他五类用地的结构性偏移量均为负值，属衰退性结构，其占城镇用地比重逐渐缩小。衰退性结构的增量用地部分流向了增长性结构用地。其增长性结构从衰退性结构吸纳了21981.7公顷的新增用地，四成以上来自交通用地。

北京市的交通、公服等用地结构性偏离量为正值，其增长率超过了该市城镇土地平均增长率，属于增长性结构。其增长性结构从衰退性结构吸纳了4809.37公顷的新增用地，68.8%来自其他土地（多为空闲地），工矿仓储用地的挤出效应呈上升趋势。天津市的商服、住宅用地结构性偏离量为正值，其增长性结构从衰退性结构吸纳了5479.04公顷的新增用地，其他土地和公服用地的贡献率各占1/3，2018年度其他土地被吸纳较多，但未来仍有较大潜力（见表3–1–2）。

表3-1-2　2009—2018年京津冀三省市城镇土地结构性偏离量

单位：hm^2

省市	商服用地	工矿仓储用地	住宅用地	公服用地	特殊用地	交通运输用地	水域及水利设施用地	其他土地
北京	223.2	−867.9	1787.0	1426.4	−633.5	1372.8	0.0	−3308.1
天津	1702.6	−95.6	3776.4	−1822.4	−384.4	−984.0	−343.6	−1848.9
河北	2682.9	19298.8	−3645.9	−3573.0	−731.1	−9231.8	−569.3	−4230.5

三、京津冀地区城镇土地利用结构变化的城市间差异

为了进一步揭示京津冀地区城市间城镇土地利用结构变化的规律及分异特征，下面以京津冀地区为参考区域，各城市为子区域，计算不同城市的城镇用地竞争性偏离量（见表3-1-3）。

表3-1-3　2009—2018年京津冀地区城镇土地竞争性偏离量

单位：hm^2

城市	商服用地	工矿仓储用地	住宅用地	公服用地	特殊用地	交通运输用地	水域及水利设施用地	其他土地
北京	−2273.54	−7348.19	−2476.73	962.87	−71.02	1742.12	0.0	−1750.11
天津	931.12	−7588.14	1908.82	−1394.39	−129.89	−18.70	−136.86	1933.32
石家庄	−219.27	−304.47	−689.82	−141.09	54.59	−775.24	37.27	−39.02
唐山	229.00	14062.80	−897.11	−450.85	55.21	−389.94	47.23	−69.46
秦皇岛	−291.60	−648.27	350.17	−233.37	−0.12	−314.37	−34.15	−9.87
邯郸	−95.55	91.97	−605.86	56.92	7.72	−211.28	14.05	44.12
邢台	495.27	−14.98	1377.66	417.96	61.46	2.75	43.75	−312.28
保定	130.14	−14.62	−221.12	153.30	−12.12	−541.73	−31.09	160.95
张家口	613.82	−91.85	513.98	297.46	−45.30	−347.16	−124.04	414.79
承德	287.45	300.91	637.15	−84.25	54.21	1.74	−38.07	106.18

续表

城市	商服用地	工矿仓储用地	住宅用地	公服用地	特殊用地	交通运输用地	水域及水利设施用地	其他土地
沧州	427.43	1163.66	−363.94	457.57	9.02	941.76	2.01	−166.12
廊坊	−318.56	−1101.76	−97.19	−228.60	0.49	173.29	250.92	25.24
衡水	84.28	1492.95	564.01	186.47	15.76	−263.23	−31.01	−337.74
河北	1342.42	14936.33	567.92	431.52	200.92	−1723.42	136.86	−183.21

在以京津冀为参考区域下，北京市的公服、交通运输用地的竞争性偏离量为正值，说明这两类用地的增长速度高于京津冀地区总体水平，是新增城镇用地的汇集区。而商服、住宅用地的竞争性偏离量则为负值，说明这两类用地集中趋势较弱，工矿仓储用地则略呈衰退趋势（见图3−1−13、图3−1−14）。

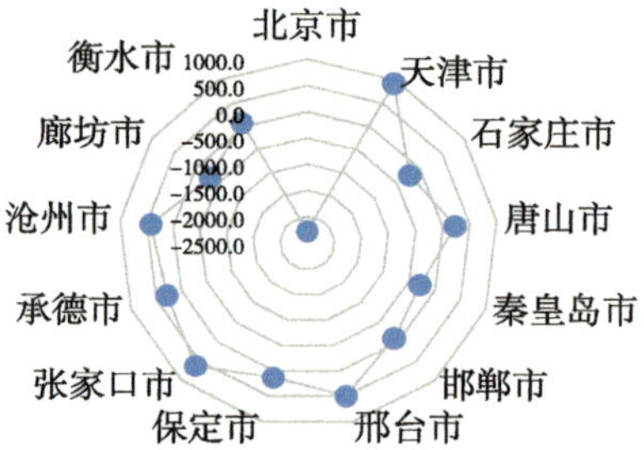

图3−1−13　京津冀地区商服用地竞争性偏离量

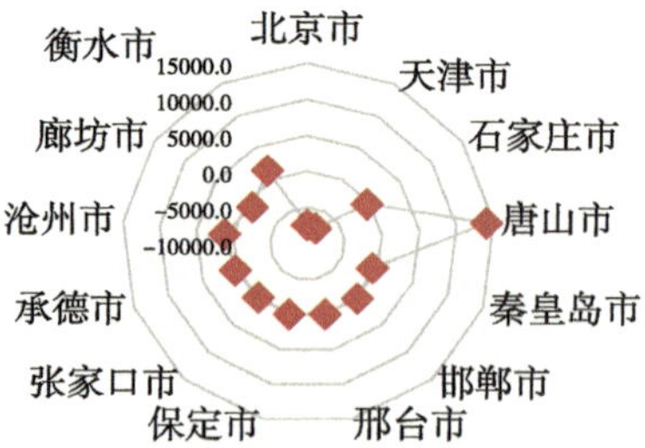

图3−1−14　京津冀地区工矿仓储用地竞争性偏离量

天津与北京不同，其商服和住宅用地的竞争性偏离量为正值，说明其增长速度超出京津冀地区总体水平，具有一定竞争优势（见图3-1-15、图3-1-16）。而工矿仓储、公服用地的竞争性偏离量为负值，增长趋缓，占比相应缩减（见图3-1-14）。另外，天津市的其他土地（多为空闲地）竞争性偏离量为较高的正值，其吸纳利用率仍低于京津冀地区总体水平，值得继续关注（见图3-1-16）。

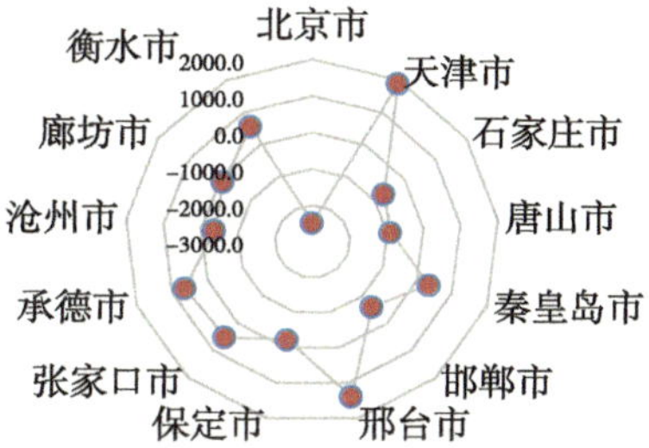

图3-1-15　京津冀地区住宅用地竞争性偏离量

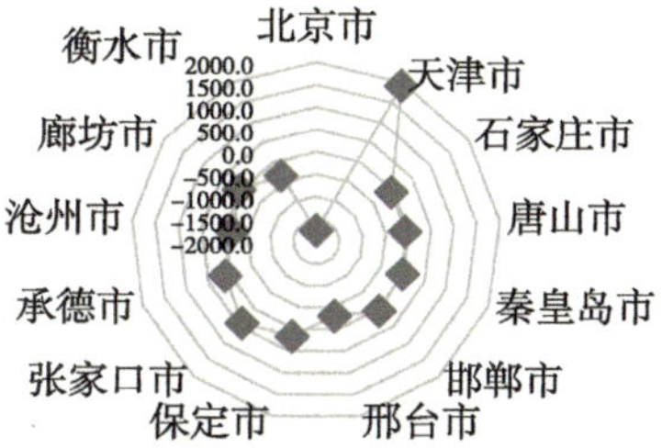

图3-1-16　京津冀地区其他土地竞争性偏离量

河北省的商服、工矿仓储、住宅三类用地的竞争性偏离量总体为正值，其增长速度高于京津冀地区平均水平，而交通运输用地则呈现出明显负向偏离特征，说明相对处于劣势（见表3-1-3）。河北省若要主动承接北京、天津两市的经济辐射和产业转移，首先应加强交通运输建设，便捷的交通是联系各城市之间的纽带，是疏解北京非首都功能和推动卫星城建设的先决条件。

河北省各城市的城镇用地结构变化表现出较大分异特征。其中，工矿仓储用地的差异性最为明显，唐山市的竞争性偏离量为很高的正值，竞争优势突出，是新增工矿仓储用地汇集区，而廊坊、秦皇岛等市则相对流失较多（见图3–1–14）；就商服用地来看，张家口、邢台、沧州等市的竞争性偏离量为正值，属新增用地汇集区，而秦皇岛、廊坊、石家庄等市则呈现负向偏离特征（见图3–1–13、表3–1–3）；住宅用地正向竞争性偏离量最大的是邢台市，而唐山、石家庄、邯郸等市则负向偏离特征明显，唐山市尤为突出（见图3–1–15）；交通运输用地负向偏离量较大的是石家庄、保定、唐山、张家口等市。

四、京津冀地区城镇土地利用结构变化原因分析

综合以上分析可以看出，京津冀地区城镇土地利用结构变化空间差异显著，各层级城市表现出不同特征。产生空间差异的原因主要有两个：一是城市规模、经济发展水平及所处阶段不同；二是城市功能定位和产业结构存在差异。

北京作为全国政治、文化中心，人口、公共部门高度集中，2017年城区常住人口达1876.6万，人均GDP超过12.9万元（人民币），已进入工业化发达期，第二产业发展趋缓。由于人口高度集聚，公共服务、交通设施需求增长，必然带来其公服和交通运输用地占比的增加，而工矿仓储用地占比则呈现缩减趋势。

天津作为北方重要港口和工业基地，具有雄厚的工业基础和区位优势，2017年人均GDP已达11.9万元，2018年工矿仓储用地占比高达34.9%，而商服、住宅用地占比仅分别为4.8%和26.0%，明显偏低。天津市近几年商服和住宅用地占比增长，工矿仓储用地占比降低，体现了其土地利用结构均衡化趋势，反映了特大城市发展到成熟阶段的规律性特征。

河北省重点城市中，唐山市的城镇土地利用结构调整幅度最大，尤其2009—2012年间工矿仓储用地扩张趋势显著，住宅、公服和交通运输用地占比明显收缩，其后（2013—2018年）趋于稳定。这一方面与其作为京津

唐工业基地中心城市，第二产业发达（人均GDP达8.9万元），已进入工业化发达阶段有关，体现出了大城市发展的阶段性特征。

河北省其他城市城镇土地利用结构变化较小，尤其工矿仓储用地增长缓慢，除衡水、沧州工矿仓储用地占比增长超过3个百分点外，其余城市均较低，体现出资源禀赋与经济发展水平的差异性。

第四节　主要结论

一、主要研究结论

1. 京津冀地区城镇土地利用结构现状及时空变化差异显著。京津两市城镇土地利用结构已趋于稳定，但现状特征不同。北京市具有高公服和商服用地占比、低工矿仓储用地占比特征；天津则具有高工矿仓储、低商服和住宅用地占比特征，体现了两城市功能定位和发展水平的差异性。河北省城镇土地利用结构调整相对较大，但城市间差异显著。

2. 河北省工矿仓储用地占比总体偏低，住宅用地明显偏高，但城市间存在差异。唐山市的城镇土地利用结构迥异于其他城市，具有高工矿仓储、低住宅和交通用地占比特征，保定市则相反，其住宅用地占比全省最高、工矿仓储用地占比全省最低。秦皇岛市具有高商服和交通运输用地占比特征，而唐山市的公服和交通运输用地占比全省最低。

3. 城镇土地利用结构变化也表现出明显地空间分异特征。河北省工矿仓储用地占比增长主要源于唐山市，2009—2012年间猛增15.2个百分点，其后（2013—2018年）变动不大；其他城市中，除沧州、衡水工矿仓储用地占比累计增幅超过3个百分点外，其余变动较小。

4. 城镇土地利用结构变化的空间差异与其资源禀赋、经济发展水平和城市功能定位具有较强相关性。河北省各城市经济发展水平差异显著，

2017年唐山市人均GDP已达8.9万元（人民币），进入工业化发达期。

5.京津冀三省市交通运输用地增长变化差异显著。偏离–份额分析结果显示，北京市具有较高的正向竞争性偏离，河北省则负向偏离特征明显，天津具有微弱的负向偏离。河北省交通运输用地负向偏离量较大的是石家庄、唐山、保定、张家口等市，未来需加强建设。

6.天津市城镇土地利用现状结构中其他土地占比偏高，其中绝大部分为空闲地。且偏离–份额分析结果显示，该市其他土地竞争性偏离量为较高正值，说明消化利用程度低，与其他城市形成鲜明对比，有待进一步挖掘潜力。

二、相关对策建议

1.加强京津冀地区交通运输业建设，形成区域一体化交通网络，适当提高该类用地比重，为疏解北京非首都功能、实现产业升级转移创造条件。河北省的交通运输用地处于竞争劣势，北京市尽管优势明显，但交通运输用地占比仅10.5%，明显偏低。京津冀地区未来交通运输建设有待进一步加强，尤其京津、京保石、京唐秦三个产业发展带和城镇聚集轴的节点城市。

2.疏解北京部分社会公共服务功能，以降低人口、水资源和交通运输压力。2018年北京市公服用地占比高达22%，超出全国城镇平均水平9.8个百分点。其公服用地中，有1/3为科教用地，说明北京市高等院校、科研机构过度集中，形成巨大的人口和交通压力，尽管2018年度北京市公服用地占比略有下降，但未来功能疏解压力仍然较大。

3.提高天津市工矿仓储用地集约化利用程度，实现产业升级，严格控制新增建设用地，加快其他土地（空闲地）的消化利用，充分挖掘其土地利用潜力，进一步提高其商服、住宅用地占比。加快交通运输用地建设，为实现京津冀地区交通一体化奠定基础。

4.河北省根据各城市资源禀赋、区位特点以及经济基础和发展优势，统筹规划其功能定位、产业布局和用地结构调整方向，形成不同梯度、不同层次、优势互补、各具特色的城市产业集群，以与北京非首都功能疏解形成有效对接，从而推动整个区域社会经济、生态环境协同发展。

第二章　长江三角洲地区工矿仓储用地利用特征分析（2014年）

第一节　长三角地区城镇土地利用现状及其变化

一、2014年长三角地区城镇土地利用现状

截至2014年12月31日，长三角地区城镇土地总面积95.3万公顷，占全国城镇土地总面积的10.7%。其中，上海市城镇土地总面积占该区域城镇土地总面积的19.9%，浙江省市占29.9%，江苏省市占50.2%。

地类上，住宅用地面积29.8万公顷，占31.3%，低于全国城镇平均水平1.9个百分点；工矿仓储用地37.1万公顷，占38.9%，远高于全国城镇平均水平10.9个百分点；公服用地12.1万公顷，占12.7%，接近全国城镇平均水平；交通运输用地7.1万公顷，占7.4%，低于全国城镇平均水平4.6个百分点；商服用地4.9万公顷，占5.2%，低于全国城镇平均水平2个百分点；其余三个地类（特殊用地、水域及其他土地）合计4.2万公顷，占4.5%（见图3-2-1）。

总体来看，长三角地区的工矿仓储用地占比远高于全国城镇总体水平；交通运输用地、商服用地占比分别低于全国城镇总体水平4.6和2个百分点；住宅用地占比低于全国城镇平均水平1.9个百分点；其余地类与全国城镇接近。

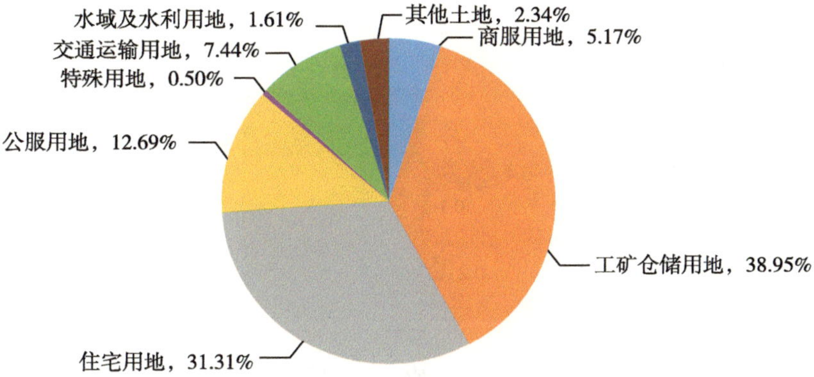

图3-2-1　2014年长三角地区城镇土地利用结构

二、2009—2014 年长三角地区城镇土地利用结构变化

六年间，长三角地区商服、工矿仓储、住宅用地增幅最大，分别扩大了20.6%、18.0%和16.8%，年均增长率分别为3.8%、3.4%和3.1%，超过该区域城镇土地总体增长水平，但总体趋势弱于全国城镇平均水平。工矿仓储用地、住宅用地、商服用地占比分别增加1.5、0.9和0.3个百分点，住宅用地占比增幅比全国城镇平均水平高0.7个百分点，工矿仓储用地、商服用地占比增幅分别低于全国平均水平1.3和0.5个百分点。其余地类占比均减少，其中公服用地、交通运输用地占比分别减少0.4和0.6个百分点，与全国城镇总体趋势一致（见图3-2-2、图3-2-3）。

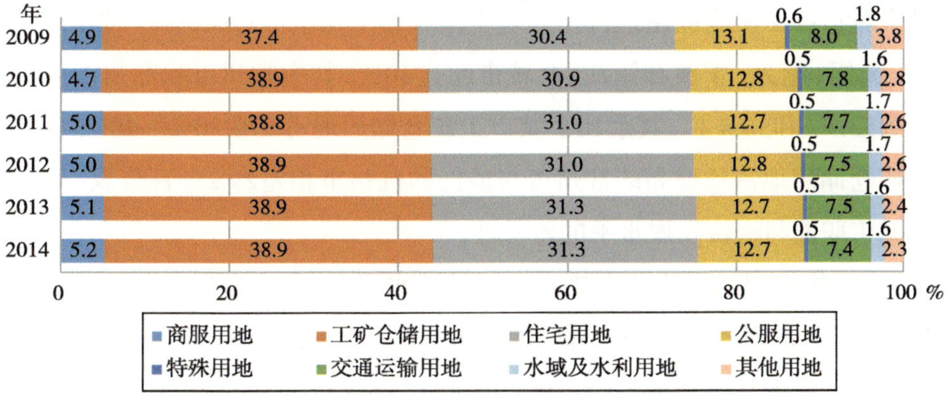

图3-2-2　2009—2014年长三角地区城镇土地利用结构变化

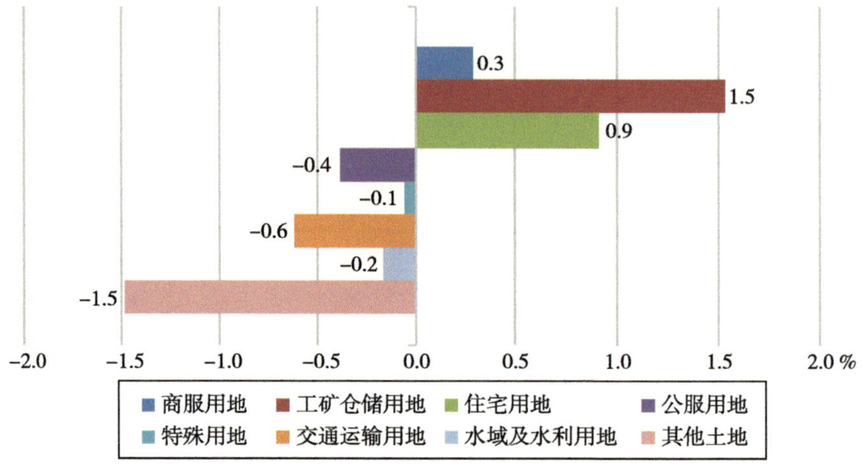

图3-2-3　2009—2014年长三角地区与全国城镇土地利用结构变化对比

第二节　长三角地区重点城市土地利用结构现状及变化对比

一、长三角地区重点城市城镇土地利用现状

2014年，长三角地区重点城市城镇土地利用结构呈现高工矿、低商服用地的占比特征，但各城市间差异较大，可概括为以下特征：

（1）工矿仓储用地占比总体偏高，差异明显。除杭州市（26.7%）外，其余城市的工矿仓储用地占比远超全国城镇平均水平（28.0%）。苏州、常州、无锡、绍兴、宁波和镇江6个城市超过40%，其中常州市和苏州市分别达到55.9%和50.4%。其余10个城市工矿仓储用地占比在30%—40%之间。工矿仓储用地占比最高的常州市与最低的杭州市相差29.2个百分点，体现了城市职能与经济发展水平的差异性。

（2）住宅用地占比基本接近全国城镇水平（33.2%），但差异明显。南通市、湖州市、杭州市、舟山市4个城市住宅用地占比最高，均超过35%，南京市和上海市住宅用地占比最低，分别为26.8%和28.8%。其中，住宅用地占比最高的南通市（40.2%）超过全国城镇水平7个百分点，住宅用地占比最低的南京市低于全国城镇水平6.4个百分点。住宅用地占比的差异在一定程度上反映了其经济发展水平的不同。其中，杭州市的高住宅用地占比，反映了城市职能的不同也会影响其土地利用结构。

（3）商服用地占比总体略低，差异性较大。仅有湖州市的商服用地占比（7.9%）超过全国城镇水平（7.2%），其次是嘉兴、镇江、上海三个城市，商服用地占比分别为6.9%、6.2%和6.1%。台州、南京、宁波三个城市商服用地占比低，均低于4%。

（4）公服用地占比除上海市、南京市、杭州市三个城市外，其余城市均低于全国城镇水平（12.5%）。公服用地占比最高的是上海市，占比达19.4%，其次为杭州市、南京市，占比分别为17.80%、16.1%，占比最低的为台州市（7.70%），低于全国城镇水平4.8个百分点，公服用地的高低一定程度上反映了经济发展水平（见图3-2-4）。

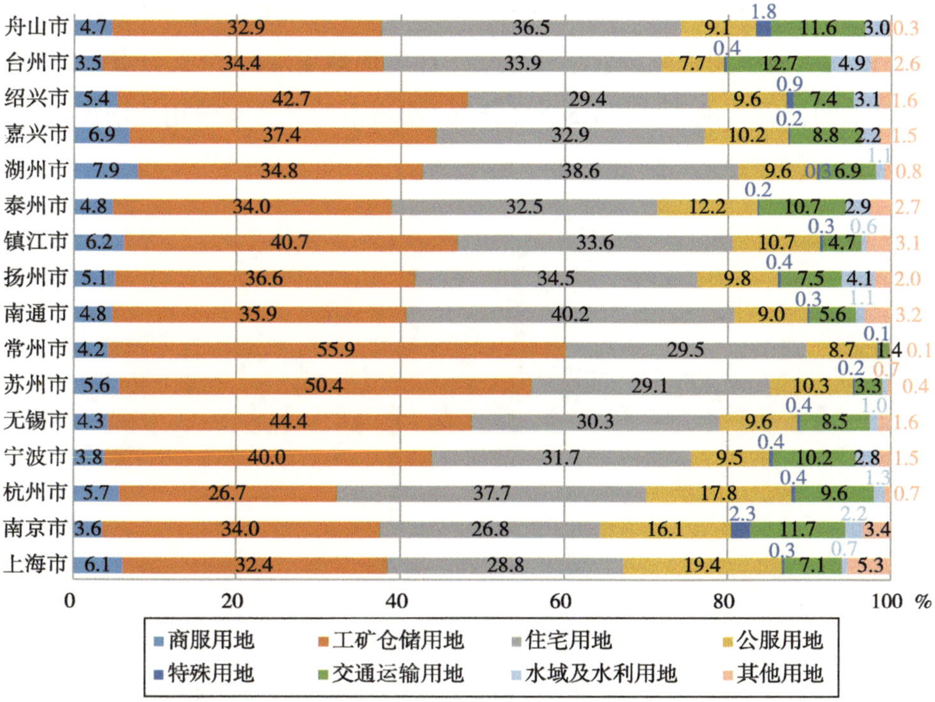

图3-2-4 2014年长三角重点城市城镇土地利用结构对比

总体来看，长三角地区的重点城市之间城镇土地利用结构差异较明显，在一定程度上反映了城市的土地利用结构与其经济发展水平和城市职能的关系。上海市、南京市、杭州市等经济发达城市表现为低工矿仓储、高公服的用地结构特点，但与上海市、南京市的不到30%的低住宅用地占比相比，杭州市的住宅用地高达37.7%。其中苏州市、常州市、无锡市、宁波市、镇江市呈现高工矿仓储、低住宅、低公服的用地结构特点，其余城市基本呈现高工矿仓储、高住宅、低公服的用地结构特点。

二、长三角地区重点城市城镇土地利用结构变化对比

2009—2014年，长三角地区重点城市城镇土地利用结构变化呈现较大分异特征。常州市、扬州市、镇江市的土地利用结构调整幅度较明显。常州市工矿仓储用地占比下降8.9个百分点，而公服用地上升2.6个百分点；扬州市工矿仓储用地占比下降9.7个百分点，交通运输用地增加3.1个百分点；镇江市商服用地减少2.7个百分点，住宅用地增加5.6个百分点。此外，上海市的公服用地下降了1.5个百分点，湖州市的交通运输用地增加了2.5个百分点（见图3-2-5、表3-2-1）。

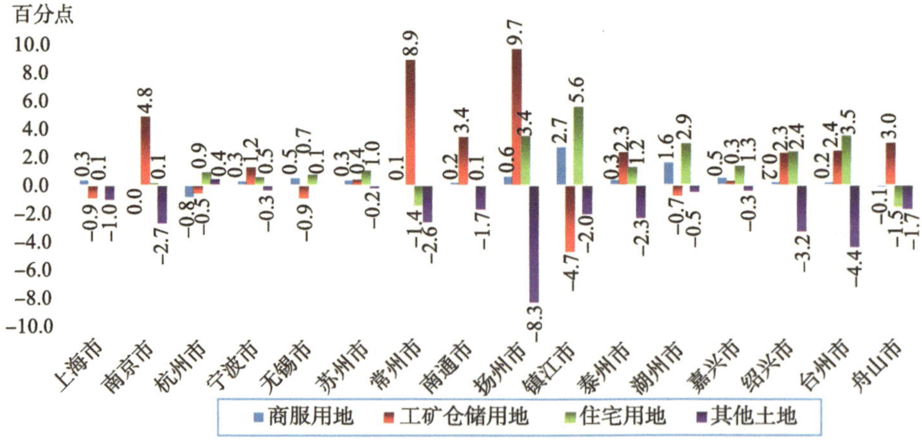

图3-2-5　2009—2014年长三角地区重点城市城镇土地利用结构变化对比

表3-2-1　2009—2014年长三角地区重点城市城镇土地利用结构变化对比

单位：百分点

城市	商服用地	工矿仓储用地	住宅用地	公服用地	特殊用地	交通运输用地	水域及水利设施用地	其他土地
上海市	0.3	−0.9	0.1	1.5	0.1	−1.0	0.3	−0.9
南京市	0.0	4.8	0.1	−1.8	1.0	−2.7	0.0	4.8
杭州市	−0.8	−0.5	0.9	−0.3	0.0	0.4	−0.8	−0.5
宁波市	0.3	1.2	0.5	−0.8	−0.7	−0.3	0.3	1.2
无锡市	0.5	−0.9	0.7	0.1	−0.3	0.1	0.5	−0.9
苏州市	0.3	0.4	1.0	−0.8	−0.5	−0.2	0.3	0.4
常州市	0.1	8.9	−1.4	−2.6	−2.3	−2.6	0.1	8.9
南通市	0.2	3.4	0.1	−1.2	−0.7	−1.7	0.2	3.4
扬州市	0.6	9.7	3.4	−1.1	−3.1	−8.3	0.6	9.7
镇江市	2.7	−4.7	5.6	−0.5	−0.9	−2.0	2.7	−4.7
泰州市	0.3	2.3	1.2	−0.1	−0.8	−2.3	0.3	2.3
湖州市	1.6	−0.7	2.9	−1.3	−2.5	−0.5	1.6	−0.7
嘉兴市	0.5	0.3	1.3	−0.8	−0.5	−0.3	0.5	0.3
绍兴市	0.2	2.3	2.4	0.0	−1.3	−3.2	0.2	2.3
台州市	0.2	2.4	3.5	−0.2	−1.5	−4.4	0.2	2.4
舟山市	−0.1	3.0	−1.5	−0.5	0.5	−1.7	−0.1	3.0

第三节　长三角地区工矿仓储用地高占比原因分析

通过近年来的系列研究，发现我国东部经济区特别是长三角地区的工矿仓储用地占比一直居于显著高位（见图3−2−6），其中作为副省级城市的宁波的高工矿仓储用地占比更是引人关注（见图3−2−7）。

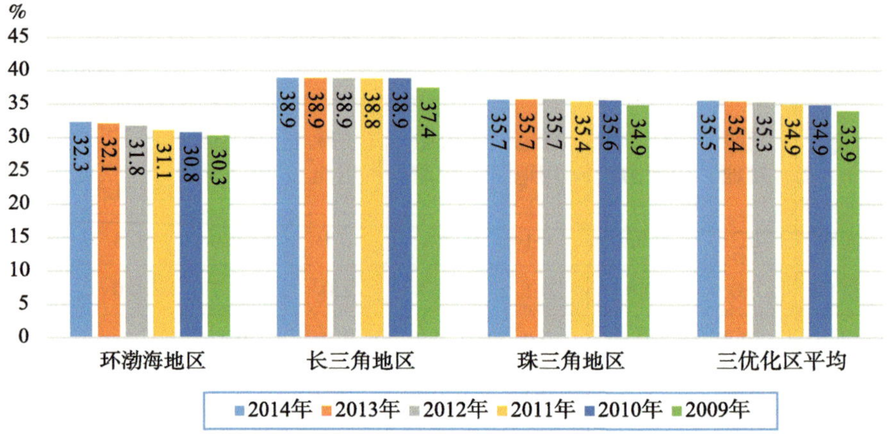

图3-2-6　三大优化发展区工矿仓储用地占比的时序比较（2009—2014年）

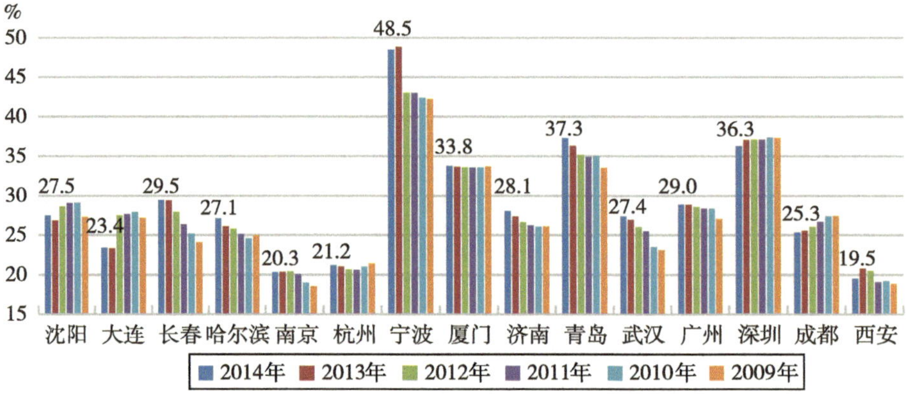

图3-2-7　副省级城市工矿仓储用地占比的时序比较（2009—2014年）

为进一步分析，将位于长三角的各省级、副省级、省会以及地级市的工矿仓储用地占比，依地类性质重新分解组合，形成表3-2-2。

表3-2-2　长三角地区的城镇工矿仓储用地占比（2014年）

单位：%

城市名称	城镇用地（200）	城市用地（201）	建制用地（202）
上海市	32.39	20.63	37.46

续表

城市名称	城镇用地（200）	城市用地（201）	建制用地（202）
南京市	33.96	20.34	46.19
杭州市	26.68	20.84	35.33
宁波市	39.95	42.51	37.34
无锡市	44.39	31.62	51.68
苏州市	50.35	38.59	55.97
常州市	55.92	39.26	64.86
南通市	35.88	34.80	36.78
扬州市	36.62	32.86	40.94
镇江市	40.71	25.61	49.64
泰州市	34.02	26.07	40.36
湖州市	34.79	21.93	37.82
嘉兴市	37.41	30.98	42.75
绍兴市	42.68	32.46	51.73
台州市	34.37	36.12	33.10
舟山市	32.93	34.11	31.22

表3–2–2中的数据对比显示，宁波在城市用地范围内所具有的高工矿仓储用地占比，在长三角的地级及以上城市中应属个案，与之相似的（城市工矿仓储用地占比明显高于200且高于202的）只有台州市。这似乎表明，长三角区域的工矿仓储用地应更多位于其下层级的城镇。

为了印证这一点，我们在长三角地区选取人们通常关注的苏锡常三市做进一步解析。提取苏锡常三市下辖的6个县级市，分别测算各市分地类的工矿仓储用地占比，并将相关数据列入表3–2–3。

表3-2-3　苏锡常下辖县级市的城镇工矿仓储用地占比（2014年）

单位：%

城镇层级		用地类别		
地级市	县级市	城镇用地（200）	城市用地（201）	建制用地（202）
苏州市	常熟市	46.09	36.06	52.12
	张家港市	58.00	21.69	67.07
	昆山市	60.19	54.61	63.23
	太仓市	61.10	34.32	68.21
无锡市	江阴市	35.48	30.74	38.72
	宜兴市	52.13	15.51	61.35
常州市	溧阳市	61.42	39.64	70.03
	金坛市	52.33	49.24	55.65

表3-2-3数据显示，即使在县级市，市区的工矿仓储用地占比大多也明显低于建制镇，其中张家港和宜兴两市的城市用地（201）与建制用地（202）数据更是相差悬殊。

鉴于2014年长三角地区各级城市与建制镇的用地面积之比为40.21：57.79，加之该地区建制镇的工矿仓储用地占比为44.85%，因此似有理由推断：长三角地区的工矿仓储用地更多位于建制镇。由于该地区建制镇的工矿仓储用地占比显著高于城市，从而支撑了长三角地区的工矿仓储用地占比持续居高的现象。

第四节　主要结论

1.长三角地区城镇土地利用结构现状呈现工矿仓储用地占比明显偏高的特点，其中交通运输用地、商服用地占比分别低于全国城镇总体水平3.4和2个百分点；其余地类与全国城镇接近。2009—2014年，长三角地区商服、工矿仓储、住宅用地增幅最大，年均增长率分别为3.8%、3.4%和3.1%，超过该区域城镇土地总体增长水平，但总体趋势弱于全国城镇平均水平。

2. 长三角地区的重点城市之间城镇土地利用结构差异较明显，在一定程度上反映了城市的土地利用结构与其经济发展水平和城市职能的关系。上海市、南京市、杭州市等经济发达城市表现为低工矿仓储、高公服的用地结构特点，但由于城市职能的差异，杭州市住宅用地高达37.7%，而上海市和南京市的住宅用地占比不到30%。其中苏州、常州、无锡、宁波、镇江呈现高工矿仓储、低住宅、低公服的用地结构特点，其余城市基本呈现高工矿仓储、高住宅、低公服的用地结构特点。

3. 长三角地区的工矿仓储用地占比高的主要原因是建制镇的工矿仓储用地占比较高。2014年长三角地区各级城市与建制镇的城镇用地面积之比为40.21∶57.79，加之该地区建制镇的工矿仓储用地占比为44.85%，从而支持了长三角地区的工矿仓储用地占比持续居高的现象。

第三章　“十二五”期间我国城市群城镇建设用地利用特征研究（2015年）

随着国家新型工业化和新型城镇化的发展，城市群已成为我国经济发展格局中最具活力和潜力的核心地区。《国家新型城镇化规划（2014—2020年）》中对于我国城市群的发展提出“优化提升东部地区三大城市群”并“培育壮大区域性城市群”的战略规划。城市群地区人口、经济与用地总量规模大、集聚程度高。我国在“十二五”期间提出把城市群作为“十二五”规划的重点发展对象，希望通过大力促进城市群的发展带动城市群本身的发展以及区域经济的发展，提升区域竞争力，促进城乡一体化和新农村建设。但随着城镇化的快速发展，城市群的土地利用面临客观难题，经济发展对用地的需求激增与土地供应有限的现实条件之间存在矛盾，对我国城市群的土地利用特征的研究就显得尤为重要。

本章根据2010—2015年全国城镇地籍调查数据，从城市群总体情况、群间差异、典型城市群三个层面，对“十二五”期间我国三大东部地区城市群、17个区域性城市群的城镇建设用地利用特征进行分析，从“十二五”初期和末期两个时间节点分析，旨在从城镇土地利用方面厘清城市群发展现状与存在问题，了解其各类型土地在城市群中的空间分布与利用特征以及变化趋势。

研究发现，“十二五”期间我国城市群城镇建设用地总体新增107.6万公顷，年均增长率3.7%，增速逐年递减。分地类看，住宅用地面积最高，工矿仓储用地增长量最大，商服用地增速最快。总体结构较稳定，各地类变动幅度较小。从群间差异来看，长江三角洲城市群城镇建设用地规模最大，长江中游城市群面积增量最大，黔中城市群增速最高，各城市群增速均呈现下降趋势。这表明国家层面推进节约集约用地、控制建设用地的规模、逐年减少新增建设用地的政策背景，深刻地影响着我国城市群城镇建设用地的利用特征。长江三角洲城市群虽然城镇建设用地规模最大但增速最低，其商务金融用地的增长占比较大，而工业用地增速在“十二五”期间明显放缓。

第一节 我国城市群发展阶段划分

截至2011年年底，城市群总人口达8.35亿人，占全国人口的65.79%[1]，其中，三大东部地区城市群占比15.01%，区域性城市群占比50.78%；实现地区生产总值共计41.99万亿元，占全国国民生产总值的81.53%[2]，其中，三大东部地区城市群占比33.63%，区域性城市群占比47.90%；城镇用地总计5.66万平方公里[3]，占全国城镇用地总量的71.00%，其中，三大东部地区城市群占比23.86%，区域性城市群占比47.14%。

一定规模的人口与空间，经济活动的集聚，完善的城镇体系，较高的产业发展与分工以及完善的基础设施网络是城市群发展的主要特征。从城市群的萌生、发展到成型，需要经历一个较为长期的过程，基本可以划分为四个阶段：分散发展的单中心城市发展阶段，城市组团发展阶段，都

〔1〕 2011年城市群、全国人口数据来源于《中国城市统计年鉴（2012年）》，全国城市合计人口为126966.6万人。

〔2〕 2011年城市群、全国地区生产总值数据来源于《中国城市统计年鉴（2012年）》，全国城市合计生产总值515127.48亿元。

〔3〕 2011 年城市群、全国城镇建设用地数据来源于2011年城镇地籍调查，全国城镇建设用地合计79674.81平方公里。

市圈阶段以及最终城市群形成阶段。[1]发展阶段越高的城市群规模越大，要素集聚程度越高，其中心城市与城市群区域的联系越紧密，城市群城镇体系越完善。

我国城市群正处于不同的发展阶段，下面将20个城市群划分为以下四个阶段，分别从地域分布、聚集规模、聚集程度、中心城市集聚水平以及城镇体系完善程度五个方面对各级城市群进行描述。

虽然在“十三五”规划中，对个别城市群及其包含的城市范围进行了部分调整，如将安徽合肥市纳入长三角城市群等。但在本节对“十二五”期间城市群建设用地的研究中，为了数据内容与统计口径的统一，依然按照调整前的城市群划分方式对2010—2015年的数据进行对应处理与分析。最终选取的城市群的数量及其空间界定如表3-3-1所示。

表3-3-1　本研究所选城市群及其空间范围界定

城市群名称	城市群空间界定	城市数量/个
京津冀城市群	北京市、天津市、石家庄市、保定市、廊坊市、唐山市、秦皇岛市、沧州市、承德市、张家口市	10
长江三角洲城市群	上海市、南京市、杭州市、宁波市、苏州市、无锡市、常州市、南通市、扬州市、镇江市、泰州市、湖州市、嘉兴市、绍兴市、台州市、舟山市	16
珠江三角洲城市群	广州市、深圳市、珠海市、佛山市、东莞市、中山市、江门市、惠州市、肇庆市	9
成渝城市群	重庆市、成都市、德阳市、绵阳市、乐山市、眉山市、资阳市、内江市、宜宾市、泸州市、自贡市、南充市、遂宁市、广安市、雅安市	15
长江中游城市群	武汉市、长沙市、南昌市、宜昌市、黄石市、黄冈市、鄂州市、孝感市、咸宁市、仙桃市、潜江市、天门市、荆州市、荆门市、株洲市、湘潭市、衡阳市、岳阳市、益阳市、常德市、娄底市、九江市、景德镇市、鹰潭市、新余市、抚州市、宜春市、萍乡市	28

〔1〕 国家发改委国地所课题组：《我国城市群的发展阶段与十大城市群的功能定位》，载《改革》2009年第9期。

续表

城市群名称	城市群空间界定	城市数量/个
海峡西岸城市群	福州市、厦门市、泉州市、温州市、汕头市、漳州市、莆田市、宁德市、潮州市、揭阳市、汕尾市	11
山东半岛城市群	济南市、青岛市、淄博市、东营市、烟台市、潍坊市、威海市、日照市、聊城市、泰安市、莱芜市、滨州市、德州市	13
哈长城市群	哈尔滨市、大庆市、齐齐哈尔市、绥化市、牡丹江市、长春市、吉林市、松原市、四平市、辽源市	10
辽中南城市群	沈阳市、大连市、丹东市、锦州市、营口市、盘锦市、葫芦岛市、鞍山市、抚顺市、本溪市、辽阳市、铁岭市	12
中原城市群	郑州市、洛阳市、开封市、新乡市、焦作市、许昌市、平顶山市、漯河市、济源市	9
江淮城市群	合肥市、芜湖市、蚌埠市、淮南市、安庆市、池州市、铜陵市、马鞍山市、滁州市、宣城市	10
关中城市群	西安市、咸阳市、宝鸡市、铜川市、渭南市、商洛市、天水市	7
北部湾城市群	南宁市、北海市、钦州市、防城港市、玉林市、崇左市、湛江市、茂名市、海口市、三亚市	10
太原城市群	太原市、晋中市、阳泉市、忻州市、临汾市、长治市、汾阳市、孝义市	8
滇中城市群	昆明市、曲靖市、玉溪市、楚雄市	4
黔中城市群	贵阳市、遵义市、安顺市、毕节市、都匀市、凯里市	6
呼包鄂榆城市群	呼和浩特市、包头市、鄂尔多斯市、乌兰察布市、巴彦淖尔市、乌海市、榆林市	7
兰西城市群	兰州市、西宁市、白银市、海东市	4
乌鲁木齐城市群	乌鲁木齐市、昌吉市、五家渠市、石河子市	4
宁夏沿黄城市群	银川市、吴忠市、石嘴山市、中卫市	4

注：由于7个城市群中共13个城市存在数据缺失的情况，计算过程中予以忽略。包括长江中游城市群的仙桃市、潜江市、天门市，中原城市群的济源市，太原城市群的汾阳市、孝义市，滇中城市群的楚雄市，黔中城市群的都匀市、凯里市，兰西城市群的海东市，乌鲁木齐城市群的昌吉市、五家渠市、石河子市。

一、成熟城市群

规模大、集聚程度高、发展成型的城市群（3个）：京津冀城市群、长江三角洲城市群、珠江三角洲城市群。

该类城市群主要分布在沿海地区，内部中心城市为巨大型城市，不仅具有多个全国性特大中心城市，兼具有跨地区性经济中心，城市等级结构体系完整，并且拥有雄厚的经济实力，工业基础强，第二、第三产值比例高，同时科学技术与文化教育水平亦高，区间有较强的人流物流和信息金融流，并能发挥较强的全国性的经济中心作用，中心城市集聚水平高、中心性强，在城市群内部服务半径较大，影响范围甚至遍及全国。

从地域分布来看，成熟城市群全部分布在沿海地区。

从集聚规模来看，成熟城市群拥有1.9万平方公里的城镇建设用地总量，占城市群城镇用地总量的33.60%，其中最大值为长江三角洲城市群0.91万平方公里，约为最小值珠江三角洲城市群的2倍；承载总人口1.91亿，占城市群承载人口总量的22.81%，其中最大值长江三角洲城市群总人口8.5千万，约为最小值珠江三角洲城市群的3倍；集聚地区生产总值17.32万亿元，占城市群地区生产总值的41.25%，其中最大值长江三角洲城市群地区生产总值8.2万亿元，约为最小值珠江三角洲城市群的2倍。

从集聚程度来看，成熟城市群人口密度〔1〕为60.45人/公顷，约为城市群平均密度51.63人/公顷的1.17倍，其中最大值为珠江三角洲城市群82.77人/公顷，约为最小值长江三角洲城市群的1.6倍；经济密度为879.44万元/公顷，约为城市群平均水平692.30万元/公顷的1.27倍，其中最大值珠江三角洲为1028.87万元/公顷，约为最小值京津冀城市群的1.3倍；建设密度〔2〕为5.43%，约为城市群平均水平2.37%的2.3倍，远高于全国建设密度

〔1〕 由于人口数据所限，本部分采人口数据来源于《中国城市建设统计年鉴（2011年）》(住房和城乡建设部编，中国计划出版社2011年版）中“城区人口”与“暂住人口”的总和，近似对应地籍调查中的城镇用地范围。用该人口数据代表城镇人口并进行城镇用地范围内人口密度计算。

〔2〕 建设密度内涵为城镇用地占行政区划比例。

水平1.67%，其中最大值长江三角洲城市群为8.28%，约为最小值京津冀城市群的2.8倍。

从中心城市集聚水平来看，成熟城市群的中心城市城镇人口占比为59.54%，高于城市群均值53.06%，其中最大值为京津冀城市群，北京市及天津市总人口占比高达72.18%，最小值长江三角洲城市群中上海市总人口占比约为1/2；城镇建设用地占比为34.48%，低于城市群均值36.84%，其中集聚程度最低城市群为长江三角洲城市群，上海市城镇用地占比为20.32%，约为最大值京津冀城市群中心城市占比的2/5；实现生产总值占比40.81%，约为城市群均值的1.1倍，其中集聚水平最高为京津冀城市群约为最小值长三角城市群中心城市占比23.38%的2.5倍、城市群中心城市占比均值的1.5倍。成熟城市群中，长江三角洲城市群中心城市上海市中心性指数[1]最高，为3.3；其次为京津冀城市群中北京市2.43，约为次级中心城市的2倍；最低为珠江三角洲城市群中广州市1.83，与次级中心城市深圳市1.55相近。

从城镇体系完善程度来看，成熟城市群平均含有约12个地级市，巨大型城市、特大城市[2]占地级市总数比例均在20%以上，大城市为主要城市规模类型，约占城市总量的1/2，城市群内以地级市为单元的城市等级结构完整，不断层、不缺层。

二、初步成型城市群

规模较大，集聚程度较高，已发展成型的城市群（7个）：成渝城市群、

〔1〕 将城市地区生产总值、城镇人口、城镇建设用地进行标准化处理后进行几何平均得到城市群中心城市的中心性指标。公式如下：$K=\sqrt[3]{k_1 \times k_2 \times k_3}$，式中：K为中心性指数，$k_1$、$k_2$、$k_3$分别为地区生产总值、城镇人口、城镇建设用地总量的标准化值。中心性指数的值越大则表示城市的中心性越强，对周边城市的经济辐射能力越强。

〔2〕《中小城市绿皮书》确定中国城市人口规模现状，提出的全新划分标准为：市区常住人口50万人以下的为小城市，50万—100万人的为中等城市，100万—300万人的为大城市，300万—1000万人的为特大城市，1000万人以上的为巨大型城市。

长江中游城市群、海峡西岸城市群、山东半岛城市群、中原城市群、辽中南城市群、关中城市群。

该类城市群的中心城市为特大城市，同时具有多个区域性大城市。城市群在各区域类型中均有分布，且已经存在较为完整的城市等级结构与产业经济协作关系，经济基础和工业生产潜力较大，同时已经建立较为便捷的地区性交通运输系统。产业方面，第二、第三产业较为发达，城市间经济联系密切，同时中心城市具有跨省域的经济辐射能力，处于经济发展的上升阶段。中心城市各类要素集聚水平趋于城市群平均水平、中心性较强，在城市群内部服务半径较大，影响范围依赖于成熟的交通网络体系，多为城市群内部或跨省域范围内。

从地域分布来看，初步成型城市群较为均匀地分布于各区位类型中，其中3个分布于沿海地区，2个分布于西部地区，2个分布于中部地区。

从集聚规模来看，初步成型城市群拥有2.43万平方公里的城镇建设用地总量，占城市群城镇用地总量的42.90%，其中最大值为长江中游城市群0.55万平方公里，约为最小值关中城市群0.13万平方公里的4倍；承载总人口4.37亿人，占城市群承载人口总量的52.28%，其中最大值为长江中游城市群1.1亿人，约为最小值关中城市群的4倍；集聚地区生产总值17.23万亿，占城市群地区生产总值的41.02%，其中最大值长江中游城市群3.86万亿，约为最小值关中城市群的4.8倍。

从集聚程度来看，初步成型城市群人口密度为45.31人/公顷，约为城市群平均密度的88%，其中最大值中原城市群55.45人/公顷，约为最小值山东半岛城市群的2倍；经济密度为648.05万元/公顷，接近城市群平均水平，其中最大值海峡西岸城市群为818.45万元/公顷，约为最小值成渝城市群的1.5倍；建设密度为2.56%，亦与城市群平均水平相近，最大值山东半岛城市群4.43%，约为最小值关中城市群的2.6倍。

从中心城市集聚水平来看，初步成型城市群的中心城市城镇人口占比为48.82%，略低于城市群均值，其中最大值成渝城市群中重庆市、成都市总人口占比高达66.63%，最小值山东半岛城市群中济南市、青岛市总人口占比为37.96%；城镇建设用地占比为37.55%，略高于城市群均值，同时约为成熟城市群的1.1倍，其中最大值为成渝城市群60.51%，最小值为山东半岛城市群28.46%；实现生产总值占比40.72%，接近城市群平均水平，略低于成熟城市群，其中最大值为成渝城市群60.47%，约为最小值海峡西岸城市群的2倍。初步成型城市群中，长江中游城市群的中心城市武汉市的中心性指数最高，为3.91，约为次级中心城市南昌市的5倍；成渝城市群中重庆市中心性指数高达3.08，约为次级中心城市成都市的2倍；海峡西岸城市群中心城市福州市中心性指数为1.31；山东半岛城市群中一级中心城市青岛市的中心性指数为2.22，约为次级中心城市济南市的2倍；辽中南城市群一级中心城市指数约为次级中心城市1.62的2倍；中原城市群及关中城市群中心城市郑州市、西安市的中心性指数相近均在2.35左右。

从城镇体系完善程度来看，初步成型城市群平均含有13个地级市，大城市、中等城市占包含地级市总数比例均在50%以上，中等城市为主要城市规模类型，城市群内以地级市为单元的城市等级结构完整，均缺少巨大型城市类型，部分同时缺少巨大型城市及特大城市，但无断层。

三、都市圈型城市群

规模中等，集聚程度较低，还处于都市圈发展阶段尚未成型的城市群（6个）：哈长城市群、江淮城市群、北部湾城市群、太原城市群、黔中城市群、呼包鄂榆城市群。

该类城市群的中心城市为大城市，同时具有少量地区性中等城市，城市群主要分布于中部地区，其结构等级较为完整，非农产值比重较高；而城市间产业分工尚不明晰、经济协作关系尚不紧密。同时，中心城市各类要素集聚程度低于城市群平均水平、中心性较弱，中心城市经济辐射范围集中在省内。

从地域分布来看，都市圈型城市群中2/3的城市群分布在中部，其余1/3分布在沿海及西部地区。

从集聚规模来看，都市圈型城市群拥有1.12万平方公里的城镇建设用地总量，约占城市群城镇用地总量的约20%，其中规模最大为哈长城市群0.33万平方公里，约为最小值滇中城市群0.07万平方公里的5倍；承载总人口1.7亿人，占城市群承载人口总量的1/5，其中人口规模最大为哈长城市群0.46亿人，约为最小值滇中城市群的3.3倍；集聚地区生产总值6.49万亿元，占城市群地区生产总值的15.45%，其中经济规模最大为哈长城市群2万亿元，约为最小值滇中城市群的4.3倍。

从集聚程度来看，都市圈型城市群人口密度为48.92人/公顷，约为城市群平均密度的95%，其中最大值哈长城市群73.64人/公顷，约为最小值呼包鄂榆城市群的2.5倍；经济密度为519.46万元/公顷，约为城市群平均水平的3/4，其中最大值呼包鄂榆城市群630.03万元/公顷，约为最小值北部湾城市群的1.5倍；建设密度为1.23%，约为城市群平均水平的1/2，最大值江淮城市群2.98%，约为最小值呼包鄂榆城市群的2倍。

从中心城市集聚水平来看，都市圈型城市群的中心城市城镇人口占比为42.41%，约为城市群均值的4/5，其中最大值滇中城市群中昆明市总人口占比高达77.42%，最小值呼包鄂榆城市群中呼和浩特市总人口占比为28.26%；城镇建设用地占比为35.30%，接近城市群均值，其中最大值为滇中城市群64.46%，约为最小值呼包鄂榆城市群的4倍；实现生产总值占比35.80%，略低于城市群平均水平40.45%，其中最大值滇中城市群为54.60%，约为最小值呼包鄂榆城市群的3倍。都市圈型城市群中，江淮城市群的中心城市合肥市的中心性指数最高，为2.65，约为次级中心城市芜湖市的4.5倍；其次为北部湾城市群中南宁市，中心性指数为2.08；第三为太原城市群中心城市太原市，其中心性指数为2.01；滇中城市群中心城市昆明市的中心性指数为1.39；哈长城市群一级中心城市哈尔滨市指数约为次级中心城市长春市0.93的1.3倍；中心性指数最低的城市群为呼包鄂榆城市群，中心城市呼和浩特市中心性指数为0.58。

从城镇体系完善程度来看，都市圈型城市群平均包含7—8个地级市，大城市、中等城市占包含地级市总数比例均在50%以上，中等城市及小城市为主要城市规模类型，城市群内以地级市为单元的城市等级结构较为完整，主要缺少巨大型城市、特大城市，1/3城市群存在城市等级体系断层。

四、城市组团型城市群

规模较小，集聚程度较低，还处于城市组团发展阶段、尚未成型的城市群（4个）：滇中城市群、兰西城市群、乌鲁木齐城市群、宁夏沿黄城市群。

该类城市群的中心城市为大城市，其主要组成部分为大城市及中等城市。城市群主要分布在西部地区，包含城市数量较少、结构等级不完善且分布分散，经济联系也不紧密，城市产业分工不明、区域经济联系与贸易往来不发达。同时，中心城市各类要素集聚程度高于城市群平均水平、中心性弱，各级城市发展水平差异较大，中心城市经济辐射范围集中在省内部分区域。

从地域分布来看，城市组团型城市群全部分布于西部地区。

从集聚规模来看，城市组团型城市群拥有0.21万平方公里的城镇建设用地总量，约为城市群城镇用地总量的3.66%，其中规模最大为宁夏沿黄城市群629.78平方公里，约为最小值乌鲁木齐城市群336.38平方公里的1.88倍；承载总人口0.38亿人，占城市群承载人口总量的4.49%，其中人口规模最大为黔中城市群0.23亿人，约为最小值乌鲁木齐城市群的9倍；集聚地区生产总值9570亿元，占城市群地区生产总值的2.28%，其中经济规模最大为黔中城市群3530亿元，约为最小值乌鲁木齐城市群的2倍。

从集聚程度来看，城市组团型城市群人口密度为59.51人/公顷，约为城市群平均密度的1.15倍，其中最大值乌鲁木齐城市群86.40人/公顷，约为最小值宁夏沿黄城市群的2.8倍；经济密度为429.84万元/公顷，约为城市群平均水平的3/5，其中最大值黔中城市群为529.09万元/公顷，约为最小值宁夏沿黄城市群的2倍；建设密度为1.14%，约为城市群平均水平的1/2，最大值乌鲁木齐城市群为2.44%，约为最小值黔中城市群的3倍。

从中心城市集聚水平来看，城市组团型城市群的中心城市城镇人口占比为77.91%，约为城市群均值的1.5倍，其中最大值乌鲁木齐城市群由于数据缺失，各项中心城市聚集度均为100%，最小值宁夏沿黄城市群中银川市总人口占比为57.56%；城镇建设用地占比为58.66%，约为城市群均值的1.6倍，其中最小值宁夏沿黄城市群为39.46%；实现生产总值占比为64.47%，约为城市群平均水平的1.6倍，其中最小值黔中城市群中贵阳市生产总值占比为39.20%。城市组团型城市群中，宁夏沿黄城市群的中心城市银川市的中心性指数最高，为1.60；其次为黔中城市群中的贵阳市，中心性指数为1.38；最后为兰西城市群的中心城市兰州市，中心性指数为1.32。

从城镇体系完善程度来看，城市组团型城市群所包含地级市数量均在4个左右，中等城市、小城市占包含地级市总数比例均在50%以上，中小城市为主要城市规模类型，城市群内以地级市为单元的城市等级结构不完整，主要缺少巨大型城市、特大城市，3/4城市群存在城市等级体系断层。

第二节 “十二五”初期各阶段城市群城镇土地利用特征

本节主要从城市群城镇用地规模、土地利用结构、人均城镇用地水平及城镇用地效率四个方面，对各等级城市群[1]进行比较研究，探索不同类型城市群土地利用特征、差异及其原因。

---

〔1〕 以下所有城市群平均水平、分类别城市群平均水平测算均不包含存在数据缺失的7个城市群数据，即长江中游城市群、中原城市群、太原城市群、黔中城市群、滇中城市群、兰西城市群、乌鲁木齐城市群。

一、城市群发展阶段越高，城镇用地规模越大

各类城市群平均城镇用地规模为3514.43平方公里，城市群包含城市数量、城市群等级结构完善程度与城市群等级具有明显的相关性。城市群等级越高，城镇用地规模越大。

从城镇用地总平均规模来看，成熟城市群平均规模为6335.67平方公里，约为初步成型城市群3467.30平方公里的1.8倍，为都市圈型城市群1851.82平方公里的3.42倍，城市组团型城市群545.16平方公里的11.6倍。其中，最大值长江三角洲城市群城镇用地规模为0.91万平方公里，约为最小值乌鲁木齐城市群的27倍。

从同类型城市群内部差异来看，规模越大等级越高的城市群类型，其内部用地规模差异越大。城市组团型城市群规模差异较小，其规模面积标准差方差约为用地规模差异最大的成熟城市群标准的1/15，约为差异较小的都市圈型城市群的1/6。

二、城市群发展阶段越高，工矿仓储用地比例越高

城镇建设用地主要用地类型为工矿仓储用地与住宅用地。城市群综合发展水平与其用地结构中工矿仓储用地比例具有明显正相关性。

从城市群整体用地结构来看，工矿仓储用地、住宅用地为主要用地类型，其用地比例分别为30.16%、32.21%，其次为公服用地12.61%、交通运输用地11.61%。其余用地类型占比均在10%以下，商服用地为6.44%、特殊用地为1.02%、水域及水利设施用地为1.37%、其他土地为4.57%。

城市群等级越高，经济越发达，工矿仓储用地比例越高。从城市群分类的城镇建设用地结构来看（见表3-3-2），成熟城市群到城市组团型城市群的工矿仓储用地平均占比分别为34.27%、28.46%、24.94%、29.19%。其中，最大值长江三角洲城市群为38.79%，约为全国平均水平26.72%的1.5倍，为最小值滇中城市群的3倍。

表3-3-2 2011年按城市群分级的城镇建设用地结构占比

单位：%

城市群	商服用地	工矿仓储用地	住宅用地	公服用地	特殊用地	交通运输用地	水域及水利设施用地	其他土地
成熟城市群	5.74	34.27	30.46	12.83	0.98	10.08	1.23	4.42
初步成型城市群	6.90	28.46	33.67	12.38	1.10	12.16	1.44	3.90
都市圈型城市群	6.67	24.94	33.28	12.60	0.98	13.90	1.55	6.08
城市组团型城市群	12.03	29.19	30.90	12.31	0.87	9.17	1.40	4.13
城市群平均水平	6.44	30.16	32.21	12.61	1.02	11.61	1.37	4.57
全国平均水平	6.68	26.72	33.07	13.11	1.16	12.63	1.68	4.97

其他类型用地在城市群等级之间没有明显变化趋势。商服用地比例最低值为成熟城市群，为5.74%，其中最低为长江三角洲城市群4.96%，远低于城市群均值6.44%，约为最大值城市组团型城市群均值12.03%的1/2；住宅用地比例最高为都市圈型城市群33.67%，与全国平均水平33.07%最接近。交通运输用地比例最低的为成熟城市群，其均值10.08%低于全国均值12.63%，约为最大值都市圈型城市群均值13.43%的3/4。

三、城市群发展阶段越高，人均城镇用地水平越低

城市群综合发展水平与人均总用地规模、人均各类用地规模存在明显负相关性，城市群发展阶段越高，其人均用地规模越小。按用地类型，工矿仓储用地为58.49m^2/人、住宅用地为64.47m^2/人，为城市群人均用地规模最大的两类用地类型。

按城市群分类的人均总用地状况分析，按城市群发展阶段，由成熟城市群到城市组团型城市群，人均用地面积均值依次为165.44m^2/人、204.11m^2/人、268.79m^2/人、320.82m^2/人，其中人均用地规模最大的山东半岛城市群约为最小值珠江三角洲城市群120.81m^2/人的2.8倍。可以看出，综合发展水平越高的城市群，其人均用地面积越小。

从不同用地类型总体规模来看，其中住宅用地为城市群用地结构中规

模最大的用地类型，为62.47m²/人，其次为工矿仓储用地，其均值58.49m²/人，高于全国平均水平52.04m²/人，其他用地类型的城市群均值均低于全国平均水平。

按城市群分类的人均各类用地状况分析（见表3-3-3）。从不同城市群类型的用地规模来看，所有用地类型均符合城市等级越高用地水平越低的特性。其中，人均商服用地水平最低为成熟城市群9.49m²/人，低于全国平均水平13.01m²/人，约为最大值城市组团型城市群平均水平的1/4；人均工矿仓储用地规模最高为城市组团型城市群93.64m²/人，约为全国平均水平的2倍；城市群人均住宅用地规模为62.47m²/人，略低于全国平均水平64.42m²/人，而各类城市群之间差异较大，城市组团型城市群均值99.15 m²/人，约为成熟城市群的2倍；公服用地、特殊用地、交通运输用地、水域及水利设施用地、其他土地的城市群平均水平均略低于全国平均水平，同时也反映出处城市群综合发展水平与人均用地规模呈一定程度负相关性的现象，城市群综合发展水平越高，人均用地规模越小。

表3-3-3 2011年按城市群分级的城镇建设用地结构

单位：m²/人

城市群	商服用地	工矿仓储用地	住宅用地	公服用地	特殊用地	交通运输用地	水域及水利设施用地	其他土地
成熟城市群	9.49	56.70	50.39	21.22	1.62	16.67	2.04	7.31
初步成型城市群	15.45	63.74	75.40	27.73	2.46	27.22	3.23	8.73
都市圈型城市群	14.14	52.84	70.50	26.70	2.07	29.44	3.27	12.89
城市组团型城市群	38.59	93.64	99.15	39.48	2.80	29.41	4.50	13.25
城市群平均水平	12.49	58.49	62.47	24.46	1.98	22.51	2.67	8.86
全国平均水平	13.01	52.04	64.42	25.53	2.25	24.60	3.27	9.67

四、城市群发展阶段越高，城镇用地效率越高

本节从经济密度、人口密度两个维度对城市群用地效率进行分析，发

现了城市群综合发展水平越高用地效率越高的规律，用地效率与城市群发展阶段呈现正相关性。城市群平均经济密度为711.96万元/公顷，远高于全国平均水平592.36万元/公顷，表明城市群涵盖了全国经济效率较高的用地。城市群平均人口密度51.57人/公顷，与全国平均城镇建设用地的人口密度51.34人/公顷相近，人口用地效率差异不大。

从各类城市群非农总产值及其经济密度来看，城市群综合发展水平与其非农产值、经济密度均呈现正相关性。成熟城市群非农产值均在4万亿元以上，成熟城市群非农产值均值为5.57万亿元，约为城市组团型城市群均值0.17万亿元的33倍。成熟城市群经济密度均值为879.44万元/公顷，约为城市组团型城市群经济密度均值269.65万元/公顷的3.3倍。其中经济密度最大值珠江三角洲城市群1028.87万元/公顷，约为最小值宁夏沿黄城市群的3.8倍。初步成型城市群经济密度高于全国平均水平592.36万元/公顷，但仅有成熟城市群经济密度高于城市群平均水平711.96万元/公顷，足见我国城市群经济效率差异较大，成熟城市群对于全国经济结构影响程度较高。

从各类城市群城镇人口及其人口密度来看，城市群综合发展水平与城镇人口总量、密度均呈现正相关，发展水平越高的城市群承载城镇人口总量越高，亦拥有较大人口密度。从城镇人口总量来看，成熟城市群城镇人口总量均在3000万人以上，成熟城市群承载城镇总人口均值为3829.69万人，约为城市组团型城市群平均城镇人口规模196.30万人的20倍，城市群包含总人口差异十分巨大。其中，最大值长江三角洲城市群城镇总人口4752.24万人，约为最小值宁夏沿黄城市群的24倍。从人口密度来看，成熟城市群人口密度为60.45人/公顷，约为最低值城市组团型城市群人口密度31.17人/公顷的2倍。其中，人口密度最大值珠江三角洲城市群人口密度为82.77人/公顷，约为最小值宁夏沿黄城市群的2.7倍。仅成熟城市群人口密度高于城市群平均水平51.57人/公顷，足见我国城市群人口密度差异较大，成熟城市群对于劳动力流动、承载起到巨大作用。

第三节　“十二五”初期各阶段城市群内部城市规模结构分析

一、城市群发展过程中，核心规模逐步增大，核心范围不断扩张

本节从典型城市群首位城市各项规模分布、人口首位度、人口及城镇用地金字塔分析发现，随着城市群发展阶段不断成熟，首位城市经济、人口、用地要素的集聚规模不断提高，表明城市体系的核心区域垂直扩张力不断增强。同时，随着发展水平进一步提高，城市群首位度开始下降、人口用地规模金字塔逐渐扁平化，城市体系间规模差异经过一个缩小过程，城市群核心范围以首位城市为中心不断向外扩张。

各阶段典型城市群首位城市规模如表3-3-4所示。城市群发展阶段越高，城镇用地、城镇总人口及地区生产总值在中心城市的集聚程度越高。其中，首位城市经济规模集聚差异最大，典型城市群内变异系数为0.83，首位城市经济规模最大值为珠三角城市群1.24万亿元，约为宁夏沿黄城市群的12.6倍；其次为城镇人口规模，变异系数为0.76，最小值银川市约为最大值的1/10；各阶段城市群之间首位城市用地规模差异最小，变异系数为0.47，最大值广州市用地规模约为最小值的3.6倍。

表3-3-4　各阶段典型城市群首位城市规模

城市群（首位城市）	城镇建设用地规模/平方公里	城镇人口规模/万人	经济规模/亿元
珠江三角洲城市群（广州市）	909.35	1089.73	12423.44
辽中南城市群（沈阳市）	751.95	537.45	5915.71
北部湾城市群（南宁市）	367.67	241.02	2211.44
宁夏沿黄城市群（银川市）	249.64	113.00	986.68
标准差	270.11	376.14	4450.79
均值	569.65	495.30	5384.32

续表

城市群（首位城市）	城镇建设用地规模/平方公里	城镇人口规模/万人	经济规模/亿元
变异系数①	0.47	0.76	0.83

① 又称“标准差率”，为标准差与均值之商，是衡量观测值变异程度，即数据的离散程度的统计量。

各阶段典型城市群首位度及4城市指数如表3-3-5所示。依照奥尔巴赫的理论，一般城市体系的2 城市首位度指数为2左右，4 城市首位度指数为1左右。[1]随城市群发展阶段提升，城市首位度及4城市指数均在不断降低，中心城市的人口集聚度不断下降，成熟城市群、初步成型城市群中心城市人口集聚度低于一般城市体系水平，都市圈型城市群、城市组团型城市群高于一般水平。

表3-3-5　各阶段典型城市群首位度及4城市指数

城市群	城市首位度①（S_2）	4城市指数②（S_4）
珠江三角洲城市群	1.04	0.59
辽中南城市群	1.83	0.91
北部湾城市群	2.12	0.93
宁夏沿黄城市群	2.62	1.36

① 城市首位度（S_2）为城市群地区最大城市与第二位城市人口规模的比值（P_1/P_2）。

② 为了改进2城市指数的简单化，学者又提出了4城市指数（S_4），为城市群地区最大城市与第二位、第三位、第四位城市人口总规模的比值[$P_1/(P_2+P_3+P_4)$]。

各阶段典型城市群人口及城镇建设用地规模金字塔如图3-3-1所示，从人口金字塔分布来看，城市群综合发展水平越高，其位序—规模分布越明显，城市核心范围以中心城市为轴逐渐向外扩张；从城镇用地金字塔来看，城市群发展阶段、体系内部城市综合发展水平与对应城镇建设用地规模之间规律不明显。

〔1〕 张庭伟：《从基尼指数看社会发展问题——再谈从物质发展规划趋向社会发展规划》，载《规划师》1998年第1期。

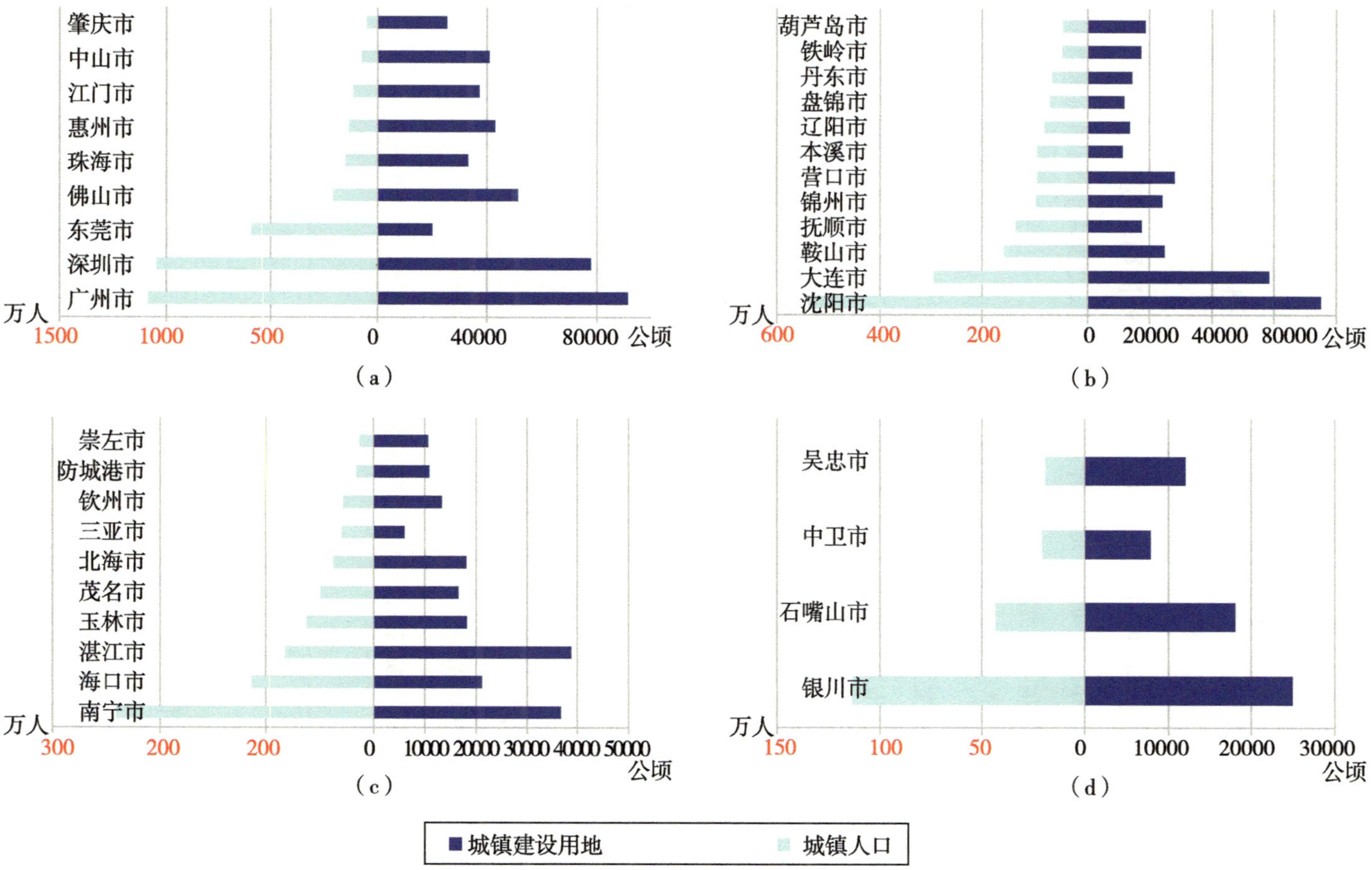

图3-3-1　各阶段典型城市群人口及城镇建设用地规模金字塔

二、城市群发展过程中，体系规模与等级结构不断趋于均衡

从城市群城镇结构、包含地级市等级结构两个方面对城市群水平扩张程度进行描述发现，随着城市群发展阶段不断成熟，城镇体系结构差异经历了一个先增大后减小的过程；地级市结构从城市规模由大到小数量不断增多，逐渐演化成为中等规模城市数量最大、规模向两端变化数量依次变小。这两个特征共同表明了，城市群发展水平扩张力度与范围随着城市群发展阶段的提升在不断增强与扩大。

分析各阶段典型城市群城镇结构及线性趋势可以发现，各级城镇体系结构数量差异最大为初步成型城市群典型辽中南城市群，其次为都市圈型城市群。成熟城市群城镇体系结构线性趋势斜率仅高于组团型城市群，位于第三。随着城市群发展阶段不断成熟，城市群城镇体系结构差异不断增大，增大到一定程度之后开始缩减。

各阶段典型城市群地级市等级结构如表3-3-6所示，城市组团型城市群地级市等级呈现线性递增的特征，规模等级越高的城市数量越少；发展到都市圈型城市群，中小型城市数量开始接近，特大型、大型城市数量不断增多，地级市等级呈现斜率逐渐减小的指数分布；发展至成熟城市群，中小型城市数量继续不断缩减，特大城市、大城市数量不断增多，同时巨大型城市数量也在增多，地级市等级呈现S形分布。

表3-3-6　初期各阶段典型城市群城镇结构及各等级地级市数量

单位：个

城市群	地级市	巨大型城市	特大城市	大城市	中等城市	小城市	县级市	建制镇	城镇数目
珠江三角洲城市群	9	2	1	4	2	0	15	322	346
辽中南城市群	12	0	1	3	6	2	37	504	553
北部湾城市群	10	0	0	2	2	6	22	417	449
宁夏沿黄城市群	4	0	0	1	0	3	7	69	80

三、城市群发展过程中，城市规模差异先缩小再增大

运用基尼系数、赫芬达尔系数对城市群内部各地级市之间规模差异进行测量发现，城市群内部发展规模差异普遍较大，城市群内部发展均衡程度与城市群发展阶段成曲线相关，经济、人口要素集聚规模差异大于土地要素，且亦与城市群发展阶段成规模差异曲线相关，城市群发展过程中，内部城镇用地规模差异变化大于经济、人口规模差异变化。

基尼系数（G）是反映地区相对均衡度指标。取值在0—1之间，值越小表示区域发展区域均衡，值越大表示区域发展区域不均衡，见公式（1），式中$\bar{y}$为人口规模平均值，y_1、y_2、y_3，…，y_n为人口规模从大到小样本值，n为城市群内地级市数量。

$$G = 1 + \frac{1}{n} - \frac{1}{n^2\bar{y}}(y_1 + 2y_2 + 3y_3 + \cdots + ny_n) \quad (1)$$

赫芬达尔系数（H_n）是反映区域规模指标的集中程度，其值越趋近于1，表示区域集中程度越高，反之越低，见式（2）。式中P_i为前n位各自所占总数的比值，本文选取前三位城市进行计算。

$$H_n = \sum_{i=1}^{n} P_i^2 \quad (2)$$

表3-3-7 各阶段典型城市群各类规模差异系数

城市群	基尼系数	经济-赫芬达尔系数H_3	人口-赫芬达尔系数H_3	用地-赫芬达尔系数H_3
珠江三角洲城市群	0.815	0.170	0.219	0.096
辽中南城市群	0.753	0.144	0.136	0.097
北部湾城市群	0.784	0.115	0.174	0.091
宁夏沿黄城市群	0.818	0.346	0.391	0.276
方差	0.026	0.090	0.097	0.079
均值	0.793	0.194	0.230	0.140
变异系数	0.033	0.465	0.424	0.561

从基尼系数来看（见表3-3-7），城市群内部发展规模差异普遍较大，城市群内部发展均衡程度与城市群发展阶段成曲线相关，发展程度越高或越低，内部城市规模差异越大，反之越小。以基尼系数临界值0.6为基准，城市群基尼系数均在0.6以上，证明城市群内部发展规模差异普遍较大，最大值宁夏沿黄城市群约为临界值的1.4倍，第二位珠江三角洲城市群约为0.815，高于北部湾城市群，城市内部规模差异最小为辽中南城市群0.753。

从赫芬达尔系数来看，经济、人口要素集中程度与城市群发展水平亦存在曲线相关性，随城市群发展阶段提高，要素规模差异经过一个逐渐减小又不断扩大的过程。宁夏沿黄城市群经济-赫芬达尔系数、人口-赫芬达尔系数最高，分别为0.346、0.391；其次为珠江三角洲城市群，分别为0.170、0.219。土地要素随城市群发展分布逐渐均匀，宁夏沿黄城市群用地-赫芬达尔系数约为珠江三角洲城市群的3倍，土地要素均匀分布趋势明显。

从变异系数来看，人口、经济规模随城市群发展阶段提升，其分布均衡情况变化程度较为接近，用地-赫芬达尔系数变异系数约为经济、人口变异系数均值的1.3倍。说明城市群发展过程中，内部城镇用地规模差异变化大于经济、人口规模差异变化。

第四节　“十二五”期末我国城市群城镇建设用地增长特征分析

20个城市群多地处交通枢纽，内部联系紧密，城镇化水平较高，既是支撑中国经济社会发展的重点地区，也是未来中国新型城镇化建设的核心区域。

一、我国城市群城镇建设用地“十二五”期间增速逐年放缓

1. “十二五”期间城市群城镇建设用地总面积为648.61万公顷，占全国比重的70.8%

以2010年为基期，“十二五”期间，我国城市群城镇建设用地总量从2010年年末的541.07万公顷，增加至2015年年末的648.61万公顷。城市群城镇建设用地占全国城镇建设用地总面积的比重逐渐下降但始终在70%以上（见表3-3-8）。

2. “十二五”期间，我国城市群新增城镇建设用地面积达107.54万公顷，年均增长率为3.7%，年增速逐年下降

“十二五”期间，我国城市群城镇建设用地新增面积达107.54万公顷，年均增长率为3.7%。其中，增量最大的是“十二五”之初的2011年。除2014年增量稍有上扬之外，“十二五”期内增量逐年减少（见表3-3-8）。

表3-3-8 “十二五”期间我国城市群城镇建设用地增长情况

年份	2010	2011	2012	2013	2014	2015
全国城镇建设用地规模（万公顷）	759.10	796.70	828.50	858.00	888.60	916.10
城市群城镇建设用地规模（万公顷）	541.07	569.24	590.55	610.02	630.35	648.61
城市群城镇建设用地占比（%）	71.28	71.45	71.28	71.10	70.94	70.80
年增量（万公顷）	—	28.17	21.32	19.47	20.33	18.26
年增长率（%）	—	5.21	3.74	3.30	3.33	2.90

城市群城镇建设用地增速与增量同步显著下降，新增城镇建设用地面积呈逐年下降趋势，增长率从2011年年末的5.21%下降至2015年年末的2.90%。

二、不同地类增长差异显著

为厘清2010—2015年城市群城镇建设用地的总体结构变动，首先对城镇用地分地类进行分析，然后从土地面积、土地面积增量、土地面积增速三个层面进行分析。

1. 城镇建设用地中住宅用地面积总量始终最高，工矿仓储用地次之，“十二五”期末二者合计占62.77%

“十二五”期间，在我国城市群城镇建设用地总量中，总体结构较稳定，各地类变动幅度较小。

至2015年年末，工矿仓储用地占比达30.42%，住宅用地占比达32.35%，两者合计比重由2010年年末的61.13%上升至62.77%，工矿仓储用地和住宅用地始终占据最大比重。

2. 工矿仓储用地增量最大，住宅用地次之，二者合计贡献七成以上的城市群城镇建设用地增量

“十二五”期间，城市群城镇建设用地增长量中的71.05%来自工矿仓储用地和住宅用地。其中，工矿仓储用地增长了41.90万公顷，占比38.96%；住宅用地增长了34.51万公顷，占比32.09%（见表3-3-9）。

表3-3-9　“十二五”期间城市群城镇建设用地分地类增量

用地类型	商服用地	工矿仓储用地	住宅用地	公服用地	特殊用地	交通运输用地	水域及水利设施用地	其他土地
增量（万公顷）	12.20	41.90	34.51	9.40	0.40	8.09	0.95	0.09
占比（%）	11.34	38.96	32.09	8.74	0.37	7.52	0.88	0.08

工矿仓储用地、住宅用地、商服用地、交通运输用地的新增面积整体呈逐年放缓趋势。而公服用地和其他土地的新增城镇建设用地面积在2012—2013年之后呈现一定程度上扬。工矿仓储用地与住宅用地新增城镇建设用地面积最高，年均增长量均在6万公顷以上；商服用地（2.44万公顷）、公服用地（1.88万公顷）、交通运输用地（1.62万公顷）次之，年均增长

量在1.6万公顷以上；其他用地（0.02万公顷）、特殊用地（0.08万公顷）以及水域及水利设施用地（0.19万公顷）较低，年均增长量在0.2万公顷以下。

3.商服用地年均增长率最高，工矿仓储用地和住宅用地次之，特殊用地和其他土地增长率均在1%以下

“十二五”期间，商服用地增长率最高，与2010年年末相比，2015年年末达6.29%。其次是工矿仓储用地和住宅用地，增长率分别达4.89%和3.66%。其余各类用地增长率均在3%以下。其他土地增长率最低，仅有0.07%。

具体研究各年分地类用地数据变化可以发现，其他土地呈现由负转正趋势，在2013—2014年度增长率首次为正。交通运输用地从2010—2011年度的4.3%降至2014—2015年度的1.6%。特殊用地的增长率变化趋势较小，始终保持在每年1.5%以下（包含1.5%）的增长率。商服用地和工矿仓储用地的增长率虽然并非逐年减少，但整体而言均呈现增速放缓趋势，前者从2010—2011年度的10.3%降至2014—2015年度的4.2%；后者从2010—2011年度的6.7%降至2014—2015年度的3.3%（见表3-3-10）。

表3-3-10 “十二五”期间城市群城镇建设用地分地类各年增长率

单位：%

用地类型	2010—2011年	2011—2012年	2012—2013年	2013—2014年	2014—2015年	年均增长率
商服用地	10.3	5.7	6.5	4.8	4.2	6.29
工矿仓储用地	6.7	5.8	4.1	4.6	3.3	4.89
住宅用地	4.8	3.9	3.8	3.4	2.5	3.66
公服用地	4.0	2.0	1.6	1.9	3.1	2.52
特殊用地	1.4	1.3	1.4	0.8	1.5	1.27
交通运输用地	4.3	2.4	1.9	1.8	1.6	2.38
水域及水利设施用地	7.8	0.1	1.5	1.0	1.4	2.33
其他土地	−1.4	−2.5	−1.4	1.4	4.3	0.07

第五节　“十二五”期末我国城市群城镇建设用地利用区域差异分析

一、“十二五”期末总体用地差异分析

1. 长江三角洲城市群城镇建设用地面积总量始终最高，长江中游城市群面积于2012年超越京津冀城市群，列第二位

“十二五”期间，长江三角洲城市群因其包含的城市众多，城镇建设用地面积总量始终最高，从2010年年末的87.65万公顷增加至2015年年末的96.88万公顷。至2015年年末，长三角城市群城镇建设用地占全国城市群城镇建设用地面积的14.94%。

至2015年年末，城镇建设用地面积在50万公顷以上的还有长江中游城市群（68.74万公顷）、京津冀城市群（61.51万公顷）、成渝城市群（55.36万公顷）和山东半岛城市群（54.48万公顷）。长江中游城市群城镇建设用地面积于2012年开始显著超越京津冀城市群，在“十二五”中后期始终列第二位。长江三角洲城市群面积是面积最小的兰西城市群的15倍。

2. 长江中游城市群城镇建设用地增量最大，太原城市群面积增量最小，城市群平均增量为5.4万公顷

“十二五”期间，全国城市群城镇建设用地平均增加了5.38万公顷，共8个城市群城镇建设用地增量高于平均值。在全国新增的107.55万公顷城市群城镇建设用地总量中，长江中游城市群城镇建设用地贡献了最大的面积增量，5年间共增加了17.52万公顷。成渝城市群次之，面积增量为11.75万公顷。太原城市群、兰西城市群、乌鲁木齐城市群、滇中城市群等西部城市群城镇土地增量较低。

3. 城市群城镇建设用地年均增长率的区域差异较大，黔中城市群最大，增长率均呈现下降趋势

进一步研究全国20个主要城市群的城镇建设用地变动情况发现，

“十二五”期间，虽然我国城市群的城镇建设用地面积均呈现逐年增长趋势，但增速层面呈现两个特征：

一是年均增长率区域差异较大，增长率较高的城市群集中于中西部地区，东部地区城市群增长率偏低。其中，黔中城市群城镇建设用地在“十二五”期间增长率最高，达11.1%。五成以上城市群的城镇建设用地增速高于全国城市群整体平均水平（3.7%），且这些增速较高的城市群多集中于中西部地区。京津冀城市群（2%）、长三角城市群（2%）、太原城市群（2.3%）、山东半岛城市群（2.4%）以及珠三角城市群（2.7%）的年均增长率均保持在较低水平，在低于平均增速的8个城市群中，除太原城市群外，其他7个城市群均位于东部地区。

二是各城市群的城镇建设用地的增速均呈现下降趋势。“十二五”之初，除江淮城市群（19%）和黔中城市群（12.8%）的城镇建设用地增速较快以外，大多数城市群的增速均在2%—7%之间。至2015年年末，前述两个城市群的增速降至8%左右，其余城市群的城镇建设用地增速下降至1%—4.4%之间。

二、“十二五”期末城市群内部结构差异分析

本节采用2015年年末数据，从城市群首位城市规模及城市群内部城市规模差异两个维度对“十二五”期末我国城市群内部规模结构的特征及差异进行描述。因中原城市群、滇中城市群和乌鲁木齐城市群的部分城市数据缺失，故在本节研究中将这三个城市群排除在外。

1. 首位城市经济规模差异大，用地规模差异小

“十二五”期末随着城市群的社会经济不断发展，首位城市依旧表现为在经济规模上差异最大，用地规模差异最小。各城市群首位城市规模如表3-3-11所示。其中，首位城市人口规模集聚差异最大，代表数据离散程度的变异系数为0.97，首位城市人口规模最大值为长三角城市群，其规

模为2425.68万人，约为宁夏沿黄城市群的18.1倍；其次为首位城市经济规模，变异系数为0.85，最大值上海市约为最小值银川市的16.8倍；各城市群之间首位城市城镇建设用地规模差异最小，变异系数为0.64，最大值上海市用地规模约为最小值贵阳市的6倍。

表3-3-11　“十二五”期末城市群首位城市各类规模（2015年数据）

城市群（首位城市）	城镇建设用地规模（万公顷）	城镇人口规模（万人）	经济规模（亿元）
京津冀城市群（北京）	16.66	1859.00	19500.56
长江三角洲城市群（上海）	19.13	2425.68	21602.12
珠江三角洲城市群（广州）	9.82	1104.09	15420.14
成渝城市群（重庆）	19.03	1243.48	12656.69
长江中上游城市群（武汉）	9.31	634.65	9051.27
海峡西岸城市群（厦门）	3.37	293.03	3018.16
山东半岛城市群（青岛）	9.07	325.36	8006.60
哈长城市群（哈尔滨）	7.91	417.33	5017.05
辽中南城市群（沈阳）	8.60	516.55	7158.57
江淮城市群（合肥）	6.81	356.80	4672.91
关中城市群（西安）	7.14	398.36	4884.13
北部湾城市群（南宁）	4.47	272.70	2803.54
太原城市群（太原）	3.87	350.00	2412.87
黔中城市群（贵阳）	3.17	265.36	2085.43
呼包鄂榆城市群（呼和浩特）	3.52	188.57	2710.39
兰西城市群（兰州）	3.26	196.12	1776.28
宁夏沿黄城市群（银川）	3.56	134.02	1289.02
均值	8.16	645.95	7297.98
标准差	5.23	627.44	6168.74
变异系数	0.64	0.97	0.85

各阶段典型城市群首位度及4城市指数如表3-3-12所示。按照位序-

规模理论，在城市规模结构理想状态下，城市首位度应为2，4城市指数应为1。在本节的17个主要城市群中，包括京津冀城市群（2.36）在内的7个城市群首位城市的首位度均在2以上，表明这些城市群的首位城市相对于第二位城市的首位地位突出。城市首位度最高的是太原城市群（4.68），这说明单从太原和长治两城市来看，太原在城市群中的首位城市地位突出。其次是长江三角洲城市群（3.99），但长三角城市群的4城市指数较高，说明上海相对于杭州、苏州、南京的人口发展较快。首位度和4城市指数最低的均为珠三角城市群（1.02、0.59），这说明在珠江三角洲城市群内，广州相对于同一城市群内的深圳的首位度不突出，广深呈现双核发展态势，且东莞、佛山的城市规模突出。

表3-3-12 “十二五”期末城市群人口首位度及四城市指数（2015年数据）

城市群名称	城市首位度	城市指数
太原城市群	4.68	1.82
长江三角洲城市群	3.99	1.88
关中城市群	3.75	1.41
黔中城市群	3.39	1.70
江淮城市群	2.77	1.09
宁夏沿黄城市群	2.64	1.47
成渝城市群	2.48	1.69
京津冀城市群	2.36	1.47
长江中上游城市群	1.99	0.93
北部湾城市群	1.98	0.93
辽中南城市群	1.58	0.83
兰西城市群	1.56	1.10
海峡西岸城市群	1.16	0.42
哈长城市群	1.13	0.64
山东半岛城市群	1.08	0.51

续表

城市群名称	城市首位度	城市指数
呼包鄂榆城市群	1.02	0.65
珠江三角洲城市群	1.02	0.59

2. 城市群内部人口规模差异大于经济、用地规模差异

再次运用基尼系数、赫芬达尔系数对“十二五”期末城市群内部各地级市之间规模差异进行测量发现，城市群内部发展规模差异普遍较大，用地、经济规模的分布均衡情况变化程度较接近，相比较“十二五”初期，内部人口规模差异大于经济、用地规模差异，用地差异有所缩小（见表3-3-13）。

表3-3-13　“十二五”期末城市群各类规模差异系数（2015年数据）

城市群	基尼系数G	人口–赫芬达尔系数H_3	经济–赫芬达尔系数H_3	用地–赫芬达尔系数H_3
京津冀城市群	0.867	0.320	0.196	0.143
长江三角洲城市群	0.824	0.234	0.079	0.067
珠江三角洲城市群	0.810	0.214	0.177	0.090
成渝城市群	0.841	0.253	0.194	0.188
长江中上游城市群	0.750	0.088	0.059	0.030
海峡西岸城市群	0.735	0.086	0.094	0.074
山东半岛城市群	0.704	0.081	0.061	0.059
哈长城市群	0.774	0.161	0.117	0.107
辽中南城市群	0.751	0.132	0.147	0.100
江淮城市群	0.760	0.165	0.120	0.092
关中城市群	0.802	0.275	0.275	0.244
北部湾城市群	0.777	0.168	0.115	0.088
太原城市群	0.809	0.342	0.173	0.172
黔中城市群	0.846	0.446	0.301	0.269
呼包鄂榆城市群	0.755	0.205	0.155	0.108
兰西城市群	0.840	0.401	0.342	0.381

续表

城市群	基尼系数G	人口–赫芬达尔系数H_3	经济–赫芬达尔系数H_3	用地–赫芬达尔系数H_3
宁夏沿黄城市群	0.832	0.414	0.352	0.283
均值	0.793	0.234	0.174	0.147
标准差	0.045	0.114	0.091	0.093
变异系数	0.056	0.485	0.521	0.636

从基尼系数来看，城市群内部发展规模差异普遍较大。以基尼系数的临界值0.6为基准，研究范围中所有城市群的基尼系数均在0.6以上，表明城市群内部发展规模差异普遍较大，其中，最大值京津冀城市群（0.867）约为临界值的1.4倍，第二为黔中城市群（0.846），城市内部规模差异最小为山东半岛城市群（0.704）。

从赫芬达尔系数来看，经济、人口要素集中程度与土地要素集中程度水平亦存在一定相关性。人口–赫芬达尔系数最高的是黔中城市群（0.446），其次为宁夏沿黄城市群（0.414）；经济–赫芬达尔系数最高的是宁夏沿黄城市群（0.352），其次为兰西城市群（0.342）。土地要素随城市群发展分布逐渐均匀，宁夏沿黄城市群用地–赫芬达尔系数约为珠江三角洲城市群的3倍，土地要素均匀分布趋势明显。

从变异系数来看，总体来说，各城市群之间的发展逐渐地趋于均衡，但整体差异非常大，特别是相对差异还十分地显著。用地、经济规模的分布均衡情况变化程度较为接近，对于大多数城市群而言，内部人口规模差异大于经济、用地规模差异。

3.“十二五”期间较成熟城市群内部体系规模与等级结构趋于平衡

在城市群内部城市人口分布上，经过5年的发展只有城市组团型的城市群人口差异在扩大，其他三类典型城市群的内部城市人口规模差异在缩小，尤其以辽中南城市群为代表的初步成型城市群，其首位度指数和4城市指数都有所下降，人口分布在城市群内部渐趋均衡（见图3–3–2）。

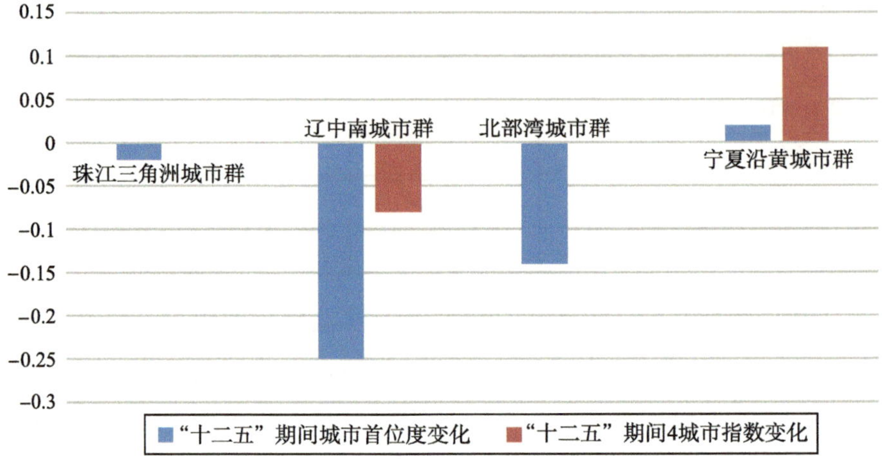

图3-3-2　“十二五”期末各阶段典型城市群首位度和4城市指数变化

5年间，以珠三角为代表的成熟城市群和以辽中南城市群为代表的初步成型城市群内部，人口增长逐步向次级城市均衡扩散，而经济发展的差异在城市之间扩大。以宁夏沿黄城市群为代表的城市组团型城市群其内部差异急剧扩大，尤其人口带动经济发展和用地增长向中心城市集中（见图3-3-3）。

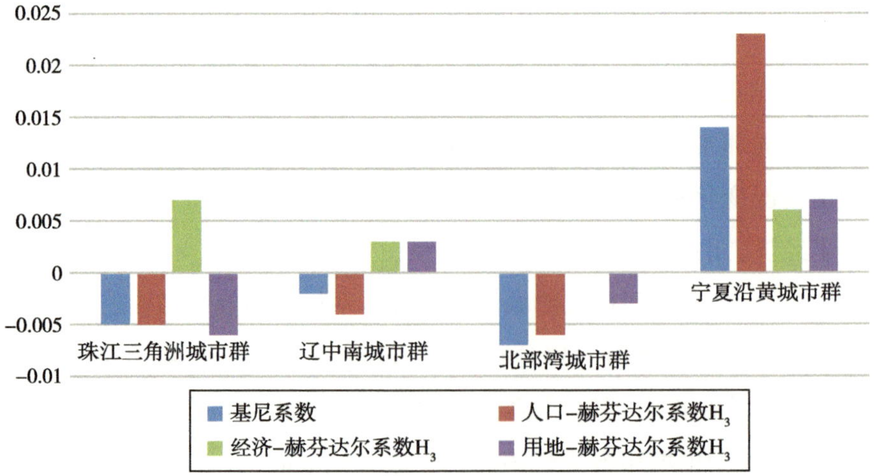

图3-3-3　“十二五”期末各阶段典型城市群各类指数变化

第六节 “十二五”期间长江三角洲城市群城镇建设用地增长特征分析

一、长江三角洲城市群城镇建设用地增速在全国城市群中最低

对长江三角洲城市群的研究依旧从土地面积、增量、增速三个层面进行分析。

从2010年年末的87.65万公顷增加至2015年年末的96.88万公顷，长江三角洲城市群城镇建设用地总量在“十二五”期间共增加了9.23万公顷。五年间面积始终居我国城市群第一位，增量居第三位。

在全国20个城市群中，长三角城市群城镇建设用地的年均增长率最低（2%），且自2012年起，其增速明显放缓，从2011年的3.8%下降到2012年的1.2%，并连续四年维持在2%以下。这表明，在国家推进节约集约用地、控制建设用地的规模、逐年减少新增建设用地的背景下，国家政策方针深刻影响了长三角城市群的城镇土地利用特征。

二、工矿仓储用地面积与增量最大，商服用地年均增速最高

分地类来看，“十二五”期间，长江三角洲城市群的城镇建设用地八大地类中，工矿仓储用地面积始终最大，占城市群城镇建设用地的39%左右。

水域及水利设施用地（2.43%）略高于全国城市群同地类年均增长率（2.33%），其他土地年均增长率为负，其余六地类的年均增长率均低于全国城市群同地类年均增长率（见表3-3-14）。

表3-3-14 “十二五”期间长江三角洲城市群分地类面积

单位：万公顷

用地类型	2010年	2011年	2012年	2013年	2014年	2015年	增量	年均增长率
商服用地	4.15	4.52	4.63	4.78	4.92	5.04	0.89	3.95%

续表

用地类型	2010年	2011年	2012年	2013年	2014年	2015年	增量	年均增长率
工矿仓储用地	34.08	35.30	35.81	36.39	37.11	37.94	3.86	2.17%
住宅用地	27.08	28.22	28.53	29.26	29.83	30.17	3.10	2.19%
公服用地	11.22	11.60	11.81	11.90	12.09	12.36	1.14	1.95%
特殊用地	0.47	0.48	0.48	0.48	0.48	0.48	0.01	0.47%
交通运输用地	6.85	6.97	6.94	7.01	7.09	7.17	0.32	0.92%
水域及水利设施用地	1.36	1.54	1.53	1.53	1.53	1.54	0.17	2.43%
其他土地	2.44	2.38	2.35	2.26	2.23	2.18	−0.25	−2.19%

通过分析“十二五”期间的建设用地增长情况，可以看出，商服用地的面积增长明显，增长率为3.95%；交通运输用地增长了4.50%。而公共管理与公共服务设施用地出现明显的减少，面积减少了约7.10%。另外一个面积明显减少的地类是工矿仓储用地，减少了约5.40%。

在土地利用现状分类（GB/T 21010—2007）的分类体系中，商服用地具体包括批发零售用地、住宿餐饮用地、商务金融用地和其他商服用地这四类用地。通过研究商服用地内部结构的变动，可以了解哪些类用地影响了商服用地的增长。

进一步分析商服用地分类下具体的变动情况：其中，商务金融用地面积增加了7.19%，其他商服用地增加了4.90%，批发零售用地和住宿餐饮用地的面积年均增长率均在2.90%左右（见表3−3−15）。这说明在长江三角洲城市群的城镇建设用地中，商务金融用地的增长在增长结构中的比重较大，这也与长三角地区拥有金融中心地位的上海、金融区域化成熟度高的现实情况相吻合。

表3-3-15 “十二五”期间长江三角洲城市群商服用地变化

单位：万公顷

土地类型	2010年	2011年	2012年	2013年	2014年	2015年	年均增长率
批发零售用地	2.02	2.16	2.21	2.24	2.28	2.33	2.86%
住宿餐饮用地	0.60	0.65	0.65	0.66	0.68	0.69	2.89%
商务金融用地	0.52	0.59	0.64	0.66	0.71	0.73	7.19%
其他商服用地	1.02	1.11	1.13	1.22	1.26	1.29	4.90%
合计	4.15	4.52	4.63	4.78	4.92	5.04	3.95%

工矿仓储用地包括工业用地和仓储用地。2010—2015年，长江三角洲城市群的城镇建设用地中工业用地增加了3.71万公顷，年均增长率（2.19%）略高于仓储用地（1.71%）。2012年工业用地和仓储用地的增速都出现了明显的下降，尤其是工业用地在“十二五”期间增速显著放缓（见图3-3-4）。

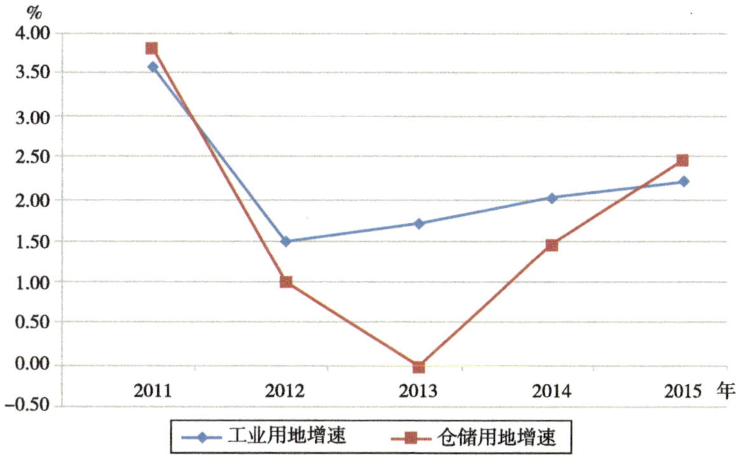

图3-3-4 “十二五”期间长江三角洲城市群工业仓储用地历年增速

第七节　主要结论

1.城市群是在工业化、城镇化进程中出现的区域空间形态的高级现象。在我国城市群是人口、经济及建设大规模、高度聚集的区域。从城市群的萌生、发展到成型，需要经历一个较为长期的过程，我国20个城市群正处于不同的发展阶段。从地域分布、聚集规模、聚集程度、中心城市集聚水平以及城镇体系完善程度综合考虑可以将我国城市群划分为成熟城市群、初步成型城市群、都市圈型城市群、城市组团型城市群四个发展阶段。

2.成熟性城市群分布在沿海地区，内中心城市为巨大型城市，同时具有全国性特大中心城市、跨地区性经济中心。城市等级结构体系完整，中心城市中心性强，在城市群内部服务半径较大，影响范围甚至遍及全国。

（1）初步成型城市群区域分布均匀，中心城市为特大城市，同时具有多个区域性大城市，中心城市各类要素集聚水平趋于城市群平均水平、中心性较强。存在较为完整的城市等级结构与产业经济协作关系，第二、第三产业较为发达，城市间经济联系密切。同时中心城市具有跨省域的经济辐射能力，经济发展能力处于上升阶段。

（2）都市圈型城市群主要分布于中部地区，中心城市为大城市，中心城市各类要素集聚程度低于城市群平均水平、中心性较弱，中心城市经济辐射范围集中在省内。城市体系结构等级较为完整，而城市间产业分工尚不明晰、经济协作关系尚不紧密。

（3）城市组团型城市群主要分布于西部地区，中心城市为大城市，中心城市各类要素集聚程度高于城市群平均水平、中心性弱，各级城市发展水平差异较大，中心城市经济辐射范围集中在省内部分区域。包含城市数量较少、结构等级不完善，经济联系也不紧密、区域经济联系与贸易往来不发达。

3. 从城市群城镇用地规模、土地利用结构、人均城镇用地水平及城镇用地效率四个方面，对各等级城市群进行比较研究发现，城市群等级越高其城镇用地规模越大、用地比例中城镇工矿用地比例越高、人均城镇用地水平越低、城镇用地效率越高的土地利用特征。

4. 随着城市群发展阶段不断成熟，首位城市经济、人口、用地要素的集聚规模不断提高，表明城市体系的核心区域垂直扩张力不断增强。同时，随着发展水平进一步提高，城市群首位度开始下降、人口用地规模金字塔逐渐扁平化，城市体系间规模差异经过一个缩小过程，城市群核心范围以首位城市为中心不断向外扩张。

（1）随着城市群发展阶段不断成熟，城镇体系结构差异经历了一个先增大后减小的过程；地级市结构从城市规模由大到小数量不断增多，逐渐演化成为中等规模城市数量最大、规模向两端变化数量依次变小。城市群发展水平扩张力度与范围随着城市群发展阶段的提升在不断增强与扩大。

（2）城市群内部发展规模差异普遍较大，城市群内部发展均衡程度与城市群发展阶段成曲线相关。经济、人口要素集聚规模差异大于土地要素，且亦与城市群发展阶段成规模差异曲线相关，要素规模差异经过一个逐渐减小又不断扩大的过程，而土地要素均匀分布趋势明显。城市群发展过程中，内部城镇用地规模差异变化大于经济、人口规模差异变化。

5. “十二五”期末我国城市群城镇建设用地总体新增107.6万公顷，年均增长率3.7%，增速逐年递减。以2010年为基期，“十二五”期间，我国20个主要城市群的城镇建设用地总量从2010年年末的541.07万公顷，增加至2015年年末的648.61万公顷，新增城镇建设用地面积达107.54万公顷，年均增长率为3.7%。另外，新增城镇建设用地面积呈逐年下降趋势，增速逐年下降，增长率从2011年年末的5.2%下降至2015年年末的2.9%。分地类看，住宅用地面积最高，工矿仓储用地增长量最大，商服用地增速最快。“十二五”期间，在我国城市群城镇建设用地总量中，总体结构而言较稳定，各地类变动幅度较小。

6. 从群间差异来看，总体而言，长江三角洲城市群城镇建设用地面积最大，长江中游城市群面积增量最大，黔中城市群增速最高。城市群城镇建设用地平均在五年间增长5.38万公顷，共8个城市群的土地增量高于平均水平。城市群年均增长率差异较大，增速均呈现下降趋势。城市群首位城市经济规模差异大于用地规模差异。除城市组团型城市群外，城市群内部发展人口规模差异在缩小，用地、经济规模差异在扩大。

7. 以长江三角洲城市群作为典型研究发现，其城镇建设用地总量从2010年末的87.65万公顷增加至2015年年末的96.88万公顷，新增9.23万公顷，五年间面积始终居于我国城市群第一位，增量居第三位，年均增长率为2%，自2012年起，增速显著下降。在八大地类中，工矿仓储用地的面积与增量最大，商服用地年均增速最高。除水域及水利设施用地和其他土地外，其余六地类的年均增长率均低于全国城市群同地类年均增长率。

第四部分

城镇土地利用专题分析

——数据运用与政策讨论

第一章　我国城乡建设用地增长与经济增长的关系研究（2011年）

研究发现，2004年以来的土地宏观调控政策令全国城乡建设用地增长趋势出现下滑，与整体上扬的经济增长趋势相关性逐步减弱，尤其在东部和中部经济发展阶段较高地区出现微弱负相关发展，土地要素的投入对经济增长的贡献逐步减弱，城乡建设用地集约利用程度得到提高。

2000—2011年，我国城乡建设用地增长经历了以2004年为拐点的先提速后缓速的过程，宏观经济的增长同样经历了以2008年为分界线的"先扬后抑"过程，二者的关系分三阶段发展：2004年前的同步上扬，2004—2008年的弱负相关发展以及2008年之后的显著负相关发展。建设用地投资强度加大、产出提高，土地集约利用趋势明显，用地增长与经济增长的关系逐步脱钩，依赖用地扩张带动经济发展的模式逐步消失。

分地区来看，经济发展阶段越高的区域（或省份），用地扩张对经济增长的影响越小。东部地区、中部地区、西部地区和东北地区分别呈现强集约发展、集约发展、弱集约发展以及粗放发展的类型。东部和中部地区的用地增长与经济增长相关性分别以2004年和2006年为拐点，在此之前经济增长与用地增长之间呈现正相关，在此之后二者出现脱钩。西部、东北地区用地增长与经济增长之间仍维持正相关趋势，东北地区更表现为经济增长与用地扩张同步上扬的粗放发展态势。

即使在发展程度最高的一线城市中，经济增长与用地扩张的关系也各不相同。北京、上海、广州、深圳四个城市中，深圳、北京经济增长与用地增长的相关性迅速减弱，产出地耗及投资地耗均大幅快速下降。

第一节　我国城乡建设用地增长与经济增长关系分析

一、全国城乡建设用地增长特征

2011年我国城乡建设用地规模为2894.8万公顷，同比增长1.7%。其中，城市用地面积为380.7万公顷占63%，建制镇用地面积为482.6万公顷占16%，村庄用地面积为1870.2万公顷占13%，采矿用地面积为231.3万公顷占8%。2011年城乡建设用地规模较2000年增长了24.2%，年均增长51.3万公顷，年均增长率2.0%，至2011年用地规模累积增长了564.2万公顷。

2000—2011年我国城乡建设用地增长经历了以2004年为拐点的先提速后缓速的过程。2000年以后我国建设用地供应量持续加大，使城乡建设用地规模年均增长速度提高，至2004年达到高峰，城乡建设用地年均增长率达2.5%。2004年原国土资源部颁布第71号令《关于继续开展经营性土地使用权招标拍卖挂牌出让情况执法监察工作的通知》，规定“2004年8月31日以后不得再以历史遗留问题为由采用协议方式出让经营性土地使用权”，即所有经营性用地出让全部实行招拍挂制度，这项所谓的“8·31”大限直接导致土地市场供应量收紧，2005—2008年城乡建设用地增长速度维持在2.0%—2.3%之间；2008年金融危机对我国宏观经济发展造成较大影响，但4万亿元投资大部分在基础设施建设上的分配依然促使2008—2009年城乡建设用地增长速度维持在2.0%左右。此后，随着我国经济发展方式的转型以及节约优先战略的实施，城乡建设用地更加注重“控增长、调结构”，反映在2010年以后我国城乡建设用地年增长率逐渐下落到2.0%以下，2011年城乡建设用地增长速度仅为1.7%（见图4-1-1）。

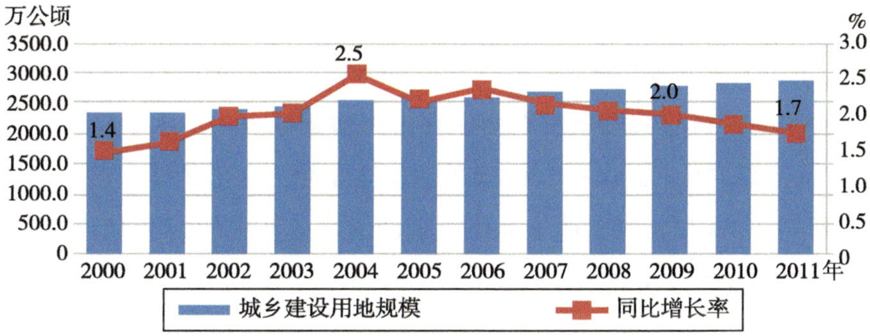

图4-1-1　2000—2011年度我国城乡建设用地规模变化趋势

二、全国经济增长特征

2011年，我国国内生产总值472881.6亿元（当年价），同比增长9.3%，三次产业结构分别为4.6∶51.6∶43.7。

2000—2011年，我国经济增长速度“先扬后抑”，年均增长率为10.4%，至2011年GDP增长了近2倍。按2000年价格计算，2000年我国GDP总量为99214.6亿元，至2011年GDP总量达293798.7亿元，较2000年增长了194584.2亿元，增长了近2倍。GDP增长速度先扬后抑，2003—2007年我国的经济增长始终在高位运行，GDP年均增长率超过10%，2007年经济增长率达到历史最高值14.2%。2008年受次贷危机和国际金融危机影响，我国GDP增长速度迅速回落到9.6%，由此国家宏观调控大力刺激经济发展，使得2010年GDP增长率回升至10.4%。2011年GDP增长率为9.3%，再次跌至10%以下，反映出我国经济发展理念的转变和经济发展结构的转型。

三、全国经济增长的地耗分析

2000—2011年全国单位GDP占用城乡建设用地的水平逐年下降，表现出建设用地集约利用发展的趋势。2000—2011年每亿元GDP对应的城乡建设用地规模从234.9公顷降至98.5公顷，累计下降2/3，年均下降幅度达8.2%，单位城乡建设用地经济产出逐年提升，土地集约化程度逐年提高。

2000—2011年我国单位新增GDP占用增量城乡用地水平呈现波动下降，累计下降57%。2001—2004年单位新增GDP占用增量城乡建设用地水平有所上升，这与我国整体土地供应量的增加关系密切，用地增长较为粗放。随着城乡建设用地规模增长率在2004年达到最高值，单位新增GDP占用增量城乡用地水平也达到最高值47.7公顷/亿元。2004—2008年土地供应量开始紧缩，但经济依然保持快速增长的态势，单位新增GDP占用增量城乡用地水平逐年下降。2008年大规模的基础设施建设使土地供应量有所扩大，与此同时经济增长的下滑使得单位新增GDP占用增量城乡用地水平稍有反弹。2010年以后经济持续增长，土地供应缩减（不排除变更调查城乡建设用地规模偏小的影响）使单位新增GDP占用增量城乡用地水平再次呈现下降趋势。

2000—2011年全国单位固定资产投资占用增量城乡建设用地的水平变化曲线倒“U”形，表明我国城乡建设用地投资强度经历先减弱后加强的趋势。2004年依然成为重要的拐点，2004年以前用地快速扩张令我国城乡建设用地投资强度逐年降低，随着土地宏观调控政策的实施，单位固定资产投资地耗水平逐年上升；2005—2006年由于用地增量较大使得地耗水平稍有反弹，2008年之后受宏观投资刺激经济的影响，投资地耗逐年走低，甚至低于2001年的水平，用地投资强度不断加强（见图4-1-2）。

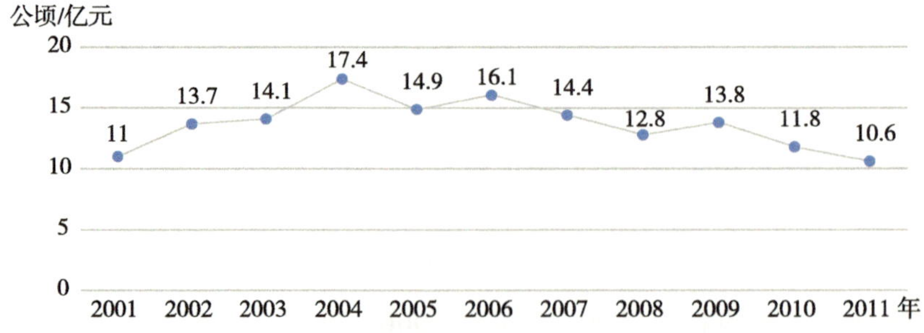

图4-1-2　2000—2011年全国每亿元固定资产投资占用增量城乡建设用地水平

四、全国用地增长与经济增长关系分析

2000—2011年，城乡建设用地增长与经济增长的相关性以2004年为拐点，2004年以前二者显著正相关，2004年以后二者相关性减弱，逐步脱钩发展。

2000—2011年，我国用地增长与经济增长的关系可分为三个阶段：

1. 2000—2004年，我国城乡建设用地增长和经济增长呈现同步上扬态势，单位GDP地耗水平下降，单位投资新增地耗水平升高。

2. 2004—2007年，用地增长与经济增长呈现弱负相关发展。2004年我国加强了对土地资源的管理，开始全面实行经营性用地的招、拍、挂出让，并且将土地政策逐步纳入宏观调控中，造成土地市场供应的紧缩，城乡建设用地增长下滑。但这对宏观经济增长并未造成影响，GDP持续上扬增长，直到2008年受国际金融危机影响整体经济增长放缓。这期间单位产出地耗、单位投资地耗水平均显著降低，土地集约利用发展趋势明显。

3. 2008年之后，用地增长与经济增长显著负相关发展。2010年国家更加重视转变经济发展方式，强化落实节约优先战略，土地供应量增量缩减到2003年水平，但我国经济增量始终维持在2.5万亿元的增长水平，经济发展进入调整发展阶段，土地集约利用水平不断提高，用地增长与经济增长逐步脱钩，依赖建设用地扩张带动经济增长的模式逐步消失。

第二节　四大经济区用地增长与经济增长的关系分析

四大经济区中经济发展阶段越高的区域，用地扩张对经济增长的影响越小。东部地区、中部地区、西部地区和东北地区分别呈现强集约发展、集约发展、弱集约发展以及粗放发展的类型。

一、四大经济区城乡建设用地增长特征

2000—2011年，东部地区城乡建设用地增长份额最大，占41.8%，增长速度最快达年均增长2.5%，东部、西部、中部和东北地区城乡建设用地增长量和增长速度依次降低。作为我国经济发展重心的东部地区，其城乡建设用地规模由2000年的742.6万公顷增长到978.7万公顷，增长了236.1万公顷，占总增量的41.8%，年均增长率2.5%，显著高于全国平均水平2.0%，城乡建设用地规模占全国总规模的比重也由2000年的31.9%上升为2011年的33.8%。受西部大开发战略的影响，2000年以来西部地区用地规模增长较快，占全国总用地规模的比重由2000年的28.1%上升至2011年的28.3%。中部和东北地区城乡建设用地增长速度分别为1.7%和1.1%，均低于全国平均水平，城乡建设用地规模占全国总规模比重均有所下降，其中中部地区占全国总用地规模由2000年的27.7%降至26.8%，东北地区占比则由2000年的12.3%下降到2011年的11.1%，用地增长规模相对不大（见表4-1-1）。

表4-1-1　2000—2011年四大经济区城乡建设用地增长情况

地区	2000年城乡建设用地规模（万公顷）	2011年城乡建设用地规模（万公顷）	2000—2011年各区用地增长量（万公顷）	2000—2011年各区用地年均增长率（%）	2000年各区用地占全国比重（%）	2011年各区用地占全国比重（%）	2000—2011年各区用地增长占全国比重（%）
东部地区	742.6	978.7	236.1	2.5	31.9	33.8	41.8
中部地区	646.7	775.8	129.1	1.7	27.7	26.8	22.9
西部地区	654.9	817.8	162.9	2.0	28.1	28.3	28.9
东北地区	286.4	322.5	36.1	1.1	12.3	11.1	6.4
全国	2330.6	2894.8	564.2	2.0	100.0	100.0	100.0

2000—2011年，四大经济区城乡建设用地增长年度变化趋势差异显著，东部地区用地变化趋势与全国趋势相对较为一致，二者之间的相关性

较高。这一期间，东部、中部、西部和东北地区的区域用地年均增量与全国用地年均增量相关系数依次降低，其中东部地区相关系数最大为0.9，表明东部地区城乡建设用地增长变化趋势与全国趋势相对一致，中部地区为0.7，西部、东北地区均为0.5，发展趋势差异明显。

二、四大经济区经济增长特征

2000—2011年，东部地区的GDP增长持续占据全国半壁江山，东部和西部地区的经济增长速度较快。2011年东部地区经济总量占全国经济总量的比重为53.12%，较2000年的52.46%略有上升。这一期间，东部、中部、西部和东北地区的经济增长量依次减少，分别为137435.8亿元、49766.2亿元、45243.5亿元和25064.8亿元。东部和西部地区的增长速度较快，从而使得2011年东部和西部地区GDP占全国总量的比重均小幅上升，而中部和东北地区比重下降（见表4-1-2）。

表4-1-2　2000—2011年四大经济区经济增长情况

地区	2000年GDP总量（亿元）	2011年GDP总量（亿元）	2000—2011年各区GDP增长量（亿元）	2000—2011年各区GDP年均增长率（%）	2000年各区GDP占全国比重（%）	2011年各区GDP占全国比重（%）	2000—2011年各区GDP增长占全国比重（%）
东部地区	51020.5	188456.4	137435.8	12.6	52.46	53.12	53.37
中部地区	19791.0	69557.1	49766.2	12.1	20.35	19.61	19.33
西部地区	16654.6	61898.1	45243.5	12.7	17.13	17.45	17.57
东北地区	9786.9	34851.7	25064.8	12.2	10.06	9.82	9.73
总计	97253.0	354763.3	257510.3	12.5	100.00	100.00	100.00

2000—2011年，四大经济区经济增长变化趋势与全国趋势基本一致，近期西部和东北地区发展显著。2000—2004年，全国经济持续加速，2002年以来各区均保持在10%以上的经济增长速度。2007—2009年，受次贷

危机影响，四大经济区均出现增速走低现象，东部地区尤其明显。2010—2011年，东部和中部地区经济增速下调，西部和东北地区与全国趋势一致，均稍有升高。

三、四大经济区经济增长的地耗分析

与全国趋势基本一致，四大经济区单位GDP占用城乡建设用地水平均呈现逐年下降趋势，单位GDP地耗水平区域差距缩小。单位GDP占用城乡建设用地水平东部地区、东北地区、中部地区和西部地区依次升高，表明经济产出强度在依次降低，西部地区是东部地区水平的2.54倍。随着经济的发展，四大经济区单位GDP地耗水平的差距逐步缩小，产出强度最高的东部地区与最低的西部地区之间的差距由2000年的2.7倍缩小到2011年的2.55倍。

四大经济区的单位新增GDP占用增量城乡建设用地的水平整体呈波动下降趋势，东部地区下降最为明显，土地集约利用趋势显著。排除数据异常，四大经济区单位新增GDP占用增量城乡建设用地的水平逐年波动下降，各区城乡建设用地集约化水平均在提高，东部地区下降最为明显，下降幅度达72.8%，其次为中部和西部地区下降幅度分别为69%和65%。东北地区由于GDP基数较大，2000年新增GDP地耗水平低于东部地区，但到2011年其新增GDP地耗水平仅下降53%，土地集约利用趋势不明显。2011年四大经济区单位新增GDP地耗水平东部、东北、中部和西部地区依次升高，西部地区是东部地区水平的2.66倍。

2001—2011年，四大经济区单位固定资产投资占用增量城乡建设用地的水平基本均呈现倒“U”形曲线，东部、中部地区投资强度明显升高，东北、西部地区投资强度降低。2011年四大经济区单位投资地耗水平东部、东北、中部和西部地区依次升高，西部地区是东部地区水平的3倍。东部地区单位固定资产投资占用增量城乡建设用地的水平变化趋势与全国趋势较为一致，以2004年为拐点其后投资地耗逐年下降，2011年单位投资地耗降为2001年水平的2/3强。中部地区则以2006年为拐点倒“U”形曲线发展，单位投资地耗降低为2001年水平的90%。西部地区以2004年为拐点其后稳步降低，2011年并未低于2001年水平。东北地区单位投资地耗水平则出现波动升高趋势，用地大幅扩张导致投资强度降低。

四、四大经济区用地增长与经济增长关系分析

2000—2011年，四大经济区城乡建设用地增长与经济增长之间变化趋势差异明显，东部地区用地增量与经济增量之间呈现微弱负相关，西部和中部地区弱正相关发展，东北地区同步增长的正相关关系最为明显。这表明随着经济发展阶段的提升，用地扩张对经济增长的影响在逐步减弱。

四大经济区宏观经济发展趋势与全国基本一致，而在城乡建设用地增长方面差异明显，东部地区城乡建设用地增量在2004年开始出现持续降低，中部地区拐点则出现在2006年，西部地区2004年之后基本保持用地增量稳定微弱上扬，而东北地区用地增量波动大幅上扬。由此表现为2000—2011年四大经济区城乡建设用地增量与经济增量之间的相关系数东北地区最高达0.7，其次为西部地区的0.4和中部地区的0.3；东部地区城乡建设用地增量与经济增量相关系数为−0.1。

由此总结四大经济区用地增长与经济增长的关系为四种类型。

东部地区：强集约发展型。东部地区的经济发展阶段最高，经济与用地的总量占比均最大，增速也最快。2004年之后东部地区经济增长与用地扩张脱钩发展，经济增量与用地增量呈现负相关，产出地耗、投资地耗大幅降低，土地集约利用模式成熟。

中部地区：集约发展型。中部地区的经济发展阶段仅次于东部地区，其发展路径也类似，2006年后经济增长与用地增长脱钩发展，产出地耗、投资地耗降低幅度仅次于东部地区，土地集约利用模式逐步成熟。

西部地区：弱集约发展型。西部地区自2004年之后城乡建设用地基本保持匀速扩张，与此同时经济的大幅增长令产出地耗水平大幅下降，但投资地耗仍稍有升高，土地集约利用模式逐步出现。

东北地区：粗放发展型。作为老工业基地，东北地区的经济基础好，其投资地耗水平和产出地耗水平在2000年均处于全国最低，但是近年来并未摆脱以大量消耗土地资源推动经济增长的粗放发展理念，虽然产出地耗水平有所降低，但投资地耗水平波动上升，经济增长与土地利用模式急需转型。

第三节　省级单元用地增长与经济增长的关系分析

一、省级单元用地增长特征

2000—2011年城乡建设用地增长省际差异较大，江苏、山东、河北、浙江等东部沿海省份的用地规模增量较大，但西藏、青海等西部省份用地增速较快。滨海新区的建设使天津在2000—2011年的城乡建设用地年均增长率高达4.6%。新疆、浙江、江苏等城乡建设用地增长较快的省份其用地规模占全国的比重均呈现上升趋势，陕西、吉林、四川、黑龙江、河南等省份用地增长较慢，其用地规模占全国的比重均呈下降趋势（见表4-1-3）。

表4-1-3　2000—2011年各省用地增长情况

地区	2000年城乡建设用地规模（万公顷）	2011年城乡建设用地规模（万公顷）	2000—2011年各省用地增长量（万公顷）	2000—2011年各省用地年均增长率（%）	2000年各省用地占全国比重（%）	2011年各省用地占全国比重（%）	2000—2011年各省用地增长占全国比重（%）
北京	20.6	28.3	7.7	2.9	0.88	0.98	1.4

续表

地区	2000年城乡建设用地规模（万公顷）	2011年城乡建设用地规模（万公顷）	2000—2011年各省用地增长量（万公顷）	2000—2011年各省用地年均增长率（%）	2000年各省用地占全国比重（%）	2011年各省用地占全国比重（%）	2000—2011年各省用地增长占全国比重（%）
天津	18.8	31.0	12.1	4.6	0.81	1.07	2.2
河北	139.2	176.4	37.2	2.2	5.97	6.09	6.6
山西	69.0	82.3	13.3	1.6	2.96	2.84	2.4
内蒙古	100.1	124.3	24.2	2.0	4.30	4.29	4.3
辽宁	102.6	124.8	22.3	1.8	4.40	4.31	3.9
吉林	74.0	81.5	7.5	0.9	3.18	2.82	1.3
黑龙江	109.8	116.2	6.3	0.5	4.71	4.01	1.1
上海	21.2	26.2	5.0	1.9	0.91	0.91	0.9
江苏	130.5	178.4	47.9	2.9	5.60	6.16	8.5
浙江	56.6	90.5	34.0	4.4	2.43	3.13	6.0
安徽	128.5	155.8	27.4	1.8	5.51	5.38	4.8
福建	39.7	55.8	16.0	3.1	1.70	1.93	2.8
江西	62.1	87.0	24.9	3.1	2.66	3.01	4.4
山东	180.0	222.9	42.9	2.0	7.72	7.70	7.6
河南	186.2	207.8	21.6	1.0	8.00	7.18	3.8
湖北	97.4	118.9	21.5	1.8	4.18	4.11	3.8
湖南	103.5	124.0	20.5	1.7	4.44	4.28	3.6
广东	116.6	148.1	31.5	2.2	5.00	5.12	5.6
广西	64.3	82.7	18.4	2.3	2.76	2.86	3.3
海南	19.3	21.1	1.8	0.8	0.83	0.73	0.3
重庆	44.4	52.3	7.9	1.5	1.91	1.81	1.4
四川	127.8	144.4	16.6	1.1	5.48	4.99	2.9
贵州	41.0	46.9	5.9	1.2	1.76	1.62	1.1
云南	57.1	76.1	19.0	2.6	2.45	2.63	3.4

续表

地区	2000年城乡建设用地规模（万公顷）	2011年城乡建设用地规模（万公顷）	2000—2011年各省用地增长量（万公顷）	2000—2011年各省用地年均增长率（%）	2000年各省用地占全国比重（%）	2011年各省用地占全国比重（%）	2000—2011年各省用地增长占全国比重（%）
西藏	4.3	9.0	4.7	6.9	0.18	0.31	0.8
陕西	65.4	72.2	6.8	0.9	2.81	2.49	1.2
甘肃	57.7	67.0	9.3	1.4	2.48	2.31	1.7
青海	11.1	20.5	9.4	5.8	0.48	0.71	1.7
宁夏	15.2	23.3	8.1	3.9	0.65	0.80	1.4
新疆	66.5	99.1	32.7	3.7	2.85	3.42	5.8
全国	2330.6	2894.8	564.2	2.0	100.0	100.0	100.0

二、省级单元经济增长特征

2000—2011年，经济增长地域差异较大，内蒙古、天津增速较快，粤、苏、鲁、浙增量较大。内蒙古和天津的增长速度分别为17.1%和15.2%，显著高于其他省份12%—13%的水平，而北京和上海的经济增长速度相对较低只有11%多，进而导致北京和上海的经济总量占全国比重的下滑。从经济增长量来看，粤、苏、鲁、浙四省依然表现强劲，明显高于其他省份（见表4-1-4）。

表4-1-4　2000—2011年各省经济增长情况

地区	2000年GDP总量（亿元）	2011年GDP总量（亿元）	2000—2011年各省GDP增长量（亿元）	2000—2011年各省GDP年均增长率（%）	2000年各省GDP占全国比重（%）	2011年各省GDP占全国比重（%）	2000—2011年各省GDP增长占全国比重（%）
北京	2478.8	8136.9	5658.1	11.4	2.54	2.29	2.20

续表

地区	2000年GDP总量（亿元）	2011年GDP总量（亿元）	2000—2011年各省GDP增长量（亿元）	2000—2011年各省GDP年均增长率（%）	2000年各省GDP占全国比重（%）	2011年各省GDP占全国比重（%）	2000—2011年各省GDP增长占全国比重（%）
天津	1639.4	7766.1	6126.8	15.2	1.69	2.19	2.38
河北	5089.0	16758.3	11669.4	11.4	5.23	4.72	4.53
山西	1643.8	5907.0	4263.2	12.3	1.69	1.64	1.66
内蒙古	1401.0	7935.0	6534.0	17.1	1.44	2.24	2.54
辽宁	4669.1	17157.1	12488.0	12.6	4.80	4.84	4.85
吉林	1864.8	7042.4	5177.5	12.8	1.92	1.98	2.01
黑龙江	3253.0	10652.2	7399.2	11.4	3.35	3.00	2.87
上海	4551.2	14707.0	10155.8	11.3	4.68	4.15	3.94
江苏	8582.7	33003.7	24421.0	13.0	8.83	9.30	9.48
浙江	6036.3	21276.7	15240.4	12.1	6.21	6.00	5.92
安徽	3038.2	10605.4	7567.1	12.0	3.12	2.99	2.94
福建	3920.1	14023.0	10103.0	12.3	4.03	3.95	3.92
江西	2003.1	7156.2	5153.2	12.3	2.06	2.02	2.00
山东	8542.4	32353.4	23810.9	12.9	8.78	9.12	9.25
河南	5137.7	18084.7	12947.0	12.1	5.28	5.10	5.02
湖北	4276.3	14835.8	10559.5	12.0	4.40	4.18	4.10
湖南	3691.9	12968.1	9276.2	12.1	3.80	3.66	3.60
广东	9662.2	38671.3	29009.1	13.4	9.94	10.90	11.27
广西	2050.2	7378.6	5328.4	12.3	2.11	2.08	2.07
海南	518.5	1759.9	1241.4	11.8	0.53	0.50	0.48
重庆	1589.3	6282.9	4693.6	13.3	1.63	1.77	1.82
四川	4010.3	14887.9	10877.7	12.7	4.12	4.20	4.23

续表

地区	2000年GDP总量（亿元）	2011年GDP总量（亿元）	2000—2011年各省GDP增长量（亿元）	2000—2011年各省GDP年均增长率（%）	2000年各省GDP占全国比重（%）	2011年各省GDP占全国比重（%）	2000—2011年各省GDP增长占全国比重（%）
贵州	993.5	3320.4	2326.8	11.6	1.02	0.94	0.90
云南	1955.1	5949.4	3994.3	10.6	2.01	1.68	1.55
西藏	117.5	425.5	308.1	12.4	0.12	0.12	0.12
陕西	1660.9	6619.6	4958.7	13.4	1.71	1.87	1.93
甘肃	983.4	3132.3	2148.9	11.1	1.01	0.88	0.84
青海	263.6	977.6	714.0	12.7	0.27	0.28	0.28
宁夏	265.6	911.9	646.3	11.9	0.27	0.26	0.25
新疆	1364.4	4077.0	2712.7	10.5	1.41	1.15	1.05
全国	97253.0	354763.3	257510.3	12.5	100.0	100.0	100.0

三、省级单元经济增长的地耗分析

各省单位GDP占用城乡建设用地的水平均呈现逐年下降趋势，上海、北京、广东、福建、天津、浙江、江苏等东部沿海省份单位GDP地耗水平较低，但内蒙古、甘肃、宁夏、陕西等西部省份单位GDP地耗下降幅度最大，单位GDP占用城乡建设用地水平的省际差异在缩小。2000—2011年各省单位GDP占用城乡建设用地水平逐年下降，表明我国城乡建设用地集约化的趋势在各省均有表现。上海、北京、广东、福建等东部省份单位GDP占用城乡建设用地的水平较低，城乡建设用地的经济产出较高，而宁夏、新疆、甘肃、西藏等西部省份的单位GDP地耗水平较高，城乡建设用地的经济产出较低。2000—2011年单位GDP占用城乡建设用地水平的省际差异在缩小，2000年占地水平最高的内蒙古为714.8公顷/亿元，占地水平最低的上海为46.6公顷/亿元，二者相差14.3倍；而2011年占地水平最高的宁夏为255.1公顷/亿元，占地水平最低的上海为17.8公顷/亿元，二者差距缩减到13.3倍。

各省单位新增GDP占用增量城乡建设用地水平整体表现为波动下降的大趋势，省际差异明显。2000—2011年西藏、青海、宁夏、云南等西部地区，以及江西、山西、安徽等中部省份的单位新增GDP占用增量城乡建设用地水平下降幅度较大，这一结论与四大经济区的分析结果相呼应。河北、北京等东部地区的单位新增GDP占用增量城乡建设用地水平也有较大幅度的下降，贵州和海南等省份的单位新增GDP占用增量城乡建设用地水平不降反升。

2000—2011年，单位固定资产投资占用增量城乡建设用地的水平省际差异显著，主要表现为大经济区之间的差异。东部10省单位固定资产投资占用增量城乡建设用地的水平的变化趋势相对一致，在2004年达到用地水平最高点后整体呈现波动下降的趋势；中部6省单位固定资产投资地耗水平基本都在2006年达到用地水平的最高点后下降；西部12省单位固定资产投资地耗水平基本在2004年达到用地水平的最高点后呈平缓升高趋势；东北3省单位固定资产投资地耗水平表现为波动升高趋势。

四、省级单元用地增长与经济增长关系分析

就省级单元而言，2000—2011年城乡建设用地增长与经济增长变化趋势省际差异显著，二者相关系数较大的省份主要分布在东北、西部和中部地区，东部地区省份的相关系数较小，甚至出现负值，这也进一步验证了东部地区用地增长与经济增长不相关甚至呈微弱负相关的结论。东北地区的黑龙江、吉林城乡建设用地增量与经济增量的相关系数分别为0.7、0.8，普遍高于其他省份；中部地区的湖北，西部地区的内蒙古、贵州、陕西和甘肃，东部地区的海南等省份其城乡建设用地增量与经济增量的相关系

数均在0.7—0.8之间，经济增长与用地增长的正相关关系显著。东部地区的北京、天津、河北、江苏、浙江、广东等二者相关系数为负或0，表现出经济增长与用地增长的负相关关系[1]。

第四节　重点城市用地增长与经济增长的关系分析

深圳、北京经济增长的产出地耗和投资地耗大幅下降，上海、广州则表现为产出地耗下降，投资地耗微升。

2000—2011年深圳、广州、上海、北京单位GDP地耗水平逐年下降，深圳始终水平最低、下降幅度最大。2000—2011年北京、上海、广州、深圳四个一线城市的单位GDP占用城乡建设用地水平逐年下降，下降幅度稍低于全国水平，表明四个发达城市的土地利用集约化程度仍在提高。深圳、广州、上海和北京的单位GDP占地水平呈梯度变化，深圳产出地耗水平始终最低且下降幅度最大，北京、上海产出地耗水平下降趋势较缓，深圳与北京水平之间的差距稍有放大。

2001—2011年四大城市单位新增GDP占用增量城乡建设用地水平波动下降，差异显著缩小。2001年北京单位新增GDP地耗水平显著高于其他城市，是最低水平广州的12.8倍，十年间下降幅度达86.5%，2011年北京新增GDP地耗水平与最低水平深圳之间的差距缩小到4.1倍。与此同时深圳的新增GDP地耗水平也经历了87.6%的大幅下降，超过广州、上海成为最低水平，后者下降幅度均在1/3左右。

北上广深的单位新增固定资产投资占用增量城乡建设用地水平变化

---

〔1〕 经济发展水平遥遥领先全国的上海，其城乡建设用地增量与经济增量之间的相关系数为0.4，经济增长与用地增长之间存在一定的相关性，可能缘于上海城乡建设用地规模在2002年和2006年出现两次大的调整。

趋势不一致，深圳、北京大幅下降，上海、广州波动微升。2000—2011年深圳和北京的投资地耗水平呈大幅下降趋势，其中深圳下降幅度最大达88%，超过广州、上海成为最低水平，北京下降幅度也达77%。上海和广州的投资地耗水平表现为年度大幅波动，2011年水平相较于2001年水平稍有上升，其中广州升幅最大达71.4%。

第五节　主要结论

1.2000—2011年我国城乡建设用地增长经历了以2004年为拐点的先提速后缓速的过程，而宏观经济的增长同样经历了以2008年为分界线的“先扬后抑”过程，二者的关系分三阶段发展：2004年前的同步上扬，2004—2008年的弱负相关发展以及2008年之后的逐步脱钩。研究发现：以2004年为拐点，2004年以前城乡建设用地以粗放扩张为主，2004年以后逐步转向集约发展。

2.四大经济区中经济发展阶段越高的区域，用地扩张对经济增长的影响越小。东部地区、中部地区、西部地区和东北地区分别呈现强集约发展、集约发展、弱集约发展以及粗放发展的类型，其中东部地区和中部地区分别以2004年和2006年出现由粗放利用到集约利用的拐点，东北地区仍表现为经济增长与用地扩张的同步上扬态势。

3.省级单元中经济增长与用地增长的关系差异较大，基本与大经济区的差异规律一致。

4.深圳、北京经济增长的产出地耗和投资地耗大幅下降，上海、广州则表现为产出地耗下降，投资地耗微升。

5.总体来看，2004年以来的土地调控政策在提高城乡建设用地节约集约利用水平方面起到促进作用。随着经济发展阶段的提升，土地要素投入对经济增长的影响在减弱。

第二章 “十二五”期间我国城镇建设用地增长与人口城镇化的关系研究（2015年）

第一节 “十二五”期间我国人口城镇化特征分析

一、全国总人口与城镇人口数量持续上涨，近年来人口城镇化率不断提升，但增速有所放缓

“十二五”期间，全国总人口与城镇人口数量持续上涨。“十二五”期末（2015年年末），全国总人口136782万人，较“十二五”初（2010年年末）的133450万人增长了3332万人。其中，城镇人口由2010年年底的37674万人增长到了44528万人。

“十二五”期间，城镇人口增长率明显高于总人口增量率。总人口增长率保持在0.50%左右，而城镇人口增长率在2%—5%之间浮动。其中，“十二五”首年（2010—2011年）城镇人口增长率最高，为4.76%，与此同时总人口增长率处于该阶段最低水平为0.48%，城镇人口有较大幅度增长；第二年（2011—2012年）总人口增长率保持在0.48%，而城镇人口增长率小幅下降但优势依旧明显；第三年（2012—2013年）总人口增量率上升至0.50%，城镇人口增长率持续下降至3.24%；第四年（2013—2014年）总人口增长率为0.49%，城镇人口增长率出现“十二五”期间最低值2.58%；第五年（2014—2015年）总人口增长率突破0.50%，同时城镇人口增长率上升至2.79%（见表4-2-1）。

表4-2-1　“十二五”期间全国总人口与城镇人口变化

人口增长变化		2010—2011年	2011—2012年	2012—2013年	2013—2014年	2014—2015年
全国总人口	增长量（万人）	641	644	669	668	710
	增长率（%）	0.48	0.48	0.50	0.49	0.52
城镇人口	增长量（万人）	1795	1434	1324	1091	1210
	增长率（%）	4.76	3.63	3.24	2.58	2.79

“十二五”期间，我国人口城镇化率不断提升，人口城镇化率提升幅度稍有降低。2010—2015年我国人口城镇化率从28.23%增长到32.55%，年均约提升0.86个百分点。“十二五”期间，我国人口城镇化率增速近年来有所放缓（见图4-2-1）。

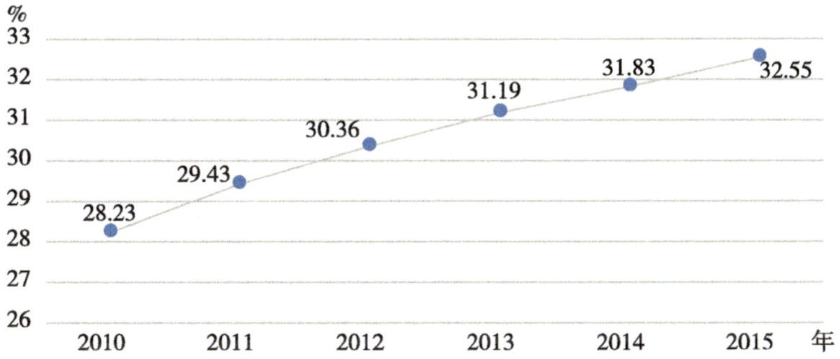

图4-2-1　“十二五”期间全国人口城镇化变化趋势

二、上海、北京的人口城镇化水平临近 90%，青海、西藏的年均人口城镇化增长率分别高达 7.291%、6.281%

“十二五”期间，人口城镇化水平省际差异较大，上海、北京、辽宁、天津、广东等始终处于较高的人口城镇化水平，但各省总体变化速率逐步放缓。从2010—2015年每年人口城镇化率来看，上海的人口城镇化率最高，接近90%，北京次之，也高于80%，辽宁、天津、广东在40%—50%之间，而西藏、云南、贵州、广西等则在20%左右。从人口城镇化率的变化速率来看，各省份在近几年来均有不同程度的上下波动，其中北京、天津、内蒙古、辽宁、吉林等均出现增长与下滑交替的情形，而江苏、安徽等省份则始终处于上升趋势。总体而言，各省份在“十二五”期末的人口城镇化变化速率出现放缓或持平的态势。从“十二五”期间年平均增长率来看，青海、西藏两省份的年均增长率分别为7.291%、6.281%，显著高于其他省份，而上海、黑龙江、河北的人口城镇化年均增长率仅为0.218%、0.308%、0.319%，平均趋势呈现持平态势，其他省份均有不同程度的提高（见表4-2-2、图4-2-2）。

表4-2-2 “十二五”期间各省人口城镇化率及其变化速率

单位：%

地区	2010年	2011年	2012年	2013年	2014年	2015年	2010—2011年	2011—2012年	2012—2013年	2013—2014年	2014—2015年
北京	80.20	85.93	86.22	86.21	86.29	86.38	7.14	0.336	−0.006	0.096	0.001
天津	49.45	47.37	45.42	45.96	45.09	51.85	−4.22	−4.111	1.190	−1.902	0.150
河北	21.72	21.34	21.62	21.87	21.94	22.06	−1.71	1.303	1.161	0.297	0.005
山西	27.97	27.08	28.17	28.74	29.13	29.73	−3.20	4.056	2.005	1.357	0.021
内蒙古	32.24	33.88	33.87	35.24	35.41	34.87	5.11	−0.051	4.052	0.487	−0.015
辽宁	48.37	48.33	50.07	51.69	52.93	51.81	−0.08	3.594	3.241	2.399	−0.021
吉林	37.29	38.91	40.69	41.41	40.99	41.97	4.34	4.559	1.782	−1.019	0.024
黑龙江	35.41	35.39	35.61	35.84	35.49	35.96	−0.07	0.627	0.624	−0.953	0.013
上海	88.60	89.27	89.31	89.33	89.61	89.57	0.76	0.045	0.022	0.313	−0.045
江苏	31.40	32.11	33.82	35.27	36.33	37.41	2.25	5.338	4.280	2.993	0.030
浙江	33.40	33.39	33.42	34.29	36.34	36.82	−0.03	0.080	2.624	5.972	0.013
安徽	19.67	20.89	21.15	22.33	22.90	23.55	6.23	1.250	5.541	2.548	0.028
福建	25.92	27.05	27.78	28.67	29.27	29.80	4.33	2.714	3.214	2.098	0.018
江西	17.46	18.44	19.07	20.18	21.23	21.75	5.63	3.416	5.831	5.161	0.025
山东	28.11	28.44	29.05	29.85	30.26	31.04	1.16	2.130	2.751	1.387	0.026
河南	20.73	22.58	23.00	24.43	24.65	25.44	8.91	1.841	6.207	0.930	0.032

续表

地区	2010年	2011年	2012年	2013年	2014年	2015年	2010—2011年	2011—2012年	2012—2013年	2013—2014年	2014—2015年
湖北	29.43	30.51	30.95	31.40	31.74	32.32	3.64	1.455	1.436	1.092	0.018
湖南	18.56	18.77	20.29	21.10	21.38	21.64	1.12	8.088	4.004	1.297	0.012
广东	42.83	42.16	45.07	44.17	46.48	47.64	−1.57	6.922	−2.009	5.225	0.025
广西	16.22	18.38	19.56	19.80	19.96	20.85	13.31	6.434	1.223	0.814	0.045
海南	24.55	26.26	25.58	26.94	27.50	29.25	6.98	−2.588	5.316	2.076	0.064
重庆	32.00	36.73	35.71	37.97	38.15	41.57	14.77	−2.763	6.322	0.462	0.090
四川	18.37	19.68	20.73	22.02	23.01	24.22	7.17	5.323	6.221	4.501	0.052
贵州	15.08	15.57	16.90	17.33	17.78	18.03	3.25	8.525	2.561	2.597	0.014
云南	14.42	15.92	17.15	18.54	17.19	17.57	10.35	7.782	8.078	−7.261	0.022
西藏	15.69	14.99	16.12	18.10	19.78	21.12	−4.48	7.554	12.315	9.234	0.068
陕西	20.85	21.09	21.36	21.98	22.89	23.35	1.13	1.268	2.905	4.155	0.020
甘肃	20.86	21.13	21.42	21.90	21.99	22.09	1.30	1.372	2.229	0.404	0.005
青海	20.13	21.11	22.43	23.90	28.32	28.40	4.86	6.285	6.549	18.468	0.003
宁夏	35.02	35.40	37.05	40.66	40.36	41.31	1.10	4.648	9.743	−0.739	0.023
新疆	28.47	28.87	29.53	30.10	31.21	31.51	1.40	2.284	1.914	3.683	0.010

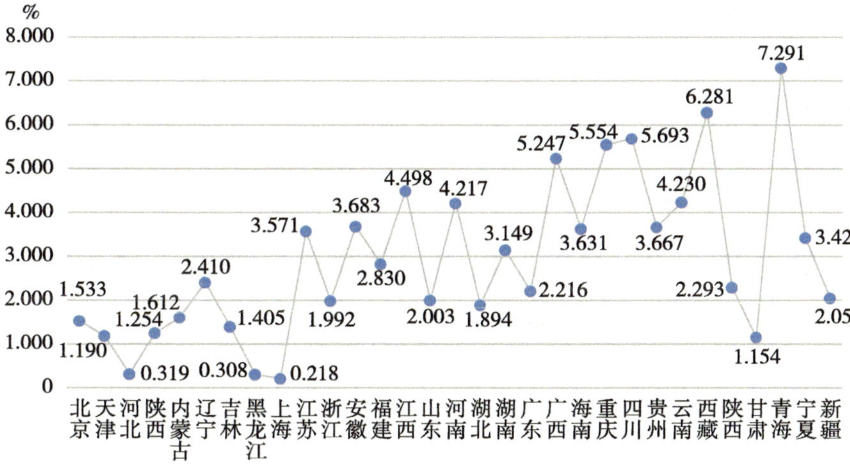

图4-2-2“十二五”期间各省人口城镇化年平均增长速率

三、“十二五”初期我国人口城镇化的省际差异非常明显，至“十二五”末期全国城镇化水平基本实现均衡化

2010年，我国东北地区（辽宁、吉林、黑龙江）和东部部分地区（北京、天津、上海、江苏、浙江、广东）人口城镇化率都在30%以上，中、西部人口城镇化水平总体呈现三级阶梯分布，由北向南逐步递减。

进入“十二五”时期，中部地区的湖北和安徽人口城镇化率分别为30.51%、20.89%。全国人口城镇化空间分异形势基本不变。

2012年年末，东北地区的辽宁、吉林人口城镇化率分别为50.07%和40.69%，而中部地区的湖南以及西部地区的四川也突破20%，分别达到20.29%、20.73%。

2013年年末，中部地区的江西、西部地区的新疆和宁夏的城镇人口加快增长，分别上升至20.18%、30.10%、40.66%。至2015年年底，全国人口城镇化的阶梯状分布消失，除北京、上海个别城市以外，总体水平趋于一致。中、西部人口城镇化的三级阶梯分布特征不再明显。

2014年除东部地区的山东由29.85%跨越到30.26%，其他各省份基本保持原人口城镇化水平。

“十二五”期末，西部地区人口城镇化程度有了较大提高，西藏、广西均突破20%大关，分别提高到21.12%、20.85%，重庆也由38.15%上升至41.57%。

第二节 “十二五”期间我国建设用地增长与人口城镇化关系分析

一、全国城镇建设用地规模由7590965.35公顷扩大到9160539.81公顷，但增长速率逐步下降并趋于缓和

“十一五”末期，我国城镇建设用地规模为7590965.35公顷。其中，城

市用地面积占48%，建制镇面积占52%。“十二五”期间，我国城镇建设用地规模不断增大，但同比增长率逐年下降。至“十二五”末期，我国城镇建设用地规模为9160539.81公顷。其中城市用地面积占47%，建制镇面积占53%。“十二五”末期城镇建设用地规模较初期增长了20.68%，年均增长313914.89公顷。“十二五”期间，我国城镇建设用地规模增长率由5.0%下降至3.1%，年均增长率约3.8%，至“十二五”期末城镇建设用地规模累积增长了1569574.46公顷（见图4-2-3）。

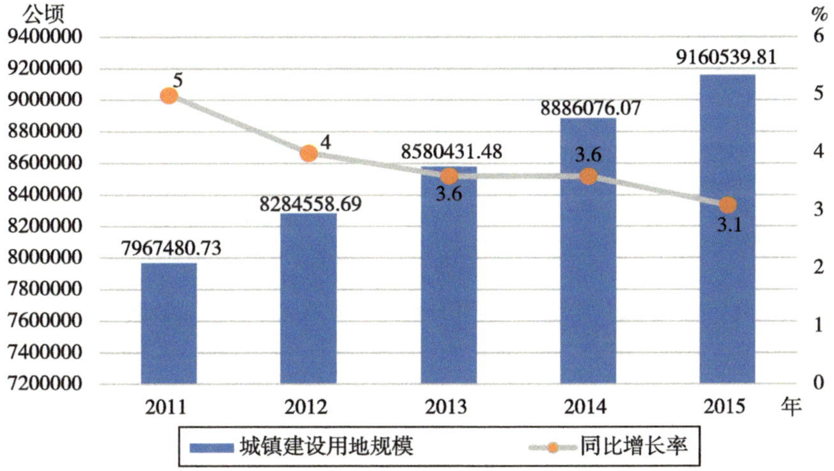

图4-2-3　“十二五”期间我国城镇建设用地规模变化趋势

二、全国城镇人口与城镇建设用地呈同步增长趋势，单位城镇建设用地的人口城镇化率逐年提升，土地集约化程度不断提高

“十二五”期间，全国人口城镇化率每百分点占用城镇建设用地的水平逐年提升，表现出人口城镇化与建设用地同步增长趋势。2010年每百分点人口增长率对应的城镇建设用地规模为268897.1公顷。进入“十二五”，每百分点人口增长率对应的城镇建设用地规模上升至270686.6公顷，2012—2014年每百分点人口增长率对应的城镇建设用地规模分别为

272898.9公顷、275139.3公顷、279131.6公顷，“十二五”期末单位人口增长率对应的城镇建设用地规模为281395.0公顷（见图4-2-4）。“十二五”期间，累积上升12497.9公顷，年均上涨幅度达0.9%。同时，单位城镇建设用地的人口城镇化率逐年提高，土地集约化程度逐年提高。

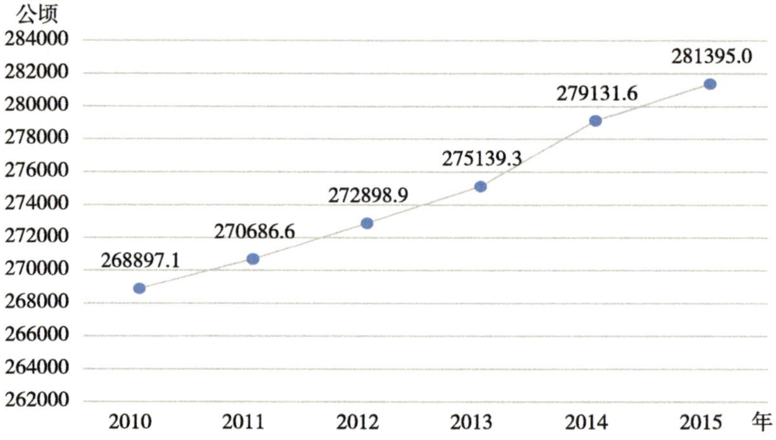

图4-2-4　“十二五”期间我国每百分点人口城镇化率占用城镇建设用地水平

三、“十二五”期间全国城镇建设用地增长与人口城镇化总体变化趋势基本一致

“十二五”期间城镇建设用地增长与人口城镇化呈现不同程度的相关性，二者变化趋势基本一致。

2011—2012年，我国城镇建设用地增长与人口城镇化增长呈现明显正相关发展，二者处于基本同步下滑态势。城镇建设用地增量下降速率为-15.79%，显著高于人口城镇化增量-23.34%。

2012—2013年，二者仍处于较强正相关水平，人口城镇化增量变化速率为-10.30%，略低于城镇建设用地增量下降速率-6.69%。

2013—2014年，我国城镇建设用地增长与人口城镇化增长呈现弱正相关，二者增长速率为负相关，人口城镇化增长速率下降至-21.64%，而城镇建设用地增量速率迅速提升到3.30%。

2014—2015年，我国城镇建设用地增长与人口城镇化增长继续呈现弱正相关性，二者增长速率保持负相关。城镇建设用地增长速率下降，而人口城镇化增长出现提升，变化速率分别为-10.20%和10.84%。

第三节 “十二五”期间省级单元建设用地增长与人口城镇化的关系分析

一、“十二五”期间湖北城镇建设用地规模增量最大，贵州城镇建设用地增长速度最快

“十二五”期间城镇建设用地增长省际差异大，湖北、广东、安徽、江西等省份的城镇建设用地规模增量较大，而新疆、江西、宁夏、湖北、甘肃、青海等省份的城镇建设用地增速较快。湖北、广东、安徽、江西等省份的城镇建设用地规模增长量显著高于其他省份，而贵州、新疆、江西、宁夏、湖北、甘肃、青海等省份的城镇建设用地增长速度高于其他省份。

“十二五”期间，各省级单元的城镇建设用地增长量差异明显，空间分异的片状特征不明显，各省份之间无显著关联。中部地区的湖北建设用地增长量高达104226.5公顷，东部地区的广东也超过100000公顷达到100541.77公顷。中部地区安徽的城镇建设用地增长量也接近100000公顷，为91639.24公顷。而西部地区的西藏和东部地区的北京的建设用地增长量则不足10000公顷，分别为2296.68公顷和9687.05公顷。从建设用地增长量占比来看，湖北、广东的城镇建设用地规模增长量占全国的比重分别高达6.64%、6.41%，而西藏占0.15%。

“十二五”期间，各省级单元的城镇建设用地年平均增长率空间分异呈现片状特征。西部地区贵州的城镇建设用地增长率高达73.1%，而东部

地区北京、上海的城镇建设用地年平均增长率仅为6.2%、7.5%。东北地区（黑龙江、吉林、辽宁）、东部地区（天津、河北、江苏、浙江、山东、广东、海南）和中部地区（山西、河南）等主要省份的城镇建设用地年平均增长率基本位于10%—20%之间。西部地区除西藏城镇建设用地年平均增长率仅为11.30%外，都高于20%（见表4-2-3）。

表4-2-3　2010—2015年各省城镇建设用地增长情况

单位：%

地区	2010—2015年各省用地年增长率	2010—2015年各省用地增长占全国比重
北京	6.2	0.62
天津	10.0	0.88
河北	13.5	2.84
山西	11.8	1.38
内蒙古	19.5	4.00
辽宁	17.9	3.74
吉林	14.5	1.76
黑龙江	13.0	2.44
上海	7.5	0.85
江苏	12.8	4.92
浙江	10.9	2.54
安徽	28.0	5.84
福建	23.4	2.73
江西	38.7	5.15
山东	12.2	4.85
河南	19.4	4.89
湖北	35.7	6.64
湖南	29.9	4.42
广东	16.5	6.41
广西	26.1	3.56

续表

地区	2010—2015年各省用地年增长率	2010—2015年各省用地增长占全国比重
海南	19.8	0.95
重庆	37.5	3.31
四川	22.5	4.95
贵州	73.1	4.23
云南	29.3	2.76
西藏	11.3	0.15
陕西	29.8	3.48
甘肃	34.5	2.52
青海	33.4	0.84
宁夏	38.0	1.55
新疆	39.7	4.81
全国	20.7	100.00

二、各省级单元城镇人口增长的地耗水平总体波动上升，土地集约发展趋势明显

各省单位人口城镇化率占用城镇建设用地水平整体表现为波动上升的大趋势，省际差异明显。单位人口城镇化率占用城镇建设用地的省际差异较大，西部地区的西藏和青海、东部的北京等单位人口城镇化率地耗水平较低，西部地区的西藏和青海、东部地区的江苏等省份单位人口城镇化率地耗水平呈下降趋势，而西部地区的贵州、重庆、甘肃以及中部地区的湖北等省份的单位人口城镇化率地耗水平则呈明显上升趋势。2010年西藏人口城镇化率每百分点占地水平为1292.9公顷，2015年下降至1069.4公顷，降幅为−17.3%。2010年贵州占地水平为6024.7公顷，2015年上升至8721.6公顷，增幅为44.8%（见表4−2−4）。

表4-2-4　2010—2015年单位人口城镇化率占用城镇建设用地情况

单位：公顷

地区	2010年	2011年	2012年	2013年	2014年	2015年
北京	1955.8	1871.7	1879.9	1906.9	1920.3	1928.0
天津	2821.1	2976.7	3203.6	3263.7	3378.7	2958.6
河北	15172.9	15975.3	16349.4	16445.8	16801.9	16959.6
山西	6606.9	6965.0	6884.3	6924.8	6986.2	6947.5
内蒙古	9984.8	9983.6	10358.2	10284.3	10647.3	11033.8
辽宁	6765.2	7166.4	7254.9	7204.4	7174.1	7448.4
吉林	5106.3	5174.2	5101.7	5127.5	5256.6	5194.3
黑龙江	8290.9	8610.6	8826.0	8944.2	9215.8	9229.2
上海	2008.9	2071.8	2095.5	2103.8	2117.6	2136.1
江苏	19297.0	19667.5	18996.2	18621.0	18406.9	18261.6
浙江	10952.5	11303.1	11404.3	11334.0	10978.3	11016.3
安徽	16612.0	16868.5	17653.0	17218.6	17172.0	17767.2
福建	7061.3	7004.3	6960.1	7227.6	7366.2	7582.5
江西	11974.0	12164.6	12706.7	12693.9	12966.2	13330.5
山东	22192.7	22525.6	22532.0	22439.4	22617.1	22554.7
河南	19136.1	18404.5	18639.1	18151.0	18642.2	18614.6
湖北	9924.9	10346.3	10838.9	11252.3	11994.0	12262.3
湖南	12505.5	13110.3	12748.3	13027.7	13516.3	13936.6
广东	14237.8	14943.3	14326.1	15041.5	14780.6	14909.3
广西	13186.6	12149.0	11867.2	12352.5	12862.5	12936.3
海南	3056.0	3077.7	3278.1	3205.1	3194.2	3071.9
重庆	4325.0	4104.7	4506.1	4432.1	4729.3	4578.0
四川	18850.1	18612.8	18503.8	18042.1	17939.2	17504.8

续表

地区	2010年	2011年	2012年	2013年	2014年	2015年
贵州	6024.7	6690.4	7067.0	7451.9	8152.7	8721.6
云南	10242.7	9870.3	9704.0	9514.5	10716.5	10871.3
西藏	1292.9	1384.0	1394.0	1173.1	1110.1	1069.4
陕西	8780.5	9180.9	9915.2	9994.6	10049.9	10178.7
甘肃	5488.1	5781.2	6114.2	6391.8	6731.4	6969.7
青海	1959.9	1937.9	1949.5	2116.7	1773.8	1853.1
宁夏	1833.0	1932.2	2001.1	1989.3	2107.9	2143.8
新疆	6675.8	7238.9	7489.4	7918.2	8086.1	8427.8
全国	268897.1	270686.6	272898.9	275139.3	279131.6	281395.0

三、上海城镇建设用地增长与人口城镇化变化趋势高度一致，部分省份人地同步增长形势不明显

“十二五”期间，城镇建设用地增长与人口城镇化变化趋势省级差异显著，少数省份的相关系数高，而大部分省份的相关系数较小，甚至出现负值，这也一定程度上说明了城镇建设用地增长与人口城镇化不相关甚至呈负相关。东部地区上海的城镇建设用地增量与人口城镇化率相关系数高达0.91，其次东部地区的北京和西部地区的宁夏也都接近0.9，人口城镇化增长与用地增长的正相关关系显著。中部地区的安徽和湖北、西部地区的重庆和四川等省份城镇建设用地增量与人口城镇化率均低于0.1，人口城镇化增长与用地增长的正相关关系很不明显。而东北地区（黑龙江）、东部地区（天津、河北、江苏、福建、山东、广东）、中部地区（江西、湖南）、西部地区（广西、西藏、陕西、青海、新疆）二者相关系数为负，表现出人口城镇化水平提高与城镇建设用地增长的负相关关系。

四、"十二五"期间协调发展型与挖潜发展型省份由19个增至25个，用地效率普遍提高

"十二五"期间，省域建设用地增长与人口城镇化的协调性[1]呈现一定年际差异。2011年属于协调发展型的省份有17个，挖潜发展型省份有2个（挖潜发展Ⅱ型2个），低效扩张型省份12个（低效扩张Ⅰ型5个、低效扩张Ⅱ型7个）；2012年属于协调发展型的省份有18个，挖潜发展型省份有4个（挖潜发展Ⅱ型4个），低效扩张型省份9个（低效扩张Ⅰ型1个、低效扩张Ⅱ型8个）；2013年属于协调发展型的省份有20个，挖潜发展型省份有4个（挖潜发展Ⅰ型1个、挖潜发展Ⅱ型3个），低效扩张型省份7个（低效扩张Ⅰ型6个、低效扩张Ⅱ型1个）；2014年属于协调发展型的省份有14个，挖潜发展型省份有4个（挖潜发展Ⅰ型2个、挖潜发展Ⅱ型2个），低效扩张型省份13个（低效扩张Ⅰ型2个、低效扩张Ⅱ型11个）；2015年属于协调发展型的省份有18个，挖潜发展型省份有7个（挖潜发展Ⅰ型2个、挖潜发展Ⅱ型5个），低效扩张型省份6个（低效扩张Ⅰ型2个、低效扩张Ⅱ型4个）。"十二五"中期（2013年）的协调发展型省份最多，至"十二五"末期（2015年）更多省份转为挖潜发展型，而2014年的低效扩张型省份数则最多。

2011—2012年，西部部分地区城镇建设用地增长与人口城镇化率协调性得到明显改善。协调性得到改善的共有10个省份，包括天津、山西、内蒙古、辽宁、江苏、广东、贵州、西藏、宁夏、新疆。其中，广东协调性指数大幅上升由低效扩张变为挖潜发展，天津、内蒙古、江苏由协调发展进一步升级为挖潜发展，山西、辽宁、贵州、西藏、宁夏、新疆由低效扩张变为

[1] 协调发展型地区的城镇人口和城镇建设用地增速基本一致，两者协调发展。

挖潜发展型地区的城镇人口增速快于城镇建设用地的增速，即城镇人口大量增加，但是城镇建设用地却没有随之相应地扩张，用地趋于挖潜发展。根据其协调程度再细分为"Ⅰ型"和"Ⅱ型"，"Ⅰ型"的协调性要稍好于"Ⅱ型"。

低效扩张型地区的城镇建设用地增速快于城镇人口增速，即城镇建设用地大规模扩张，超过城镇人口聚集增加的速度，用地效率趋于低下。按其协调程度分为"Ⅰ型"和"Ⅱ型"，"Ⅰ型"的协调性要稍好于"Ⅱ型"。

协调发展。在此期间，协调性恶化的省份有6个，分别为河北、浙江、安徽、湖北、海南、重庆。其中，河北由挖潜发展转为协调发展，浙江、海南、重庆由协调发展转为低效扩张，安徽、湖北仍属于低效扩张但协调性指数仍在下降。

2012—2013年，城镇建设用地增长与人口城镇化率协调性得到改善的省级单元较多。协调性得到改善的共有8个省份，包括上海、浙江、安徽、湖北、海南、西藏、山西、甘肃。其中，海南协调性指数大幅上升由低效扩张变为挖潜发展，上海、西藏由协调发展进一步升级为挖潜发展，浙江、安徽、陕西由低效扩张变为协调发展。在此期间，协调性恶化的省份有6个，分别为北京、天津、内蒙古、江苏、广西、青海。其中，北京、天津、内蒙古、江苏由挖潜发展转为协调发展，广西、青海由协调发展转为低效扩张。

2013—2014年，城镇建设用地增长与人口城镇化率协调性恶化严重，用地低效扩张显著。协调性得到改善的仅有4个省份，为北京、浙江、青海、新疆。其中，青海、新疆协调性指数大幅上升由低效扩张变为挖潜发展，北京、浙江由协调发展进一步升级为挖潜发展。在此期间，协调性恶化的省份共有14个，分别为河北、内蒙古、吉林、上海、河南、湖南、广东、广西、海南、重庆、贵州、云南、甘肃、宁夏。其中，上海、广东、海南由挖潜发展转为协调发展，河北、内蒙古、吉林、河南、湖南、重庆、云南、宁夏由协调发展转为低效扩张，广西、贵州、甘肃仍属于低效扩张但协调性指数仍在下降。

2014—2015年，城镇建设用地增长与人口城镇化率协调性明显好转，用地效率普遍提高。协调性得到改善的仅有12个省份，为天津、河北、吉林、黑龙江、河南、湖北、广西、海南、重庆、四川、云南、宁夏。其中，吉林协调性指数大幅上升由低效扩张变为挖潜发展，天津、海南、四川、宁夏由协调发展进一步升级为挖潜发展，河北、黑龙江、河南、湖北、广西、重庆、云南由低效扩张变为协调发展。在此期间，协调性恶化的省份仅有4个，分别为北京、辽宁、青海、新疆。其中，青海协调性恶化最严重由挖潜发展转为低效扩张，辽宁、新疆由协调发展转为低效扩张，北京仍属于挖潜发展但协调性指数在下降（见表4-2-5）。

表4-2-5　各省城镇建设用地增长与人口城镇化协调性分类结果

协调性类型	协调性亚型	2011年	2012年	2013年	2014年	2015年
挖潜发展型	挖潜发展Ⅰ型			海南	北京、浙江	吉林、四川
	挖潜发展Ⅱ型	北京、河北	北京、天津、内蒙古、江苏	上海、广东、西藏	西藏、青海、	北京、天津、海南、西藏、青海
协调发展型	增长协调型	天津、内蒙古、吉林、上海、江苏、浙江、福建、江西、山东、河南、湖南、广西、海南、重庆、四川、云南、青海	河北、山西、辽宁、吉林、上海、福建、江西、山东、河南、湖南、广西、四川、贵州、云南、西藏、青海、宁夏、新疆	北京、天津、河北、山西、内蒙古、辽宁、吉林、江苏、浙江、安徽、福建、江西、山东、河南、湖南、重庆、四川、云南、陕西、宁夏	天津、山西、辽宁、上海、江苏、安徽、福建、江西、山东、广东、海南、四川、陕西、新疆	河北、山西、黑龙江、上海、江苏、浙江、安徽、福建、江西、山东、河南、湖北、广东、广西、重庆、云南、陕西、宁夏
低效扩张型	低效扩张Ⅰ型	山西、安徽、湖北、广东、宁夏	浙江	湖北、广西、贵州、甘肃、青海、新疆	河北、湖南	湖南、新疆
	低效扩张Ⅱ型	辽宁、黑龙江、贵州、西藏、陕西、甘肃、新疆	黑龙江、安徽、湖北、海南、重庆、广东、陕西、甘肃	黑龙江	内蒙古、吉林、黑龙江、河南、湖北、广西、重庆、贵州、云南、甘肃、宁夏	内蒙古、辽宁、贵州、甘肃

第四节 主要结论

本章基于2010—2015年全国地籍调查汇总数据，以我国31个省份为分析对象，分析我国城镇建设用地增长与人口城镇化在宏观、中观和微观不同层面上的分布情况、内部构成和演变特征，并测度全国和省域不同尺度地区城镇建设用地与人口城镇化水平之间的相关情况。

研究发现，“十二五”期间，全国总人口与城镇人口数量持续上涨，近年来人口城镇化率不断提升，但增速有所放缓。人口城镇化水平省际差异较大，上海、北京、辽宁、天津、广东等始终处于较高的人口城镇化水平，上海、北京的人口城镇化水平临近90%，青海、西藏的年均人口城镇化增长率分别高达7.291%、6.281%，但各省总体变化速率逐步放缓。“十二五”初期我国人口城镇化的省际差异非常明显，至“十二五”末期全国城镇化水平基本实现均衡化。

“十二五”期间全国城镇建设用地规模由7590965.35公顷扩大到9160539.81公顷，但增长速率逐步下降并趋于缓和。我国城镇建设用地规模增长率由5.0%下降至3.1%，年均增长率约3.8%，至“十二五”期末城镇建设用地规模累积增长了1569574.46公顷。全国城镇人口与城镇建设用地呈同步增长趋势，单位城镇建设用地的人口城镇化率逐年提升，土地集约化程度不断提高。“十二五”期间全国城镇建设用地增长与人口城镇化总体变化趋势基本一致。

“十二五”期间城镇建设用地增长省际差异大，湖北、广东、安徽、江西等省份的城镇建设用地规模增量较大，而新疆、江西、宁夏、湖北、甘肃、青海等省份的城镇建设用地增速较快。各省级单元城镇人口增长的地耗水平总体波动上升，土地集约发展趋势明显。“十二五”期间，城镇建设用地增长与人口城镇化变化趋势省级差异显著，上海城镇建设用地增长与人口城镇化变化趋势高度一致，部分省份人地同步增长形势不明显。

“十二五”期间，省域建设用地增长与人口城镇化的协调性呈现一定年际差异。“十二五”期间协调发展型与挖潜发展型省份由19个增至25个，用地效率普遍提高。2011—2012年，西部部分地区城镇建设用地增长与人口城镇化率协调性得到明显改善。2012—2013年，城镇建设用地增长与人口城镇化率协调性得到改善的省级单元较多。2013—2014年，城镇建设用地增长与人口城镇化率协调性恶化严重，用地低效扩张显著。2014—2015年，城镇建设用地增长与人口城镇化率协调性明显好转，用地效率提高。

第三章　我国城镇建设用地所有制结构演变研究（2012年）

随着经济发展和人口增长，城市化进程越来越快，土地资源异常稀缺，在经济中所扮演的角色也越来越重要。我国现有土地制度规定城市土地归国家所有而农村土地归集体所有，从而形成了我国特色的城乡土地二元结构。土地资源配置方式可以刺激要素投入的积极性，提高土地利用效率，促进经济稳定增长。因此，研究我国城镇建设用地所有制结构演变对我国土地政策、土地集约利用方式以及地区经济可持续发展的研究有重要意义。

本章基于2010—2013年城镇地籍调查数据中土地所有制结构性质调查统计数据，通过抽样城市截面数据分析、动态数据分析及土地所有制结构与经济发展水平相关性分析，讨论我国城镇建设用地所有制结构概况及其与国家或地区经济发展相关性。

研究发现，在城镇建设用地中，我国国有土地比例长期稳定在85%以上，特殊用地国有化比例最高。2010—2012年，全国城镇建设用地国有化比例稳步提升，其他土地国有化率上升显著。土地要素集约度与经济增长之间是存在相关关系的，基于不同发展水平的城市分类，2010—2012年，高发展水平城市的经济发展水平与土地国有化比例趋势协调，而低发展水平地区的经济发展水平与土地国有化比例呈现不协调状态。

第一节　我国城镇建设用地所有制结构截面分析

一、2010年调查107个城市的国有用地占比约85%

2010年，进行城镇土地权属性质调查统计的地级及以上城市有107个，主要分布于长江以南、黄河以北、西部及东北部地区。调查土地面积共234.78万公顷，其中国有土地面积198.26万公顷，占84.45%，集体所有土地面积36.51万公顷，占15.55%。

二、特殊用地类型国有比例最高

从各类用地类型来看，2010年我国国有用地比例最高的为特殊用地，总量为3.98万公顷，占总用地的1.69%，其国有化比例高达94.94%；其次为公服用地，总量为34.43万公顷，占总用地的14.67%，其国有化比例达90.92%；国有化比例最低的用地类型为其他土地，为11.61万公顷，占总用地4.95%，其国有化比例最低，为74.63%。

三、西部地区国有化比例较高

从四大经济区总体情况来看，东部城市调查土地面积最多，覆盖了11240.20平方千米，其国有化水平最低，仅81.10%；西部地区调查土地面积覆盖了6248.91平方千米，其国有化水平最高，为90.11%；中部地区调查面积位列第三，覆盖了3782.24平方千米，其国有化水平亦列第三，为82.61%；东北部地区虽然调查覆盖面积最小，仅为2206.50平方千米，但其国有化水平位列第二，为88.64%（见图4-3-1）。

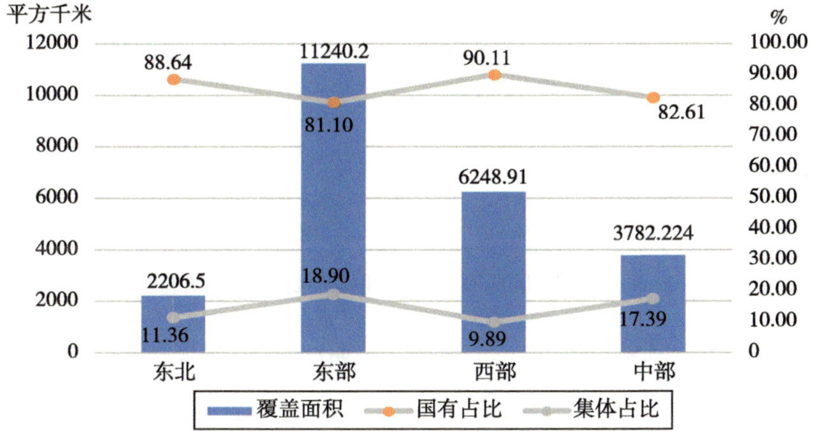

图4-3-1 2010年四大经济区城镇土地权属调查总量及占比

四、中部地区各类用地国有化比例差异最大

从四大经济区各用地类型所有制权属来看，其用地权属国有化比例组成如图4-3-2至图4-3-5所示。

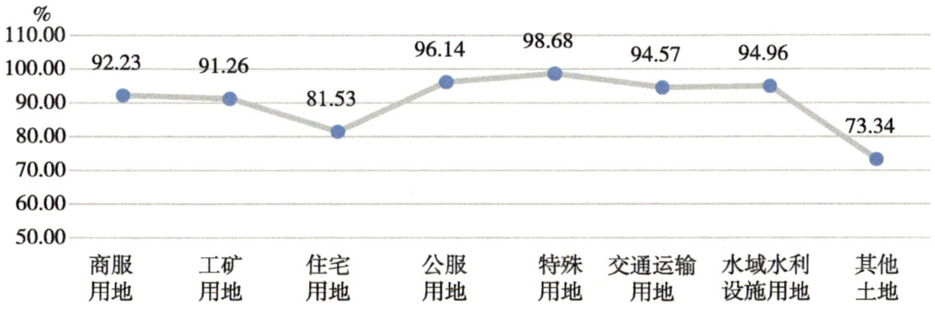

图4-3-2 东北地区所有制类型用地中各类用地国有化比例

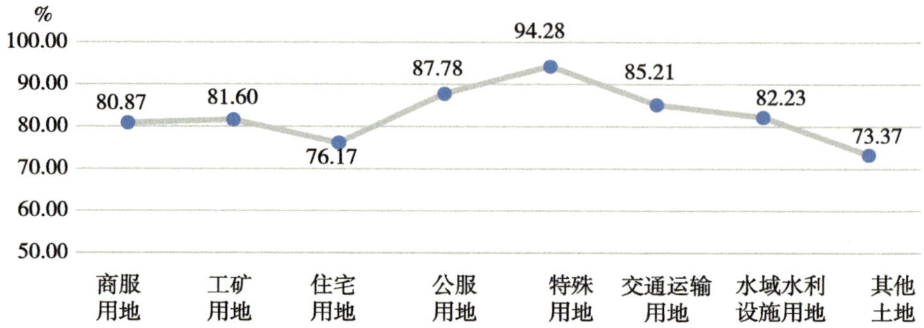

图4-3-3 东部地区所有制类型用地中各类用地国有化比例

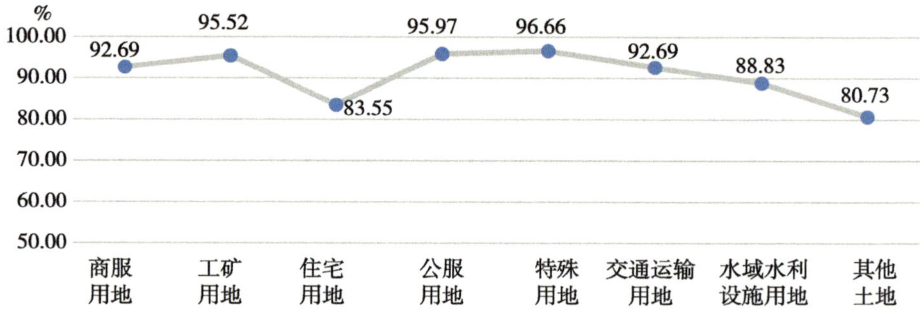

图4-3-4 西部地区所有制类型用地中各类用地国有化比例

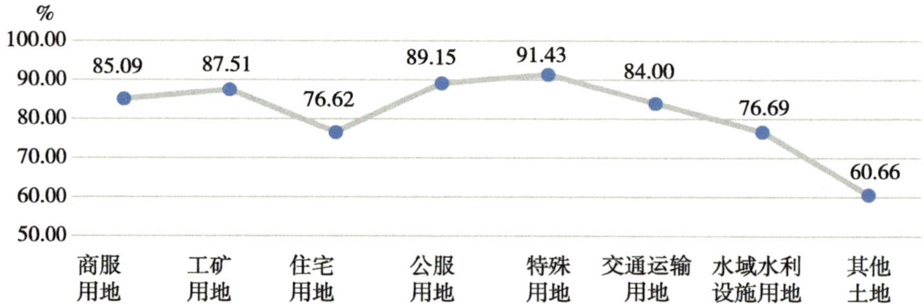

图4-3-5 中部地区所有制类型用地中各类用地国有化比例

东北地区国有化比例为88.64%，其中最高的用地类型为特殊用地，国有化比例高达98.68%；国有化比例最低的用地类型为其他土地，国有化比例为73.34%。东北地区各类用地国有化水平标准差为8.01%。

东部地区国有化比例为81.10%，其中最高的用地类型为特殊用地，国有化比例高达94.28%；国有化比例最低的用地类型为其他土地，国有化比例为73.37%。东部地区各类用地国有化水平标准差为6.13%。

西部地区国有化比例为90.11%，其中最高的用地类型为特殊用地，国有化比例高达96.66%；国有化比例最低的用地类型为住宅用地，国有化比例为83.55%。西部地区各类用地国有化水平标准差为5.57%。

中部地区国有化比例为82.61%，其中最高的用地类型为特殊用地，其国有化比例高达91.43%；国有化比例最低的用地类型为其他土地，国有化比例为60.66%。中部地区各类用地国有化水平标准差为9.31%。

五、西部地区国有用地均衡度最高

通过对重点城市不同权属城镇建设用地结构进行信息熵值计算，对不同权属土地复杂性进行衡量，观察四大经济区重点城市不同所有制土地结构均衡性差异。从用地均衡度来看，四大经济区呈现西部地区国有用地最均衡，东北地区不同权属用地均衡度差异最大的特点（见图4-3-6）。

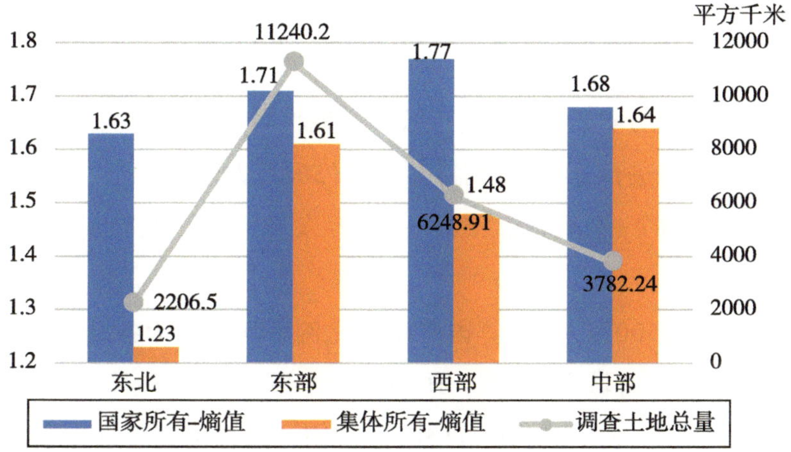

图4-3-6　四大经济区各所有制类型熵值

国有土地信息熵值普遍高于集体所有土地，国有土地发展成熟度、稳定性及均衡性均高于集体所有土地。其中，西部地区国家所有制用地熵值最高，达到1.77，为其集体所有制用地熵值的1.2倍；东部及中部地区熵值较为接近，国有用地熵值分别为1.71、1.68，其集体用地熵值略低于国有用地分别为1.61、1.64；东北部地区不同所有制用地熵值差异较大，国有用地熵值位列第四为1.63，为集体所有用地熵值的1.33倍，集体所有用地熵值仅为1.23。

专栏4-3-1　用地信息熵

用地信息熵是系统复杂性和均衡性的程度的重要体现。熵值越高，表明土地利用的职能类别越多，各职能类的面积相差越小，土地成熟度越高。

假设一个总面积为A，该土地根据其职能分成m种，每个职能类的面积为A_i(i=1，2，…，m)，则各类土地职能所占城市建设用地的比例P_i为：

$$P_i = A_i/A = A_i/\sum_{i=1}^{m} A_i \qquad (0<P_i<1)$$

按照信息论原理，并参照Shannon-Weaner指数，将土地利用结构信息熵H（为方便计算，这里取自然对数）用下式表示。当区域处于未开发时，其多样性指数为0，即Hmin =0；相反，当区域已发展成熟，各类型已经趋于稳定、均衡。

$$H = -\sum_{i=1}^{m} (P_i)\ln(P_i) \qquad (H \geqslant 0)$$

六、城市规模与土地国有化水平相关性不明晰

从城市规模分类看来，将进行城镇土地权属性质调查统计的107个城市以城镇总人口进行分类，得到特大城市（500万人以上）7个、大城市（100万-500万人）33个、中等城市（50万-100万人）29个、小城市（50万人以下）38个。

特大城市（500万人以上）国有用地比例平均水平为各级城市最低水平，为83.23%；中等城市（50万—100万人）为最高水平，达到了86.67%；大城市（100万—500万人）、小城市（50万人以下）国有化比例分别为84.42%、84.07%。人口规模与城市土地国有化比例关系不明显，这一结果可能是特大城市样本量不足导致。其中，北京市、东莞市平均国有化水平仅为70.95%、61.21%。从北京市数据来看，其他土地（45.92%）、商服用地（55.04%）、工矿仓储用地（65.23%）明显偏离特大城市平均水平；东莞市各

类用地中其他土地（41.39%）、水域及水利设施用地（42.93%）国有化比例异常偏离平均水平。

分用地类型来看，特大城市特殊用地、水域及水利设施用地国有化水平最高，分别为96.21%、93.37%，交通运输用地、其他土地国有化比例均处于较高水平。大城市住宅用地、交通运输用地国有化比例处于同类用地较高水平，分别为80.51%、88.58%；其他土地国有化水平较低，仅为64.67%；特殊用地达到同类用地国有化最低水平（94.07%）。中等城市商业用地、工矿仓储用地、其他土地分别实现同类用地最高国有化水平，分别为92.58%、91.66%、84.89%；水域及水利设施用地国有化水平为同类用地中最低（76.06%）。小城市所含公服用地国有化比例最高（94.47%）；住宅用地、交通用地实现同类用地中国有化水平最低，分别为72.15%、85.76%。

第二节　抽样城市城镇建设用地所有制结构变化分析

对2010年完成用地权属调查的107个城市进一步随机抽样，获得20个城市，其中东北地区（2个）：长春市、辽阳市；东部地区（9个）：天津市、广州市、南京市、淄博市、盐城市、绍兴市、海口市、东莞市、秦皇岛市；西部地区（5个）：昆明市、乌鲁木齐市、贵阳市、石嘴山市、泸州市；中部地区（4个）：武汉市、济南市、太原市、黄石市，下面以2010—2012年数据进行城镇建设用地所有制结构动态变化分析。

一、城镇建设用地国有化比例稳定浮动

从用地总量来看，2010年抽样城市城镇建设用地总量为83.9万公顷，增长至2012年的89.8万公顷，其增长率为7.03%。而国家所有城镇建设用

地从71.2万公顷，经过两年增长为76.1万公顷，其增长率略低于城镇建设用地总量增长率，为6.88%。因此国有化比例有所浮动，总体平衡在85%的水平（见图4-3-7）。

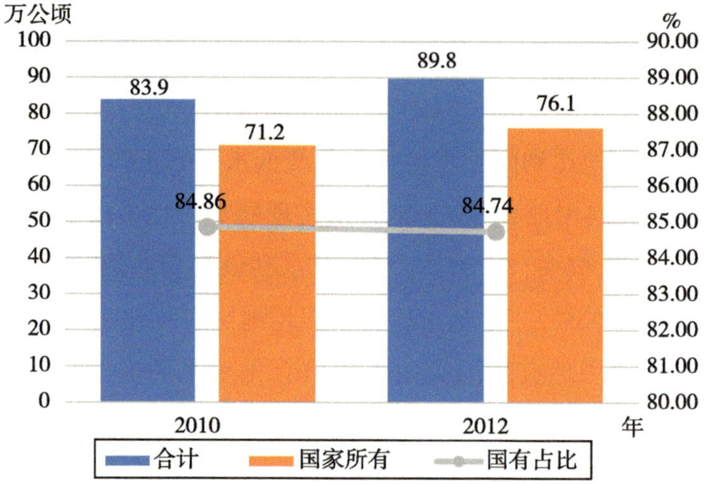

图4-3-7　2010—2012年抽样城市所有制动态变化情况

二、工矿仓储等部分用地类型的用地量变化与国有化比例变化之间呈现显著负相关性

2010—2012年抽样城市各用地类型动态变化情况：

从用地数量变化率来看，2010—2012年城镇建设用地量增长最显著的用地类型为商服用地，增长率达12.26%，2012年实现国有化比例89.22%；住宅用地增长率为7.72%，2012年国有化比例达到79.37%；其他土地为负增长较为显著的用地类型，增长率为-2.14%，2012年国有化比例为73.70%。

从国有化水平变化率来看，工矿仓储用地增长率高达11.82%，国有化比例却下降了1.02%，2012年达到86.64%；水域及水利设施用地增长率为-4.73%，国有化比例却增长了1.66%，2012年达到83.42%。说明用地量变化与国有化比例变化在部分用地类型呈现显著负相关性。

三、除东部地区外其他地区国有化比例均有所提升

从四大经济区国有化整体水平动态变化来看，东北地区、中部地区、西部地区城镇建设用地国有化水平均有提升，按用地类型分类，其他土地类型提升最为显著。

东北地区抽样城市包括长春市、沈阳市。东北地区整体国有化比例自2010年的86.06%上升至2012年的88.68%。

从各用地类型动态变化来看，东北地区工矿仓储用地2010—2012年增量最为明显，其用地占比增量达到3.16%，而公服用地占比减少最显著，减少0.98%，其他用地类型增减幅度不超过1%。

从各用地类型国有化比例来看，其他用地国有化比例两年累计提升了10.19%，至2012年达到63.47%；国有化比例提升排在第二位的是居住用地累计提升4.75%，最终达到81.12%；水域及水利设施用地实现国有化比例最高值，为99.99%，其次为特殊用地97.79%。

东部地区抽样城市包括天津市、广州市、南京市、淄博市、盐城市、绍兴市、海口市、东莞市、秦皇岛市。东部地区整体国有化比例自2010年的85.30%经过小幅上升及大幅下降至2012年最终为83.83%。

从各用地类型动态变化来看，东部地区各类用地结构变化幅度不大，均未超过1%，其中增量最大的用地类型为工矿仓储用地，自2010年至2012年用地占比增量达到0.69%，最终用地比例为31.94%；交通用地占比减少最显著，累计下降0.62%，最终用地比例为11.71%。

从各用地类型国有化比例来看，东部地区8类用地中有6类国有化比例呈现下降态势，工矿仓储用地国有化比例下降最大值为2.98%，下降至83.36%；其次为其他土地，下降幅度2.02%，下降至79.30%；仅2类用地国有化比例呈现上升，分别为特殊用地以1.11%的增幅提升至国有化比例95.92%、水域及水利设施用地以0.85%的增幅提升至国有化比例83.13%。

西部地区抽样城市包括昆明市、乌鲁木齐市、贵阳市、石嘴山市、泸州

市。西部地区整体国有化比例自2010年的87.34%经过小幅上升，至2012年最终比例为88.71%。

从各用地类型动态变化来看，西部地区各类用地结构变化幅度较大，三类用地占比结构超过1%。其中，其他土地比例最大为1.27%，至2012年下降至5.78%；住宅用地比例持续上升至1.15%，至2012年达到33.16%，成为最主要的用地类型；工矿仓储用地，两年持续增长1.00%，最终成为第二位主要用地类型，实现占比22.27%。

从各用地类型国有化比例来看，工矿仓储用地、特殊用地、交通用地三类用地类型集体用地增速快于国有用地增速，因此国有化比例呈现负增长，其中交通用地负增长幅度最大为0.65%，至2012年国有用地比例为92.76%；水域及水利设施用地国有化比例提升幅度最大为8.01%，至2012年国有化比例为92.76%；商服用地、住宅用地、其他土地等三类用地类型国有化比例提升幅度均在2.00%左右。

中部地区抽样城市包括武汉市、济南市、太原市、黄石市。中部地区整体国有化比例自2010年的81.17%经过小幅上升，至2012年最终比例为82.64%。

从各用地类型动态变化来看，用地结构增量最大的用地类型为工矿仓储用地，提升2.76%实现2012年31.42%的用地比例，成为最主要的用地类型；住宅用地、公服用地占比均呈现0.80%左右的小幅下降，最终实现用地比例分别为30.36%、15.68%。

从各用地类型国有化比例来看，中部地区八类用地中七类用地国有化比例均呈现明显提升的态势。其中其他土地国有化比例以5.67%的增幅实现国有化比例大幅提升至37.17%；工矿仓储用地国有化比例提升1.99%，达到87.59%；排在第三位的商服用地以1.42%的提升幅度实现83.25%的国有化比例。公服用地小幅下降0.14%，最终国有化比例仍然处于第二位90.80%的高国有化水平。

第三节　抽样城市土地所有制结构与经济发展水平相关性分析

一、城市土地所有制结构与经济发展水平相关性文献综述

国际货币基金组织（Internation Monetary Fund，IMF）IMF亚太部主任李昌镛[1]（Chang yong Rhee，1991）通过研究土地制度构造了以土地两代迭代为主要内容的模型，最终证明了土地获得的收入占整个经济活动的总收入的比重不变是经济动态有效的条件之一。Ngai（2004）在新古典经济增长理论的模型中加入了土地因素来研究土地与经济的关系，并进一步分析对土地资源采取限制对整个经济的转型和增长的影响机制，得出的结论是土地资源对经济增长确实存在一定的作用和影响。德舍纳&格林斯通（Deschenes & Greenstone）（2004）、布洛克&泰勒（Brock & Taylor）（2004）等人提出将土地归为生产要素中的需求实质上是一种相对被动的需求，而且这种需求是由社会经济的发展所引起的，但生产中投入土地要素的质量和数量对一个国家或地区经济的增长有一定的制约作用。兹维-勒曼&纳塔利娅-沙盖达（ZviLerman & Natalya Shagaida）（2007）通过分析俄罗斯国家范围内土地供给政策的变化发现土地供给政策变化的直接效应就是对土地市场的重要推动作用，并对经济的增长有促进作用。国外土地所有制及相关土地权类型总结如下（见表4-3-1）。

表4-3-1　国外土地所有制及相关土地权类型

国家	所有制类型	相关土地权类型
美国	公有制、私有制	管辖权、征用权、征税权、无主物业收归国有权
俄罗斯	国有（联邦所有、市政体所有）、私有（个人所有、法人所有）	土地有偿使用权

〔1〕 译文请参考https://www.yicai.com/news/683500.html。

续表

国家	所有制类型	相关土地权类型
英国	英王（国家）所有	永业权、租业权
德国	联邦政府（国家）所有、州和地方政府所有、教堂占有、私人所有	先买权、土地征收制度
日本	个人所有、法人所有、国家和地方公共团体所有	所有权、地上权、借地权、凭借权、借家权、地役权
新加坡	国家所有、私人所有	有限年期制使用权

敬东（2003）研究我国城市土地利用与地区经济增长之间的关系发现，城市中土地是基础资源，对于土地利用的正确与否对于经济的增长和城市发展的质量和水平有着重要的作用。孟祥舟（2004）提出土地是经济发展中的基本要素，而且土地对于一国财政和货币政策的实施具有重要作用，通过各类土地政策的贯彻实施能够起到对经济进行宏观调控的效果。李明月、胡竹枝（2005），尹向东、刘佳琳、王爱民（2005），高进田、张换兆（2006），黄晓宇、蒋妍（2006）等相关研究均表明，宏观经济和土地市场之间存在相互的影响作用，并进一步揭示了土地供应量的变化相对于价格的变化更能引起经济总量的变动。佟德龙（2008）根据C–D函数模型计算发现，不同生产要素作用于不同土地类型上对于其生产社会总产出促进作用存在较大差异。孔伟等（2014）使用江苏省13个城市数据进行实证研究发现经济发展水平与土地集约度的增加量符合EKC曲线规律，表明随着经济发展水平的不断提高，建设用地集约利用水平增加量虽呈先增加后减少的趋势，但集约利用水平整体呈现上升趋势。

综上可见，土地要素作为重要生产生活要素，对于经济增长存在重要的作用与影响。土地政策的贯彻对经济宏观调控有明显效果。基于不同国家土地所有制研究发现，对于国家或地区经济增长起相关性作用的是土地要素的质量与数量，土地要素集约度是其质量与数量的综合体现，但土地要素集约度与土地权属的相关性研究还处于学术领域的空白。

二、抽样城市建设用地所有制与经济发展水平相关性分析

根据国内外理论及实证研究结果，土地所有制结构和经济发展水平之间的互动关系，由于数据缺乏等客观原因，此二者相关关系实证研究基础较匮乏。

此研究目的仅在于探究所有制结构与经济发展水平之间是否存在相关关系，因此对所有制结构与经济发展水平的相关关系进行直接的定量研究，仅将城市建设用地所有制引入模型，对二者之间的相关关系进行检验。模型构建如下：

$$IH = At + aPt + \varepsilon t$$

其中，Pt代表某城市t年的所有制结构，IH代表该城市的经济发展水平，a代表所有制结构与经济发展水平的相关系数，At为常数项，εt为扰动项。

选取广州市、南京市、绍兴市等20个抽样城市对城市建设用地所有制与经济发展水平进行相关检验获得散点拟合图如下（见图4-3-8、图4-3-9）：

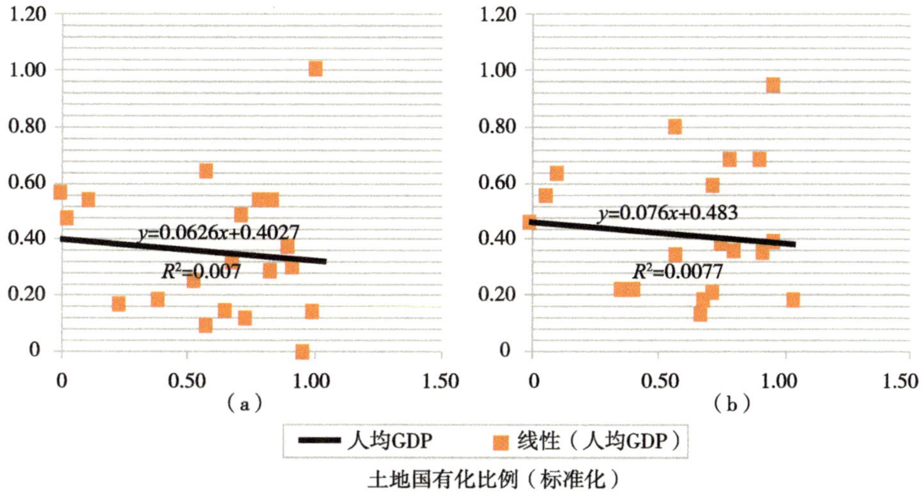

图4-3-8　2010年、2011年城市建设用地所有制与经济发展水平线性回归

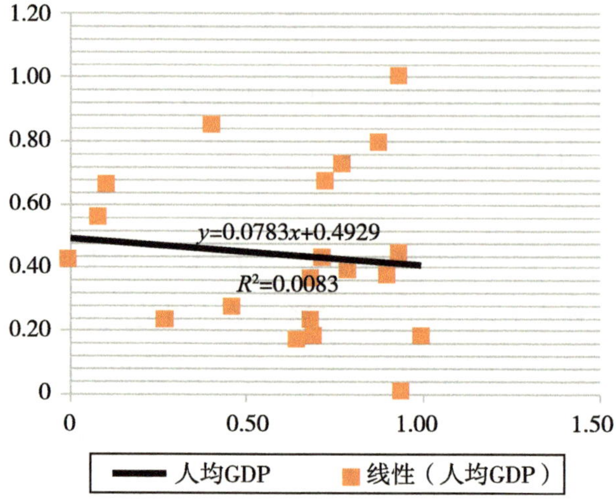

图4-3-9　2012年城市建设用地所有制与经济发展水平线性回归

2010—2012年城市建设用地所有制与经济发展水平线性拟合如散点图所示，二者拟合效果不显著。

三、抽样城市建设用地所有制结构与经济发展水平协调度分析

以上线性拟合简单验证了国内外相关研究对土地所有制结构与土地要素集约度相关性的猜想，即土地所有制结构与地区经济发展水平之间并不存在单一线性相关关系。本部分通过构建协调度评价模型进一步分析土地所有制结构与经济发展水平的相互作用关系。

专栏4-3-2　协调度

协调度是度量系统之间或系统内部要素之间协调状况好坏的定量指标（马建华，2003）。当前由于协调度评价的研究比较充分，地理学领域以协调关系为切入点进行研究的对象包括城镇化、工业化、土地利用等地理现象与经济发展水平、产业结构、就业结构、资源承载力、生态状况、环境状况等社会经济现象。

协调度评价模型的构建方法主要可分为两大类。一类是象限图分类识别方法，主要思路是分别以十字坐标系的横轴和纵轴分别代表协调度评价的两个维度，将每

一个样点按照其两个维度的值落到坐标系中，若位于第一象限中则表明二者协调度较高且总体发展水平也较高，可称之为高级协调型，若位于第三象限则表明二者协调度较高但总体发展水平不高，可称之为低级协调型，若位于第二和第四象限则协调度不高。如陈明星等（2009）便采用此方法研究了118个国家和地区的城市化与经济发展水平间的协调程度；张春梅等（2013）采用此方法研究了江苏省城市的城镇化质量与城镇规模间的协调程度。另一类是构建函数法，根据构建思路主要可分为三类，第一是借鉴物理学中的容量耦合系数构建协调度评价模型（刘耀斌，2005），第二是根据统计学原理采用离差系数法构建模型（程绍铂，2011；刘琼，2013），第三则是其他自行构建的模型（张梦琳，2009）。

综合比较来看，象限图分类识别法较为直观与形象，但对数量的表达和区位不够显著，因此此处选取函数构建法，而进一步分析现有的三类方法发现，其中依据物理学容量耦合系数类比而构建的协调度评价模型对原有模型进行了大量的简化，并非通过严谨的推理过程得来，而第三类自行构建的其他模型则缺少理论依据，因此此处采用理论依据和推理过程都较为充分的离差系数法进行协调度评价模型的构建。

首先，对土地国有化比例和经济发展水平原始值进行标准化，由于二者都是正向指标，因此可统一采用下述方式：

$$u_i = (X_i - \beta)/(\alpha - \beta) \in [0,1]$$

其中，X_i是土地国有化比例或经济发展水平的原始值，α是2012年土地国有化比例或经济发展水平的最大值，β是2012年土地国有化比例或经济发展水平的最小值，u_i是标准化后的土地国有化比例或经济发展水平，均在0到1之间。

其次，根据离差系数法构建土地国有化比例和经济发展水平间的协调度模型。当土地国有化比例和经济发展水平协调时，二者离差必然最小：

$$C_v = \frac{S}{\frac{1}{2}[f(x)+g(y)]} = \sqrt{2 \times \left\{1 - \frac{f(x)\cdot g(y)}{[\frac{f(x)+g(y)}{2}]^2}\right\}}$$

其中，C_V为离差，$f(x)$是标准化土地国有化比例，$g(y)$是标准化经济发展水平，则令：

$$C' = \frac{f(x)\cdot g(y)}{[\frac{f(x)+g(y)}{2}]^2} \in [0,1]$$

可知，当C'越大时，CV越小，即土地国有化比例与经济发展水平间的协调度越高。在此基础上加入调节系数k，则构建协调度模型如下：

$$C = \left\{\frac{f(x)\cdot g(y)}{[\frac{f(x)+g(y)}{2}]^2}\right\}^k \in [0,1]$$

然而，协调度C仅反映了土地国有化比例与经济发展水平二者之间协调统一、和谐一致的程度，无法体现这种“协调”是系统发展低水平下的协调，还是系统发展高水平下的协调，对此，引入协调发展水平综合指数，从而构建协调发展度模型：

$$\begin{cases} D = \sqrt{C \times T} \ \in [0,1] \\ T = \alpha f(x) + \beta g(y) \end{cases}$$

其中，D为土地国有化比例与经济发展水平的协调发展度，在0到1之间变动，二者最协调时，D等于1，最不协调时，D等于0，T是协调发展水平综合指数，假设土地国有化比例与经济发展水平同等重要，则$\alpha=\beta=1/2$。

1. 土地国有化比例与经济发展水平中度协调，协调状况不断提升

从抽样城市整体水平来看，2010—2012年，抽样城市土地国有化比例与经济发展水平协调发展度处于中等水平，并大幅提升，从2010年的0.46上升到2012年的0.55。三年间，抽样城市整体土地国有化比例与经济发展水平均不断提升，与此同时，二者的协调发展度也有所上升，其中2010—2011年，协调发展度上升幅度相对较大，上升了0.09，2011—2012年协调发展水平保持平稳。

2. 东北地区城市协调发展度较高，西部地区最低，差距略有扩大

从四大经济区来看，重点城市土地所有制结构与经济发展水平协调发展度差异较大，东北部地区城市协调发展度较高，东部、中部较为接近，而西部地区协调度水平最低。而西部地区国有化比例水平最高，因此可以看出西部地区大量国有化用地在地区经济建设中未起到积极协调的作用。

2010—2012年，四大区域土地所有制结构与经济发展水平协调度主要呈现东北地区最高、东部次之、中部第三、西部最低的格局，2012年，东北地区协调发展度最高，为0.68，第二位东部、中部地区均为0.56，而西部地区最低为0.47（见图4-3-10）。

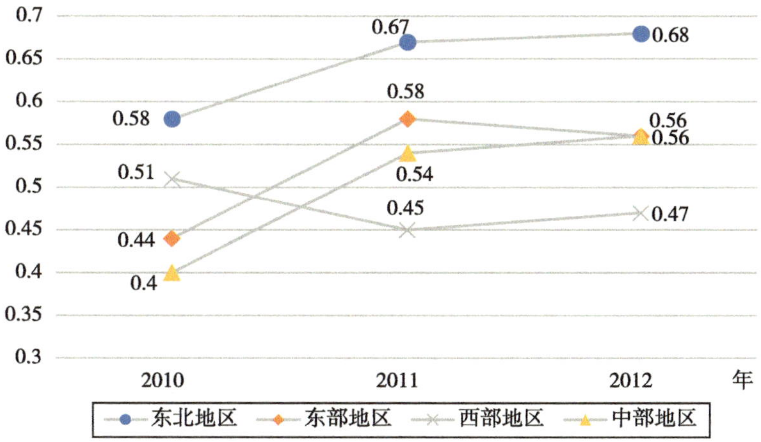

图4-3-10　2010—2012年四大区域土地所有制结构与经济发展水平协调发展度

2010—2012年，四大区域重点城市的土地所有制结构与经济发展水平协调发展度，除西部、东部地区出现小幅下降，其他区域均不断提升。其中，中部地区提升速度较快，东部地区次之，而西部整体水平有所下降，导致地区间差距不断扩大。三年间，东部、中部和东北地区重点城市土地所有制结构与经济发展水平协调发展度提升均较快，其中中部地区从2010年的0.40上升至2012年的0.56，年均增长率高达20.31%，而东部地区也从2010年的0.44上升到2012年的0.56，年均增长率为14.09%，此外，东北地区的协调发展度年均增长率为8.02%，而略有下降趋势的西部地区协调发展度由2010年的0.51下降至2012年的0.47，年均增长率仅为-3.32%。因此，2010年，东北地区和中部地区抽样城市的协调发展度差距为0.18，而2012年机制差距扩大到东北地区与西部地区的0.21。

3.高发展水平城市以协调型为主，中低发展水平城市以偏离型为主

接下来，将协调发展度按照发展水平和协调情况两类，进一步分析各城市的具体情况。2010—2012年，20个重点城市中协调发展水平综合指数T最小值为0.21，最大值为0.97，协调度C最小值为0，最大值为1。结合二者的分布情况，按照发展水平分别分为高水平、中水平和低水平三类，每

一类中再按照协调度情况分为协调型、过渡型和偏离型三类，一共分为九类（见表4-3-2）。

表4-3-2　土地所有制结构与经济发展水平协调度分类标准

发展水平		协调状况	
高水平	T≥0.4	协调型	C≥0.7
		过渡型	0.3≤C<0.7
		偏离型	C<0.3
中水平	0.15≤T<0.4	协调型	C≥0.7
		过渡型	0.3≤C<0.7
		偏离型	C<0.3
低水平	T<0.15	协调型	C≥0.7
		过渡型	0.3≤C<0.7
		偏离型	C<0.3

从截面数据情况来看，以2012年为例，处于高发展水平城市占抽样城市总量的75%，处于中等发展水平城市占比25%。其中，高发展水平城市中的协调型又占到该类型城市总量的60%，过渡型占26.67%，余下偏离型占13.33%。中等发展水平城市中协调型占40%、偏离型占60%。

从协调度动态变化情况来看，2010—2012年，发展水平不断提升，高发展水平城市数量由13个增加到15个，其中协调型城市数量也由7个增加到9个。从各类型城市分布来看，在经济相对发达地区，国有土地较为充分地发挥出其作为一种重要生产要素的作用，与经济发展之间基本形成了良性的互动关系，而大部分经济相对落后抽样城市，一方面经济水平有待提升，另一方面土地国有化程度、土地集约利用水平需要进一步提高。

结合城市土地所有制结构与经济发展水平相关性文献综述、抽样城市建设用地所有制与经济发展水平线性相关性分析及抽样城市建设用地所有制结构与经济发展水平协调度分析发现，土地要素集约度对于国家或地区经济增长起相关性作用，而土地要素集约度与其土地所有制结构之间不存在明确相关关系。

就具体情况而言，经济发展水平较高的地区，征地力度大，转变成国有用地性质后，国有土地的管理比较健全，对于土地集约利用推动较大，此处呈现国有用地比例越高集约度越高，相应经济发展水平越高的相关性。但同时，部分集体用地比重高的地区其经济生产亦相当活跃，其经济发展水平同样较高。

第四节　主要结论

1. 2010年，进行城镇土地权属性质调查统计的地级及以上城市共有107个，从用地类型来看，各用地类型数量与国有化比例关系不明显，国有用地比例最高的为特殊用地，总量为3.98万公顷，占总用地的1.69%，国有化比例高达94.94%；从四大经济区总体情况来看，东部地区调查覆盖面最大，约占调查总面积的1/2，西部地区调查覆盖面积约为26.62%，其整体国有化比例最高，达到90.11%；从四大经济区分用地类型所有制权属来看，西部地区特殊用地国有化水平最高，达96.66%，中部地区各类用地国有化比例差异最大，标准差高达9.31%；从用地均衡度来看，国有用地均衡度普遍高于集体用地，四大经济区呈现西部地区国有用地最均衡，东北地区不同权属土地均衡度差异最大的特点；从城市规模分类来看，城市规模与土地国有化水平相关性不明晰，各级规模城市中普遍处于较低国有化水平的用地类型为住宅用地、其他土地。

2. 对2010年完成用地权属调查的107个城市随机抽样（共20个城市），进行2010—2012年城镇建设用地所有制结构变化动态分析。从国有化比例浮动来看，国有化比例稳定浮动，总体保持在85%左右的水平。从不同用地类型的用地量与国有化比例变化来看，用地量变化与国有化比例变化在工矿等部分用地类型中表现出显著负相关性。从四大经济区国有化整体水平动态变化来看，东北地区、中部地区、西部地区城镇建设用地国有化水平均有提升，按用地类型分类，其他土地类型提升最为显著。

3. 土地要素集约度对于国家或地区经济增长起相关性作用，而土地要素集约度与其土地所有制结构之间不存在明确相关关系。抽样城市建设用地所有制结构与经济发展水平协调度分析结果显示，土地国有化比例与经济发展水平不断趋于协调，但聚焦不同发展水平的城市来说，经济越发达地区其土地国有化比例与土地集约水平、地区经济发展水平均呈现协调发展趋势，而中低经济发展水平地区其土地国有化水平、土地集约利用程度呈现不协调状态；从相关关系机制研究角度来看，土地所有制结构与土地要素集约利用水平、地区经济发展水平相关性不存在绝对线性相关关系，不可一概而论，必须根据地区实际情况具体剖析，进一步具体相关机制将成为下一步研究重点。

第四章　我国城镇地区集体土地利用及演变特征研究（2018年）

第一节　我国城镇土地权属结构概况

一、全国城镇土地权属结构特征及变化

1.全国城镇地区集体土地占全国城镇土地的13.70%

2018年，全国城镇地区集体土地（包括建制镇及以上所有行政区划单元）占全国城镇土地的13.70%，城镇地区国有土地占比为86.30%。

从四大经济区来看，东部地区城镇地区集体土地占比最高，达17.30%，其次是中部地区（13.70%）和东北地区（11.80%），占比最低的是西部地区，仅为8.90%（见图4-4-1）。

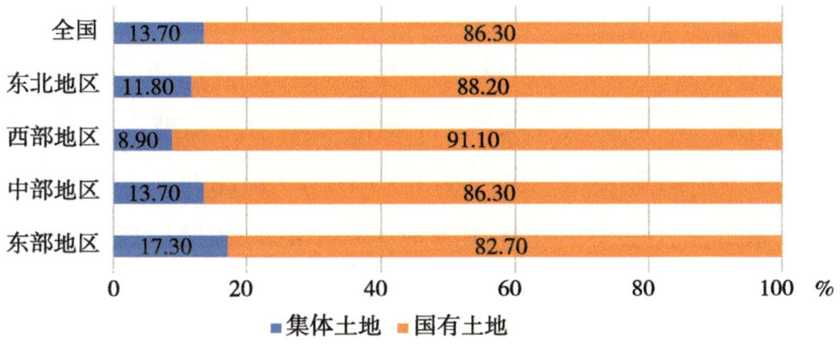

图4-4-1　四大经济区城镇土地权属结构

2.全国城镇地区集体土地占比变化

2016—2018年，全国城镇地区集体土地占全国城镇土地的比例有小

幅度上升，由13.6%上升到13.7%。从四大经济区来看，东部地区和东北地区均增长了0.2个百分点，西部地区没有出现增长，中部地区的占比下降了0.1个百分点。

二、各省城镇土地权属结构特征及变化

从各省区内部来看，各省区城镇地区集体土地占比有着明显差异，城镇地区集体土地占比以华北地区为最高水平向周边扩散降低。城镇地区集体土地占比超过25%的有河北省（33.2%）、山西省（29.4%）、山东省（29.2%）和北京市（26.3%）；占比低于5%的有西藏自治区（4.5%）、湖南省（4.4%）、广西壮族自治区（3.6%）、重庆市（2.2%）和上海市（0）。

2016—2018年，各省城镇地区集体土地占比变化不显著，其中有27个省市的占比变化处于-1%—1%之间，占比提升最多的是山西省，提高了2.9个百分点，其次是青海省提高了1.7个百分点；海南省和吉林省出现了显著的占比下滑，分别减少了4.5和2.3个百分点。

三、优化及重点开发区土地权属结构特征及变化

1. 城镇地区集体土地占比以环渤海为最高水平，向周边圈层式降低

在优化开发区和重点开发区中，城镇地区集体土地占城镇土地的比例分别为14.1%和12.0%，与全国水平（13.7%）相比并无太大差距。值得一提的是，在优化开发区中，环渤海地区（21.4%）的城镇地区集体土地占比远高于整体优化开发区的水平；与之相对应占比较低的是长三角地区9.9%和珠三角地区6.3%。在重点开发区中，占比最高的是冀中南地区，达30.6%；其次是太原城市带，占25.4%；占比不足5%的有北部湾地区、藏中南地区和天山北坡地区。

2. 环渤海地区城镇地区集体土地占比提高8.1%

2016—2018年，大部分优化和重点开发区的城镇地区集体土地占比变化不显著，同各省份变化类似，优化开发区与重点开发区的变化对应所在省份。在优化开发区中，环渤海地区城镇地区集体土地占比提高8.1个百分点，其次是珠三角地区，提高了0.6个百分点，长三角地区占比不变；在重点开发区中，有16个区域的占比变化处于-1.0%—1.0%之间，天山北坡地区占比提高了1.4%，而太原城市带则减少了2.0个百分点。

四、重点城市城镇土地权属结构特征

1. 84个重点城市城镇地区集体土地平均占比低于全国水平0.6个百分点

2018年，84个重点城市城镇地区集体土地平均占比（13.1%）低于全国水平（13.7%）0.6个百分点；东部重点城市城镇地区集体土地占比最高，但也仅仅高出全国水平15.8%，其次是中部地区13.7%、东北地区10.3%、西部地区7.8%。

在全部84个重点城市中，城镇地区集体土地占比超过平均水平的有32个城市，其中山西省大同市占比最高，达70.1%，是第二名河南省安阳市的1.7倍，之后是开封市（38.5%）、泰安市（36.5%）、石家庄市（35.5%）。东部地区重点城市占了18个，而西部地区仅仅占了一个，一定程度上说明了东部地区与西部地区在集体经济发展水平上存在巨大的差异。总体来说，84个重点城市的集体土地占比大致以华北地区、山东半岛地区为最高水平向周边扩散降低。

2. 近80%的重点城市城镇地区集体土地占比变化在-1%—1%之间

2016—2018年，城镇地区集体土地占比变化最大的是淮南市，提高了6.5个百分点，其次是海口市、长春市和潍坊市，分别提高了5.4、4.1和3.6个百分点；占比降低的有两个西部城市，分别是兰州市（-3.2%）和呼和浩特市（-4.3%）；接近80%的重点城市城镇地区集体土地占比变化不显著，处于-1%—1%之间。

第二节　2018年度全国城镇地区集体土地利用现状分析

一、全国城镇地区集体土地利用现状特征

1.全国城镇地区集体土地规模为134.1万公顷

2018年，全国城镇地区集体土地（包括建制镇及以上所有行政区划单元）总量为134.1 万公顷。从空间结构看，东部地区城镇地区集体土地面积最大、占比最高，达67.3万公顷，占全国城镇集体土地面积的50.2%；其次是中部地区31.6万公顷，占23.6%；西部地区23.7万公顷，占17.7%；东北地区11.5万公顷，占8.6%。

2.住宅用地占比最高，工矿仓储用地次之，二者合计近70%

从全国城镇地区集体土地利用结构来看，住宅用地最高，工矿仓储用地次之，二者共占全国城镇集体土地总量的69.5%。从具体数据来看，住宅用地与工矿仓储用地规模最大，分别为59.2万公顷和34.0万公顷，占比分别达44.2%和25.3%；交通运输用地与公服用地次之，分别为12.7万公顷和11.3万公顷，占比分别达9.5%和8.4%；商服用地规模为9.2万公顷，占比为6.9%；水域及水利设施用地、特殊用地以及其他土地规模达7.6万公顷，占比为5.7%。

3.城镇地区集体土地的住宅用地占比远超全国城镇土地住宅用地占比，高达44.2%

从不同权属用地对比看，城镇地区集体土地的住宅用地占比明显偏高，达 44.2%，超全国城镇土地中住宅用地 10.4个百分点；工矿仓储用地、商服用地、公服用地和交通运输用地占比则明显偏低，分别相差3.2、0.6、

4.0 和 2.0个百分点（见图4-4-2）。由于城镇土地绝大部分为国有，因此城镇国有土地利用结构与城镇总体接近。

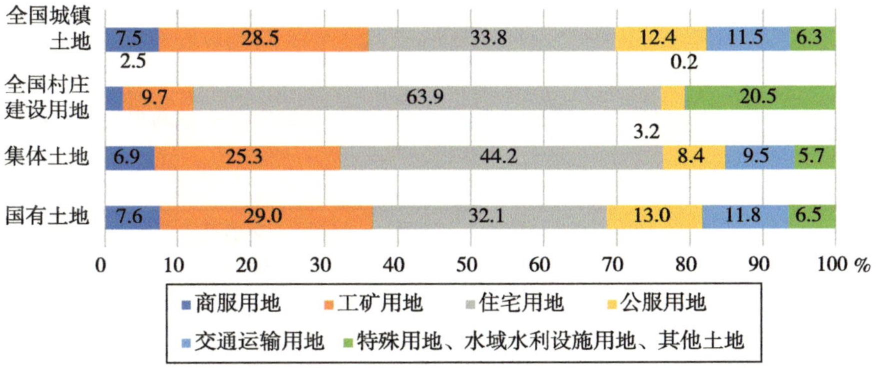

图4-4-2　不同权属土地利用结构与全国城镇土地利用结构对比

4. 我国城镇地区集体土地中的集体经营性建设用地和宅基地共72.0万公顷

2018年，在全国城镇地区集体土地中，集体经营性建设用地和宅基地[1]共72.0万公顷，占全国城镇地区集体土地的53.7%。其中集体经营性建设用地为43.2万公顷，占32.2%；宅基地为28.8万公顷，占21.4%。

集体经营性建设用地中，商服用地9.2万公顷，工矿仓储用地34.0万公顷，分别占全国城镇地区集体经营性建设用地的21.3%和78.7%。

二、四大经济区城镇地区集体土地利用现状特征

1. 东部地区工矿仓储用地占比最高达29.1%；东北地区住宅用地占比最高达57.8%，商服用地占比最低为4.9%

分析2018年城镇集体土地数据，四大经济区的城镇地区集体与国有土地利用结构特征类似，均是东部地区工矿仓储用地占比最高（29.1%，33.1%），住宅用地占比最低（40.9%，30.9%）；西部地区商服（9.9%，

[1] 集体经营性建设用地包括商服用地、工矿仓储用地；宅基地为住宅用地中的农村住宅用地。

8.9%）和公服用地占比高（9.5%，14.8%），工矿仓储用地占比低（21.5%，24.0%）；东北地区住宅用地占比最高（57.8%，34.3%），商服用地占比最低（4.9%，5.3%）；中部地区除商服用地占比较高外，多数地类占比居中（见表4–4–1）。

表4–4–1　四大经济区城镇地区集体土地利用结构与国有土地利用结构对比

单位：%

用地分类		商服用地	工矿仓储用地	住宅用地	公服用地	特殊用地	交通运输用地	水域及水利设施用地	其他土地
东部地区	集体	5.8	29.1	40.9	8.6	0.5	10.1	1.1	4.0
	国有	6.6	33.1	30.9	12.5	0.9	10.5	1.2	4.3
中部地区	集体	7.7	22.3	45.1	8.5	0.5	9.9	2.2	3.9
	国有	8.9	28.0	32.1	12.7	1.0	12.2	2.2	2.9
西部地区	集体	9.9	21.5	46.0	9.5	0.6	7.7	0.8	4.1
	国有	8.9	24.0	32.9	14.8	1.2	12.2	1.1	4.9
东北地区	集体	4.9	19.7	57.8	4.8	0.3	9.0	1.0	2.5
	国有	5.3	30.1	34.3	10.8	1.4	15.0	1.0	2.1
全国	集体	6.9	25.3	44.2	8.4	0.5	9.5	1.3	3.9
	国有	7.6	29.0	32.1	13.0	1.1	11.8	1.4	3.9
全国城镇土地		7.5	28.5	33.8	12.4	1.0	11.5	1.4	3.9

不同的是，四大经济区的集体住宅用地占比普遍高出国有住宅用地占比，即使占比最低的东部地区也达 40.9%，超出该区国有住宅用地占比10个百分点；占比最高的东北地区更是高达 57.8%，超出该区国有住宅用地占比 23.5 个百分点，这与集体土地中农村住宅用地比例较高有关。另外，集体工矿仓储用地占比最低的是东北地区（19.7%），交通运输用地占比最低的是西部地区（7.7%），这与城镇国有土地的情况有所不同。

2. 东部地区集体经营性建设用地和东北地区宅基地规模占比为四大经济区之首

2018年，东部地区集体经营性建设用地规模为23.5万公顷，占全国城镇地区集体土地的54.3%，规模最小的是东北地区，仅有2.8万公顷。东北地区宅基地规模占比仍为四大经济区之首，达36.7%；西部地区宅基地规模为3.6万公顷，占比仅为15.3%。

从四大经济区内部集体经营性建设用地和宅基地的土地利用结构来看，东部地区的集体经营性建设用地占东部地区城镇地区集体土地的占比最高，为34.9%。其中，商服用地占比为5.8%，仅高于东北地区的4.9%；工矿仓储用地占比为四大经济区之首，高达29.1%，这与东部地区经济发展水平和产业发展水平较高有关。东北地区宅基地占比最高达36.7%，相反，其集体经营性建设用地占比在四大经济区中是最低的，仅为24.6%。西部地区有最高的商服用地占比，高达9.9%，相比之下其宅基地占比为四区中最低，仅为15.3%（见图4-4-3）。

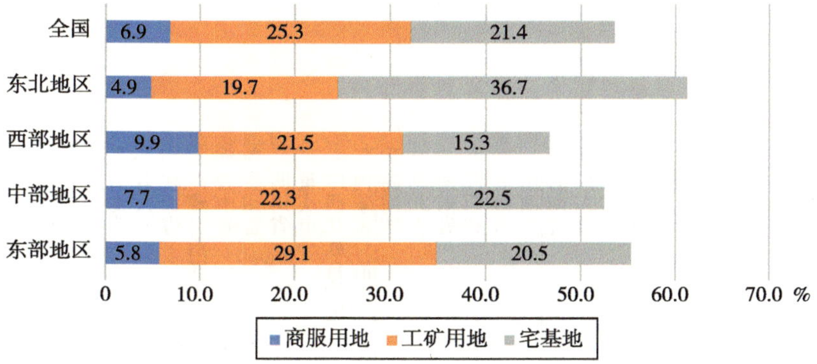

图4-4-3　四大经济区城镇地区集体土地重点地类占比

三、我国各省区城镇地区集体土地利用现状特征

1. 山东省城镇地区集体土地规模全国最高，达21.3公顷，占15.9%

按省区分布，山东省城镇地区集体土地规模全国最高达21.3万公顷，

占全国城镇集体土地的15.9%；其次是河北省的9.6%以及河南省的9.5%，三省份合计占全国城镇集体土地总面积的35%，接近中部地区和东北地区占比总和。相比之下，西藏、青海、重庆、海南、宁夏、广西占比均不足1%。

2. 工矿仓储用地占比最高为江苏省37.9%；东北地区省份住宅用地占比最高

按省区分布，可以发现，东北三省都具有高住宅（57.8%）、低其他用地的特征；江苏、浙江、天津三省市具有较高的工矿仓储用地占比，以及较低的商服用地占比；而青海、贵州、云南三省则反之，具有较高的商服用地、公服用地和交通运输用地占比，以及较低的工矿仓储用地占比，充分体现了东、西部省区城镇地区集体土地利用结构特点及差异性（见图4-4-4）。

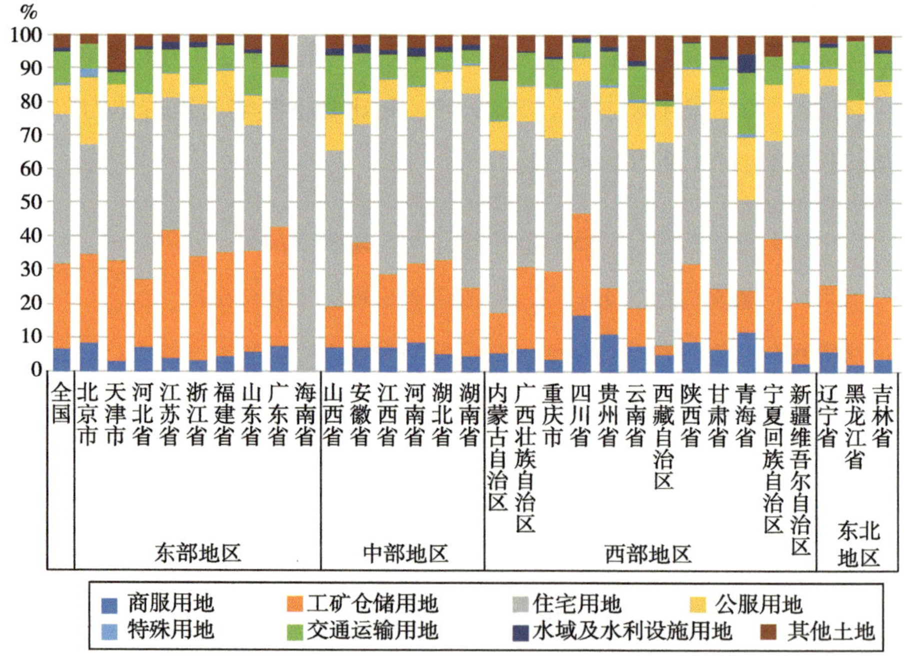

图4-4-4　各省市城镇地区集体土地利用结构

3. 四川省集体经营性建设用地占比最高47.1%，规模最大的是山东省，达7.7万公顷

通过分析2018年各省区城镇地区的集体经营性建设用地和宅基地的

土地利用结构和其规模，可以发现其存在较明显差异，主要表现如下：

（1）各省区城镇地区集体经营性建设用地占比存在明显差异：四川省最高，达47.1%，超出全国平均水平14.9个百分点；其次为广东省42.9%、江苏省42.1%、宁夏39.6%、安徽省38.4%、山东省38.4%。除东部地区的海南省和上海市，总体来看，东部省份占比较高，有7个省份超过全国水平（32.2%）；西部省份的占比偏低，云南省占19.4%，占比最低的是西藏，仅为8.3%。

（2）各省区城镇地区集体土地中的集体经营性建设用地规模存在巨大差异：规模最大的是山东省7.7万公顷，高出全国各省区平均规模6.3万公顷，是第二名河南省的近2倍；高于全国各省平均规模的有12个省份，其中东部省份占了6个；低于全国各省平均规模的有19个省份，其中西部省区占了10个，中部地区占了4个。总的来说，全国城镇地区集体经营性建设用地大部分集中在东部省份，显示出了地区间的显著差异性（见图4–4–5）。

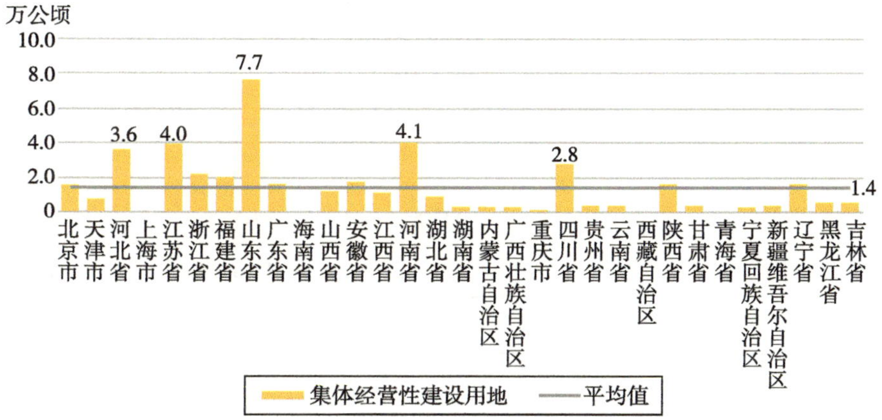

图4–4–5　各省市城镇地区集体经营性建设用地规模

（3）相对而言，各省区城镇地区集体土地中的宅基地占比则显示出更明显的差异：全国城镇地区集体土地的宅基地占比为21.4%，最高、最低值与全国水平相比相差20%左右。除海南省城镇地区集体土地全部为宅基地，占比偏高的有西藏43.3%、甘肃省39.7%、黑龙江省38%、湖北省37.6%。相对较低的是天津市0.4%、福建省4.3%、陕西省5.2%、北京市5.3%。总体来看，东北地区和西部地区的省份该项占比较高，东部和中部地区省份占比偏低。

四、我国优化开发区和重点开发区城镇地区集体土地利用现状特征

1. 优化开发区城镇地区集体土地规模为36.7万公顷，重点开发区为42.4万公顷

2018年全国优化开发区与重点开发区的城镇地区集体土地规模为79.1万公顷，占全国城镇土地的8.06%。其中，优化开发区城镇地区集体土地规模为36.7万公顷，重点开发区42.4万公顷，分别占全国城镇土地的3.7%和4.3%（见表4–4–2）。

表4–4–2　优化开发区和重点开发区城镇地区集体土地与国有土地的规模及占比

区域	规模（万公顷）		占比（%）	
	集体土地	国有土地	集体土地	国有土地
优化开发区	36.7	223.8	14.1	85.9
重点开发区	42.4	311.4	12.0	88.0
全国	134.1	847.3	13.7	86.3

2. 优化开发区城镇地区集体土地的工矿仓储用地占比32.6%，远高于重点开发区的水平；商服用地和住宅用地占比则远低于重点开发区

2018年优化开发区和重点开发区城镇地区集体土地利用结构特征明显，重点开发区的城镇地区集体土地利用结构与全国城镇地区集体土地利用结构类似，与优化开发区对比差异明显。在优化开发区中，商服用

地（5.8%）和住宅用地（39.8%）占比远低于全国水平，分别低1.1和4.4个百分点，但是其工矿仓储用地（32.6%）占比却远高于全国水平7.3个百分点（见图4-4-6），体现出优化开发区与重点开发区的集体经济发展水平的差异性。

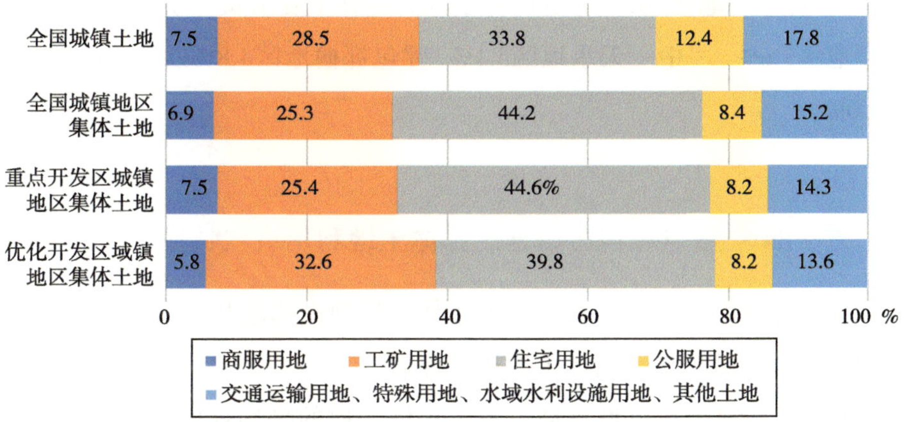

图4-4-6 优化开发区和重点开发区城镇地区集体土地利用结构与全国对比

3.成渝地区集体经营性建设用地占比最高达50%，藏中南地区宅基地占比最高达57.0%

通过分析2018年各优化开发区和重点开发区城镇地区的集体经营性建设用地和宅基地的土地利用结构，可以发现其存在较明显差异，主要表现如下：

（1）优化开发区和重点开发区的集体经营性建设用地占比存在明显差异：在优化开发区中，集体经营性建设用地占比最高的是长三角地区，占45.2%，远高于全国水平32.2%；占比最低的是环渤海地区的34.8%，但仍略高于全国水平。在重点开发区中，集体经营性建设用地占比最高的是成渝地区，高达50%；其次是宁夏沿黄地区43.3%、江淮地区42.9%；超过全国水平的共有8个重点开发区，而占比最低的是藏中南地区7.4%；值得一提的是，占比排名倒数第二的太原城市群也远高于藏中南地区13个百分点。

（2）优化开发区和重点开发区的宅基地占比差异显著：三大优化开发区的宅基地占比都略低于全国水平（21.4%），其中最高的长三角地区也只有21.1%。在重点开发区中，宅基地占比最高的是藏中南地区，高达57.0%，超过全国水平35.6个百分点；其次是北部湾地区44.0%、哈长地区41.5%、冀中南地区33.9%；占比低于10%的有宁夏沿黄经济区9.4%、海峡西岸地区7.6%、关中—天水地区5.1%、呼包鄂榆地区4.8%以及天山北坡地区0.6%。

五、84个重点城市城镇地区集体土地利用现状特征

1.东部地区重点城市城镇地区集体土地规模远超其他地区，京津冀地区的重点城市城镇地区集体土地规模普遍较大

2018年，84个重点城市城镇地区集体土地的平均规模为7012.6公顷。东部地区重点城市城镇地区集体土地的平均规模为11294.2公顷，其中有14个城市超过平均水平，排名前三的分别是北京市、唐山市、天津市。中部地区重点城市城镇地区集体土地的平均规模为5480.1公顷，其中有9个城市超过平均规模，排名前三的分别是大同市、洛阳市、安阳市。西部地区重点城市城镇地区集体土地的平均规模为4709.6公顷，东北地区重点城市城镇地区集体土地的平均规模为3643公顷。总体来看，东部地区重点城市城镇地区集体土地规模远超其他地区，京津冀地区的重点城市城镇地区集体土地规模普遍较大。

2.集体经营性建设用地规模较大的重点城市大多与城镇地区集体土地占比较高的省份相对应

2018年，84个重点城市城镇地区集体土地中集体经营性建设用地的平均规模为2482.3公顷，其中31个城市（36.9%）的集体经营性建设用地高于平均值，53个城市（63.1%）的集体经营性建设用地低于平均值。成都市的集体经营性建设用地规模最大，其次是北京市。除此之外，集体经营性建

设用地规模较大的城市大多与城镇地区集体土地占比较高的省份相对应，如河北省、山西省、山东省等城镇地区集体土地占比高的省份其城市唐山市、大同市、泰安市的集体经营性建设用地规模也较高。

从区域层面来讲，东部地区的重点城市集体经营性建设用地规模相对较大，有19个重点城市的集体经营性建设用地规模高于平均值，然而，东北地区和西部地区分别有16个和13个重点城市的集体经营性建设用地规模低于平均值，体现了区域间集体经济发展的差异性（见图4-4-7）。

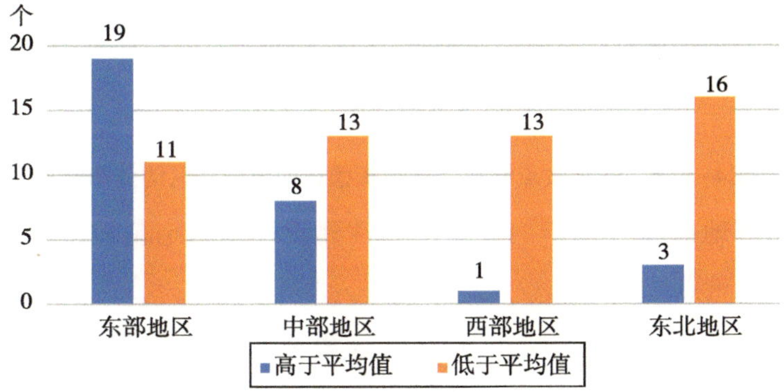

图4-4-7　84个重点城市集体经营性建设用地规模在四大经济区的分布情况

3. 除成都市外，西部地区重点城市的宅基地规模均低于平均值

2018年，84个重点城市城镇地区集体土地中的宅基地平均规模为1413.7公顷，其中有26个城市（30.9%）的宅基地规模高于平均值，有58个城市（69.1%）的宅基地规模低于平均值。其中宅地基规模排名前三的分别是保定市、唐山市、济南市。宅地基规模最低的是乌鲁木齐市。

从区域层面来看，宅基地规模高于平均值的重点城市共有26个（见图4-4-8），其中西部地区的重点城市的宅基地规模高于平均值的城市仅有1个，为成都市3689.3公顷；宅基地规模高于平均值的重点城市中有15个位于东部地区，中部地区和东北地区各有5个；宅基地规模低于平均值的重点城市则均匀分布在各大区域。

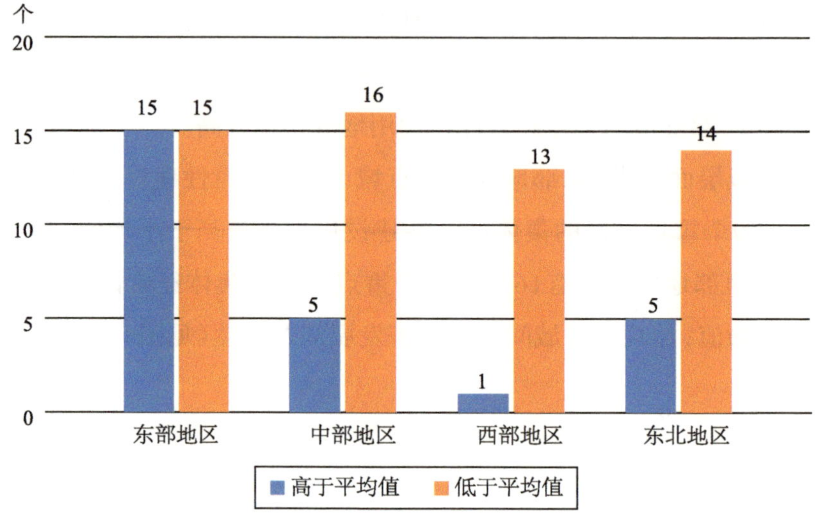

图4-4-8 84个重点城市宅基地规模在四大经济区的分布情况

4.东部地区重点城市的集体经营性建设用地和宅基地占比普遍高于其他地区的重点城市

2018年，84个重点城市城镇地区集体土地中宅基地平均占比为25.9%，集体经营性建设用地占比为31.1%，两项占比都接近全国水平。宅基地占比高于全国水平的重点城市有36个，66.7%的城市来自东部和东北地区；集体经营性建设用地占比高于全国水平的重点城市有38个，其中50%的城市来自东部地区；两项占比均高于全国水平的城市有10个，有5个来自东部地区。总的来说，东部地区本身拥有的重点城市数量多，城市建成区范围以及建设水平较高，其集体经营性建设用地和宅基地的规模及数量也相对较大，其他地区城镇地区发展水平相对较弱，相应的两项占比普遍较低。

5.重点城市类型划分

在描述了各重点城市城镇地区集体土地的集体经营性建设用地和宅基地规模的基础上，根据城市设计经济发展阶段划分类型，以便对不同类型的重点城市的集体土地管理办法提供建议。

从发展阶段来说，以2017年人均GDP作为衡量重点发展阶段的指标，人均GDP划分为低经济水平（2万元/人—6万元/人）、中经济水平（6万元/人—9万元/人）、中高经济水平（9万元/人—12万元/人）、高经济水平（高于12万元/人）四个区间；以84个重点城市的集体经营性建设用地和宅基地的平均规模作为分界，结合城市人均GDP水平划分初级、中级、中高、高级四种发展阶段（见表4-4-3）。

表4-4-3　重点城市类型划分

集体经营性建设用地规模超过平均规模的城市		
发展阶段	城市名称	计数
初级阶段	淮北市、泰安市、大同市、安阳市、保定市、开封市	6
中级阶段	唐山市、哈尔滨市、潍坊市、洛阳市、石家庄市、新乡市、临沂市	7
中高级阶段	天津市、淄博市、济南市、厦门市、郑州市	5
高级阶段	烟台市、宁波市、广州市、无锡市、苏州市、常州市、南京市、青岛市、北京市、合肥市	10
宅基地规模超过平均规模的城市		
发展阶段	城市名称	计数
初级阶段	泰安市、大同市、安阳市、保定市、张家口市、邯郸市	6
中级阶段	唐山市、哈尔滨市、潍坊市、洛阳市、沈阳市、石家庄市、临沂市	7
中高级阶段	大连市、淄博市、济南市、成都市、郑州市	5
高级阶段	烟台市、宁波市、杭州市、青岛市、北京市、武汉市	6

第三节　2016—2018 年全国城镇地区集体土地的时空差异分析

一、全国城镇地区集体土地时空差异分析

1. 全国城镇地区集体土地量速齐降

2018年，全国城镇地区集体土地（包括建制镇及以上所有行政区划单元）总量为134.1万公顷，较2017年增长了2.3万公顷，较上一年度的新增集

体土地3.6万公顷减少了1.3万公顷。

2017—2018年全国城镇地区集体土地的增长率为1.7%，增长速度较上一年减少了1.1个百分点。全国城镇土地近年来增长减速趋势明显，增长量速齐降，2017—2018年其增量为17.3万公顷，较上一年度减少了3.5万公顷；增速为1.8%，较上一年减少了0.4个百分点。由此可以看出，全国城镇地区集体土地的增长趋势与全国城镇土地保持统一步调，都处于减量发展的阶段。

2.住宅用地增长量最大，占比超50%

2018年度全国城镇地区集体土地增长量的83.3%源于工矿仓储和住宅用地，其中住宅用地的增长量为1.1万公顷，占50.7%；工矿仓储用地的增长量为0.7万公顷，占32.6%（见图4-4-9）；这两个地类的增长率超过全国水平（1.7%），工矿仓储用地年增长率最高达到2.2%，其次住宅用地为2.0%。其他地类的增长率均低于全国水平，其他土地持续出现负增长。

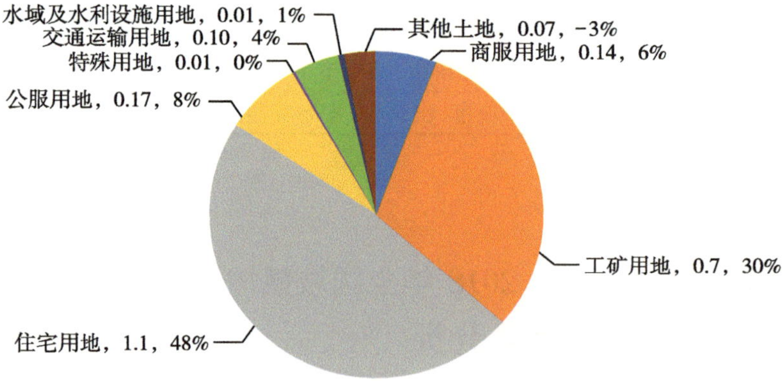

图4-4-9　2018年全国城镇地区集体土地增量占比

注：其他土地是负增长。

2018年住宅用地增长量最大，占比扩大9.6个百分点；商服用地和工矿仓储用地则分别缩减7.4个和2.4个百分点。除了特殊用地、交通运输用地和其他土地的增量占比有微弱上扬，其他用地的增长占比都呈现小幅下降的趋势。

3.商服用地增长率下降最快，工矿仓储用地次之

从各类用地的增长率来看，2018年工矿仓储用地的增长率最高达2.2%，其次是住宅用地1.9%、商服用地1.5%和公服用地1.5%。增长率较低的特殊用地、交通运输用地和水域及水利设施用地增长率仅为0.7%，其他土地呈现负增长。

从增长率变化趋势来看，各主要地类与全国趋势一样，大体呈现下滑的趋势，除了特殊用地和其他土地比上一年度分别增加了2.2个和0.9个百分点以外，其他类型用地增长率呈现不同趋势的减少。商服用地增长率下滑趋势最严重，减少了4.3个百分点，其次是工矿仓储用地减少了1.7个百分点，公服用地减少了1.4个百分点（见表4-4-4）。

表4-4-4　2016—2018年全国城镇地区集体土地的增长量、增长率以及增长率变化

用地类型	增长量（万公顷）		增长率（%）		增长率变化（%）
	2016—2017年	2017—2018年	2016—2017年	2017—2018年	2016—2018年
商服用地	0.5	0.1	5.8	1.5	−4.3
工矿仓储用地	1.3	0.7	3.9	2.2	−1.7
住宅用地	1.5	1.1	2.6	1.9	−0.7
公服用地	0.3	0.2	2.9	1.5	−1.4
特殊用地	0.0	0.0	−1.5	0.7	2.2
交通运输用地	0.1	0.1	1.1	0.7	−0.5
水域及水利设施用地	0.0	0.0	2.0	0.7	−1.3
其他土地	−0.1	−0.1	−2.2	−1.4	0.9
总计	3.6	2.3	2.8	1.8	−1.1

4. 集体经营性建设用地和宅基地量速齐降

2018年全国城镇地区集体经营性建设用地规模为43.2万公顷，宅基地规模为28.8万公顷。集体经营性建设用地较2017年的42.3万公顷增长了0.9万公顷，较上一年度的新增集体经营性建设用地1.7万公顷减少了0.8万公顷。其增长率也由2016—2017年的4.3%缩减为2.1%，减少超50%。宅基地同集体经营性建设用地的表现基本相同，都是处于量速齐降的阶段。

二、我国四大经济区城镇地区集体土地时空差异分析

1. 2018年城镇地区集体土地增长集中在东部地区

2016—2018年，全国城镇地区集体土地累计增长5.8万公顷。其中，50%分布在东部地区，其余大部分分布于中部地区和西部地区，东北地区增量最低，仅有0.4万公顷。

2018年，全国城镇地区集体土地增量为2.3万公顷，较上一年度减少了1.3万公顷，增长率也从2.8%降为1.7%。东部地区的增长量（1.04万公顷）相较上一年（1.88万公顷）减少了近一半，但增量占比仍然高达45.9%，增速（1.6%）与全国齐平；中部地区和西部地区的增量总和与东部地区持平，但相较上一年度仍有小幅的缩减。2018年东北地区城镇地区集体土地的增量虽然只有0.2万公顷，但其增长率为2.0%较上一年度提高了0.4个百分点，是四大经济区中唯一一个增长率上扬的区域。

2. 城镇地区集体土地向商服和工矿仓储用地集中

就土地利用结构变化来看，除了西部地区之外，其他三大经济区土地利用结构变化与全国趋势基本一致。城镇地区集体土地向商服和工矿仓储用地集中，尤其是各地区的工矿仓储用地占比明显提高，东北地区增幅最大，现状占比最高的东部地区增幅最小；住宅用地变化体现出区域间

的差异性，现状占比高的东北地区和西部地区呈现下降趋势，东部地区和中部地区则有小幅提升，占比分别提高0.4个和0.3个百分点（见图4-4-10）。

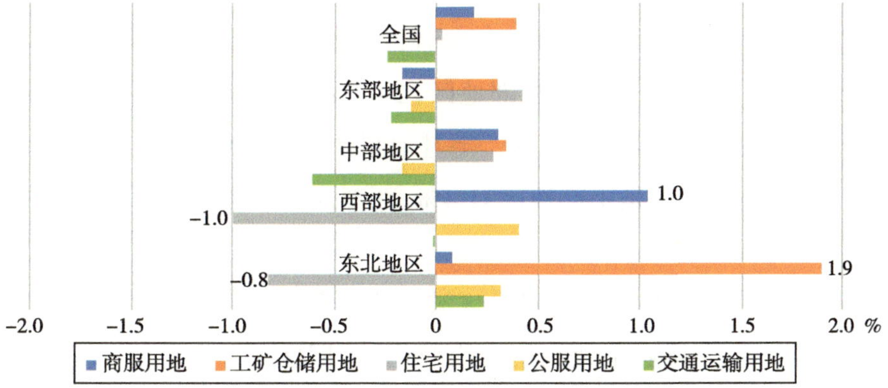

图4-4-10　四大经济区城镇地区集体土地利用结构变化对比

东部地区和中部地区的结构变化趋势与全国趋势基本相同，均为工矿仓储用地、商服用地占比提高，而公服用地、交通运输用地占比下降，稍有差异的是两地区住宅用地占比涨幅略高于全国，且东部地区的用地结构调整幅度较小。说明东部地区的城镇地区集体土地用地结构已趋于稳定，三年来除工矿仓储用地占比提高了0.3个百分点，住宅用地占比提高0.4个百分点，其余各大地类占比上下浮动均不超过0.2个百分点。中部地区变化幅度稍大，交通运输用地占比下降0.6个百分点，其余地类的占比浮动均在0—0.4个百分点以内。

西部地区城镇地区集体土地利用结构变化与中部地区类似，但幅度更大。其商服和公服用地分别占比提高了1个和0.4个百分点；工矿仓储用地占比减少了1个百分点。这说明西部地区城镇地区集体土地利用结构还相对不稳定，需重点调控。

东北地区较为特殊，除了工矿仓储用地占比大幅提高1.9个百分点、商服用地小幅提高0.1个百分点与全国趋势一致外，其住宅用地占比出现大幅滑落，公服和交通运输用地占比出现小幅提升，这在四大经济区中式绝无仅有的。

3. 超四成的集体经营性建设用地增长来自东部地区，西部地区和东北地区宅基地出现负增长

2016—2018年，全国城镇地区集体经营性建设用地累计增长2.6万公顷。其中42.1%的增长来自东部地区，24.2%来自西部地区，21.6%来自中部地区，12.1%来自东北地区。宅基地累计增长1.0万公顷，其中74.5%来自东部地区，其次是中部地区31.4%，西部地区和东北地区则出现了负增长。

分析2016—2018年四大经济区城镇地区集体经营性建设用地和宅基地的规模增长变化和土地利用结构变化，不同区域差距明显，表现如下（见表4-4-5）。

（1）从增量变化来看，四大经济区的集体经营性建设用地和宅基地大都出现了不同程度的下降。中部地区的集体经营性建设用地增量下降最为明显，达0.5万公顷，其次是东部地区0.4万公顷，西部地区0.04万公顷，反之东北地区有小幅上升，但仅为0.03万公顷；东部地区的宅基地增量下降最多，达0.2万公顷，其他三大经济区增量变化都在0—0.1万公顷间上下浮动。

（2）从增长率来看，西部地区和东北地区的集体经营性建设用地和宅基地增长最为活跃，宅基地增长明显收缩。2016—2018年，西部地区和东北地区的集体经营性建设用地年均增长率分别为4.6%和6.1%，分别高于全国水平1.4个和2.9个百分点；东部地区和中部地区则与全国水平接近。东部地区和中部地区的宅基地年均增长率分别为3.0%和2.4%，相反，西部地区和东部地区呈现负增长，其年均增长率分别为-0.2%和-0.6%，体现了区域间的显著差异。

表4-4-5　2016—2018年四大经济区城镇地区集体经营性用地和宅基地的增量、增量占比和增长率

区域	增量（万公顷）		增量占比（%）			增长率（%）	
	2016—2017年	2017—2018年	2016—2017年	2017—2018年	2016—2018年	2016—2017年	2017—2018年
集体经营性建设用地							
全国	1.7	0.9	100.0	100.0	100.0	4.3	2.1
东部地区	0.7	0.4	42.5	41.2	42.1	3.3	1.6
中部地区	0.5	0	29.9	5.2	21.6	5.9	0.5
西部地区	0.3	0.3	19.4	33.7	24.2	5.0	4.2
东北地区	0.1	0.2	8.1	19.9	12.1	5.7	6.6
宅基地							
全国	0.6	0.4	100.0	100.0	100.0	2.2	1.6
东部地区	0.5	0.3	84.7	60.8	74.5	3.9	2.0
中部地区	0.1	0.2	19.0	48.2	31.4	1.7	3.1
西部地区	0	0	−3.5	1.7	−1.3	−0.6	0.2
东北地区	0	0	−0.2	−10.7	−4.6	0.0	−1.1

（3）四大经济区集体经营性建设用地和宅基地的土地利用结构变化差异明显。西部地区和东北地区的土地利用结构变化趋势与全国趋势一致，东北地区集体经营性建设用地占比增幅为四大经济区之首，达2.0%，同时其宅基地占比也出现大幅度下降达−1.7%，同为四大经济区之首。西部地区的集体经营性建设用地占比上浮1.0个百分点，宅基地占比下降0.9个百分点。东部地区和西部地区除了集体经营性建设用地占比变化与全国趋

势一致外，其宅基地占比都出现了小幅度的上升，分别上升了0.3个和0.2个百分点（见图4-4-11）。

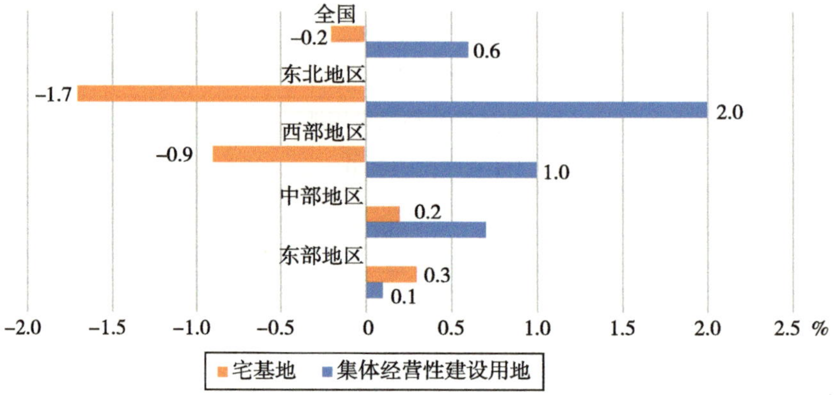

图4-4-11　2016—2018年四大经济区城镇地区集体经营性建设用地和宅基地结构变化

三、我国各省份城镇地区集体土地时空差异分析

1. 山东省增量最高，海南省增幅最大，北京和天津出现负增长

2016—2018年，全国各省份城镇地区集体土地面积累计增长5.8万公顷，增量最多的是山东省1.0万公顷，其次是河南省、广东省、安徽省和吉林省。北京、天津和重庆三个直辖市城镇地区新增集体土地较少甚至出现减少，其中北京市减少了0.1万公顷，天津市减少了0.05万公顷，重庆市增加了0.05万公顷。就增幅来看，各省份均有不用程度的增长和下降，其中增幅最大的是海南省，达203.9%，其次是广西35.2%、吉林省26.8%、广东省18.6%。降幅最大的是青海省，达18.2%，其次是山西省7.2%、内蒙古自治区2.9%、辽宁省2.7%、天津市1.8%和北京市1.6%。

2. 各省份城镇地区集体土地利用结构变化总体呈现集中趋势

从各省份城镇地区集体土地利用结构变化特征来看，总体呈现集中趋势。城镇地区新增集体土地多流向工矿仓储用地，有超过半数的省份出现类似的结构变化特征，只是程度上呈现一定的差异，有些省份体现出一些特殊性，大致可以归类为结构稳定型、小幅调整型、变化趋同型和特征各异型四种。

（1）结构稳定型：2016—2018年，中部地区省份除了山西省以外，其他省份城镇地区集体土地利用结构基本稳定，显示出均衡化的趋势。各用地类型占比上下浮动不超过1个百分点。除此之外还有河北省、山西省、新疆维吾尔自治区4个省区呈现相同趋势。

（2）小幅调整型：东部地区的北京市、江苏省和福建省的城镇地区集体土地利用结构变化均显示出相同的特征，表现为新增集体土地向住宅用地集中，同时商服和工矿仓储用地占比小幅降低，这三类用地占比上下浮动在0.1—3个百分点之间；辽宁省也有类似特点，中西部地区也有少数省份城镇地区集体土地利用结构变化较小，如山西省、内蒙古自治区、广西壮族自治区和重庆市。

（3）变化趋同型：全国大部分省份城镇地区集体土地向商服和工矿仓储用地倾斜，尤其工矿仓储用地集中趋势明显，同时住宅用地占比出现不同程度的降低。位于东部地区的天津市该类用地占比增幅达6.2%，广东省达3.1%；位于东北地区的吉林省该类用地占比增幅全国最高，达8.5%，全国共有13个省工矿仓储用地占比增长超过0.3个百分点。

（4）特征各异型：西部地区的宁夏回族自治区最为特殊，城镇地区集体土地利用结构调整最大，其商服和住宅用地占比分别大幅下降了4.9个和7.4个百分点，而工矿仓储、公服和交通运输用地占比的增幅分别为6.3%、3.8%和1.6%，这是全国范围内绝无仅有的；天津市城镇地区集体土地利用结构变化趋势与宁夏回族自治区类似，但程度上远低于宁夏回族自治区，除了工矿仓储用地占比增幅与其相当，商服和住宅用地占比降幅只有宁夏回族自治区的一半；西部地区的四川省与其他省份不同，城镇地区新增的集体土地基本全往商服用地倾斜，其占比提高了4.0个百分点，同时其他用地类型占比均出现了不同程度的下降。

四、我国优化开发区和重点开发区城镇地区集体土地时空差异分析

1.重点开发区城镇地区集体土地明显向商服用地倾斜，而优化开发区则向工矿仓储用地倾斜

2016—2018年，优化开发区和重点开发区城镇地区集体土地利用结构变化趋势与全国城镇地区集体土地利用结构变化趋势有所不同，重点开发区的城镇地区集体土地明显向商服用地倾斜，而优化开发区则明显向工矿仓储用地倾斜；住宅用地占比均降低，但变化幅度存在差异。

2016—2018年，优化开发区和重点开发区的工矿仓储占比均有提高但幅度不同。重点开发区工矿仓储用地占比增幅较低，仅为0.1%，低于全国水平0.3个百分点，而优化开发区则远高超全国水平，达0.8%；从商服用地来看，重点开发区的商服用地占比增幅为0.9个百分点，分别高于全国和优化开发区0.7个和1.1个百分点，优化开发区该项用地占比减少了0.2个百分点；住宅用地方面，优化开发区和重点开发区均下降了0.2个百分点，体现出了城镇地区集体土地利用偏向于发展商业和工业产业、缩减住宅用地的特征。

2.珠三角地区城镇地区集体土地的住宅用地和工矿仓储用地有大幅的调整

三大优化开发区三年间的城镇地区集体土地利用结构变化特征出现分异，在用地上显示出不同方向的倾斜。优化开发区整体变化趋势与环渤海地区类似，即商服用地和交通运输用地占比有所压缩，工矿仓储用地占比有所提高。长三角地区城镇地区集体土地结构变化趋势与全国趋势相反；珠三角地区城镇地区集体土地利用结构调整较大，其住宅用地占比减少了2.4%，工矿仓储用地占比提高了4.8%，从侧面反映了近几年珠三角地区城市更新工作的有效推进，促进了“城中村”宅基地的退出以及集体经营性建设用地的入市和流转。

3.哈长地区集体经营性建设用地增幅最高；超六成区域的宅基地呈下降趋势

2016—2018年，优化开发区和重点开发区城镇地区集体经营性建设用地分别增长了0.6万公顷和0.9万公顷，新增宅基地分别为0.1万公顷和0.2万公顷。从三年间的集体经营性建设用地占比变化来看，哈长地区该类用地占比增幅是重点开发区中最高的，达7.4%；其次是珠三角地区5.0%、宁夏沿黄经济区4.6%、呼包鄂榆地区3.6%。有超过1/3的区域该类用地占比缩减，降幅最大的是兰州—西宁地区的7.4%，其次是北部湾地区3.8%，其余区域降幅在0.1%—0.7%之间浮动。

从宅基地占比变化来看，超过6成的区域出现了下降趋势，其中哈长地区降幅最大，达8.0%，这个幅度与其集体经营性建设用地的增幅接近，一定程度上说明其土地利用结构明显向集体经营性建设用地倾斜；其次是呼包鄂榆地区5.5%、兰州—西宁地区4.9%和珠三角地区2.5%。与之相对应，该地类占比出现涨幅的区域不多，北部湾最高达5.2%，其次是藏中南地区3.7%、长江中游区1.2%和太原城市带1.1%。

第四节　土地制度改革试点单元城镇地区集体土地利用特征

一、试点单位〔1〕城镇地区集体土地利用特征

1.试点单位城镇地区集体土地占比高于全国水平3.4个百分点

2018年，试点单位城镇地区集体土地（17.1%）占比高出全国水平（13.7%）3.4个百分点；东部试点城镇地区集体土地占比最高，达22.9%，其

〔1〕 上海市松江区城镇地区集体土地为0，故不纳入计算；定州市2018年数据缺失，故采用其2017年数据。

次是东北地区22.5%，中部试点15.3%，西部试点最低，仅为7.5%。

在全部33个试点单位中，城镇地区集体土地占比高于总体水平的有10个试点，其中占比最高的是福建省晋江市，达52.6%，其次是天津市蓟州区50.1%、河南省长垣县47.9%、辽宁省海城市45.4%；城镇地区集体土地占比小于10%的试点有23个，其中占比最低的是云南省大理市，仅为0.2%，其次是重庆市大足区0.3%、贵州省湄潭县0.6%、广西北流市0.9%。

2. 北京大兴区城镇地区集体土地规模最大，东部试点平均规模最高

2018年，33个试点单位城镇地区集体土地平均规模为1147.1公顷（见图4-4-12）。城镇地区集体土地面积处于100—1000公顷之间的试点单位最多，达11个；低于100公顷的试点单位有6个，贵州省湄潭县最低，仅为9公顷；超过2000公顷的试点单位有8个，其中北京大兴区最高。东部试点城镇地区集体土地平均规模最大，达2547.4公顷，是平均面积最小的西部地区的7.15倍。

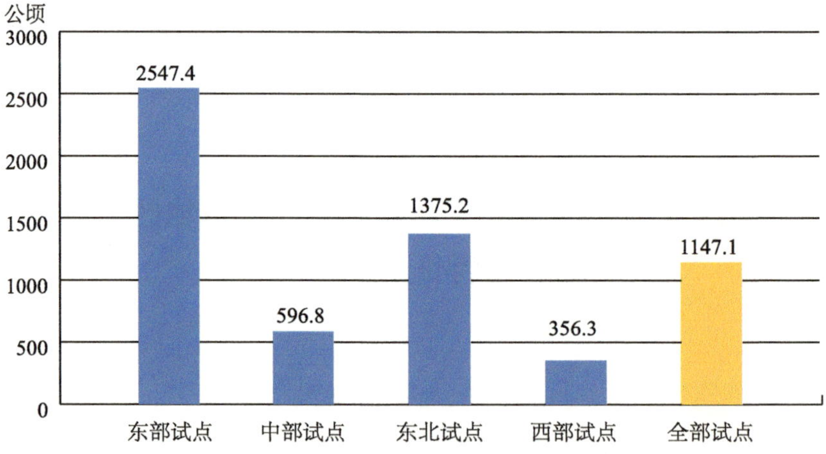

图4-4-12　2018年四大经济区试点单位的城镇地区集体土地规模

3. 试点单位工矿仓储用地占比较高，交通运输用地占比较低

把试点单位城镇地区集体土地利用结构与全国城镇地区集体土地利用结构进行对比，33个试点单位的工矿仓储用地明显较高，达32.5%，高出全国水平（25.3%）7.2个百分点；交通运输用地占比为4.7%，低于全国水平

（9.5%）4.8个百分点；商服用地（7.2%）和公服用地（8.7%）与全国水平基本持平，住宅用地（42.9%）略低于全国水平（44.2%）（见图4-4-13）。

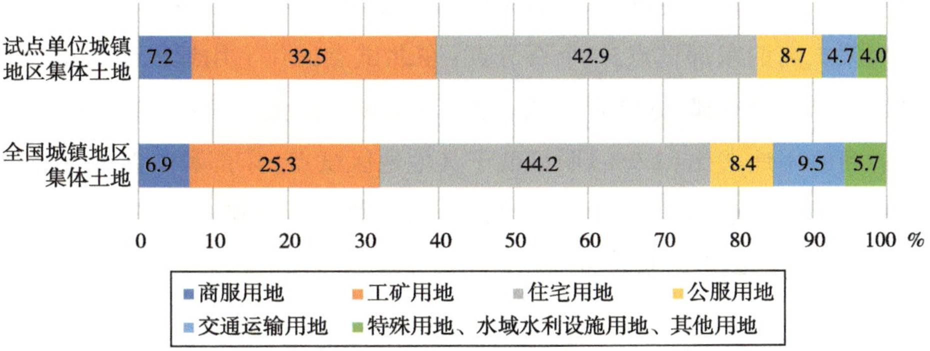

图4-4-13　试点单位城镇地区集体土地利用结构与全国水平对比

从四大经济区层面来看，除东北试点外，东部、中部、西部试点的工矿仓储用地占比均高于所在区域水平，说明东北试点的集体经济发展相对于其他试点来说是滞后的；西部和东北试点的商服用地占比均远高于所在区域水平，分别高出3.2个和8.8个百分点，东部和中部试点反之，其中中部试点（1.9%）远低于所在区域水平（7.7%）（见图4-4-14）；中部和东北地区的住宅用地占比均高于所在区域水平，东部和西部试点反之。

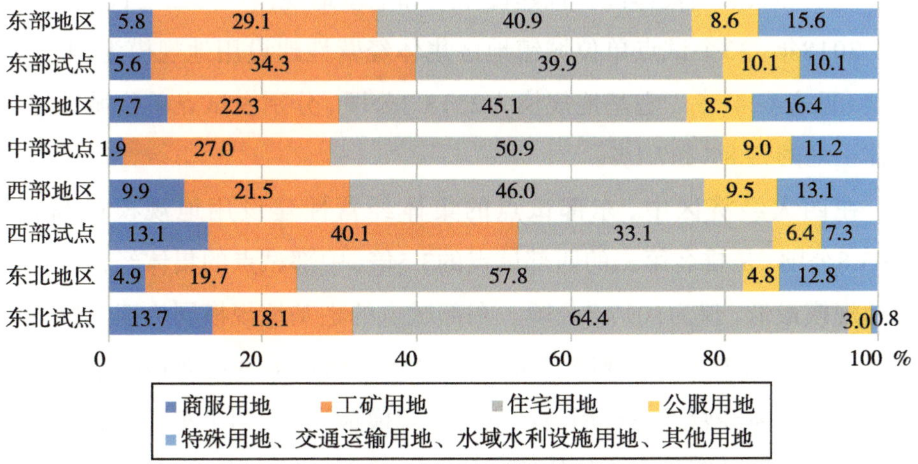

图4-4-14　四大经济区试点单位城镇地区集体土地利用结构与其所在区域水平对比

四大经济区试点单位城镇地区集体土地利用结构存在区间差异，总体来说，东部试点较为均衡，而其他地区的试点都有不同方面的倾斜。西部试点的工矿仓储用地占比（40.1%）远高于其他地区试点（见图4-4-15），高出第二名的东部试点5.8个百分点；东北试点的住宅用地占比（64.4%）高出第二名的中部试点13.5个百分点，西部试点最低，仅为33.1%；中部试点的商服用地占比（1.9%）明显低于其他地区试点；东部和中部试点公服用地、交通设施用地这两类服务性用地占比总和高于其他地区试点，反映了东部和中部试点的基础设施配套相对完善。

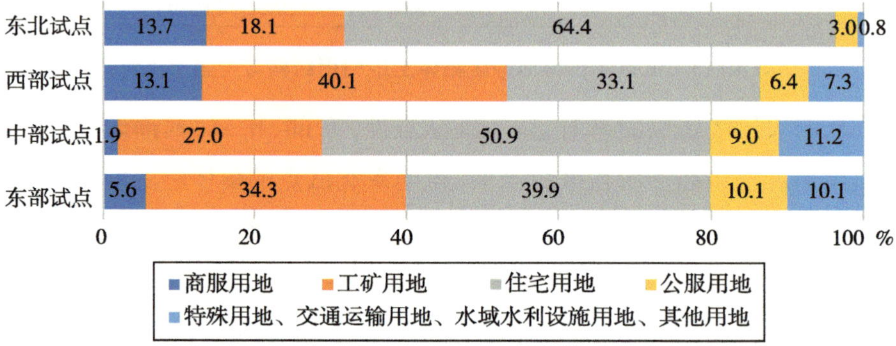

图4-4-15 四大经济区试点单位城镇地区集体土地利用结构对比

4. 东部试点的集体经营性建设用地和宅基地规模均为四之首

2018年，33个试点单位城镇地区集体经营性建设用地规模为14145.4公顷（见表4-4-6），宅基地规模为2513.7公顷，分别占试点单位城镇地区集体土地的39.8%和7.1%。

在四大经济区中，东部试点的集体经营性建设用地规模最高，达9163.8公顷，是排名第二的西部试点的3.5倍，中部试点的集体经营性建设用地规模最低，仅为1017.5公顷。东部试点的宅基地规模同为四大经济区之首，高达1463.3公顷，超过其他三大经济区试点宅基地面积的总和。东部试点的集体经营性建设用地和宅基地规模最大，说明了东部地区的集体经济发展水平是明显高于其他地区的。

表4-4-6　四大经济区试点单位城镇地区集体经营性建设用地和宅基地规模

单位：公顷

区域	商服用地	工矿仓储用地	集体经营性建设用地	宅基地
东部试点	1292.3	7871.5	9163.8	1463.3
中部试点	67.1	950.4	1017.5	352.3
西部试点	652.4	1998.9	2651.4	492.6
东北试点	565.0	747.7	1312.7	205.5
总计	2576.8	11568.5	14145.4	2513.7

33个试点单位的集体经营性建设用地平均规模为456.3公顷，东部试点的平均规模最大，达1145.5公顷，中部、西部、东北地区依次为169.6公顷、189.4公顷和437.6公顷。有23个试点单位集体经营性建设用地规模低于平均水平，集体经营性建设用地规模超过平均水平的8个试点单位中有4个为东部试点，低于10公顷的8个试点单位中有6个为西部试点。北京市大兴区集体经营性建设用地面积最大，紧随其后的是福建省晋江市和江苏省武进区。

33个试点单位的宅基地平均规模为81.1公顷，东部试点宅基地平均规模最大，达182.9公顷，中部、西部、东北试点依次为58.7公顷、35.2公顷、68.5公顷。超6成试点单位的宅基地规模低于平均水平。浙江省义乌市的宅基地规模最高；总共有4个试点地区的宅基地规模高于200公顷，且均为东部试点。

二、试点期试点单位城镇地区集体土地演变特征

1. 试点单位城镇地区集体土地规模处于总量上升、增速减缓的状态

2017—2018年，试点单位城镇地区集体土地增量为261.2公顷，较2016—2017年减少了138.3公顷，增长率由1.1%下降为0.7%（见表4-4-7）。

从四大经济区层面来看，2016—2018年，中部试点单位城镇地区集体

土地增量是最大的，达442.4公顷；其次是东部试点的408.2公顷，东北试点出现了负增长，规模减少了321.2公顷。从增长率来看，2016—2018年平均增速最高的还是中部试点，达7.19%，高出第二名的西部试点5.8个百分点；东北试点呈现负增长，年平均增长率为-3.6%。从增长率变化来看，东北试点变化最大，减少了7.7个百分点；其次是西部试点，增加了4.8个百分点；除此以外，东部试点和中部试点的增长率变化较小，均处于总量上升、增速减缓的状态。

表4-4-7　2016—2018年四大经济区试点单位城镇地区集体土地规模变化、增长量及增长率

单位：公顷

区域	规模			增长量		增长率				
	2016年	2017年	2018年	2016—2018年	平均	2016—2017年	2017—2018年	变化	2016—2018年	平均
东部试点	22518.2	22706.1	22926.4	408.2	204.1	0.8%	1.0%	0.1%	1.8%	0.9%
中部试点	3078.2	3328.1	3520.6	442.4	221.2	8.1%	5.8%	−2.3%	14.4%	7.2%
西部试点	4856.5	4807.7	4987.8	131.3	65.6	−1.0%	3.7%	4.8%	2.7%	1.4%
东北试点	4446.7	4457.2	4125.4	−321.2	−160.6	0.2%	−7.4%	−7.7%	−7.2%	−3.6%
总计	34899.6	35299.1	35560.3	660.7	330.4	1.1%	0.7%	−0.4%	1.9%	0.9%

2. 2016—2018年商服用地负增长，工矿仓储用地增长最快

2016—2018年，平均每个试点单位城镇地区集体土地面积年均增量为10.7公顷（见图4-4-16）。商服用地、特殊用地和其他土地呈现负增长，平均每年减少3.0公顷、0.3公顷和0.6公顷。工矿仓储用地的年均增量最高，达11.2公顷，公服用地、交通运输用地和住宅用地次之，分别为1.6公顷、1.2公顷和0.5公顷。从增长率来看，工矿仓储用地年均增长率最高，达

3.2%，其次是交通运输用地的2.3%和公服用地的1.7%（见表4-4-8）。

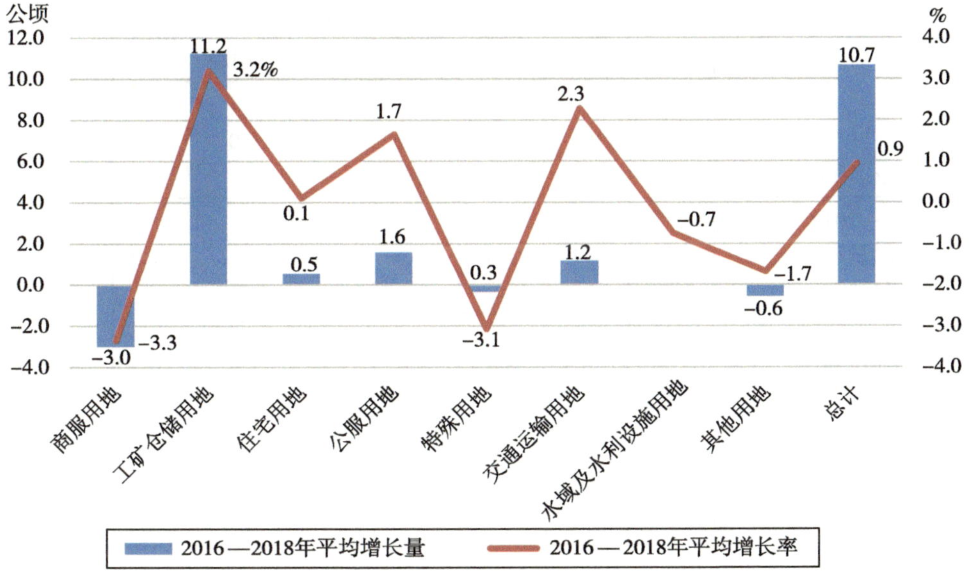

图4-4-16　2016—2018年试点单位城镇地区集体土地中各类用地平均增长量及增长率

表4-4-8　2016—2018年试点单位城镇地区集体土地利用结构变化情况

类别	商服用地	工矿仓储用地	住宅用地	公服用地	特殊用地	交通运输用地	水域及水利设施用地	其他用地	总计
2016年面积（公顷）	89.1	350.7	491.2	96.2	10.9	51.2	3.4	33.0	1125.8
2017年面积（公顷）	83.5	367.6	493.3	97.2	10.2	51.0	3.2	32.6	1138.7
2018年面积（公顷）	83.1	373.2	492.3	99.4	10.3	53.6	3.4	31.8	1147.1
2016—2017年增长量（公顷）	-5.6	16.9	2.1	1.0	-0.7	-0.2	-0.2	-0.3	12.9
2017—2018年增长量（公顷）	-0.4	5.6	-1.0	2.2	0.0	2.6	0.2	-0.8	8.4

续表

类别	商服用地	工矿仓储用地	住宅用地	公服用地	特殊用地	交通运输用地	水域及水利设施用地	其他用地	总计
2016—2018年平均增长量(公顷)	−3.0	11.2	0.5	1.6	−0.3	1.2	0.0	−0.6	10.7
2016—2017年增长率(公顷)	−6.3	4.8	0.4	1.0	−6.5	−0.4	−6.2	−1.0	1.1
2017—2018年增长率(%)	−0.5	1.5	−0.2	2.3	0.4	5.0	5.0	−2.4	0.7
2016—2018年平均增长率(%)	−3.3	3.2	0.1	1.7	−3.1	2.3	−0.7	−1.7	0.9

多数试点单位商服用地、工矿仓储用地、住宅用地小幅增长。在试点单位城镇地区集体土地总量方面，2016—2018年33个试点单位有18个年均增长率在0—10%之间；广西北流市年均增长率达到了144.7%；四川省泸县、安徽省金寨县、山西省泽州县等7个试点地区的年均增长率处于10%—100%之间；北京市大兴区、海南省文昌市和吉林省九台区呈现负增长，分别为−1.6%、−26.8%、−40%。

商服用地方面，2016—2018年33个试点单位中有7个年均增长率是处于0—10%之间，四川泸县高达92.1%，其次是佛山市南海区的17.3%；宁夏回族自治区平罗县、吉林省九台区、北京市大兴区等6个试点单位则呈现负增长。

工矿仓储用地方面，2016—2018年33个试点单位中有10个年均增长率是处于0—10%之间，有6个处于10%—100%之间，云南省大理市的年均增长率高达204.3%；江苏省武进区、北京市大兴区和吉林省九台区在3年间工矿仓储用地呈现负增长，吉林省九台区达到了−44.2%。

住宅用地方面，2016—2018年33个试点单位中有17个年均增长率是处于0%—10%之间，有6个处于10%—100%之间，其中四川省泸县高达96.2%；住宅用地年均增长率为负的有宁夏回族自治区平罗县、海南省文昌市和吉林省九台区，其中吉林省九台区达到了−43.6%。

四川省泸县的商服用地和住宅用地年均增长率最高，分别达92.1%和96.2%，其工矿仓储用地年均增长率为零；吉林省九台区的工矿仓储用地和住宅用地的年均增长率最低，分别达到了−44.2%和−43.6%。

3. 2016—2018年试点单位重点改革地类变化特征

吉林省九台区的宅基地减量最大。2016—2018年，海南省文昌市、吉林省九台区等4个试点单位的宅基地出现负增长，吉林省九台区宅基地减量最大，达309.3公顷，是第二名海南省文昌市（100.7公顷）的3倍左右。21个试点单位的增量处于0—10公顷之间，宁夏回族自治区平罗县、浙江省义乌市和湖南省浏阳市的宅基地增量均超过20公顷，分别为56.8公顷、26.4公顷、22.5公顷。

宁夏回族自治区平罗县和浙江省义乌市的集体经营性建设用地增量最大。北京市大兴区、吉林省九台区和江苏省武进区3个试点单位的集体经营性建设用地出现负增长，大兴区的集体经营性建设用地减量最大，达205.2公顷，是排名第二位的九台区（41.4公顷）的近5倍。增量大于10公顷的试点单位有16个，其中宁夏回族自治区平罗县和浙江省义乌市的增量超过100公顷，分别为160.6公顷和119.5公顷。

三、不同地区土地制度改革重点模式类型

1. 试点用地模式特征

从用地模式来说，将31个试点单位的城镇地区集体土地数据按土地利用现状分类进行统计，将商服用地和工矿用地合并统计为商工用地，二者是集体经营性建设用地的主要地类，农村住宅用地主要为宅基地，将公服用地、特殊用地、交通运输用地、水域及水利设施用地和其他土地合并统

计为其余用地。统计各试点商工用地、农村住宅用地、其余用地之间的占比，根据占比高低将各类用地划分为高、中、低三级占比（商工用地分为按0—19%，20%—39%，40%—100%划分为低、中、高三级占比，农村住宅用地按0—34%，35%—69%，70%—100%划分为低、中、高三级占比，其余用地按0—29%，30%—59%，60%—100%划分为低、中、高三级占比）。根据三类用地占比的不同，将其划分为高商工、高住宅、高其余、均衡型四类用地类型，即当某一地类达到高占比，用地类型即为该地类的高占比类型，当三个地类均无出现高占比，则为均衡型。

由表4-4-9可知，高商工型、均衡型和高其余型的试点单位各有9个，高住宅型的试点单位有5个。各个类型的数量分布相对均衡，也从侧面反映了选择试点时是有兼顾不同用地类型的，以方便针对不同类型试点针对性地选择改革内容。

表4-4-9　试点单位类型判别

单位：%

试点单位	商工用地	农村住宅用地	其余用地	用地类型
大兴区	39.7	4.8	55.4	均衡型
蓟州区	12.6	0.1	87.3	高其余型
定州市	22.6	33.4	44.0	均衡型
泽州县	7.5	90.1	2.3	高住宅型
和林格尔县	31.2	0	68.8	高其余型
海城市	32.2	0.3	67.4	高其余型
九台区	48.6	51.4	0	高商工型
安达市	15.2	81.8	3.0	高住宅型
松江区	—	—	—	—
武进区	58.8	5.8	35.4	高商工型
德清县	60.2	35.5	4.3	高商工型
义乌市	35.9	24.8	39.2	均衡型

续表

试点单位	商工用地	农村住宅用地	其余用地	用地类型
金寨县	10.2	31.2	58.6	均衡型
晋江市	39.7	0.2	60.2	高其余型
余江县	12.7	17.2	70.1	高其余型
禹城市	39.7	30.3	30.0	均衡型
长垣县	33.2	0	66.8	高其余型
宜城市	12.1	28.5	59.4	均衡型
浏阳市	34.1	27.3	38.6	均衡型
南海区	35.0	4.5	60.5	高其余型
北流市	47.0	0	53.0	高商工型
文昌市	0	99.9	0.1	高住宅型
大足区	0	98.2	1.8	高住宅型
郫都区	54.0	4.2	41.8	高商工型
泸县	45.7	4.5	49.8	高商工型
湄潭县	0	50.6	49.4	均衡型
大理市	15.5	2.3	82.1	高其余型
曲水县	2.5	87.7	9.8	高住宅型
高陵区	57.0	12.5	30.6	高商工型
陇西县	23.4	0	76.6	高其余型
湟源县	7.4	35.6	57.0	均衡型
平罗县	72.2	16.7	11.1	高商工型
伊宁市	46.6	0	53.4	高商工型

注：工商工用地占比从低到高 ；
农村住宅用地占比从低到高 ；
其余用地占比从低到高 。

2.试点类型划分

综上，根据用地模式和所在地区的不同，试点单位可以划分成4大类和13小类，各大类型的数量在区域的分布上较为均衡（见表4-4-10）。

表4-4-10　试点单位类型划分

用地模式	区域	试点单位	数量
高商工型	东部试点	武进区、德清县	2
	中部试点	—	0
	西部试点	北流市、郫都区、泸县、高陵区、平罗县、伊宁市	6
	东北试点	九台区	1
高住宅型	东部试点	—	0
	中部试点	泽州县	1
	西部试点	文昌市、大足区、曲水县	3
	东北试点	安达市	1
均衡型	东部试点	大兴区、定州市、义乌市、禹城市	4
	中部试点	宜城市、金寨县、浏阳市	3
	西部试点	湄潭县、湟源县	2
	东北试点	—	0
高其余型	东部试点	蓟州区、晋江市、南海区	3
	中部试点	余江县、长垣县	2
	西部试点	和林格尔县、大理市、陇西县	3
	东北试点	海城市	1

四、试点地区农村宅基地和集体经营性建设用地改革进展及对重点城市的政策建议

1.集体经营性建设用地入市改革工作进展

农村集体经营性建设用地入市改革的主要任务是完善农村集体经营性建设用地产权制度，赋予农村集体经营性建设用地出让、租赁、入股权能；明确农村集体经营性建设用地入市范围和途径；建立健全市场交易规则和服务监管制度。第一批15个入市试点于2015年2月公布，2016年9月入市试点扩大至33个。

江苏省武进区、广西壮族自治区北流市、海南省南海区、河南省长垣县入市规模最大，入市规模超50公顷的9个试点，东部试点占5个。除安徽省金寨县未公布数据外，其余32个试点单位集体经营性建设用地入市（以下简称入市）总面积为1883.1公顷，平均每个试点单位入市58.8公顷。入市面积超过100公顷的有4个试点单位，江苏省武进区入市面积最高，达604.9公顷，广西壮族自治区北流市、广东省南海区、河南省长垣县依次为346.5公顷、161.0公顷、136.3公顷；这四个试点单位的入市宗数均超过80宗，其中江苏省武进区入市宗数高达769宗。集体经营性建设用地入市面积超过50公顷的9个试点单位中，有5个东部试点、2个中部试点、1个西部试点、1个东北试点。15个试点单位的入市面积不足10公顷，其中东部试点5个，中部试点3个，东北试点1个。天津市蓟州区、西藏自治区曲水县、云南省大理市、福建省晋江市入市面积最小，不足1公顷，入市宗数不超过2宗。此外，浙江省德清县、甘肃省陇西县的入市面积分别为88.3公顷、31.8公顷，而入市宗数高达177宗、110宗，仅次于江苏省武进区。

东部试点入市改革成效较好。集体经营性建设用地入市规模超过55公顷的8个试点中有5个为东部试点。其中，江苏省武进区的入市规模高达604.9公顷，是第二名西部试点广西壮族自治区北流市（346.2公顷）的1.7倍，广东省南海区、浙江省德清县、北京市大兴区、山东省禹城市的入市规模分别为161.0公顷、88.3公顷、78.0公顷、55.8公顷。

政策协同对改革工作成效作用不显著。贵州省湄潭县、陕西省高陵区、西藏自治区曲水县3个试点单位的政策基础扎实，同时包括农村改革试验区、新型城镇化综合试点地区、农民住房财产权抵押贷款试点、农村承包土地经营权抵押贷款4个试点，然而其集体经营性建设用地入市规模均处于较低水平，改革成效不明显，贵州省湄潭县、陕西省高陵区、西藏自治区的曲水县入市规模分别为7.9公顷、4.5公顷、0.5公顷（见图4-4-17）。

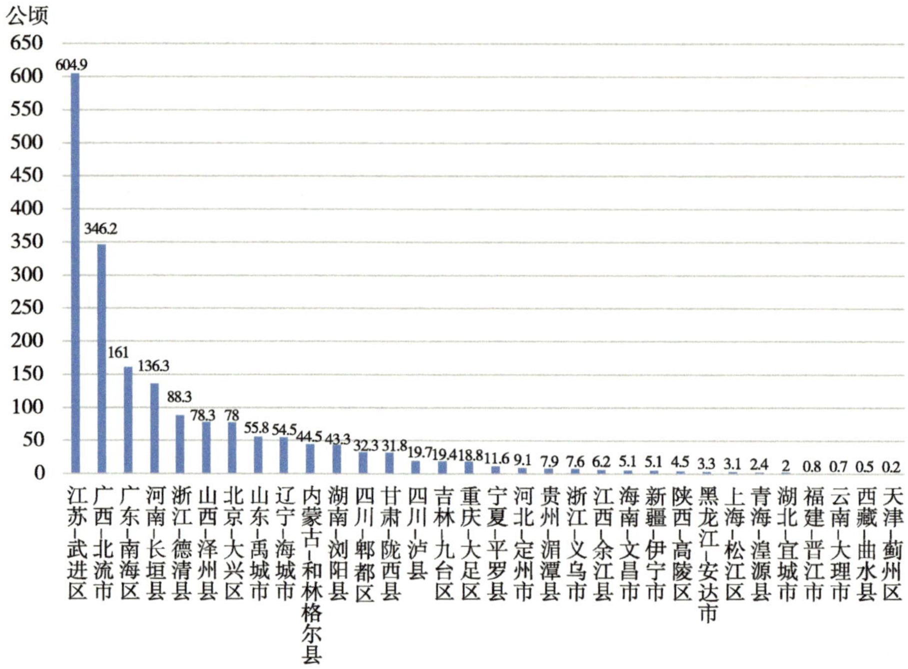

图4-4-17　截至2018年上半年32个试点单位集体经营性建设用地入市规模

2.宅基地制度改革工作进展

宅基地制度改革的主要任务是完善宅基地权益保障和取得方式，探索农民住房保障在不同区域户有所居的多种实现形式；探索实行宅基地有偿使用；探索进城落户农民在本集体经济组织内部自愿有偿退出或转让宅基地；改革宅基地审批制度。第一批15个宅基地试点于2015年2月公布，2017年11月宅基地试点扩大至33个。

在目前获得数据的14个试点单位中，14个试点单位的宅基地退出面积总计6690.5公顷，平均退出面积为477.9公顷。安徽省金寨县宅基地退出面积最大，达2466.7公顷；泸县次之，为666.7公顷。此外，还有福建省晋江市、江西省余江县、青海省湟源县、湖北省宜城市4个试点单位的宅基地退出面积超过200公顷。云南省大理市、天津市蓟州区、宁夏回族自治区平罗县3个试点单位宅基地退出面积不超过10公顷，云南省大理市最低，为4.9公顷。集体农村住宅用地是宅基地制度改革的主要对象，宅基地退出面积占集体农村住宅用地的比例一定程度上反映了该项工作的完成度。安徽省金寨县该项比例高达55.9%，在14个试点单位中占比最高，青海省湟源县、江西省余江县次之，分别为13.3%、13.0%，其余试点该项占比均不足5%。

此外，宅基地的有偿使用是宅基地制度改革的另一项重要内容，在公布数据的10个试点单位中，义乌市宅基地有偿使用收取费用最高，共有35922户农户交纳有偿使用费9.71亿元，是第二位宜城市（1437万元）的近68倍。

3. 对各类型重点城市的政策建议

针对集体经营性建设用地规模较大的城市，可以参照入市宗数、面积最多的北流市和长垣县的改革方式和推进手段。北流市形成了商住用地入市、成片整治入市、公益用地入市、新增集体建设用地入市4种创新入市途径，其中已拍卖出的商住项目用地的宗数和面积分别占入市项目约7成；探索出让、出租、作价入股、抵押4种入市方式，涵盖商服、工业、旅游、住宅、公益5种土地用途。长垣县的入市途径包括就地入市、调整入市、城中村整治入市三条途径，出让、租赁、作价入股三种入市方式，初步建立完善了同价同权、流转顺畅、收益共享的农村集体经营性建设用地入市制度。

针对宅基地规模较大的城市，改革工作进展较快的泸县和金寨县，这两个试点在制度创新走得更远。泸县通过"定人定面积"原则的宅基地取得方式、差别化的宅基地有偿使用、宅基地跨区域使用和配置、创新宅基地退出制度、宅基地指标交易与利用、探索宅基地向经营性建设用地转化等制度创新，有效推进宅基地制度改革。金寨县除了制定宅基地有偿使用制度和自愿有偿退出机制，还将改革与脱贫协同进行，实行"宅改+扶贫搬迁"等举措。

第五节　主要结论

本章利用城镇地籍调查数据中2016—2018年城镇地区集体土地数据，分析其规模、增长、趋势及空间分异等特征，并参考33个农村土地制度改革试点单位在2016—2018年集体土地利用的表现，主要结论如下：

（1）全国城镇土地近年来增长减速趋势明显，增长量速齐降。2018年，全国城镇地区集体土地（包括建制镇及以上所有行政区划单元）规模为134.1万公顷，占全国城镇土地的13.7%。全国城镇地区集体土地的增长趋势与全国城镇土地保持统一步调，都处于减量发展的阶段。

（2）地域上，东部地区城镇地区集体土地占比最高，达50.2%，其次是中部地区（23.6%）和西部地区（17.7%），占比最低的是东北地区，仅为8.6%。从各省区内部来看，各省区城镇地区集体土地占比有明显差异，城镇地区集体土地占比以华北地区为最高水平，并向周边扩散降低。

（3）2018年，在全国城镇地区集体土地中，集体经营性建设用地和宅基地共72.0万公顷，其中集体经营性建设用地为43.2万公顷，占32.2%；宅基地为28.8万公顷，占21.4%。集体经营性建设用地较2017年的42.3万公顷增长了0.9万公顷，较上一年度的新增集体经营性建设用地1.7万公顷减少了0.8万公顷。其增长率也由2016—2017年的4.3%缩减为2.1%，减少超50%。宅基地同集体经营性建设用地的表现基本相同，都是处于量速齐降的阶段。

（4）2016—2018年，超4成的集体经营性建设用地增长来自东部地区，西部和东北地区宅基地出现负增长；山东省集体经营性建设用地增量最大，达0.44万公顷，海南省宅基地增量最大，达0.42万公顷。

（5）2018年，试点单位城镇地区集体土地（17.1%）占比高出全国水平（13.7%）3.4个百分点；东部试点城镇地区集体土地占比最高，达22.9%，其次是东北地区22.5%，中部试点15.3%，西部试点最低，仅为7.5%。东部试点的集体经营性建设用地和宅基地规模均为四个试点地区之首，说明了东部地区的集体经济发展水平是明显高于其他地区的。

第五章　广东省城镇用地增长特征及“三旧”改造实施效果分析（2011年）

第一节　广东省“三旧”改造政策及效果预期

一、政策概况

“三旧”改造是广东省特有的改造模式，是对存量建设用地再开发利用的探索和创新，能够有效促使存量建设用地的不断高效开发利用，提高建设用地的节约集约利用程度。“三旧”改造是原国土资源部与广东省开展部省合作，推进节约集约用地试点示范省工作的重要措施。开展“三旧”改造的项目，必须符合城市土地利用总体规划、城乡总体规划。“三旧”改造总体规划、年度计划已纳入省“三旧”改造监管数据库，需制订改造方案，并且通过市（县）人民政府的批准。这一政策的推进实施成为破解用地供需矛盾、实施资源循环利用和可持续发展战略、满足新增投资用地需求的重要途径。

“三旧”改造是原国土资源部给予广东省的特殊政策。在广东省人民政府《关于推进“三旧”改造促进节约集约用地的若干意见》（粤府〔2009〕78号文）中，“三旧”改造的实施意见对现行的国土资源政策有六大突破：一是简化了补办征收手续；二是允许按现状完善历史用地手续；三是允许采用协议出让供地；四是土地纯收益允许返拨支持用地者开展改造；五是农村集体建设用地改为国有建设用地，可简化手续；六是边角地、插花地、夹心地的处理有优惠。各地根据实际情况，积极尝试，探索出一系列行之有效的改造模式。如广州针对城中村改造的4种模式：公开出让融资模式、自行改造协议出让融资模式、滚动开发模式和环境建设带动综合整治模式。

二、政策实施情况

2009年，经部省协商，并报国务院同意，广东省将以旧城镇、旧村庄、旧厂房改造为内容的“三旧”改造作为其节约集约用地试点示范省建设的一项重要任务和政策创新，并制定了《关于推进“三旧”改造促进节约集约用地的若干意见》。2009—2011年，按照该《意见》的规定，在部省共同推动下，广东省“三旧”改造工作进展顺利。

作为“三旧”改造的重要基础，广东省全面开展了“三旧”改造地块标图建库工作。截至2011年7月，全省已入库地块65617宗，面积373.3万亩，占全省建设用地面积的13.46%，其中国有土地占46.88%，集体土地占53.12%。全省入库地块中，需完善用地手续的占35.14%；旧城镇占25.01%，旧厂房占35.89%，旧村庄占39.10%（见表4-5-1）。“三旧”地块主要集中在广州、深圳、佛山、东莞四市，入库地块面积合计168.38万亩，占全省入库面积的45.10%。

表4-5-1　广东省“三旧”地块标图入库情况

行政区划	入库面积（万亩）	入库地块数（个）	需完善手续占比（%）	国有面积占比（%）	集体面积占比（%）	旧城镇占比（%）	旧厂房占比（%）	旧村庄占比（%）
全省	373.3	65617	35.14	46.88	53.12	25.01	35.89	39.10
广州	73.08	12373	52.20	30.36	69.64	11.39	35.93	52.67
深圳	26.73	3037	2.64	100.00	0	44.88	43.64	11.48
佛山	38.72	4623	17.66	43.88	56.12	20.64	60.63	18.73
东莞	29.85	2513	48.40	21.08	78.92	11.65	59.82	28.53

到2011年年底，广东已完成改造项目2443个，其中旧城镇1069个、旧厂房969个、旧村庄405个；完成改造面积14万亩，占入库总面积的3.75%，其中旧城镇5.56万亩、旧厂房6.04万亩、旧村庄2.4万亩；正在改造项目1500个，涉及用地面积14.96万亩，占入库总面积的4.0%；已批准完善用地手续2.18万亩，占上报完善手续面积的43.87%（见表4-5-2）。广州、深圳、佛山、东莞四市已改造面积占全省的36.64%，“三旧”改造试点取得了预期成效。

表4-5-2　广东省“三旧”改造试点进展情况

行政区划	投入资金（亿元）	其中社会投资（亿元）	正在完成改造项目		批准完善手续面积（万亩）	已完成改造项目	
			数量（个）	面积（万亩）		数量（个）	面积（万亩）
全省	3318.39	2313.99	1500	14.96	2.18	2443	14
广州	490.62	124.47	60	1.15	0.11	83	0.19
深圳	322.04	271.12	35	0.91	0.11	111	0.88
佛山	774.76	664.53	490	5.20	0.57	446	2.83
东莞	204.84	95.75	57	0.55	0.12	138	1.23

三、对城镇建设用地增长变化的预期影响

“三旧”改造对城镇建设用地增长特征的预期影响有以下四个方面：

（1）对城镇建设用地整体规模增长的影响。“三旧”改造是对存量建设用地再开发利用。可以预见，实施“三旧”改造以来，广东城镇建设用地规模增长应有所缩减，增长速度应有所降低。

（2）由于“三旧”改造的对象主要集中在旧厂房、旧城镇和旧村居，对应城镇建设用地中的工矿仓储用地和住宅用地。可以预见，作为城镇建设用地主体的工矿仓储用地和住宅用地，其规模增长应有所缩减，增长速度应有所降低。

（3）“三旧”改造的对象包括国有权属性质（如城镇）和集体权属性质（如村居）的用地，所以政策的实施会对城镇建设用地的两种权属性质用地的构成产生一定的影响。可以预见，集体权属性质的城镇建设用地应进一步转化为国有权属性质的城镇建设用地，国有城镇建设用地比重应有所增长，作为城镇建设用地主体的工矿仓储用地和住宅用地，其国有用地的比重也应该随之提高，至少保持稳定。但“三旧”改造与现行的收储备政策有所差异，因此国有用地比重的上升速度可能落后于个别省份。

（4）由于“三旧”改造政策在省内各个城市之间推行时间和实施力度的差异，必然造成城市之间的差异，这种差异应主要反映在城镇建设用地规模增长，工矿仓储用地和住宅用地的规模增长，以及用地权属性质的变化三个方面。可以预见，“三旧”改造的四个重点城市广州、深圳、佛山和东莞之间存在一定的差异且与省内其他城市存在差异。

通过上述不难发现，第一、二部分关于城镇用地增长特征的分析结论与“三旧”改造政策对城镇建设用地增长变化的预期影响基本一致。现有分析虽无法明确判定“三旧”改造政策是广东省自2009—2011年三年来城镇用地增长特征的全部原因，但不能否认“三旧”改造政策在其中起到了重要作用。

第二节　广东省城镇建设用地规模增长特征分析

一、城镇建设用地规模增长分析

广东省城镇建设用地总量较大，但扩张速度较慢，且逐年减缓。从城镇建设用地规模来看，截至2011年年底，广东省城镇建设用地规模为63.00万公顷，占全国用地总规模的7.9%，规模总量略低于山东和江苏（见表4-5-3）。从规模增长来看，相较于2010年，2011年增长了2.02万公顷，增长速度为3.3%，占当年度全国城镇建设用地总增量的5.4%。同期，江苏、浙江、内蒙古、山东、辽宁、福建和全国的城镇建设用地总规模相较于2010年分别增长了2.55万公顷、1.16万公顷、1.64万公顷、1.67万公顷、1.91万公顷、0.64万公顷和37.65万公顷，增长率分别为4.2%、3.2%、5.1%、2.7%、5.8%、3.5%和5.0%。

表4-5-3　2009—2011年广东等7个省份和全国城镇建设用地规模与变化

区域名称	2009—2010年增长量（万公顷）	2009—2010年增长率（%）	2010—2011年增长量（万公顷）	2010—2011年增长率（%）
广东	2.33	4.0	2.02	3.3
江苏	3.30	5.8	2.55	4.2
浙江	1.08	3.0	1.16	3.2
内蒙古	1.37	4.5	1.64	5.1
山东	1.70	2.8	1.67	2.7
辽宁	2.28	7.5	1.91	5.8
福建	0.61	3.5	0.64	3.5
全国	32.92	4.5	37.65	5.0

2009—2010年，广东省城镇建设用地的增长速度为4.0%，仅快于山东（2.8%）、浙江（3.0%）、福建（3.5%）。从2009—2010年和2010—2011年两个阶段的增长速度来看，广东的扩张速度较慢，且呈现下降趋势。

总体而言，广东省城镇建设用地规模总量较大，但增长速度较慢，显著低于全国平均水平，与经济发展水平相当的地区相比，扩张速度也相对较慢，且增长速度逐年放缓。

二、不同用地类型变化分析

1.工矿仓储用地

广东省的工矿仓储用地规模总量较大，增长速度较慢，且增速逐年大幅度减缓。从工矿仓储用地总规模来看，2011年广东省工矿仓储用地规模为19.21万公顷，占当年度全国工矿仓储用地总规模的9.0%，占比较大。从规模增长来看，相较于2010年，2011年增长了0.65万公顷，增长率为3.5%，显著低于全国平均水平，占当年度全国工矿仓储用地增长量的4.5%。同期，江苏、浙江、内蒙古、山东、辽宁、福建和全国的城镇建设用地规模相较于2010年分别增长了1.08万公顷、0.47万公顷、0.75万公顷、0.55万公顷、0.77万公顷、0.31万公顷和14.32万公顷，增长率分别为4.6%、3.9%、13.1%、2.9%、7.8%、6.2%和7.2%（见表4-5-4）。

表4-5-4　2009—2011年广东等7省份和全国工矿仓储用地规模与变化

区域名称	2009—2010年增长量（万公顷）	2009—2010年增长率（%）	2010—2011年增长量（万公顷）	2010—2011年增长率（%）
广东	1.32	7.7	0.65	3.5
江苏	2.62	12.5	1.08	4.6
浙江	0.55	4.7	0.47	3.9
内蒙古	0.54	10.4	0.75	13.1
山东	0.71	3.9	0.55	2.9
辽宁	1.25	14.3	0.77	7.8
福建	0.33	7.0	0.31	6.2
全国	15.40	8.4	14.32	7.2

2009—2010年，广东的工矿仓储用地的增长速度为7.7%（为2010—2011年增长速度的2倍），快于山东（3.9%）和浙江（4.7%）。从2009—2010年和2010—2011年两个阶段的增长速度来看，广东的扩张速度与全国和其他经济发达省份相比均相对较慢，且逐年呈下降趋势明显。

总体而言，广东省工矿仓储用地规模较大，但规模扩张速度较慢，且增长速度逐年减慢。

2. 住宅用地

广东省的住宅用地规模较大，增长速度较慢，且增速逐年大幅度减缓。

从住宅用地总规模来看，2011年广东省住宅用地规模为18.84万公顷，占当年度全国住宅用地总规模的7.1%，占比相对较大。从规模增长来看，相较于2010年，2011年增长了0.67万公顷，增长率达3.7%。同期，江苏、浙江、内蒙古、山东、辽宁、福建和全国的住宅用地规模相较于2010年分别增长了1.10万公顷、0.42万公顷、0.46万公顷、0.46万公顷、0.89万公顷、0.16万公顷和10.65万公顷，增长率分别为6.0%、3.3%、4.8%、2.4%、7.3%、2.2%和4.2%（见表4-5-5）。

表4-5-5　2009—2011年广东等7省份和全国住宅用地规模与变化

区域名称	2009—2010年增长量（万公顷）	2009—2010年增长率（%）	2010—2011年增长量（万公顷）	2010—2011年增长率（%）
广东	1.02	6.0	0.67	3.7
江苏	0.88	5.0	1.10	6.0
浙江	0.86	7.3	0.42	3.3
内蒙古	0.52	5.7	0.46	4.8
山东	0.80	4.4	0.46	2.4
辽宁	0.79	6.9	0.89	7.3
福建	0.16	2.2	0.16	2.2
全国	12.75	5.3	10.65	4.2

2009—2010年，广东的住宅用地的增长速度为6.0%（显著高于2010—2011年的增长速度），增长速度近落后于浙江（7.3%）和辽宁（6.9%）。从2009—2010年和2010—2011年两个阶段的增长速度来看，广东的扩张速度与全国和其他经济发达省份相比，由高速增长明显转化为低速增长，由2009—2010年度高于全国平均水平下降为2010—2011年的低于全国平均水平。

总体而言，广东省的住宅用地规模较大，扩张速度由快转慢，2010—2011年已低于全国平均水平，与其他经济发达省份相比也处于较慢的增长态势。

三、人均城镇建设用地水平变化分析

1. 人均城镇建设用地

广东的人均城镇建设用地水平较低，显著低于全国平均水平与其他经济发达省份，且近年来人均用地水平逐年降低。从人均用地水平来看，2011年广东省人均城镇建设用地水平为70.5m²/人，仅为全国平均水平的61%（见表4-5-6）。从变化趋势来看，2011年人均用地水平与2010年相比略有下降。同期，江苏、浙江、内蒙古、山东、辽宁、福建和全国的人均城镇建设用地面积分别为128.5m²/人、108.4m²/人、237.7m²/人、129.7m²/人、122.8m²/人、86.7m²/人和115.3m²/人，与2010年相比变化不大，其中江苏增长了0.47%，浙江下降了0.64%，内蒙古增长了1.24%，山东下降了1.07%，辽宁增长了1.91%，福建下降了0.23%，全国上升了1.05%。

表4-5-6　2009—2011年广东等7省份和全国人均城镇建设用地水平与变化

区域名称	2009年人均用地面积（m²/人）	2010年人均用地面积（m²/人）	2011年人均用地面积（m²/人）	2009—2010年增长率（%）	2010—2011年增长率（%）
广东	76.6	70.9	70.5	−7.44	−0.56
江苏	133.4	127.9	128.5	−4.12	0.47
浙江	118.4	109.1	108.4	−7.85	−0.64
内蒙古	238.3	234.8	237.7	−1.47	1.24
山东	132.6	131.1	129.7	−1.13	−1.07
辽宁	116.8	120.5	122.8	3.17	1.91
福建	94.9	86.9	86.7	−8.43	−0.23
全国	116.8	114.1	115.3	−2.31	1.05

2009—2010年，广东省人均城镇建设用地面积减少了5.7m²，减少速度高达7.44%。与此同时，江苏、浙江、内蒙古、山东、辽宁、福建和全国的人均城镇建设用地面积均出现不同程度的降低，其中降幅最大的福建，达8.43%。从2009—2010年和2010—2011年两个阶段的变化情况来看，广东

的人均用地面积持续下降，且降幅显著高于全国及其他经济发达省份。

总体而言，广东省人均城镇建设用地面积较小，显著低于全国平均水平和其他发达省份，且近年来人均城镇建设用地水平持续下降。

2. 人均工矿仓储用地

广东省的人均工矿仓储用地水平较低，显著低于全国平均水平及其他经济发达省份，且人均用地面积逐年减少。从人均用地水平来看，2011年广东省人均工矿仓储用地水平为21.5m^2/人，显著低于全国平均水平。从变化趋势来看，2011年与2010年相比略有下降，下降率为0.46%。同期，江苏、内蒙古、山东、辽宁、福建和全国的人均工矿仓储用地面积分别为50.1m^2/人、36.3m^2/人、45.3m^2/人、39.0m^2/人、38.1m^2/人、24.4m^2/人和30.8m^2/人，与2010年相比，除山东外，均有不同程度的增长，其中江苏增长了0.80%，内蒙古增速高达8.89%，辽宁增长了3.81%，福建增长了2.52%，全国增长了3.36%（见表4-5-7）。

表4-5-7　2009—2011年广东等7省份和全国人均工矿仓储用地水平与变化

区域名称	2009年人均用地面积（m^2/人）	2010年人均用地面积（m^2/人）	2011年人均用地面积（m^2/人）	2009—2010年增长率（%）	2010—2011年增长率（%）
广东	22.5	21.6	21.5	−4.00	−0.46
江苏	48.7	49.7	50.1	2.05	0.80
浙江	38.7	36.3	36.3	−6.20	0
内蒙古	40.0	41.6	45.3	4.00	8.89
山东	39.4	39.4	39.0	0	−1.02
辽宁	33.4	36.7	38.1	9.88	3.81
福建	25.2	23.8	24.4	−5.56	2.52
全国	29.4	29.8	30.8	1.36	3.36

2009—2010年，广东省人均工矿仓储用地面积减少了约1平方米，减少速度达4.00%。与此同时，江苏、浙江、内蒙古、山东、辽宁、福建和全国的人均用地变化情况各异。从2009—2010年和2010—2011年两个阶段的

变化情况来看，仅广东和山东的人均用地面积持续下降或不变，但就下降幅度而言，广东显著高于山东。总体而言，与其他经济发达地区相比，广东的人均工矿仓储用地水平较低，且近年来呈现不断下降的趋势。

3. 人均住宅用地

广东省的人均住宅用地水平较低，显著低于全国平均水平及其他经济发达省份，且人均用地面积逐年减少。从人均用地水平来看，2011年广东省人均住宅用地水平为21.1m²/人，显著低于全国平均水平及其他经济发达省份。从变化情况来看，与2010年相比，2011年略有下降。同期，江苏、浙江、内蒙古、山东、辽宁、福建和全国的人均住宅用地面积分别为39.6 m²/人、37.7m²/人、71.5m²/人、39.3m²/人、46.4m²/人、34.8m²/人和38.1 m²/人，与2010年相比，江苏增长了2.06%，浙江下降了0.53%，内蒙古增长了0.99%，山东下降了1.26%，辽宁增长了3.34%，福建下降了1.42%，全国上升了0.26%（见表4-5-8）。

表4-5-8　2009—2011年广东等7省份和全国人均住宅用地水平与变化

区域名称	2009年人均用地面积（m²/人）	2010年人均用地面积（m²/人）	2011年人均用地面积（m²/人）	2009—2010年增长率（%）	2010—2011年增长率（%）
广东	22.4	21.1	21.1	−5.80	0.00
江苏	40.7	38.8	39.6	−4.67	2.06
浙江	39.5	37.9	37.7	−4.05	−0.53
内蒙古	71.0	70.8	71.5	−0.28	0.99
山东	39.6	39.8	39.3	0.51	−1.26
辽宁	43.8	44.9	46.4	2.51	3.34
福建	39.0	35.3	34.8	−9.49	−1.42
全国	38.6	38.0	38.1	−1.55	0.26

2009—2010年，广东省人均住宅用地面积减少了1.3平方米，减少速度达5.80%，仅低于福建。与此同时，江苏、浙江、内蒙古、山东、辽宁、福建和全国的人均用地变化情况各异，但整体呈下降趋势。从2009—2010年和

2010—2011年两个阶段的变化情况来看，广东、浙江和福建的人均用地水平持续下降，但浙江和福建的人均用地水平均较高。总体而言，与其他经济发达地区相比，广东的人均住宅用地水平较低，且近年来不断下降。

四、城镇建设用地权属变化分析

1.城镇建设用地

广东省国有权属性质的城镇建设用地比重较高，显著高于其他经济发达省份及全国水平，且国有用地的比重持续上升。从国有用地的比重来看，2011年广东省国有权属性质的城镇建设用地比重较高，达91.7%，仅低于内蒙古，集体用地的比重较低。同期，江苏、浙江、内蒙古、山东、辽宁和福建的国有城镇建设用地的比重分别为86.8%、86.9%、92.9%、66.4%、83.7%和88.0%。从不同权属性质的用地变化来看，2010—2011年广东的城镇建设用地规模增长了420.2公顷，其中国有用地增加了1084.4公顷，集体用地减少了664.2公顷，国有用地占比与2010年相比，上升了0.5个百分点。同期，江苏、浙江、内蒙古、山东、辽宁和福建的国有用地占比与2010年相比，除江苏和山东外，均呈下降趋势。江苏的国有用地比重较低，2010年仅为78.0%，经过了2010—2011年的快速上升后，比重达86.8%，仍明显低于广东的国有用地比重。山东的国有用地比重最低，2011年比重最高值仅为66.4%，与广东不具有可比性（见表4-5-9、表4-5-10）。

表4-5-9 2010—2011年广东等7省份和全国城镇建设用地权属性质与变化

区域名称	2010—2011年增长量（万公顷）			2010—2011年增长率（%）		
	合计	国有	集体	合计	国有	集体
广东	0.04	0.1	−0.07	0.3	0.7	−4.7
江苏	0.7	1.98	−1.26	4.7	16.5	−37.1
浙江	7.7	6.3	1.4	78.0	70.4	153.0
内蒙古	4.3	3.9	0.4	57.8	55.7	90.7

续表

区域名称	2010—2011年增长量(万公顷)			2010—2011年增长率(%)		
	合计	国有	集体	合计	国有	集体
山东	4.3	3.0	1.3	29.2	31.6	24.7
辽宁	5.3	4.2	1.1	87.6	78.4	155.7
福建	0.97	0.8	0.2	13.4	12.1	23.9
全国	55.4	46.0	9.4	23.8	23.6	24.8

表4-5-10　2010—2011年广东等7省份和全国城镇建设用地国有和集体占比

单位：%

区域名称	2010年用地		2011年用地	
	国有占比	集体占比	国有占比	集体占比
广东	91.2	8.8	91.7	8.3
江苏	78.0	22.0	86.8	13.2
浙江	90.8	9.2	86.9	13.1
内蒙古	94.1	5.9	92.9	7.1
山东	65.2	34.8	66.4	33.6
辽宁	88.1	11.9	83.7	16.3
福建	89.0	11.0	88.0	12.0
全国	83.7	16.3	83.6	16.4

2.工矿仓储用地

广东省国有工矿仓储用地比重较高，且国有用地的比重持续上升。从国有用地的比重来看，2011年广东省国有工矿仓储用地比重较高，达92.5%，仅次于内蒙古，集体用地的比重较低。同期，江苏、浙江、内蒙古、山东、辽宁和福建的国有工矿仓储用地的比重分别为89.0%、92.1%、98.2%、70.5%、89.1%和87.4%。从不同权属性质的用地变化来看，2010—2011年广东的国有工矿仓储用地增加了0.06万公顷，集体工矿仓储用地减少了0.05万公顷，国有用地占比与2010年相比，上升了1.1个百分点。同期，江苏、浙江、内蒙古、山东、辽宁和福建的国有用地占比与2010年相比，除江苏和山东外，均呈下降趋势。江苏的国有用地比重较低，2010年仅为73.4%，经过2010—2011年的快速上升后，比重达89.0%，仍明显低于广东的国有用地比重。山东的国有用地比重最低，2011年比重最高值仅为70.5%，与广东不具有可比性（见表4-5-11、表4-5-12）。

表4-5-11　2010—2011年广东等7省份和全国城工矿仓储用地权属性质与变化

区域名称	2010—2011年增长量（万公顷）			2010—2011年增长率（%）		
	合计	国有	集体	合计	国有	集体
广东	0.0008	0.06	−0.05	0.0	1.2	−12.7
江苏	0.3	1.2	−0.9	5.4	27.8	−56.4
浙江	3.2	2.9	0.3	101.4	98.6	140.3
内蒙古	0.6	0.5	0.03	46.7	44.6	554.1
山东	1.6	1.2	0.4	33.8	35.5	29.9
辽宁	1.8	1.6	0.2	125.9	119.0	203.7
福建	0.3	0.3	0.05	14.7	13.4	32.4
全国	19.8	17.8	2.05	32.8	33.9	25.4

表4-5-12　2010—2011年广东等7省份和全国城工矿仓储用地国有和集体占比

单位：%

区域名称	2010年用地		2011年用地	
	国有占比	集体占比	国有占比	集体占比
广东	91.4	8.6	92.5	7.5
江苏	73.4	26.6	89.0	11.0
浙江	93.4	6.6	92.1	7.9
内蒙古	99.6	0.4	98.2	1.8
山东	69.6	30.4	70.5	29.5
辽宁	91.9	8.1	89.1	10.9
福建	92.9	7.1	91.8	8.2

续表

区域名称	2010年用地		2011年用地	
	国有占比	集体占比	国有占比	集体占比
全国	86.7	13.3	87.4	12.6

3.住宅用地

广东省国有住宅用地比重最高，显著高于其他经济发达省份及全国水平，但国有用地的比重略有下降。从国有用地的比重来看，2011年广东省国有住宅用地比重最高，达89.2%，集体用地的比重较低。同期，江苏、浙江、内蒙古、山东、辽宁和福建的国有住宅用地的比重分别为81.5%、77.8%、85.8%、59.5%、75.8%和86.9%。从不同权属性质的用地变化来看，2010—2011年广东的住宅用地增加了0.01万公顷，其中国有用地增长了0.004万公顷，集体用地增长了0.01万公顷，国有用地占比与2010年相比略有下降。同期，江苏、浙江、内蒙古、山东、辽宁和福建的国有用地占比与2010年相比，除江苏和山东外，均呈下降趋势。江苏的国有用地比重较低，2010年为78.4%，经过2010—2011年的较快增长，比重达81.5%，但仍明显低于广东的国有用地比重（见表4-5-13、表4-5-14）。山东的国有用地比重最低，与广东不具有可比性。

表4-5-13　2010—2011年广东等7省份和全国住宅用地权属性质与变化

区域名称	2010—2011年增长量（万公顷）			2010—2011年增长率（%）		
	合计	国有	集体	合计	国有	集体
广东	0.01	0.004	0.01	0.3	0.1	1.7
江苏	0.4	0.4	−0.06	9.2	13.5	−6.6
浙江	2.6	1.8	0.8	77.7	63.3	157.4
内蒙古	1.3	1.1	0.2	67.7	66.3	76.0
山东	1.3	0.8	0.5	31.2	35.0	26.0
辽宁	2.1	1.5	0.6	88.7	75.5	147.1
福建	0.4	0.3	0.1	12.7	11.1	24.8
全国	20.2	13.5	6.6	28.2	23.9	44.9

表4-5-14　2010—2011年广东等7省份和全国住宅用地国有和集体占比

单位：%

区域名称	2010年用地		2011年用地	
	国有占比	集体占比	国有占比	集体占比
广东	89.3	10.7	89.2	10.8
江苏	78.4	21.6	81.5	18.5
浙江	84.7	15.3	77.8	22.2
内蒙古	86.4	13.6	85.8	14.2
山东	57.8	42.2	59.5	40.5
辽宁	81.5	18.5	75.8	24.2
福建	88.2	11.8	86.9	13.1
全国	79.4	20.6	76.7	23.3

第三节　广东省各市城镇建设用地规模增长差异分析

一、城镇建设用地规模增长分析

广东省各市城镇建设用地规模和增长速度差异性显著，广州、深圳、佛山的用地规模较大，增长速度相对较慢，且广州、深圳、佛山、东莞四地的增长速度逐年下降。从城镇建设用地规模来看，2011年广州、深圳、佛山分列一、二、三位；东莞的用地规模相对较小，排名全省第12位。从规模增长来看，佛山增长了655.1公顷，增速为1.3%，为全省最低；广州和深圳的增长速度显著低于全省平均水平，分别为2.3%和2.5%；东莞的增长速度略快，为3.4%，与全省平均水平基本持平（见表4-5-15）。从两个阶段的变化对比来看，广州、深圳、佛山和东莞四市的城镇建设用地在2010—2011年规模增长速度均低于2009—2010年的规模增长速度，阳江、清远、肇庆、江门等9个城市也出现增速降低，但相对来说，这9个城市或规模增长速度过高，或城镇建设用地规模基数较小，变化空间相对较大。

表4-5-15　2009—2011年广东省各市城镇建设用地规模与变化

行政区划单元	2009—2010年增长量（公顷）	2009—2010年增长率（%）	2010—2011年增长量（公顷）	2010—2011年增长率（%）
广州市	2520.1	2.9	2017.3	2.3
深圳市	1938.7	2.6	1911.7	2.5
佛山市	1805.1	3.7	655.1	1.3
东莞市	813.4	4.3	663.6	3.4
韶关市	940.1	5.5	739.5	4.1
珠海市	1004.9	3.3	1690.6	5.4
汕头市	440.0	1.9	350.8	1.5
江门市	2355.2	7.1	1525.5	4.3
湛江市	615.1	1.6	502.1	1.3
茂名市	160.1	1.0	602.0	3.8
肇庆市	1929.6	8.6	1119.7	4.6
惠州市	2833.2	7.7	3279.6	8.3
梅州市	548.9	3.3	400.1	2.3
汕尾市	196.0	2.0	229.7	2.3
河源市	466.0	4.4	657.7	6.0
阳江市	1963.8	12.8	652.8	3.8
清远市	1965.1	10.0	957.8	4.4
中山市	−64.8	−0.2	968.4	2.4
潮州市	50.9	0.8	216.1	3.2
揭阳市	361.3	2.8	515.5	3.9
云浮市	484.9	4.6	496.5	4.5
全省	23327.7	4.0	20152.3	3.3

二、不同用地类型变化分析

1.工矿仓储用地

广东省各市工矿仓储用地规模和增长速度差异性显著，广州、深圳、佛山的用地规模较大，增长速度相对较慢，低于全省平均水平，且广州、深圳、佛山、东莞四地的增长速度逐年下降。从工矿仓储用地规模来看，2011年深圳的用地规模最大，广州和佛山分列第2位和第4位；东莞的用地规模相对较小，排名全省第11位。从规模增长来看，佛山、深圳、广州和东莞规模增长相对较小。佛山增长了100.0公顷，增速为0.6%，仅次于阳江，排名全省倒数第二；深圳、广州和东莞的增长速度均低于全省平均水平，分别为1.8%、2.0%和2.2%。从两个阶段的变化对比来看，广州、深圳、佛山和东莞四市的城镇建设用地在2010—2011年规模增长速度均低于2009—2010年的规模增长速度；河源、韶关、江门等10个城市也出现增速降低，但相对来说，这10个城市中有9个城市的工矿仓储用地（河源、韶关、江门等）在2009—2010年的增长速度接近或超过10个百分点，河源甚至高达38.5%（见表4-5-16）。

表4-5-16　2009—2011年广东省各市工矿仓储用地规模与变化

行政区划单元	2009—2010年增长量（公顷）	2009—2010年增长率（%）	2010—2011年增长量（公顷）	2010—2011年增长率（%）
广州市	1910.9	7.7	532.4	2.0
深圳市	791.4	2.9	506.5	1.8
佛山市	573.9	3.3	100.0	0.6
东莞市	257.1	4.9	123.3	2.2
韶关市	740.8	24.5	182.3	4.8
珠海市	190.0	2.1	295.7	3.1
汕头市	1038.9	18.3	339.4	5.1
江门市	2263.7	16.1	341.2	2.1
湛江市	157.1	3.6	186.4	4.2
茂名市	19.8	1.1	215.8	11.8
肇庆市	1136.4	15.3	442.7	5.2
惠州市	961.5	8.1	1225.4	9.5
梅州市	314.4	17.3	502.5	23.6
汕尾市	111.0	13.3	10.6	1.1

续表

行政区划单元	2009—2010年增长量（公顷）	2009—2010年增长率（%）	2010—2011年增长量（公顷）	2010—2011年增长率（%）
河源市	927.8	38.5	189.5	5.7
阳江市	159.0	4.8	−19.4	−0.6
清远市	977.4	18.0	268.5	4.2
中山市	62.9	0.3	478.3	2.5
潮州市	55.6	3.4	188.0	11.0
揭阳市	299.2	10.4	176.3	5.5
云浮市	285.9	9.7	188.5	5.8
全省	13234.8	7.7	6473.8	3.5

2. 住宅用地

住宅用地规模和增长速度在广东省各市之间差异性显著，广州、深圳、佛山和东莞的用地规模相对较大，增长速度相对较慢，除佛山外，均显著低于全省平均水平。从住宅用地规模来看，2011年广州的用地规模最大，深圳次之；佛山的用地规模居全省第5位。东莞的用地规模相对较小，排名全省第15位。从规模增长来看，2010—2011年，深圳、广州和东莞规模增长相对较小，显著低于全省平均水平，而佛山的增长速度略高。东莞、深圳、广州和佛山分别增长了90.6公顷、346.7公顷、525.3公顷和390.9公顷，增长速度分别为1.6%、1.8%、1.9%和3.8%（见表4−5−17）。从两个阶段（2010—2011年和2009—2010年）的变化对比来看，佛山的增长速度大幅度下降，下降后的增长速度已基本接近全省平均水平；东莞的增长速度也出现一定程度的减缓；深圳和广州虽略有上升，但由于这两个城市的增长速度本身很慢，上升后的增长速度仍显著低于全省平均水平。

表4−5−17　2009—2011年广东省各市住宅用地规模与变化

行政区划单元	2009—2010年增长量（公顷）	2009—2010年增长率（%）	2010—2011年增长量（公顷）	2010—2011年增长率（%）
广州市	295.1	1.1	525.3	1.9
深圳市	324.3	1.7	346.7	1.8

续表

行政区划单元	2009—2010年增长量（公顷）	2009—2010年增长率（%）	2010—2011年增长量（公顷）	2010—2011年增长率（%）
佛山市	883.7	9.4	390.9	3.8
东莞市	108.6	2.0	90.6	1.6
韶关市	1626.4	29.0	532.1	7.4
珠海市	168.6	2.2	560.4	7.0
汕头市	177.4	2.1	6.3	0.1
江门市	644.2	7.9	397.0	4.5
湛江市	135.8	0.8	91.3	0.5
茂名市	274.3	4.9	109.5	1.9
肇庆市	713.8	12.1	514.8	7.8
惠州市	1926.8	17.4	982.5	7.6
梅州市	139.3	2.6	189.2	3.5
汕尾市	85.0	1.6	16.4	0.3
河源市	459.1	13.5	259.3	6.7
阳江市	1794.7	39.0	822.0	12.9
清远市	111.4	2.1	454.5	8.3
中山市	−30.9	−0.4	158.8	2.0
潮州市	0.6	0.0	27.0	1.0
揭阳市	240.5	6.3	152.2	3.8
云浮市	134.5	5.2	77.2	2.8
全省	10213.2	6.0	6704.1	3.7

三、人均城镇建设用地水平变化分析

1. 人均城镇建设用地

人均城镇建设用地水平和变化在广东省各市之间差异性显著，东莞、广州、深圳和佛山的人均用地水平较低，且近年来呈连续下降趋势。从人均城镇建设用地水平来看，2011年东莞的人均城镇建设用地水平极低，为

33.2m²/人（见表4-5-18），仅次于茂名，位列全省倒数第二；广州的人均用地面积为58.6m²/人，显著低于全省平均水平；深圳和佛山的人均用地面积均略高于全省平均水平。整体来说，东莞、广州、深圳和佛山4个城市的人均用地水平较低。从人均城镇建设用地的变化情况来看，2010—2011年，佛山、广州、深圳和东莞均呈下降趋势，其中佛山下降幅度达2.38%，广州下降了1.51%，深圳下降了1.23%、东莞下降了0.60%。湛江、汕头、汕尾等6个城市也出现不同程度的下降，其余11个城市存在一定程度的上升。从两个阶段的变化情况来看，除东莞外，广州、深圳和佛山连续两年均呈下降趋势，东莞虽在2010—2011年有所增长，但增幅较小。全省剩余17个城市中，仅汕头连续两年人均用地水平下降。

表4-5-18　2009—2011年广东省各市人均城镇建设用地水平与变化

区域名称	2009年人均用地面积（m²/人）	2010年人均用地面积（m²/人）	2011年人均用地面积（m²/人）	2009—2010年增长率（%）	2010—2011年增长率（%）
广州市	81.0	59.5	58.6	−26.54	−1.51
深圳市	82.8	73.1	72.2	−11.71	−1.23
佛山市	82.0	79.7	77.8	−2.80	−2.38
东莞市	31.1	33.4	33.2	7.40	−0.60
韶关市	163.9	134.9	135.3	−17.69	0.30
珠海市	174.8	165.4	168.0	−5.38	1.57
汕头市	44.7	44.3	43.3	−0.89	−2.26
江门市	75.1	81.8	82.2	8.92	0.49
湛江市	63.3	63.6	62.1	0.47	−2.36
茂名市	26.0	25.8	25.8	−0.77	0.00
肇庆市	119.3	126.7	127.7	6.20	0.79
惠州市	201.5	237.3	247.5	17.77	4.30
梅州市	105.0	106.2	104.7	1.14	−1.41
汕尾市	42.8	43.0	42.4	0.47	−1.40

续表

区域名称	2009年人均用地面积（m²/人）	2010年人均用地面积（m²/人）	2011年人均用地面积（m²/人）	2009—2010年增长率（%）	2010—2011年增长率（%）
河源市	278.6	275.8	281.6	−1.01	2.10
阳江市	82.1	90.4	90.4	10.11	0.00
清远市	89.7	36.6	36.8	−59.20	0.55
中山市	111.8	157.0	155.0	40.43	−1.27
潮州市	172.5	172.9	171.9	0.23	−0.58
揭阳市	42.5	42.3	42.3	−0.47	0.00
云浮市	68.7	71.7	72.2	4.37	0.70
全省	76.6	70.9	70.5	−7.44	−0.56

2.人均工矿仓储用地

广东省各市的人均工矿仓储用地水平和变化差异性显著，东莞、广州、深圳和佛山的人均用地水平相对较低，且近年来呈连续下降趋势。从人均用地水来看，2011年东莞的人均用地水平极低，不足10 m²/人（见表4-5-19），次于茂名、汕尾和湛江，位列全省倒数第四；广州的人均用地面积为17.5 m²/人，显著低于全省平均水平；深圳和佛山的人均用地面积略高于全省平均水平，分别为26.8 m²/人和27.2 m²/人。整体来说，东莞、广州、深圳和佛山四个城市的人均用地水平相对较低。从人均用地的变化情况来看，2010—2011年，佛山、深圳、广州和东莞均呈下降趋势，其中佛山下降幅度达3.20%，深圳下降了1.83%，广州下降了1.69%，东莞下降了2.13%。阳江、汕尾、江门等5个城市也呈下降趋势，其余12个城市出现一定程度的上升。从两个阶段的变化情况来看，除东莞外，广州、深圳和佛山连续两年均呈现下降趋势，东莞虽在2009—2010年有所增长，但增幅较小。全省剩余17个城市中，仅珠海连续两年人均用地水平下降，降幅分别为6.58%和0.60%。

表4-5-19　2009—2011年广东省各市人均工矿仓储用地水平与变化

区域名称	2009年人均用地面积（m^2/人）	2010年人均用地面积（m^2/人）	2011年人均用地面积（m^2/人）	2009—2010年增长率（%）	2010—2011年增长率（%）
广州市	23.1	17.8	17.5	−22.94	−1.69
深圳市	30.9	27.3	26.8	−11.65	−1.83
佛山市	29.0	28.1	27.2	−3.10	−3.20
东莞市	8.7	9.4	9.2	8.05	−2.13
韶关市	28.9	28.1	28.4	−2.77	1.07
珠海市	53.2	49.7	49.4	−6.58	−0.60
汕头市	10.8	12.5	12.6	15.74	0.80
江门市	31.7	37.4	36.8	17.98	−1.60
湛江市	7.3	7.5	7.5	2.74	0.00
茂名市	3.0	3.0	3.2	0.00	6.67
肇庆市	39.6	44.7	45.3	12.88	1.34
惠州市	65.2	77.1	81.4	18.25	5.58
梅州市	11.5	13.2	15.8	14.78	19.70
汕尾市	3.7	4.1	4.0	10.81	−2.44
河源市	63.5	83.3	84.8	31.18	1.80
阳江市	17.9	18.3	17.6	2.23	−3.83
清远市	24.8	10.8	10.9	−56.45	0.93
中山市	52.9	74.6	73.7	41.02	−1.21
潮州市	42.4	43.6	46.6	2.83	6.88
揭阳市	9.4	10.1	10.2	7.45	0.99
云浮市	19.2	21.0	21.5	9.38	2.38
全省	22.5	21.6	21.5	−4.00	−0.46

3.人均住宅用地

广东省各市的人均住宅用地水平和变化差异性显著，东莞、广州、深圳和佛山的人均用地水平相对较低，且近年来呈连续下降趋势。从人均用地水平来看，2011年东莞的人均用地水平极低，仅9.3 m^2/人（见表4-5-

20），与茂名并列位于全省倒数第一；佛山、深圳和广州的人均用地面积分别为16.2 m^2/人、18.1 m^2/人和18.1 m^2/人，低于全省平均水平。整体来说，东莞、佛山、深圳和广州4个城市的人均用地水平相对较低。从人均用地的变化情况来看2010—2011年，除佛山保持不变外，东莞、深圳和广州三地的人均用地水平均呈下降趋势，其中东莞下降了2.11%、深圳下降了2.16%、广州下降了2.16%。汕头、汕尾、湛江等8个城市也出现不同程度的下降趋势，其余9个城市则有所增长。从两个阶段的变化情况来看，广州和深圳连续两年均呈现下降趋势；东莞则先上升后下降，2011年人均用地水平较2009年略有增长，但仍为全省最低；佛山则先增加后保持不变，人均用地水平显著低于全省平均水平。剩余17个城市中，仅汕尾、湛江和潮州三地连续两年人均用地水平呈下降趋势。

表4-5-20　2009—2011年广东省各市人均住宅用地水平与变化

区域名称	2009年人均用地面积（m^2/人）	2010年人均用地面积（m^2/人）	2011年人均用地面积（m^2/人）	2009—2010年增长率（%）	2010—2011年增长率（%）
广州市	25.6	18.5	18.1	−27.73	−2.16
深圳市	21.1	18.5	18.1	−12.32	−2.16
佛山市	15.8	16.2	16.2	2.53	0.00
东莞市	9.1	9.5	9.3	4.40	−2.11
韶关市	53.6	54.0	55.9	0.75	3.52
珠海市	45.2	42.3	43.6	−6.42	3.07
汕头市	16.4	16.3	15.7	−0.61	−3.68
江门市	18.5	20.3	20.4	9.73	0.49
湛江市	27.7	27.6	26.8	−0.36	−2.90
茂名市	9.2	9.5	9.3	3.26	−2.11
肇庆市	31.5	34.6	35.9	9.84	3.76
惠州市	60.6	77.8	80.6	28.38	3.60

续表

区域名称	2009年人均用地面积（m^2/人）	2010年人均用地面积（m^2/人）	2011年人均用地面积（m^2/人）	2009—2010年增长率（%）	2010—2011年增长率（%）
梅州市	33.8	34.0	33.9	0.59	−0.29
汕尾市	24.2	24.2	23.4	0.00	−3.31
河源市	89.4	96.2	98.9	7.61	2.81
阳江市	24.7	33.5	36.4	35.63	8.66
清远市	24.6	9.3	9.7	−62.20	4.30
中山市	22.5	31.5	30.9	40.00	−1.90
潮州市	67.8	67.5	65.7	−0.44	−2.67
揭阳市	12.4	12.8	12.8	3.23	0.00
云浮市	16.8	17.7	17.5	5.36	−1.13
全省	22.4	21.1	21.1	−5.80	0.00

四、城镇建设用地权属变化分析

1. 城镇建设用地

广州和佛山的国有城镇建设用地的比重较高，且呈上升趋势；东莞的国有城镇建设用地比重较低，且呈下降趋势。从国有用地的比重看，2011年广州的城镇建设用地中的国有权属性质的比重较高，达97.1%，显著高于全省平均水平（91.7%）；佛山的国有用地比重也较高，为94.3%，也高于全省平均水平；东莞的国有用地比重较低，仅为60.7%。从不同权属性质的用地变化来看，2010—2011年广州的城镇建设用地规模增长了2017.3公顷，全部为国有用地，国有用地占比与2010年相比，基本保持不变。同期，佛山的国有城镇建设用地增长了1433.5公顷，集体用地减少了778.3公顷，国有占比上升了1.6%；东莞的国有用地增长了297.9公顷，集体用地增长了365.7公顷，国有占比下降了0.5%（见表4−5−21、表4−5−22）。

表4-5-21 2010—2011年广州、佛山、东莞与全省城镇建设用地权属性质与变化

区域名称	2010—2011年增长量（万公顷）			2010—2011年增长率（%）		
	合计	国有	集体	合计	国有	集体
广州	0.2	0.2	0.0	2.3	2.3	0
佛山	0.1	0.1	−0.1	1.3	3.1	−21.0
东莞	0.1	0.03	0.03	3.4	2.5	4.8
全省	0.04	0.1	−0.07	0.3	0.7	−4.7

表4-5-22 2010—2011年广州、佛山、东莞与全省城镇建设用地权属性质与变化

单位：%

区域名称	2010年用地		2011年用地	
	国有占比	集体占比	国有占比	集体占比
广州	97.1	2.9	97.1	2.9
佛山	92.7	7.3	94.3	5.7
东莞	61.2	38.8	60.7	39.3
全省	91.2	8.8	91.7	8.3

2.工矿仓储用地

广州和佛山的国有工矿仓储用地的比重较高，且呈上升趋势或保持不变；东莞的国有工矿仓储用地的比重较低，且呈下降趋势。从国有用地的比重来看，2011年广州的工矿仓储用地中的国有权属性质的比重较高，高达99.5%，显著高于全省平均水平（92.5%）；佛山的国有用地比重也较高，为92.6%，略高于全省平均水平；东莞的国有用地比重较低，仅为58.8%。从不同权属性质的用地变化来看，2010—2011年广州的工矿仓储用地规模增长了532.4公顷，全部为国有用地，国有用地占比与2010年相比，基本保持不变。同期，佛山的国有工矿仓储用地增长了635.3公顷，集体用地减少了535.2公顷，国有占比上升了3个百分点；东莞的国有用地增长了64.1公顷，集体用地增长了59.2公顷，国有占比下降了0.2个百分点（见表4-5-23、表4-5-24）。

表4-5-23　2010—2011年广州、佛山、东莞与全省工矿仓储用地权属性质与变化

区域名称	2010—2011年增长量(万公顷)			2010—2011年增长率(%)		
	合计	国有	集体	合计	国有	集体
广州	0.05	0.05	0	2.0	2.0	0
佛山	0.01	0.06	−0.05	0.6	4.0	−28.7
东莞	0.01	0.006	0.006	2.2	2.0	2.6
全省	0.001	0.06	−0.06	0	1.2	−12.7

表4-5-24　2010—2011年广州、佛山、东莞与全省工矿仓储用地权属性质与变化

单位：%

区域名称	2010年用地		2011年用地	
	国有占比	集体占比	国有占比	集体占比
广州	99.5	0.5	99.5	0.5
佛山	89.5	10.5	92.6	7.4
东莞	58.9	41.1	58.8	41.2
全省	91.4	8.6	92.5	7.5

3.住宅用地

广州国有住宅用地的比重较高，且呈上升趋势；佛山国有住宅用地的比重较高，东莞国有住宅用地的比重较低，二者均呈下降趋势。从国有用地的比重来看，2011年广州的国有住宅用地的比重较高，达92.9%，显著高于全省平均水平（89.2%）；佛山的国有用地比重也较高，为90.7%，略高于全省平均水平；东莞的国有用地比重较低，仅为68.0%（见表4-5-25、表4-5-26）。

从不同权属性质的用地变化来看，2010—2011年广州的住宅用地规模增长了525.3公顷，全部为国有用地，国有用地占比与2010年相比，上升了0.1个百分点。同期，佛山和东莞的国有住宅用地分别增长了328.2公顷、

47.2公顷，集体用地分别增长了62.8公顷、43.4公顷，国有用地占比均下降了0.3个百分点。

表4-5-25 2010—2011年广州、佛山、东莞与全省住宅用地权属性质与变化

区域名称	2010—2011年增长量（万公顷）			2010—2011年增长率（%）		
	合计	国有	集体	合计	国有	集体
广州	0.05	0.05	0	1.9	2.1	0
佛山	0.04	0.03	0.01	3.8	3.5	6.8
东莞	0.01	0.005	0.004	1.6	1.2	2.4
全省	0.01	0.004	0.01	0.3	0.1	1.7

表4-5-26 2010—2011年广州、佛山、东莞与全省住宅用地权属性质与变化

单位：%

区域名称	2010年用地		2011年用地	
	国有占比	集体占比	国有占比	集体占比
广州	92.8	7.2	92.9	7.1
佛山	91.0	9.0	90.7	9.3
东莞	68.2	31.8	68.0	32.0
全省	89.3	10.7	89.2	10.8

第四节 主要结论

1. 数据分析表明，广东“三旧”改造政策对城镇建设用地增长变化的预期影响与广东省城镇建设用地增长特征基本一致，因此在某种程度上说明“三旧”改造政策对这一增长变化特征起到了重要作用。

2. 与全国及其他经济发达省份相比，广东的城镇建设用地及主要用地类型（工矿仓储用地和住宅用地）的规模较大，但扩张速度较慢，且逐年下降。

3. 与全国及其他经济发达省份相比，广东的人均城镇建设用地及主要用地类型（工矿仓储用地和住宅用地）的人均用地水平较低，且逐年下降。

4. 与全国及其他经济发达省份相比，广东的国有城镇建设用地和国有工矿仓储用地的比重较高，且逐年上升；广东的国有住宅用地的比重较高，且基本保持稳定。国有用地比重的上升速度落后于江苏和山东，但江苏和山东的国有用地比重低于广东，特别是山东的国有用地比重不足七成。

5. “三旧”改造政策对广东各城市的城镇建设用地规模增长的影响差异性明显。广州、深圳、佛山和东莞之间存在一定的差异性，广州、深圳、佛山和东莞与省内其他城市也存在一定的差异性。从规模增长来看，与省内其他城市相比，广州、深圳、佛山的规模较大，但东莞的规模较小；从增长速度来看，四地的增速各不相同，但与省内其他城市相比均相对较慢，且逐年下降；从人均用地水平看，与省内其他城市相比，东莞和广州的人均用地水平较低，深圳和佛山的人均用地水平较高，但四地的人均用地水平均逐年下降；从权属性质来看，广州和佛山的国有用地比重较高，且呈上升趋势，东莞的国有用地比重较低，且呈下降趋势。

第六章　我国农村土地三项制度改革试点地区土地利用特征及工作进展研究（2017年）

第一节　农村土地三项制度改革试点工作的背景

一、农村土地三项制度改革的发展历程

农村土地制度三项改革试点工作于2015年年初启动，试点期限原定三年于2017年年底结束，2017年10月原国土资源部宣布将试点改革延期一年至2018年12月31日。最初选定的33个试点地区中，土地征收制度改革试点（以下简称征地试点）有3个，集体经营性建设用地入市试点（以下简称入市试点）和宅基地制度改革试点（以下简称宅基地试点）均为15个。2016年9月，改革试点统筹推进，征地制度改革和集体经营性建设用地入市改革扩大到全部试点地区，宅基地制度改革试点范围亦于2017年11月扩大至全部试点地区。根据试点改革内容的拓展可将改革工作分为四个阶段（见表4-6-1）。

表4-6-1　农村土地三项制度改革开展演进过程

<table>
<tr><td>2014年12月</td><td>中央全面深化改革领导小组第七次会议审议了《关于农村土地征收、集体经营性建设用地入市、宅基地制度改革试点工作的意见》</td><td rowspan="2">试点成型</td></tr>
<tr><td>2015年2月</td><td>公布33个试点名单，土地征收改革试点3个，集体经营性建设用地入市点15个，宅基地改革试点15个</td></tr>
</table>

续表

2015年7月	批复33个试点实施方案	全面启动
2015年8月	公布农村承包土地的经营权抵押贷款试点232个、农民住房财产圈抵押贷款试点59个	
2016年9月	土地征收制度改革和集体经营性建设用地入市改革扩大到现有33个试点地区；宅基地制度改革仍维持在原15个试点地区	试点扩大
2017年10月	改革试点期延长一年至2018年12月31日，宅基地制度改革拓展到33个试点地区	延期再扩大
2018年12月	试点结束	

1.阶段一（2014年12月—2015年7月）：试点成型

2014年12月，中央全面深化改革领导小组第七次会议审议了《关于农村土地征收、集体经营性建设用地入市、宅基地制度改革试点工作的意见》，拉开农村土地三项制度改革序幕。2015年2月，第十二届全国人民代表大会常务委员会公布33个试点县（市、区）名单；拟暂时调整实施《土地管理法》等关于集体建设用地使用权不得出让等规定，允许农村集体经营性建设用地入市，同时提高被征地农民分享土地增值收益的比例，对宅基地实行自愿有偿的退出、转让机制（见表4-6-2）。

表4-6-2　第一批改革试点名单

第一批改革试点	试点县（市、区）	所属地市	所属省市
土地征收制度改革试点（3个）	定州市	—	河北
	和林格尔县	呼和浩特	内蒙古
	禹城市	德州	山东
集体经营性建设用地入市试点（15个）	大兴区	北京	北京
	泽州县	晋城	山西
	海城市	鞍山	辽宁
	九台区	长春	吉林
	安达市	绥化	黑龙江
	松江区	—	上海

续表

第一批改革试点	试点县（市、区）	所属地市	所属省市
集体经营性建设用地入市试点（15个）	德清县	湖州	浙江
	长垣县	—	河南
	南海区	佛山	广东
	北流市	玉林	广西
	文昌市	文昌	海南
	大足区	—	重庆
	郫都区	成都	四川
	湄潭县	遵义	贵州
	陇西县	定西	甘肃
宅基地制度改革试点（15个）	蓟州区	—	天津
	武进区	常州	江苏
	义乌市	金华	浙江
	金寨县	六安	安徽
	晋江市	泉州	福建
	余江县	鹰潭	江西
	宜城市	襄阳	湖北
	浏阳市	长沙	湖南
	泸县	泸州	四川
	大理市	大理州	云南
	曲水县	拉萨	西藏
	高陵区	西安	陕西
	湟源县	西宁	青海
	平罗县	石嘴山	宁夏
	伊宁市	伊犁	新疆

2. 阶段二（2015年7月—2016年8月）：试点启动、全面协同

2015年7月，农村土地三项制度改革试点工作领导小组批复33个试点实施方案，意味着改革试点工作进入全面启动阶段。与此同时一系列配套的金融试点出台，2015年8月10日，国务院印发《关于开展农村承包土地的

经营权和农民住房财产权抵押贷款试点的指导意见》(国发〔2015〕45号)；同年12月，全国人大常委会公布232个农村承包土地的经营权抵押贷款、59个农民住房财产权抵押贷款试点名单，分别暂时停止实施《物权法》《担保法》关于集体所有的耕地使用权不得抵押、集体所有的宅基地使用权不得抵押的规定，为集体经营性用地流转、宅基地退出及流转等制度改革提供了融资渠道。

3. 阶段三(2016年9月—2017年9月)：试点扩大

2016年9月，试点单位工作内容扩展，改革试点统筹推进，原国土资源部在北京组织召开进一步统筹协调推进农村土地三项制度改革试点任务部署会议，中央批准试点土地征收制度改革和集体经营性建设用地入市改革扩大到现有33个试点单位，宅基地制度改革仍维持在原15个试点单位，即33个试点中，有18个试点单位同时承担土地征收制度和集体经营性建设用地入市两项改革任务，15个试点单位承担宅基地制度改革任务。

4. 阶段四(2017年10月—2018年12月)：试点延期再扩大

2017年10月，全国人大常委会审议《关于延长授权国务院在北京市大兴区等三十三个试点县(市、区)行政区域暂时调整实施有关法律规定期限的决定草案》，农村土地三项制度改革试点期限延长一年至2018年12月31日；同年11月，中央十九届一次深改组会议确定将宅基地制度改革拓展到33个试点单位。至此33个试点均承担土地征收制度改革、集体经营性建设用地入市、宅基地制度改革三项改革工作。

二、农村土地三项制度改革的任务

2015年年初，中共中央办公厅、国务院办公厅印发了《关于农村土地征收、集体经营性建设用地入市、宅基地制度改革试点工作的意见》，提出农村土地三项制度改革的主要任务是建立及完善土地征收、集体经营性建设用地入市、农村宅基地改革等方面的制度。

1.完善土地征收制度

针对征地范围过大、程序不够规范、被征地农民保障机制不完善等问题，要缩小土地征收范围，探索制定土地征收目录，严格界定公共利益用地范围；规范土地征收程序，建立社会稳定风险评估制度，健全矛盾纠纷调处机制，全面公开土地征收信息；完善对被征地农民合理、规范、多元保障机制。

2.建立农村集体经营性建设用地入市制度

针对农村集体经营性建设用地权能不完整，不能同等入市、同权同价和交易规则亟待健全等问题，要完善农村集体经营性建设用地产权制度，赋予农村集体经营性建设用地出让、租赁、入股权能；明确农村集体经营性建设用地入市范围和途径；建立健全市场交易规则和服务监管制度。

3.改革完善农村宅基地制度

针对农户宅基地取得困难、利用粗放、退出不畅等问题，要完善宅基地权益保障和取得方式，探索农民住房保障在不同区域户有所居的多种实现形式；对因历史原因形成超标准占用宅基地和一户多宅等情况，探索实行有偿使用；探索进城落户农民在本集体经济组织内部自愿有偿退出或转让宅基地；改革宅基地审批制度，发挥村民自治组织的民主管理作用。

4.建立土地增值收益分配机制

建立兼顾国家、集体、个人的土地增值收益分配机制，合理提高个人收益。针对土地增值收益分配机制不健全，兼顾国家、集体、个人之间利益不够等问题，要建立健全土地增值收益在国家与集体之间、集体经济组织内部的分配办法和相关制度安排。

三、农村土地三项制度改革试点选择

关于改革试点的要求，2015年1月，原国土资源部负责人表示“应坚持小范围试点，统筹东、中、西部和东北地区，兼顾不同发展阶段和模式，主要在新型城镇化综合试点和农村改革试验区中安排，选择若干有基础、有条件的县或县级市开展”。由此我们考察33个试点单位在地域、城镇发展阶段及政策协同基础等方面的特点。

1.试点单位地域分布均衡

试点地域分布均衡，遍布31个省级行政区。2015年农村土地三项制度改革确定了33个区县级试点单位。在地域分布上，全国31个省级行政区各有1个试点单位，其中浙江省、四川省分别设有2个试点，东部、中部、西部、东北四个地区分别有10、6、14、3个试点。在改革内容上，土地征收改革试点有3个，分别为河北省定州市、内蒙古自治区和林格尔县以及山东省禹城市，分布于东部和西部地区；集体经营性建设用地入市试点和宅基地改革试点各分别为15个，其中东北地区3个试点均为集体经营性建设用地入市试点。

2.发展阶段兼顾

试点选择兼顾不同发展阶段。以2017年人均GDP（万元/人）和常住人口城镇化率衡量试点单位的社会经济发展阶段，三项试点的人均GDP和常住人口城镇化率涵盖不同水平，宅基地试点的人均GDP平均水平较高，入市试点的常住人口城镇化率平均水平较高。33个试点单位中，不乏全国百强区县，福建省晋江市、辽宁省海城市、浙江省义乌市、浙江省德清县、山东省禹城市分列百强县8、10、12、36、85名，广东省南海区、江苏省武进区、四川省郫都区分列百强区的2、3、43名；同时也有甘肃陇西县、安徽金寨县、江西余江县、青海湟源县、贵州湄潭县等中西部欠发达地区。

33个试点单位的人均GDP平均值为5.7万元/人。江苏省武进区、陕西省高陵区、湖南省浏阳市的人均GDP超过10万元/人，此外还有广东省南海区、浙江省德清县等5个试点单位超过8万元/人；10个试点单位的人均GDP处于5万—7万元/人，8个试点单位的人均GDP处于3万—5万元/人；陇西县

（1.37万元/人）的人均GDP不足2万元/人，此外还有青海省湟源县、安徽省金寨县等6个试点不足3万元/人。

宅基地试点的人均GDP水平最高。征地试点人均GDP平均值为5.5万元/人，内蒙古自治区和林格尔县、山东省禹城市、河北省定州市3个试点单位的人均GDP分别为8.2万元/人、5.4万元/人、2.9万元/人；入市试点人均GDP平均值为5.1万元/人，超过9万元/人的试点单位有广东省南海区、浙江省德清县2个，不足3万元/人的试点单位包括甘肃省陇西县、贵州省湄潭县、广西壮族自治区北流市3个；宅基地试点人均GDP平均值为6.4万元/人，超过10万元/人的试点单位有江苏省武进区、陕西省高陵区、湖南省浏阳市3个，青海省湟源县、安徽省金寨县、江西省余江县3个单位的人均GDP不足3万元/人（见图4-6-1）。

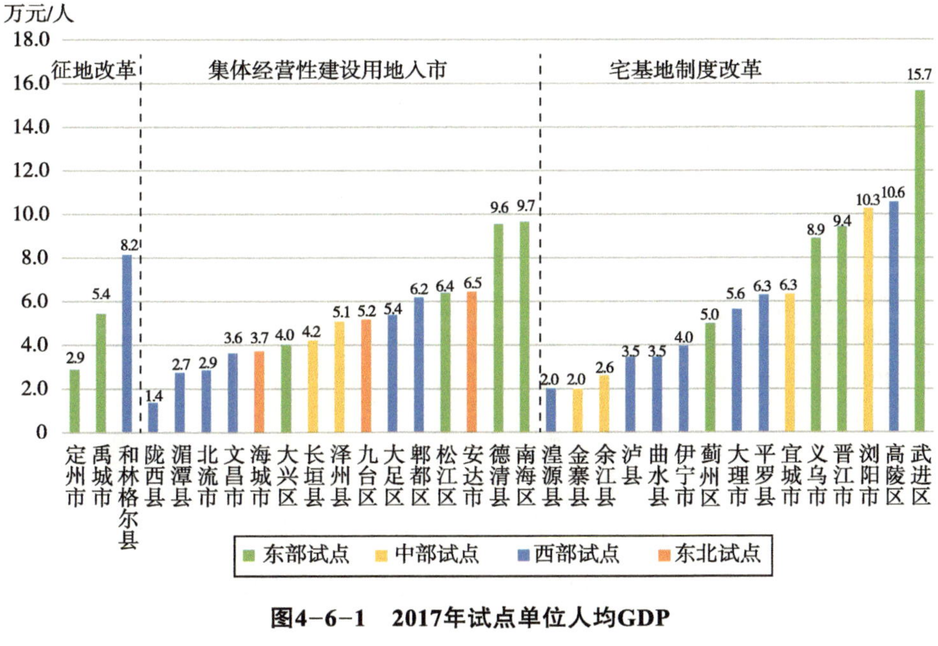

图4-6-1　2017年试点单位人均GDP

目前已公布数据的15个试点单位[1]的2017年常住人口城镇化率平均值55.7%。四川省郫都区常住人口城镇化率最高，达70.8%；处于50%—60%、60%—70%之间的试点单位分别有5个；四川省泸县、青海省湟源县的常住人口城镇化率不足40%，分别为38.16%、39.87%。

入市试点的常住人口城镇化率最高。征地试点定州市的常住人口城镇化率为51.7%；6个入市试点的常住人口城镇化率平均值为57.9%，四川省郫都区、辽宁省海城市高达70.8%、69.0%，重庆市大足区、海南省文昌市、浙江省德清县3个试点单位均处于50%—60%之间，山西省泽州县不足50%，为47.7%；8个宅基地试点的常住人口城镇化率平均值为54.6%，云南省大理市、江苏省武进区、福建省晋江市、陕西省高陵区超过60%，青海省湟源县、四川省泸县不足40%（见图4-6-2）。

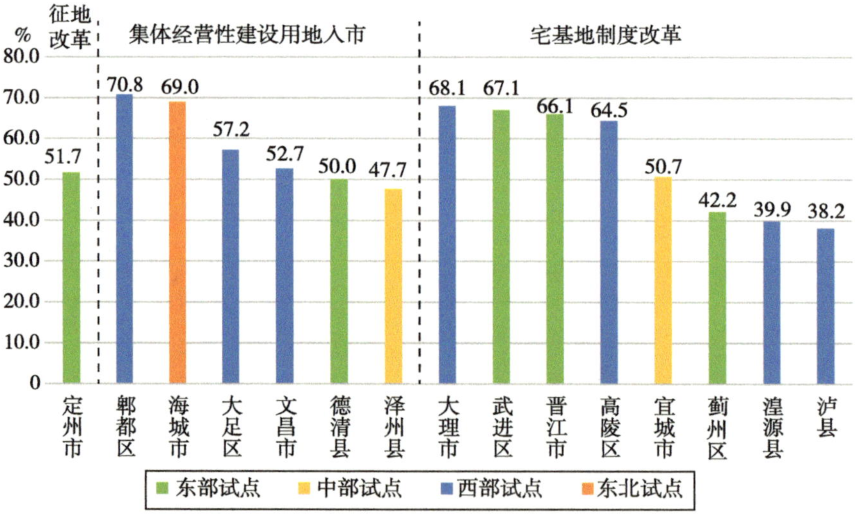

图4-6-2　2017年部分试点单位常住人口城镇化率

〔1〕目前已公布2017年常住人口城镇化率的15个试点单位包括定州市、郫都区、海城市、大足区、文昌市、德清县、泽州县、大理市、武进区、晋江市、高陵区、宣城市、蓟州区、湟源县、泸县。

3.政策基础扎实

农村土地制度改革涉及方方面面、部门管辖交错，需要争取各方政策协同、资源协同。33个农村土地三项制度改革试点单位中82%为国家发改委批复的国家城镇化综合试点，33%为农业部批复的农村改革试验区试点，在金融试点方面，70%为农民住房财产权抵押贷款试点，36%为农村承包土地经营权抵押贷款试点。

国家城镇化综合试点。截至2015年年初，国家发改委批复了包括江苏、安徽两省和宁波等62个城市（镇）国家新型城镇化综合试点，农村土地三项制度改革33个试点中27个为新型城镇化综合试点地区。

农村改革试验区。截至2015年年初，农业部共批复了北京市大兴区等58个农村改革试验区，农村土地三项制度改革33个试点中11个为农村改革试验区。

金融系统试点协同。2016年3月15日，中国人民银行、中国银监会、中国保监会、财政部、国土资源部等部门印发《农民住房财产权抵押贷款试点暂行办法》《农村承包土地的经营权抵押贷款试点暂行办法》，其中农村土地三项制度改革33个试点中，23个为农民住房财产权抵押贷款试点，12个为农村承包土地经营权抵押贷款试点。

农村土地三项制度改革33个试点单位至少包括农村改革试验区、新型城镇化综合试点地区、农民住房财产权抵押贷款试点、农村承包土地经营权抵押贷款试点四项政策试点其中一项，湄潭县、曲水县、高陵区3个试点单位兼具四项，九台区、义乌市等8试点单位兼具其中3项，武进区、浏阳市等15个试点单位兼具其中2项（见表4-6-3）。

表4-6-3　农村土地制度三项改革33个试点单位概况及主要社会经济指标

编号	试点县市	所属地市	所属省市	经济区	改革内容：A–农村土地征收制度改革，B–集体经营性建设用地入市，C–宅基地制度改革			2018年百强县排名	2018年百强区排名	2015年新型城镇化综合试点地区	2011年农村改革试验区	2016年农民住房财产权抵押贷款试点	2016农村承包土地经营权抵押贷款试点	2017年GDP（亿元）	2017年末常住人口（万人）	2017年户籍人口（万人）	2017人均GDP（万元/人）	户籍城镇化率（%）	常住人口城镇化率（%）
					2015年2月	2016年9月	2017年11月												
1	大兴区	北京	北京	东部	B	A+B	A+B+C	—	—	√	√	—	√	645	160	—	4.04	58.86	—
2	蓟州区	—	天津	东部	C	A+B+C	A+B+C	—	—	√	—	√	—	455	91	56	4.99	19.03	42.21
3	定州市	—	河北	东部	A	A+B	A+B+C	—	—	√	—	—	—	354	122	63	2.90	—	51.71
4	泽州县	晋城	山西	中部	B	A+B	A+B+C	—	—	√	—	—	—	253	49	—	5.11	—	47.74
5	和林格尔县	呼和浩特	内蒙古	西部	A	A+B	A+B+C	—	—	√	—	√	—	165	20	148	8.15	21.09	—
6	海城市	鞍山	辽宁	东北	B	A+B	A+B+C	10	—	√	√	—	√	524	140	63	3.74	29.90	69.00
7	九台区	长春	吉林	东北	B	A+B	A+B+C	—	—	√	√	√	—	441	85	68	5.19	26.60	—
8	安达市	绥化	黑龙江	东北	B	A+B	A+B+C	—	—	√	—	—	—	337	52	34	6.48	—	—
9	松江区	上海	上海	东部	B	A+B	A+B+C	—	—	√	—	—	—	1121	175	52	6.40	78.18	—
10	武进区	常州	江苏	东部	C	A+B+C	A+B+C	—	3	—	√	√	—	2260	144	—	15.66	—	67.10

续表

编号	试点县市	所属地市	所属省市	经济区	改革内容：A–农村土地征收制度改革，B–集体经营性建设用地入市，C–宅基地制度改革			2018年百强县排名	2018年百强区排名	2015年新型城镇化综合试点地区	2011年农村改革试验区	2016年农民住房财产权抵押贷款试点	2016农村承包土地经营权抵押贷款试点	2017年GDP（亿元）	2017年末常住人口（万人）	2017年户籍人口（万人）	2017人均GDP（万元/人）	户籍城镇化率（%）	常住人口城镇化率（%）
					2015年2月	2016年9月	2017年11月												
11	德清县	湖州	浙江	东部	B	A+B	A+B+C	36	—	√	—	—	√	470	49	96	9.56	39.68	50.03
12	义乌市	金华	浙江	东部	C	A+B+C	A+B+C	12	—	√	√	√	—	1158	130	115	8.91	—	—
13	金寨县	六安	安徽	中部	C	A+B+C	A+B+C	—	—	—	√	√	√	108	53	—	2.03	16.30	—
14	晋江市	泉州	福建	东部	C	A+B+C	A+B+C	8	—	√	—	√	—	1982	210	141	9.42	—	66.10
15	余江县	鹰潭	江西	中部	C	A+B+C	A+B+C	—	—	√	—	√	—	102	39	150	2.65	22.04	—
16	禹城市	德州	山东	东部	A	A+B	A+B+C	85	—	√	—	—	—	279	51	—	5.44	54.73	—
17	长垣县	—	河南	中部	B	A+B	A+B+C	—	—	√	—	—	√	343	81	44	4.24	—	—
18	宜城市	襄阳	湖北	中部	C	A+B+C	A+B+C	—	—	√	—	√	√	334	53	107	6.35	45.40	50.70
19	浏阳市	长沙	湖南	中部	C	A+B+C	A+B+C	—	—	—	√	√	—	1365	133	54	10.28	47.54	—
20	南海区	佛山	广东	东部	B	A+B	A+B+C	—	2	√	—	—	—	2692	279	—	9.66	—	—
21	北流市	玉林	广西	西部	B	A+B	A+B+C	—	—	√	—	—	√	324	113	—	2.86	—	—
22	文昌市	文昌	海南	西部	B	A+B	A+B+C	—	—	√	—	√	—	205	56	60	3.64	—	52.74
23	大足区	—	重庆	西部	B	A+B	A+B+C	—	—	√	—	—	—	424	79	—	5.38	39.40	57.20

续表

编号	试点县市	所属地市	所属省市	经济区	改革内容：A–农村土地征收制度改革，B–集体经营性建设用地入市，C–宅基地制度改革			2018年百强县排名	2018年百强区排名	2015年新型城镇化综合试点地区	2011年农村改革试验区	2016年农民住房财产权抵押贷款试点	2016农村承包土地经营权抵押贷款试点	2017年GDP（亿元）	2017年末常住人口（万人）	2017年户籍人口（万人）	2017人均GDP（万元/人）	户籍城镇化率（%）	常住人口城镇化率（%）
					2015年2月	2016年9月	2017年11月												
24	郫都区	成都	四川	西部	B	A+B	A+B+C	—	43	—	√	√	—	525	85	—	6.19	51.98	70.82
25	泸县	泸州	四川	西部	C	A+B+C	A+B+C	—	—	√	—	√	—	300	87	107	3.46	—	38.16
26	湄潭县	遵义	贵州	西部	B	A+B	A+B+C	—	—	√	√	√	√	105	38	68	2.74	—	—
27	大理市	大理州	云南	西部	C	A+B+C	A+B+C	—	—	√	—	√	—	380	67	60	5.64	50.56	68.12
28	曲水县	拉萨	西藏	西部	C	A+B+C	A+B+C	—	—	√	√	√	√	10	3	86	3.47	—	—
29	高陵区	西安	陕西	西部	C	A+B+C	A+B+C	—	—	√	√	√	√	377	36	123	10.56	—	64.50
30	陇西县	定西	甘肃	西部	B	A+B	A+B+C	—	—	√	—	√	√	63	46	81	1.37	—	—
31	湟源县	西宁	青海	西部	C	A+B+C	A+B+C	—	—	—	—	√	—	29	14	15	2.03	—	39.87
32	平罗县	石嘴山	宁夏	西部	C	A+B+C	A+B+C	—	—	—	√	√	√	170	27	20	6.29	—	—
33	伊宁市	伊犁	新疆	西部	C	A+B+C	A+B+C	—	—	√	—	√	—	222	56	107	3.98	—	75.66

第二节 农村土地三项制度改革试点单位土地利用现状及变化特征

本节从城乡土地、农村土地、重点改革地类三个层次对33个农村土地三项制度改革试点单位的土地利用规模和结构的现状及变化特征进行分析。

一、试点单位城乡土地利用现状及变化特征

在全域土地方面，2017年33个农村土地三项制度改革试点单位的全域土地规模悬殊，其中城镇建设用地占比远高于全国水平，试点村庄土地利用结构与全国接近。超七成试点单位呈现建设用地占比超90%，农用地占比不足10%，未利用地占比不足1%的特征。在权属结构方面，试点单位城镇集体土地占比高于全国水平，村庄集体土地占比低于全国水平。

在城乡建设用地方面，东部试点平均规模是西部试点的1.5倍。从城镇建设用地、村庄建设用地的土地利用结构两方面对比全国水平，33个试点单位的工矿仓储用地明显较高，交通设施用地明显较低，住宅用地稍高。

在城乡土地变化特征方面，2015—2017年城乡土地总量平缓上升，建设用地增速减缓；2017年农用地大幅增加，未利用地大幅减少。其中，工矿仓储用地出现负增长，交通设施用地、商服用地增长最快；多数试点单位工矿仓储用地、商服用地、住宅用地小幅增长。

1.2017年33个试点单位全域土地利用特征

（1）试点单位土地规模。

试点单位全域土地规模悬殊，广东省南海区全域土地规模最大，是规模最小的西藏自治区曲水县的31倍。

33个试点单位的全域土地平均面积为1.92万公顷，18个试点单位的全

域土地面积在1万—2万公顷之间。东部试点全域土地平均面积最大，达2.60万公顷，东北试点、中部试点次之，分别为2.43万公顷、1.82万公顷，西部试点最小，全域土地平均面积为1.37万公顷。

全域土地规模最大的为广东省南海区，达4.84万顷，此外还有湖南省浏阳市、北京市大兴区、辽宁省海城市、海南省文昌市、江苏省武进区这5个试点单位的全域土地面积超过3万公顷。西藏自治区曲水县为0.16万公顷的全域土地面积最小，不及面积最大的广东省佛山市南海区的4%；其次为青海省湟源县为0.28万公顷，不及面积最大的广东省佛山市南海区的6%（见图4-6-3）。

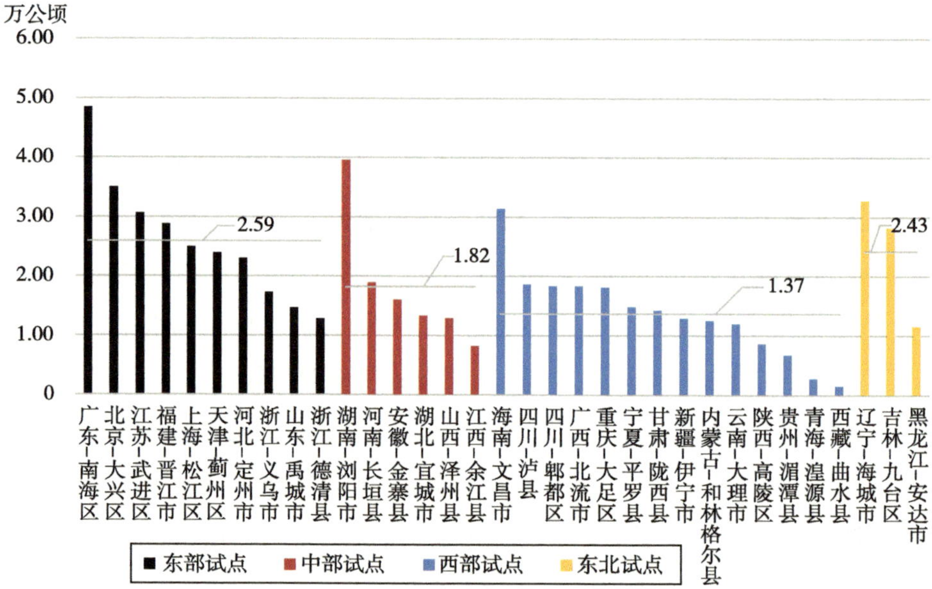

图4-6-3　试点单位全域土地规模

（2）试点单位全域土地利用结构。

试点单位的城镇建设用地占比远高于全国水平，试点村庄土地利用结构与全国接近。2017年试点单位土地利用结构分别从城镇土地、村庄土地两方面与全国水平作比较。城镇土地方面，试点单位的建设用地占比（99.2%）高出全国水平（64.3%）近34.9个百分点；试点单位农用地占比（0.5%）略低于全国水平（1.1%）；试点单位未利用地占比（0.4%）低于全国水平（34.6%）34.2个百分点。村庄土地方面，试点单位结构与全国结构类似，试点单位的建设用地占比（89.2%）略高于全国水平（87.6%）1.6个百分点，农用地占比（9.8%）低于全国水平（11.0%）1.2个百分比，未利用地（1.0%）低于全国（1.4%）0.4个百分比（见图4-6-4）。

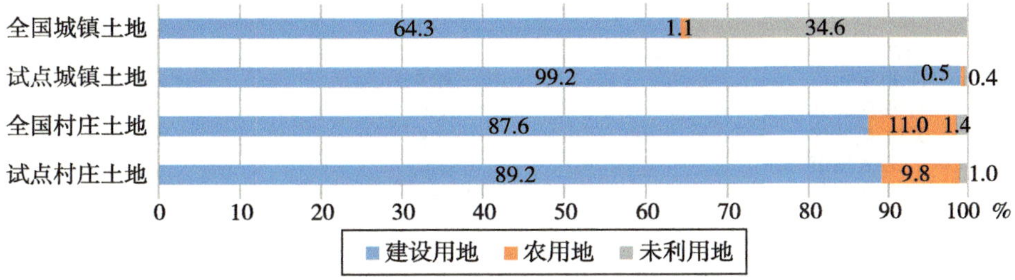

图4-6-4　2017年试点单位、全国的城镇土地、村庄土地利用结构对比

33个试点单位的全域土地利用结构，建设用地、农用地、未利用地的平均占比分别为92.5%、6.7%、0.8%，超七成试点单位呈现建设用地占比超90%、农用地占比不足10%、未利用地占比不足1%的特征。建设用地方面，10个试点单位低于平均水平，19个试点单位占比超过97%，不足97%的14个试点单位中有8个试点为西部试点，海南省文昌市、安徽省金寨县等4个试点单位的建设用地占比不足80%。农用地方面，10个试点单位高于平均水平，25个试点单位占比不足10%，海南省文昌市、安徽省金寨县2个试点单位占比超过20%。未利用地方面，6个试点单位高于平均水平，28个试点单位占比不足1%，仅西藏自治区曲水县占比超过10%。

较之其他试点的全域土地利用结构，海南省文昌市、安徽省金寨县的建设用地占比偏低，分别为45.1%、65.9%，农用地占比偏高，分别为52.1%、28.7%；西藏自治区曲水县的未利用地占比较高，其建设用地、农用地、未利用地占比分别为74.3%、14.6%、11.1%（见图4-6-5）。

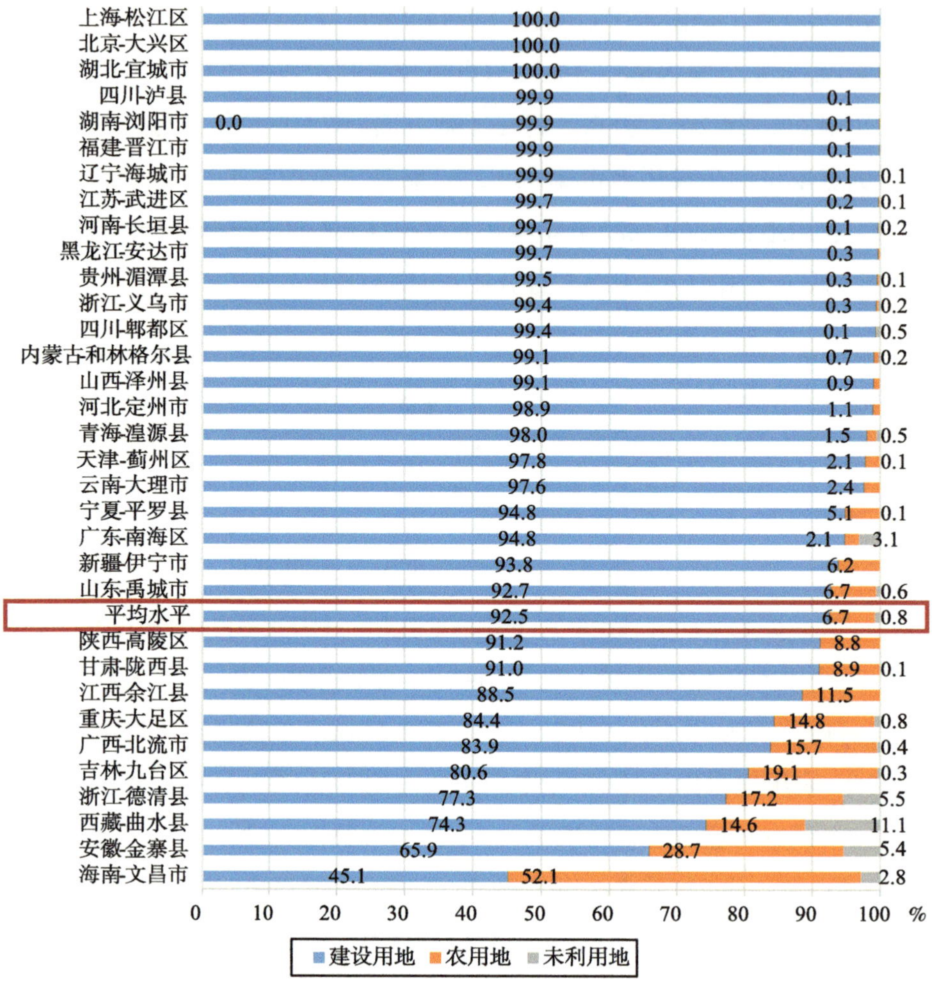

图4-6-5　2017年33个试点单位全域土地利用结构

（3）试点单位城乡土地权属结构。

试点单位城镇集体土地占比高于全国水平，村庄集体土地占比低于全国水平。试点单位城镇集体土地（17.3%）占比高出全国水平（13.7%）3.6个百分比，试点单位村庄集体用地占比（94.5%）低于全国水平（95.2%）0.7个百分比。

全部试点单位城乡土地中有7成为集体土地，上海市松江区集体土地占比最低。城乡土地（全域土地）包括国有和集体两种权属，农村土地三项制度改革对象是集体土地。33个试点城乡土地中，69.0%是集体土地，其中建设用地、农用地、未利用地的集体土地占比分别为66.8%、96.6%、82.8%。33个试点单位中，19个试点单位的城乡土地中集体土地占比超过70%，泸州泸县的占比最高，达87.1%；上海市松江区、新疆维吾尔自治区伊宁市、四川省郫都区等6个试点单位的城乡土地中集体土地占比不足50%，上海市松江区最低，仅为32.8%。此外，中部试点城乡土地中集体土地占比普遍偏高，6个中部试点中有5个占比超过75%（见图4-6-6、图4-6-7）。

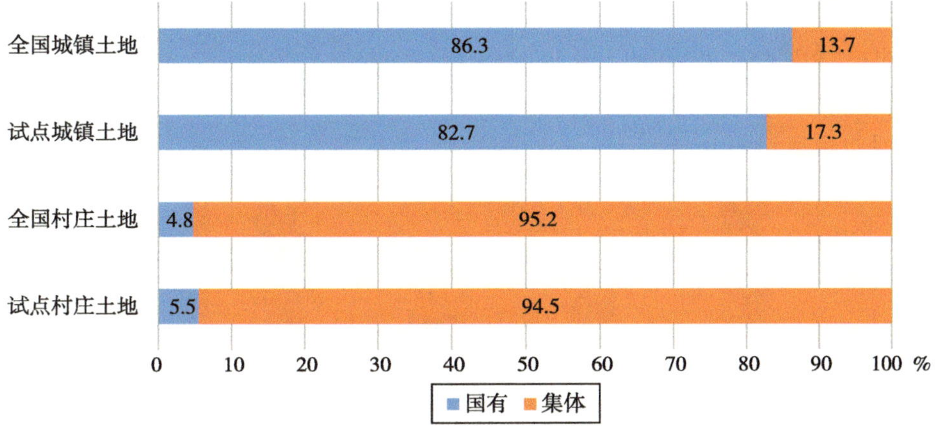

图4-6-6　2017年试点单位、全国的城镇土地、村庄土地权属结构对比

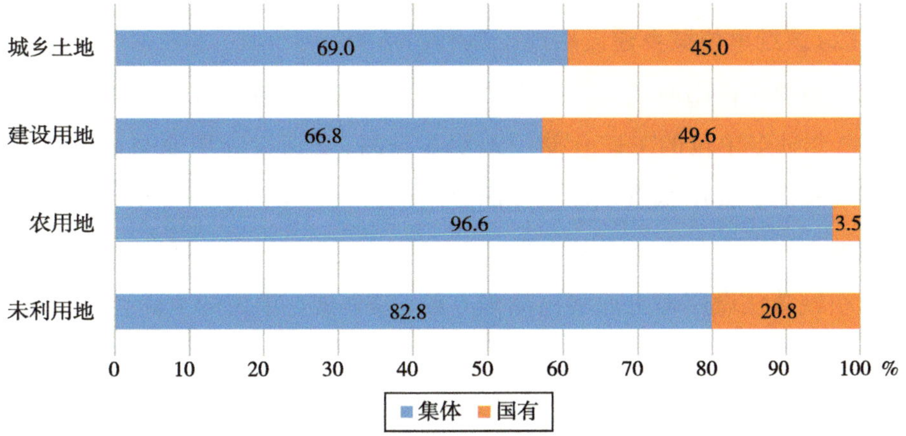

图4-6-7　2017年33个试点单位平均城乡土地权属结构

2. 2017年33个试点单位城乡建设用地利用特征

（1）试点单位城乡建设用地规模。

广东省南海区城乡建设用地规模最大。东部试点平均规模是西部试点的1.5倍。33个试点单位城乡建设用地平均规模为1.78万公顷。城乡建设用地面积处于1万—2万公顷之间的试点单位最多，达17个；低于1万公顷的试点单位有6个，西藏自治区曲水县最低，为0.12万公顷；面积超过3万公顷的试点单位有5个，其中广东省南海区最高，达4.59万公顷。东部试点的城乡集体建设用地平均面积最大，是平均面积最小的西部试点的1.5倍（见图4-6-8）。

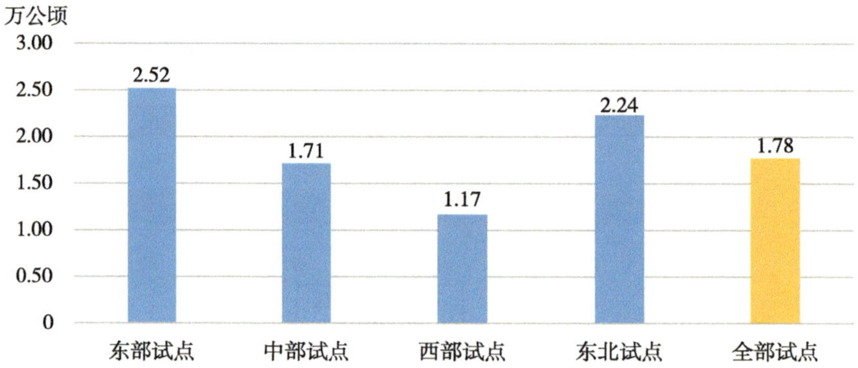

图4-6-8　2017年四大经济区试点单位城乡建设用地平均面积

（2）试点单位城乡建设用地土地利用结构。

从城镇建设用地[1]、村庄建设用地的土地利用结构两方面对比全国水平，33个试点单位的工矿仓储用地明显较高，交通设施用地明显较低，住宅用地稍高。其中试点单位城镇商服用地占比与全国水平持平，而村庄商服用地占比则明显高于全国水平。

在城镇建设用地土地利用结构方面，33个试点单位的工矿仓储用地占

〔1〕　试点单位城镇建设用地与全国水平进行对比，考虑到数据的可获得性和统一性，且城镇土地比城镇建设用地多出水域及水利设施用地中的河流水面、内陆滩涂、沟渠以及其他土地中的设施农用地4个地类，该地类占比较小，对于整体土地利用结构影响较小，故此处的城镇建设用地采用城镇土地数据替代。

比明显高于全国水平，试点单位工矿仓储用地占比为33.2%，高出全国水平（28.5%）4.7个百分点；试点单位的交通运输用地占比明显低于全国水平，试点单位交通运输用地占比为7.7%，低于全国水平（11.6%）3.9个百分比；试点单位的商服用地（7.2%）与全国水平（7.5%）基本持平，住宅用地（35.6%）略高于全国水平（33.7%）（见图4-6-9）。

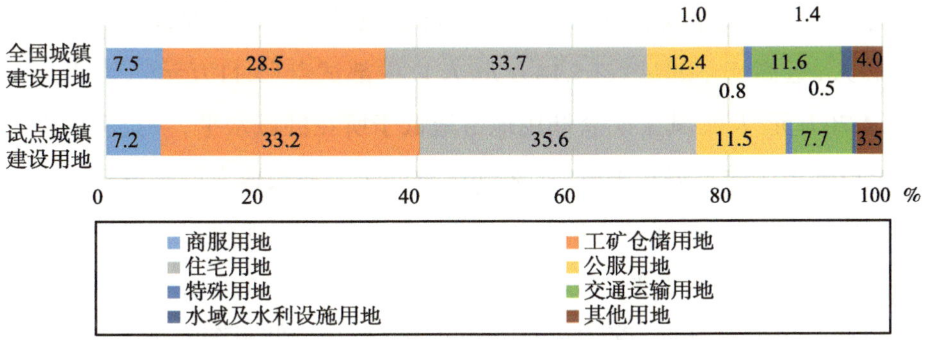

图4-6-9 2017年试点单位、全国城镇建设用地利用结构对比

在村庄建设用地利用结构方面，2017年33个试点单位的工矿仓储用地占比明显高于全国水平，试点单位工矿仓储用地占比为14.7%，高出全国水平（6.3%）8.4个百分点，商服用地占比（3.1%）高于全国水平（1.5%）；试点单位的交通运输用地占比明显低于全国水平，试点单位交通运输用地占比为6.3%，低于全国水平（17.1%），住宅用地（63.5%）略高于全国水平（62.0%）（见图4-6-10）。

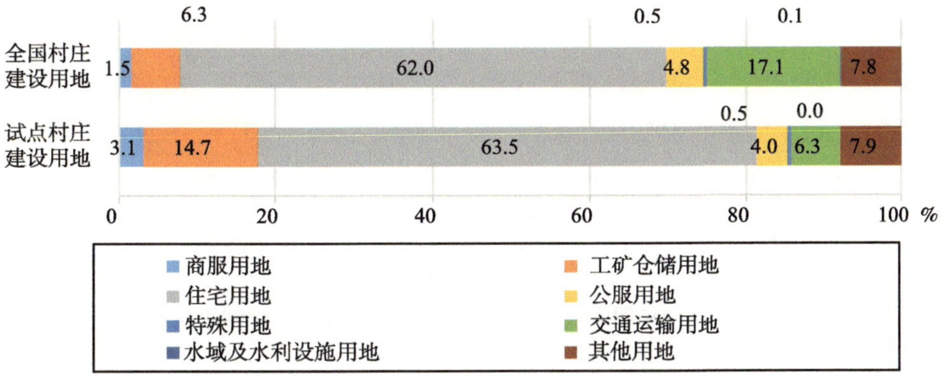

图4-6-10 2017年试点单位、全国城镇村庄建设用地利用结构对比

东部试点经济发展远高于其他试点地区，各地区试点的基础服务设施在不同程度上供给落后于所在地区水平。

从四大经济区层面来看，除东部试点外，中部、西部、东北试点的工矿仓储用地占比均高于所在区域水平；东部、西部试点的商服用地占比低于所在区域水平，中部、东北试点反之；除东北地区外，东部、中部、西部试点的住宅用地高于所在区域水平。东部试点的人均GDP平均水平达7.70万元/人，远高于东北试点（5.14万元/人）、中部试点（5.11万元/人）、西部试点（4.70万元/人），其工矿仓储用地占地低于所在区域水平，一定程度上反映出东部地区的发展水平较高，东部试点处于经济快速发展阶段。

东部、中部、西部试点的公服用地、交通运输用地两类服务性用地占比均低于所在区域水平，东北试点公服用地（12.5%）占比高出东北地区（10.1%）2.4个百分点，交通运输用地占比（6.7%）低于东北地区（14.3%）7.6个百分点。在一定程度上，反映出各地区试点的基础服务设施供给在不同程度上低于所在区域水平（见图4-6-11）。

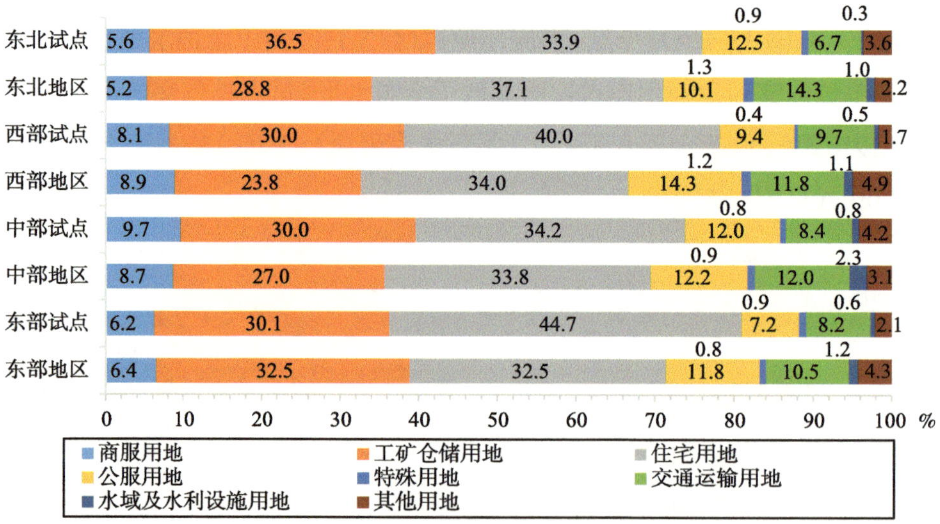

图4-6-11　2017年四大经济区试点单位、全国城镇土地利用结构对比

四大经济区试点单位的城乡建设用地土地利用结构具有区间差异，东部试点的工矿仓储用地占比（30.5%）远高于其他地区试点，高出第二名东北试点10.5个百分点，反映出东部的工业发展水平远超其他地区试点；中部、东北试点的住宅用地占比超过60%，东部、西部试点住宅用地占比分别为44.85%、54.7%；中部试点的商服用地占比（2.0%）明显低于其他地区试点；东部试点公服用地、交通设施用地这两类服务性用地占比总和高于其他地区试点，反映出东部试点的基础设施配套相对完善（见图4-6-12）。

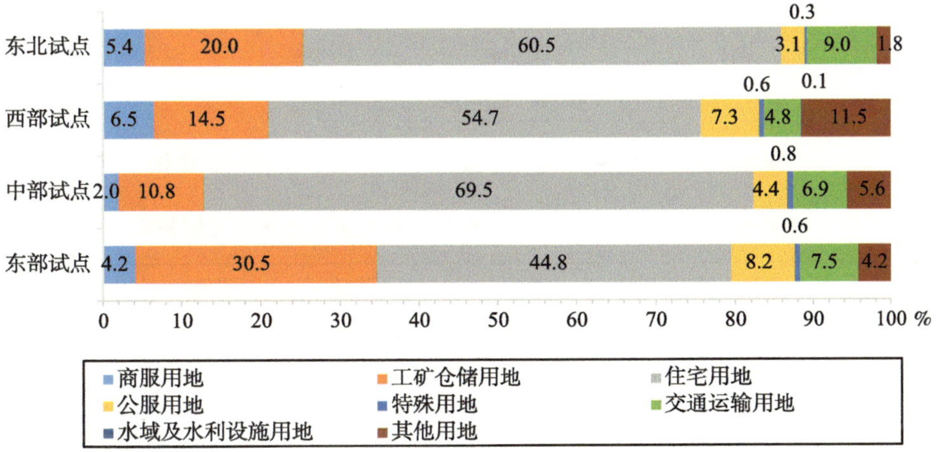

图4-6-12　2017年四大经济区试点单位城乡建设用地土地利用结构

3.2015—2017年试点单位城乡土地变化特征分析

（1）2015—2017年试点单位城乡用地变化特征。

2015—2017年城乡土地总量平缓上升，建设用地增速减缓；2017年农用地大幅增加，未利用地大幅减少。

2015—2017年，平均每个试点单位城乡土地面积的年均增量为143.27公顷，其中2016—2017年增长率约是2015—2016年的两倍。2016—2017年，试点单位平均建设用地面积增量大幅减少，不足2015—2016年增量的3%。试点单位平均农用地面积由2015—2016年的负增长转为2016—2017

年的正增长，2016—2017年增长率高达170.2%。2015—2017年，试点单位平均未利用地面积加速持续减小，2016—2017年减量（612.3公顷）是2015—2016年减量（155.8公顷）的近4倍（见图4-6-13、表4-6-4）。

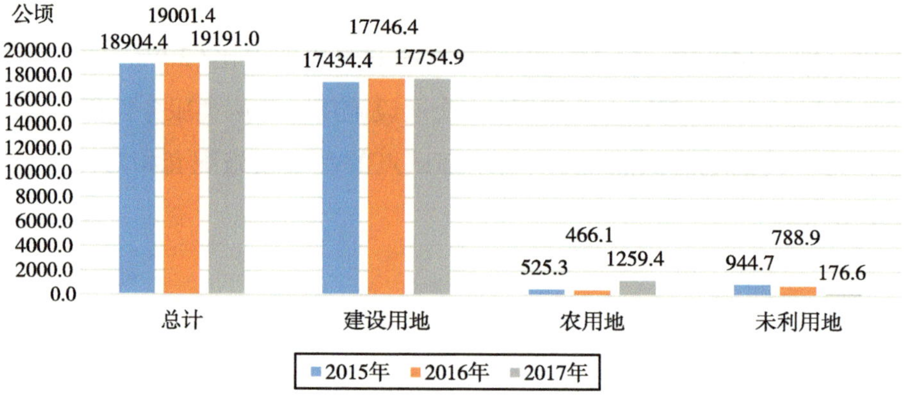

图4-6-13　2015—2017年试点单位平均城乡土地面积变化

表4-6-4　2015—2017年试点单位平均城乡土地增量与增长率

增长量/增长率	总计	建设用地	农用地	未利用地
2015—2016年增量（公顷）	96.9	311.9	−59.2	−155.8
2016—2017年增量（公顷）	189.6	8.6	793.4	−612.3
2015—2017年均增量（公顷）	143.27	160.25	367.06	−384.04
2015—2016年增长率（%）	0.5	1.8	−11.3	−16.5
2016—2017年增长率（%）	1.0	0.0	170.2	−77.6
2015—2017年均增长率（%）	0.8	0.9	54.8	−56.8

（2）2015—2017年试点单位城乡建设用地变化特征。

2015—2017年，工矿仓储用地负增长，交通设施用地、商服用地增长最快。

2015—2017年，平均每个试点单位城乡建设用地面积年均增量为160.3公顷。工矿仓储用地、水域及水利设施用地、其他土地呈现负增长，平均每年减少178.4公顷、0.7公顷、107.8公顷。住宅用地年均增量最高，达259.4公顷，交通运输用地、商服用地、公服用地次之，分别为84.9公顷、56.8公顷、42.0公顷。商服用地、交通运输用地年均增长率最高，分别为8.4%、7.9%，工矿仓储用地年均增长率为-4.39%（见图4-6-14、表4-6-5）。

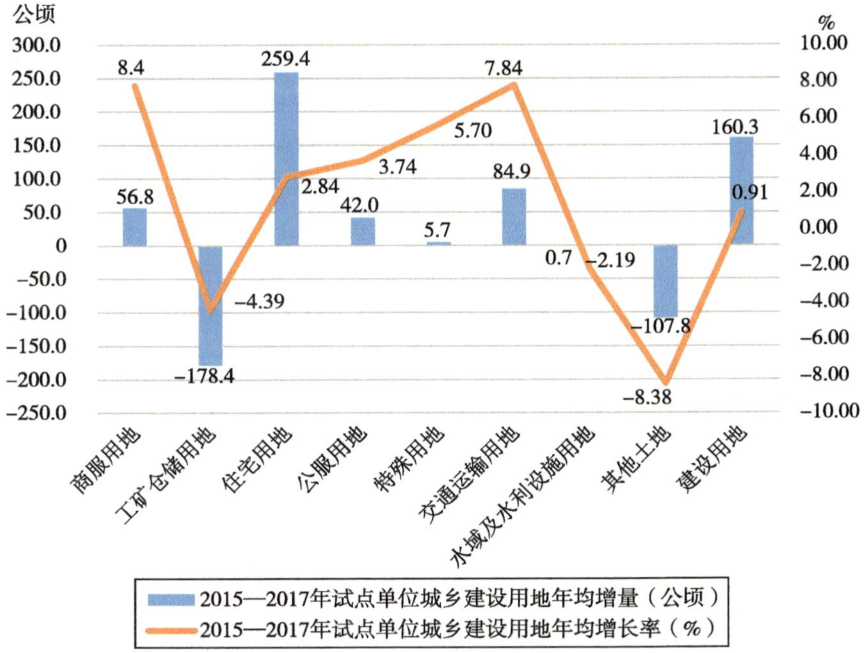

图4-6-14　2015—2017年试点单位平均城乡建设用地面积年均增量和年均增长率

表4-6-5　2015—2017年试点单位平均城乡建设用地规模变化情况

用地规模及变化情况	商服用地	工矿仓储用地	住宅用地	公服用地	特殊用地	交通运输用地	水域及水利设施用地	其他土地	建设用地
2015年面积（公顷）	698.8	4150.2	9017.2	1102.6	97.4	1042.0	33.8	1343.0	17434.4
2016年面积（公顷）	678.8	4154.6	9153.3	1108.1	94.6	1158.2	33.6	1416.7	17746.4
2017年面积（公顷）	812.3	3793.5	9535.9	1186.6	108.8	1211.8	32.3	1127.3	17754.9

续表

用地规模及变化情况	商服用地	工矿仓储用地	住宅用地	公服用地	特殊用地	交通运输用地	水域及水利设施用地	其他土地	建设用地
2015—2016年增量（公顷）	−20.0	4.4	136.1	5.5	−2.8	116.1	−0.2	73.7	311.9
2016—2017年增量（公顷）	133.5	−361.1	382.6	78.5	14.3	53.7	−1.3	−289.4	8.6
2015—2017年均增量（公顷）	56.8	−178.4	259.4	42.0	5.7	84.9	−0.7	−107.8	160.3
2015—2016年增长率（%）	−2.9	0.1	1.5	0.5	−2.9	11.1	−0.6	5.5	1.8
2016—2017年增长率（%）	19.7	−8.7	4.2	7.1	15.1	4.6	−3.7	−20.4	0.0
2015—2017年均增长率（%）	7.8	−4.4	2.8	3.7	5.7	7.8	−2.2	−8.4	0.9

多数试点单位工矿仓储用地、商服用地、住宅用地小幅增长。

城乡建设用地方面，2015—2017年33个试点单位有21个年均增长率在0—2%；宁夏回族自治区平罗县、黑龙江省安达市2个试点单位超过10%，分别为15.2%、12.2%；海南省文昌市、上海市松江区、天津市蓟州区3个试点呈现负增长，分别为−19.4%、−1.3%、−0.5%。

商服用地方面，2015—2017年33个试点单位年均增长率有25个试点单位处于0—10%，辽宁省海城市、天津市蓟州区年均增长率高达104.2%、64.2%，湖南省浏阳市、江苏省武进区、宁夏回族自治区平罗县呈现负增长。

工矿仓储用地方面，2015—2017年33个试点单位年均增长率有13个试点处于0—2%，12个试点处于2%—10%，山东省禹城市、海南省文昌市的工矿仓储用地年均增长率超过40%，分别为43.4%、42.5%；辽宁省海城市、湖北省宜城市、天津市蓟州区、上海松江区在2015—2017年工矿仓储用地呈现负增长，辽宁省海城市达到-40.6%。

住宅用地方面，2015—2017年33个试点单位年均增长率有27个试点单位处于0—5%之间，辽宁省海城市、宁夏回族自治区平罗县2个试点单位年均增长率超过10%，分别为94.5%、20.1%，天津市蓟州区、山东省禹城市、西藏自治区曲水县呈现负增长。

辽宁省海城市的商服用地和住宅用地年均增长率最高，均在100%上下，工矿仓储用地年均增长率最低，呈现负增长，为40.6%；海南省文昌市的商服用地、工矿仓储用地年均增长较高，分别达到22.7%、42.5%。

二、试点单位农村土地利用现状及变化特征

在农村土地方面，试点单位农村土地规模特征与全域土地相似，规模差异大，西部地区小规模的试点多。33个试点单位的农村土地利用结构，近6成试点单位呈现建设用地占比超98%，农用地占比不足2%，未利用地占比不超过0.1%的特征。

在农村建设用地方面，农村建设用地规模最小的4个试点单位均位于西部，且均为第一批宅基地改革试点。从城镇集体建设用地、村庄集体建设用地的土地利用结构两方面对比全国水平，试点单位的城镇集体经营性建设用地和村庄集体经营性建设用地占比均高于全国水平。

在农村建设用地变化特征方面，农村建设用地对农村土地增长的贡献最大，试点单位的农村建设用地增幅普遍与农村土地接近，北京市大兴区、广东省南海区的建设用地增幅远超农村土地。

1.2017年试点单位农村土地利用现状特征

（1）试点单位农村土地规模。

农村土地规模特征与全域土地相似，规模差异大，西部地区小规模的

试点多。

33个试点单位的平均农村土地面积为1.32万公顷，农村土地面积在0—1万公顷、1万—2万公顷的试点单位分别有4、13个。东部试点农村土地面积最大，达1.83万公顷，东部试点、中部试点次之，分别为1.68万公顷、1.46万公顷，西部试点最小，农村土地面积为0.9万公顷。

农村土地面积超过3万公顷的有广东省佛山市南海区、湖南省浏阳市2个试点单位，分别为3.99万公顷、3.22万公顷，此外还有辽宁省海城市、海南省文昌市、吉林省九台区、福建省晋江市4个试点单位的农村土地面积超过2万公顷；面积依次最小的6个试点单位均为西部试点，西藏自治区曲水县（0.12万公顷）和青海省湟源县（0.22万公顷）的不足0.25万公顷，不足面积最大的广东省佛山市南海区的4%、6%（见图4-6-15）。

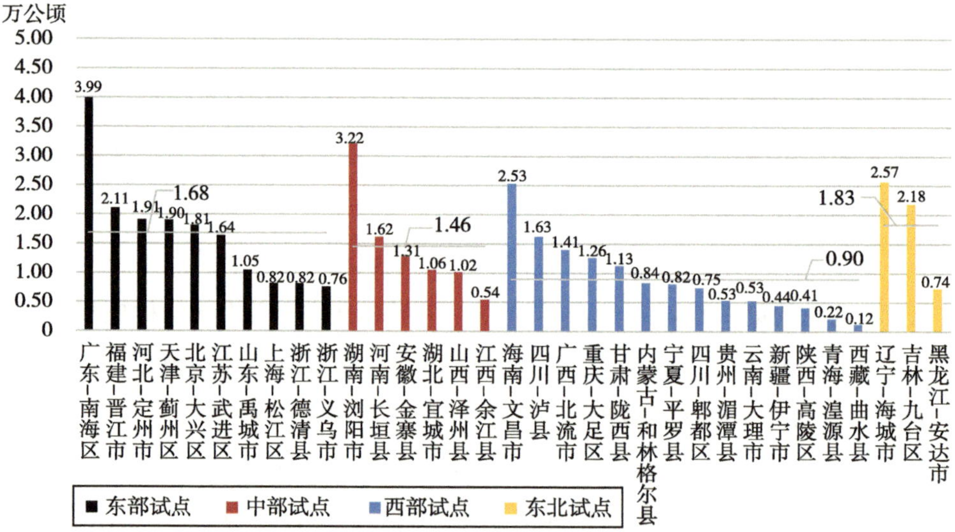

图4-6-15　试点单位农村土地规模

（2）试点单位农村土地利用结构。

33个试点单位的农村土地利用结构，近六成试点单位呈现建设用地占比超98%，农用地占比不足2%，未利用地占比不超过0.1%的特征。

全部试点单位的建设用地、农用地、未利用地占比分别为89.7%、9.4%、0.9%；东部试点、中部试点、东北试点建设用地占比均超过90%；西部试点建设用地占比最低，仅为78.8%，其农用地占比高达20.4%，分别是东部试点、中部试点、东北试点的2倍、3倍、7倍（见图4-6-16）。

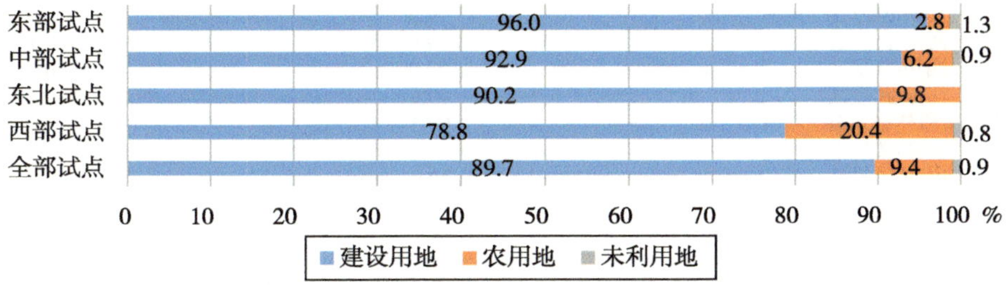

图4-6-16　2017年四大经济区试点单位农村土地利用结构

33个试点单位的农村土地利用结构分析：建设用地方面，19个试点单位占比超过98%，建设用地不足90%的11个试点单位中，8个试点为西部试点，文昌市、六安市金寨县等4个试点单位的建设用地占比不足70%。农用地方面，19个试点单位占比不足2%，6个试点单位占比超过20%，文昌市、六安市金寨县2个试点单位占比超过30%。未利用地方面，28个试点单位占比不超过0.1%，西藏自治区曲水县、浙江省德清县、安徽省金寨县未利用地占比超过5%，仅西藏自治区曲水县占比超过10%。

较之其他试点的农村土地利用结构，海南省文昌市、安徽省金寨县、浙江省德清市建设用地占比偏低，分别为32.0%、59.0%、64.7%，农用地占比偏高，分别为64.6%、35.0%、27.1%，其中海南省文昌市是唯一一个农用地占比超过建设用地占比的试点单位；西藏自治区曲水县、浙江省德清县、安徽省金寨县、广东省南海区、海南省文昌市5个试点单位的未利用地占比超过1%，西藏自治区曲水县未利用地占比最高，其建设用地、农用地、未利用地占比分比为69.8%、17.4%、12.8%（见图4-6-17）。

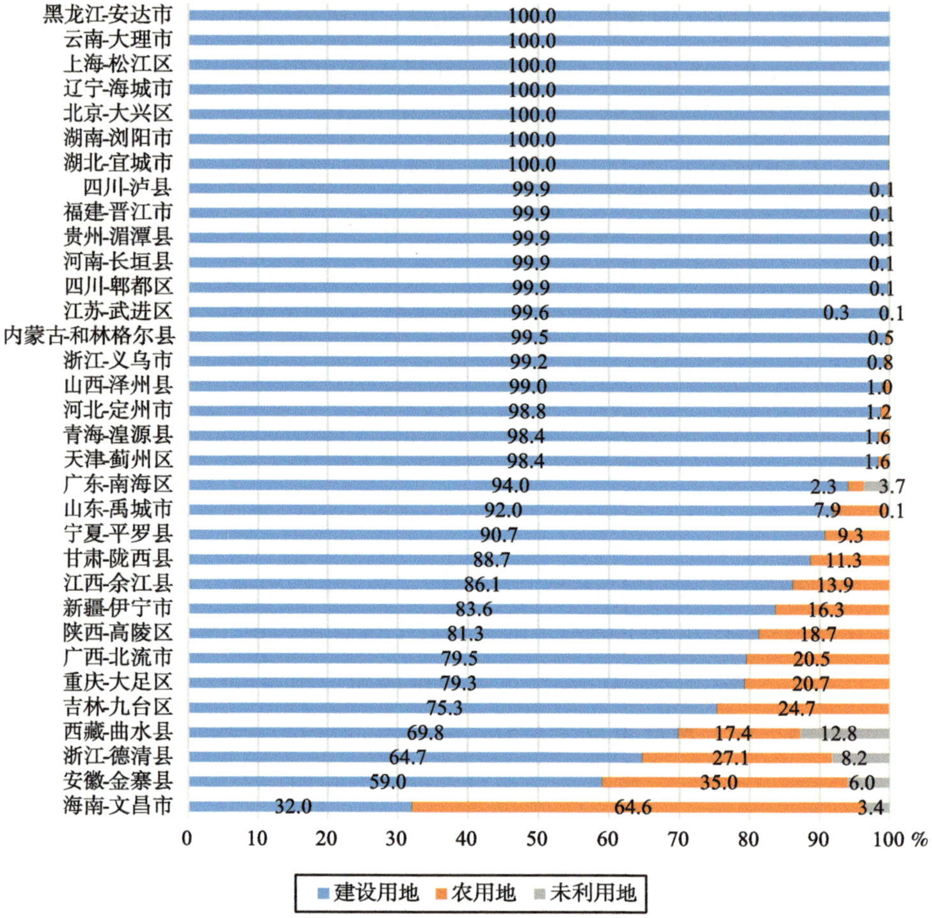

图4-6-17　2017年33个试点单位农村土地利用结构

2.2017年试点单位农村建设用地利用特征

（1）试点单位农村建设用地规模。

农村建设用地规模最小的4个试点单位均位于西部，且均为第一批宅基地改革试点。

2017年33个三项制度改革的试点单位中，农村建设用地平均面积为1.19万公顷，东北试点（1.65万公顷）农村建设用地面积最大；东部试点次之（1.61万公顷），中部试点、西部试点面积较小，均不足1万公顷。

农村建设用地面积超过1.8万公顷的7个试点单位中有5个是东部试点，其中广东省佛山市南海区、湖南省浏阳市、辽宁省海城市、福建省晋江市4个试点单位超过2万公顷，广东省佛山市南海区、湖南省浏阳市高达3.75万公顷、3.22万公顷。18个试点单位农村建设用地不足1万公顷，西藏自治区曲水县、青海省湟源县、陕西省高陵县、新疆维吾尔自治区伊宁市、江西省余江县5个试点单位低于0.49万公顷，均位于西部，且均为第一批宅基地改革试点，其中曲水县规模最小，不足0.1万公顷，仅为0.09万公顷（见图4–6–18）。

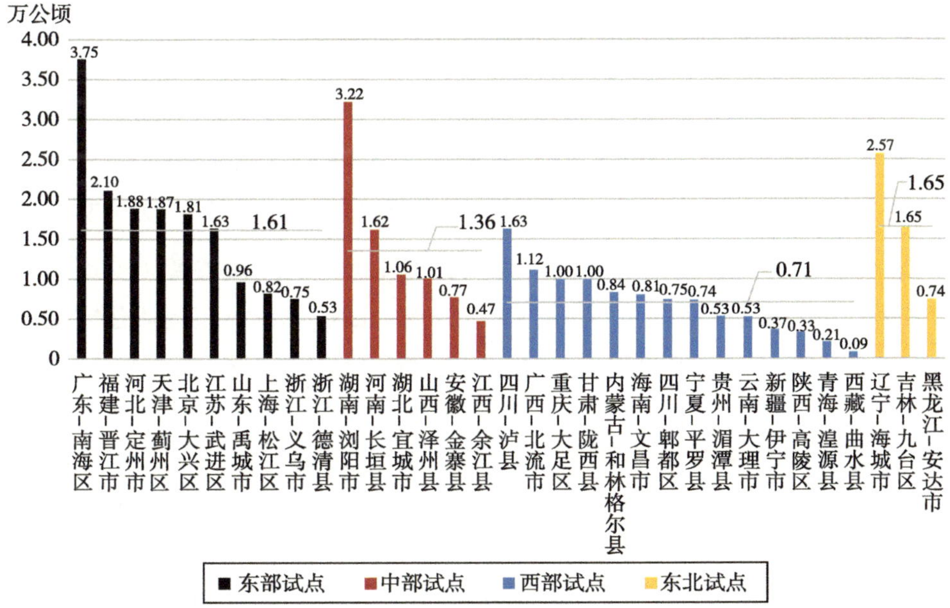

图4–6–18　2017年33个试点单位农村建设用地规模

（2）试点单位农村建设用地结构。

从城镇集体建设用地[1]、村庄集体建设用地的土地利用结构两方面对

〔1〕 试点单位城镇集体建设用地与全国水平进行对比，考虑到数据的可获得性和统一性，且城镇土地比城镇建设用地多出水域及水利设施用地中的河流水面、内陆滩涂、沟渠以及其他土地中的设施农用地4个地类，该地类占比较小，对于整体土地利用结构影响较小，故此处的城镇集体建设用地采用城镇集体土地数据替代。

比全国水平，试点单位的城镇、村庄的集体经营性建设用地占比均高于全国水平。

在城镇集体建设用地利用结构方面，与全国对比，33个试点单位的城镇集体工矿仓储用地占比明显高于全国水平，试点单位城镇集体工矿仓储用地占比为31.8%，高出全国水平（25.2%）6.6个百分点；试点单位的城镇集体交通运输用地占比明显低于全国水平，试点单位城镇集体交通运输用地占比为4.9%，低于全国水平（9.6%）4.7个百分点。试点单位的城镇集体商服用地（7.4%）高于全国水平（6.9%），住宅用地（43.4%）略低于全国水平（44.1%），这与包括国有和集体两种属性的城镇土地利用结构不同。

在村庄集体建设用地利用结构方面，与全国对比，2017年33个试点单位的村庄集体工矿仓储用地占比明显高于全国水平，试点单位村庄集体工矿仓储用地占比为13.6%，高出全国水平（6.4%）7.2个百分点，村庄集体商服用地占比（2.5%）高于全国水平（1.6%）；试点单位的村庄集体交通运输用地占比明显低于全国水平，试点单位村庄集体交通运输用地占比为6.2%，低于全国水平（10.4%）4.2个百分点。试点单位村庄集体住宅用地（65.5%）低于全国村庄集体住宅用地水平（69.2%）（见图4-6-19）。

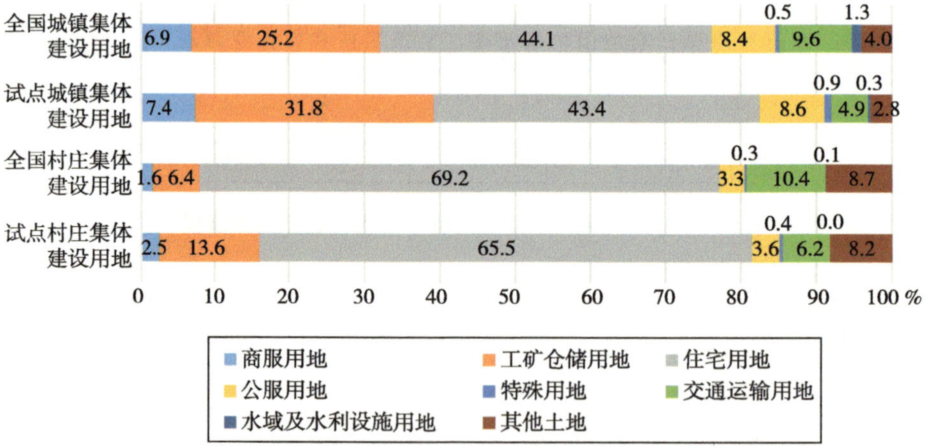

图4-6-19　2017年试点单位、全国集体建设用地利用结构对比

3.2016—2017年试点单位农村土地变化特征

（1）试点单位农村土地变化特征。

六成试点单位增幅处于0—1%之间，5个试点单位出现负增长。2016—2017年，33个试点单位的农村土地面积平均增量为-145公顷，增幅为-1.08%。其中，重庆市大足区、湖北省宜城市、河南省长垣县、福建省晋江市、浙江省德清市5个试点单位出现负增长，重庆市大足区、湖北省宜城市的减量高达4879公顷、1888公顷，减幅分别-16.16%、6.85%。安徽省金寨县、北京市大兴区的增量超过300公顷，分别为433公顷、347公顷，增幅分别为1.10%、2.73%；此外还有四川省郫都区、江苏省武进区、河北省定州市、山东省禹城市超过100公顷；22个试点单位的增量在0—100公顷之间，21个试点单位的增幅在0—1%之间。

（2）试点单位农村建设用地变化特征。

农村建设用地对农村土地增长的贡献最大，试点单位的农村建设用地增幅普遍与农村土地接近，北京市大兴区、广东省南海区的建设用地增幅远超农村土地。2016—2017年农村建设用地平均增量为-275.9公顷，增幅为-1.6%。重庆大足区、湖北省宜城市、青海省湟源县等7个试点单位出现负增长，除青海省湟源县、江西省余江县外，其余5个试点单位的农村土地也是负增长。试点单位农村建设用地增幅普遍与农村土地接近，北京市大兴区的农村建设用地增幅高达4.7%，是其农村土地增幅（2.7%）的1.7倍，广东省南海区的建设用地增幅是农村土地的4倍。

三、试点单位农村土地重点改革地类利用现状及变化特征

东部试点集体经营性建设用地平均占比高，集体经济活跃。土地利用特征对于试点的选择有明显影响，东部地区第一批的试点内容与重点改革地类结构关系显著，西部地区存在轻微关联，东部试点在试点布局属于“巩固加深”阶段，而西部地区试点布局属于“探索开拓”阶段。上海市松

江区的宅基地和集体经营性建设用地均出现负增长，超六成试点单位的集体经营性建设用地增幅超过宅基地。

1. 2017年试点单位重点改革地类利用特征

（1）重点改革地类规模。

集体经营性建设用地规模超过平均水平的6个试点中有5个为东部试点。33个试点单位的集体经营性建设用地平均规模为0.22万公顷，东部试点平均规模最大，达0.48万公顷，东北、中部、西部试点分别为0.35万公顷、0.08万公顷、0.06万公顷。超八成试点单位集体经营性建设用地规模低于平均水平，低于0.01万公顷的7个试点单位中有6个为西部试点，广东省佛山市南海区集体经营性建设用地面积最大，达2.22万公顷，是第二名辽宁省海城市（1.00万公顷）的2倍以上，此外还有江苏省武进区、北京市大兴区超过0.5万公顷（见图4-6-20）。

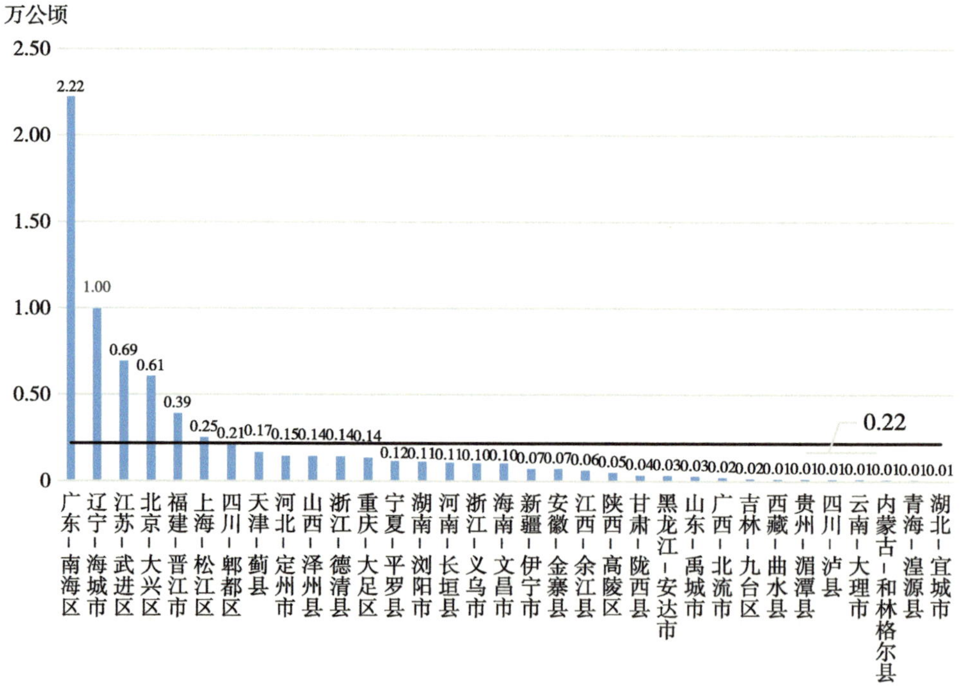

图4-6-20 2017年试点单位集体经营性建设用地规模

宅基地规模超过1万公顷的7个试点单位中有5个为第一批宅基地试点。33个试点单位的宅基地平均规模为0.68万公顷，中部试点宅基地平均规模最大，达1.02万公顷，东北、东部、西部试点依次为0.79万公顷、0.73万公顷、0.47万公顷。超六成试点单位的宅基地规模低于平均水平，湖南省浏阳市的宅基地规模最高，达到3.06万公顷，是第二名四川省泸县（1.60万公顷）的近2倍，共有7个试点单位的宅基地面积达到或者超过1万公顷，其中有5个为第一批宅基地试点单位（见图4–6–21）。

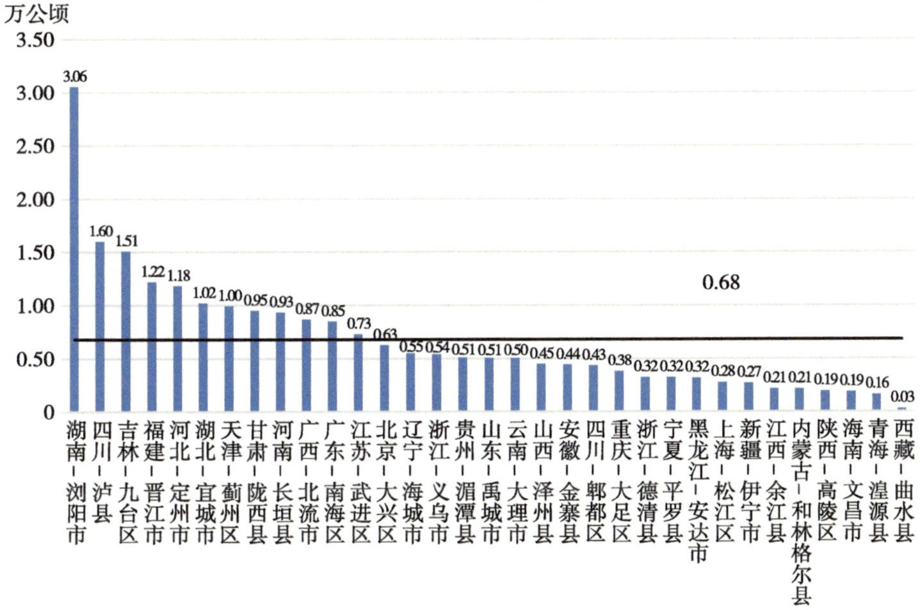

图4–6–21　2017年试点单位宅基地规模

土地利用特征对于试点的选择有明显影响。第一批入市试点的集体经营性建设用地平均规模（0.34万公顷）明显高于第一批宅基地试点（0.13万公顷），第一批宅基地试点的宅基地平均规模（0.75万公顷）高于第一批入市试点（0.61万公顷）。

（2）重点改革地类利用结构。

粤京苏沪地区的试点集体经营性建设用地占比远超其他地区。超半数试点单位的重点改革地类中宅基地占比超过80%，集体经营性建设用地占比不足20%。5个试点单位集体经营性建设用地占比超过40%，其中4个为东部试点，1个为东北试点，广东省南海区、辽宁省海城市集体经营性建设用地占比最高，分别为72.4%、64.4%，北京市大兴区、江苏省武进区、上海市松江区的集体经营性建设用地占比均处于40%—50%之间。集体经营性建设用地占比不足5%的10个试点单位中有7个为西部试点（见图4-6-22）。

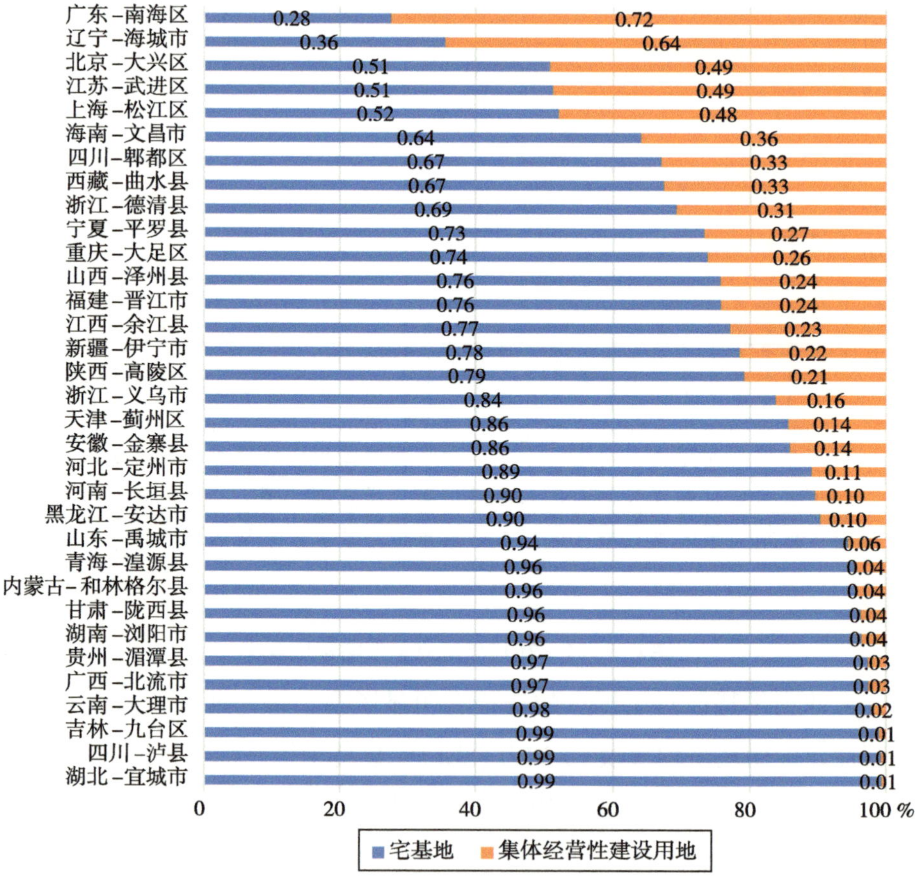

图4-6-22 2017年33个试点单位重点改革地类利用结构

重点改革地类利用结构，东部试点集体经营性建设用地平均占比高，集体经济活跃。对四大经济区试点单位进行对比，重点改革地类中集体经营性建设用地占比越高，在一定程度上反映出集体经济越活跃，集体土地的"市场化"程度越高。东部试点的集体经营性建设用地占比达到39.6%，分别高出东北、西部、中部试点9个百分点、28.6个百分点、31.9个百分点。说明东部试点的集体经济最活跃，西部、中部试点活跃度较低（见图4-6-23）。

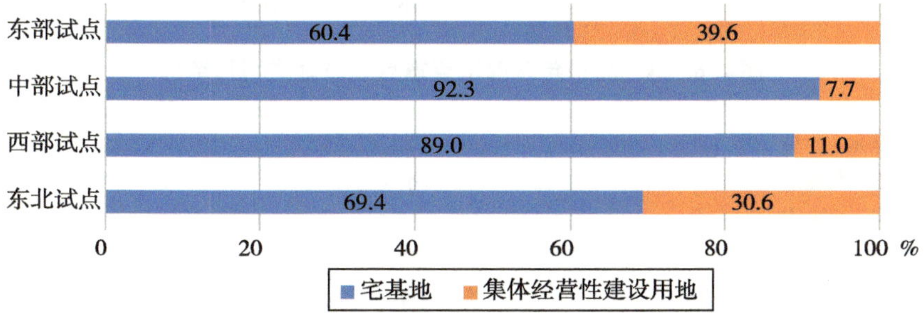

图4-6-23　2017年四大经济区试点单位重点改革地类利用结构

以试点分布较多的东部、西部地区为例，讨论改革重点地类结构与第一批改革试点的改革内容之间的关系。

东部地区第一批的试点内容与重点改革地类结构关系显著，西部地区存在轻微关联。东部地区第一批入市试点的集体经营型建设用地平均占比高达六成，第一批宅基地试点的宅基地平均占比高达七成。东部地区第一批4个入市试点中宅基地与集体经营性建设用地平均占比分别为49.9%、50.1%，第一批4个宅基地试点中宅基地与集体经营性建设用地平均占比分别74.1%、25.9%（见图4-6-24）。西部地区宅基地试点的宅基地占比略高于入市试点。西部地区第一批6个入市试点中宅基地与集体经营性建设用地平均占比分别为82.7%、17.3%，第一批7个宅基地试点中宅基地与集体经营性建设用地平均占比分别为84.5%、15.5%（见图4-6-25）。

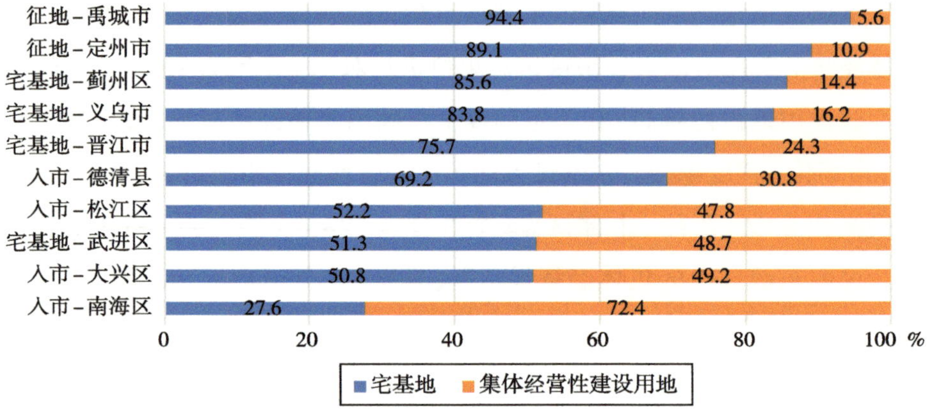

图4-6-24　2017年东部试点重点改革地类利用结构

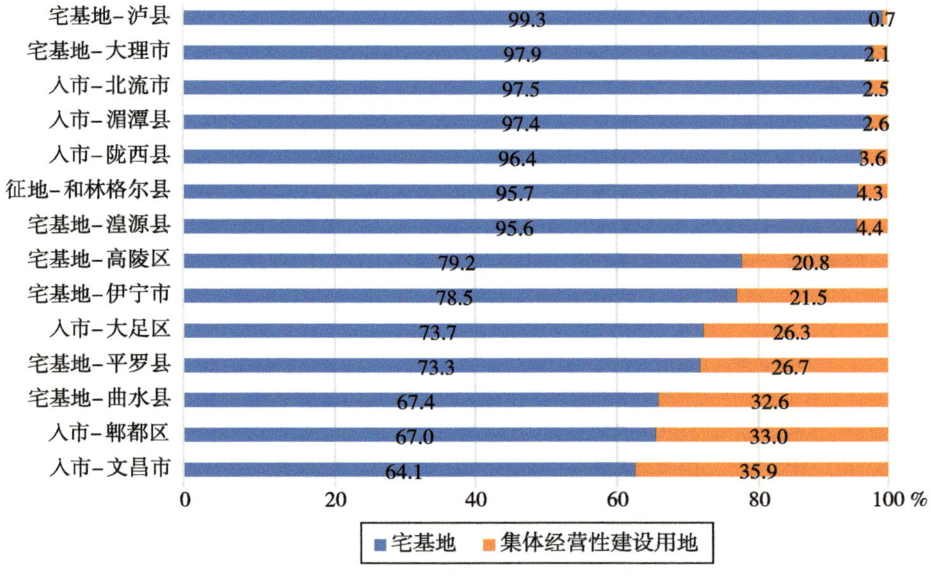

图4-6-25　2017年西部试点重点改革地类利用结构

东部试点在试点布局上属于“巩固加深”阶段，而西部地区属于“探索开拓”阶段。东部试点在改革前已经形成了比较明显的土地利用方向，具备一定的改革基础，试点布局属于“巩固加深”阶段，而西部地区的试点改革内容与用地结构无明显关系，试点布局属于“探索开拓”阶段。

2.2016—2017年试点单位重点改革地类变化特征

宁夏回族自治区平罗县的宅基地减量最大。2016—2017年，宁夏回族自治区的平罗县、海南省的文昌市等5个试点单位的宅基地出现负增长，宁夏回族自治区平罗县宅基地减量最大，达3051.4公顷，是第二名海南省文昌市（433.8公顷）的7倍。13个试点单位的增量处于0—10公顷之间，辽宁省海城市、安徽省金寨县、广西壮族自治区北流市的宅基地增量超过100公顷，分别为5238.8公顷、220.8公顷、160.2公顷。

海南省文昌市、宁夏回族自治区的平罗县、广东南海区的集体经营性建设用地增量最大。辽宁省海城市、上海市松江区等6个试点单位的集体经营性建设用地出现负增长，辽宁省海城市减量最大，达14745.1公顷，是第二名松江区（134.3公顷）的110倍。14个试点单位的增量处于0—10公顷之间，海南省文昌市、宁夏回族自治区的平罗县、广东南海区的增量超过200公顷，分别为848.6公顷、477.4公顷、261.5公顷。

上海市松江区的宅基地和集体经营性建设用地均出现负增长，分别减少了114.2公顷、134.3公顷，减幅分别为3.98%、5.05%。辽宁省海城市的宅基地增量为5238.8公顷，而其集体经营性建设用地出现负增长，减少了14745.1公顷。

超六成试点单位的集体经营性建设用地增幅超过宅基地。2016—2017年，23个试点单位的宅基地增幅在0—1%之间，19个试点单位的集体经营性建设用地增幅在0—4%之间，21个试点单位的集体经营性建设用地增幅超过宅基地。

第三节　农村土地三项制度改革工作进展及影响因素分析

梳理2018年上半年度33个试点单位的《农村土地制度改革三项试点

工作进展》报告的相关数据，分别从农村土地制度改革、集体经营性建设用地入市、宅基地制度改革三方面对33个试点工作成效进行分析，并探讨影响其工作成效的相关因素。

一、农村土地三项制度改革工作进展

1.农村土地征收制度改革工作进展

农村土地征收制度改革的主要任务是缩小土地征收范围，规范土地征收程序，完善对被征地农民合理、规范、多元保障机制。第一批征地试点于2015年2月公布，包括河北省定州市、内蒙古自治区的和林格尔县、山东省禹城市3个试点单位，2016年9月，征地试点扩大至33个。

试点起步早的地区征地进展较快。目前公布数据的第一批征地试点内蒙古自治区和林格尔县、河北省定州市，其征地规模分列第一、第三位，征地规模分别为4600.0公顷、392.0公顷。

超半数试点单位土地征收面积不足100公顷。对公布土地征收面积数据的16个试点单位[1]进行分析，内蒙古自治区和林格尔县土地征收面积最大，达到4600.0公顷，是第二位德清县（478.0公顷）的9.6倍。除内蒙古自治区和林格尔县、浙江省德清县外，还有河北省定州市、吉林省九台区、河南省长垣县、安徽省金寨县、江西省余江县5个试点单位的征收面积超过100公顷，青海省湟源县、山西省泽州县、甘肃省陇西县等9个试点单位的土地征收面积不足60公顷，青海省湟源县土地征收面积最小，为7公顷（见图4-6-26）。

〔1〕 可获得农村土地征收面积数据的试点包括和林格尔县、德清县、定州市、九台区、长垣县、金寨县、余江县、大足区、泸县、海城市、文昌市、浏阳市、大理市、陇西县、泽州县、湟源县。

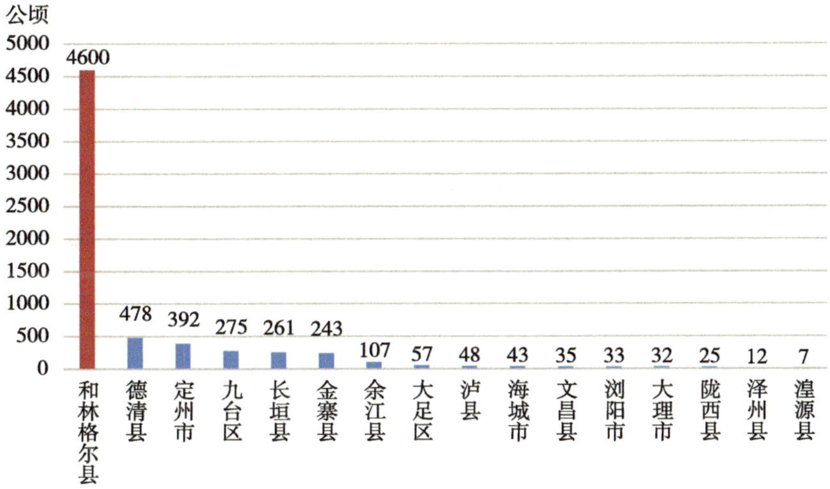

图4-6-26　截至2018年上半年部分试点单位土地征收面积

2.集体经营性建设用地入市改革工作进展

农村集体经营性建设用地入市改革的主要任务是完善农村集体经营性建设用地产权制度，赋予农村集体经营性建设用地出让、租赁、入股权能；明确农村集体经营性建设用地入市范围和途径；建立健全市场交易规则和服务监管制度。第一批15个入市试点于2015年2月公布，2016年9月入市试点扩大至33个。

江苏省武进区、广西壮族自治区北流市、海南省南海区、河南省长垣县入市规模最大，入市规模超50公顷的9个试点，东部试点占5个。除安徽省金寨县未公布数据外，其余32个试点单位集体经营性建设用地入市（以下简称入市）总面积为1883.1公顷，平均每个试点单位入市58.8公顷。入市面积超过100公顷的有4个试点单位，江苏省武进区入市面积最高，达604.9公顷，广西壮族自治区北流市、广东省南海区、河南省长垣县依次为346.5公顷、161.0公顷、136.3公顷；这四个试点单位的入市宗数均超过80宗，其中江苏省武进区入市宗数高达769宗。集体经营性建设用地入市面积超过50公顷的9个试点单位中，有5个东部试点、2个中部试点、1个西部试点、1个东北试点。15个试点单位的入市面积不足10公顷，其中东部试点5个，中部试点3个，东北试点1个。天津市蓟州区、西藏自治区曲水县、云南省大理市、福建省晋江市入市面积最小，不足1公顷，入市宗数不超过2宗。此外，浙江省德清县、甘肃省陇西县的入市面积分别为88.3公顷、31.8公顷，而入市宗数高达177宗、110宗，仅次于江苏省武进区（见图4-6-27）。

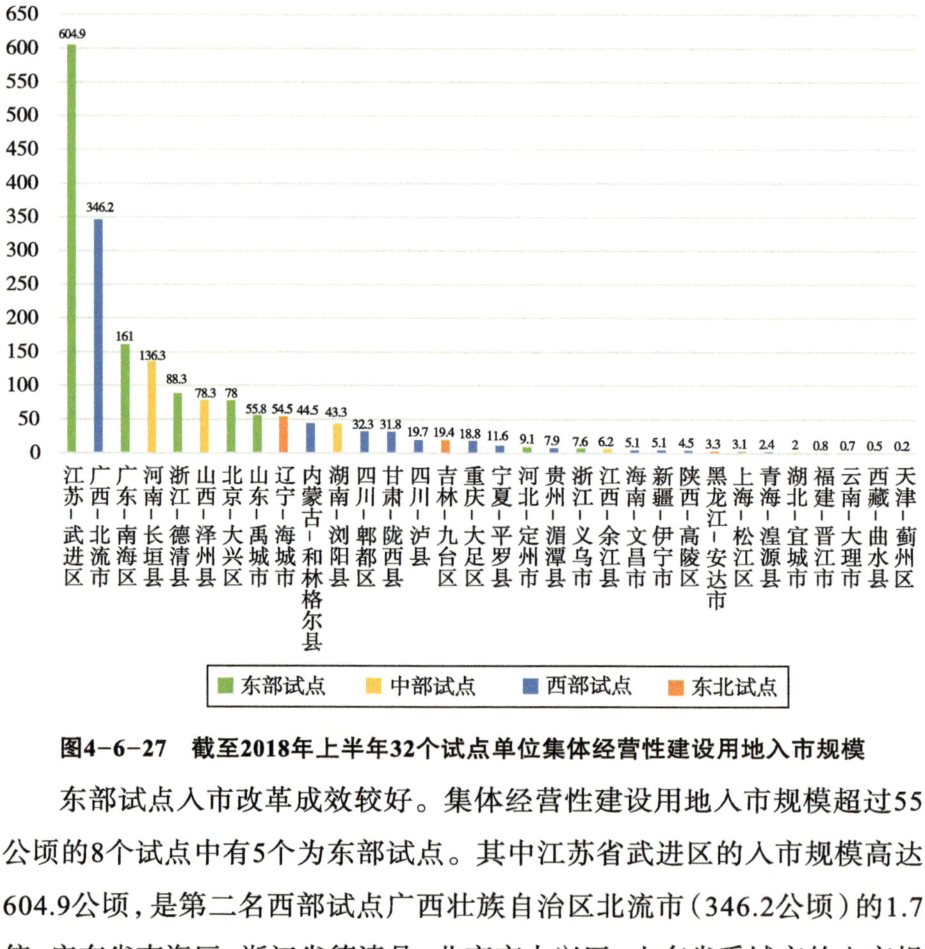

图4-6-27　截至2018年上半年32个试点单位集体经营性建设用地入市规模

东部试点入市改革成效较好。集体经营性建设用地入市规模超过55公顷的8个试点中有5个为东部试点。其中江苏省武进区的入市规模高达604.9公顷，是第二名西部试点广西壮族自治区北流市（346.2公顷）的1.7倍，广东省南海区、浙江省德清县、北京市大兴区、山东省禹城市的入市规模分别为161.0公顷、88.3公顷、78.0公顷、55.8公顷。

政策协同对改革工作成效作用不显著。贵州省湄潭县、陕西省高陵区、西藏自治区曲水县3个试点单位的政策基础扎实，同时包括农村改革试验区、新型城镇化综合试点地区、农民住房财产权抵押贷款试点、农村承包土地经营权抵押贷款4个试点，然而其集体经营性建设用地入市规模均处于较低水平，改革成效不明显，贵州省湄潭县、陕西省高陵区、西藏自治区的曲水县入市规模分别为7.9公顷、4.5公顷、0.5公顷。

3.宅基地制度改革工作进展

宅基地制度改革的主要任务是完善宅基地权益保障和取得方式，探索农民住房保障在不同区域户有所居的多种实现形式；探索实行宅基地有偿使用；探索进城落户农民在本集体经济组织内部自愿有偿退出或转让宅基地；改革宅基地审批制度。第一批15个宅基地试点于2015年2月公布，2017年11月宅基地试点扩大至33个。

在目前获得数据的14个试点单位[1]中，14个试点单位的宅基地退出面积总计6690.5公顷，平均退出面积为477.9公顷。安徽省金寨县宅基地退出面积最大，达2466.7公顷；泸县次之，为666.7公顷。此外，还有福建省晋江市、江西省余江县、青海省湟源县、湖北省宜城市4个试点单位的宅基地退出面积超过200公顷。云南省大理市、天津市蓟州区、宁夏回族自治区平罗县3个试点单位宅基地退出面积不超过10公顷，云南省大理市最低，为4.9公顷。集体农村住宅用地是宅基地制度改革的主要对象，宅基地退出面积占集体农村住宅用地的比例一定程度上反映了该项工作的完成度。安徽省金寨县该项比例高达55.9%，在14个试点单位中占比最高，青海省湟源县、江西省余江县次之，分别为13.3%、13.0%，其余试点该项占比均不足5%（见图4-6-28）。

〔1〕 可获得宅基地退出面积数据的14个试点单位包括金寨县、湟源县、德清县、泸县、晋江市、余江县、宜城市、高陵区、泽州县、平罗县、义乌市、蓟州区、大理市、浏阳市。

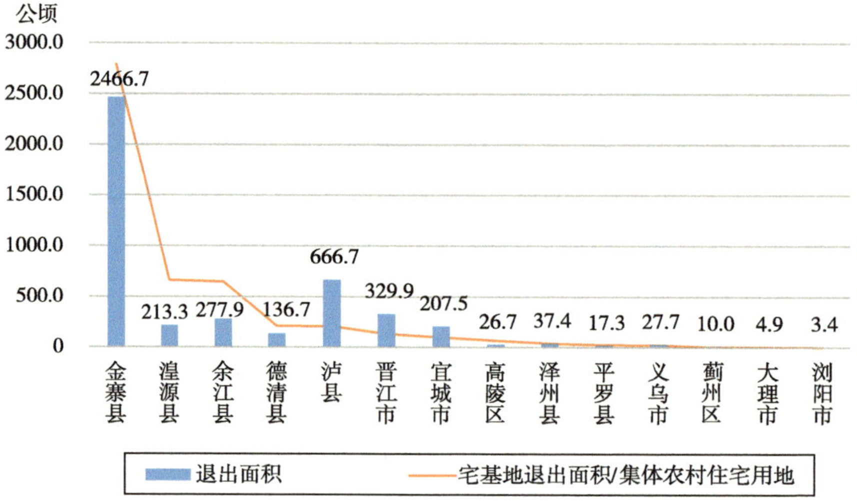

图4-6-28　截至2018年上半年14个试点单位宅基地退出工作成效

此外，宅基地的有偿使用是宅基地制度改革的另一项重要内容，在公布数据的10个试点单位[1]中，义乌市宅基地有偿使用收取费用最高，共有35922户农户交纳有偿使用费9.71亿元，是第二位宜城市（1437万元）的近68倍。

二、农村土地三项制度改革工作成效影响因素分析

1.土地利用特征对改革成效的影响

城乡建设用地中工商用地[2]占比高的试点单位其集体经营性建设用地入市改革工作更容易取得进展。在可获得数据的32个试点单位中有8个城乡建设用地中工商用地占比超过35%，这8个试点单位中有的平均入市

〔1〕 可获得宅基有偿使用收取费用数据的10个试点单位包括义乌市、宜城市、泸县、余江县、平罗县、禹城市、浏阳市、伊宁市、高陵区、曲水县。

〔2〕 工商用地即商服用地与工矿仓储用地总和。

规模达到129.2公顷，是32个试点单位平均入市规模（58.8公顷）的2.2倍，其中5个试点单位入市规模超过50公顷。其中，广东省南海区、江苏省武进区工商用地的占比，分别为55.2%、49.4%，其入市规模分别为161.0公顷、604.9公顷。

2.改革时间的增长对于工作成效具有明显正面影响

根据可获得的数据统计，宅基地退出工作和试点改革时间呈明显正相关。在政府工作报告的统计数据中，有14个试点明确统计了宅基地退出面积，其中12个为2015年2月第一批的宅基地试点，2个为2017年10月的第二批宅基地试点。说明宅基地制度改革的试点工作推进所需时间较长，宅基地退出工作前需要大量的准备工作。

集体经营性建设用地入市面积超过50公顷的9个试点单位中，有7个试点为2015年2月第一批的入市试点单位，另外两个试点单位为第二批入市试点武进区和海城市，武进区、海城市从2016年9月才开始入市工作。入市面积不足10公顷的15个试点中仅有5个为第一批入市试点单位，其中入市面积最小的6个试点均为第二批入市试单位点。15个第一批入市试点单位平均入市面积为71.0公顷，14个第二批入市试点单位（金寨县数据未公布，不计入）平均入市面积为50.7公顷。这在一定程度上反映了入市工作的推进与时间密切相关，改革工作成效需有时间保障。

3.差别化的制度创新对于改革工作推进有明显促进作用

对15个第一批入市试点单位进行分析，其入市规模与城乡集体工商用地占城乡工商用地的比例整体呈正相关，在一定程度上反映了集体经营性建设用地在经济产出中所占比重越高，其集体经营性建设用地入市的动力越强，集体经营性建设用地入市与市场需求紧密相关（见图4-6-29）。

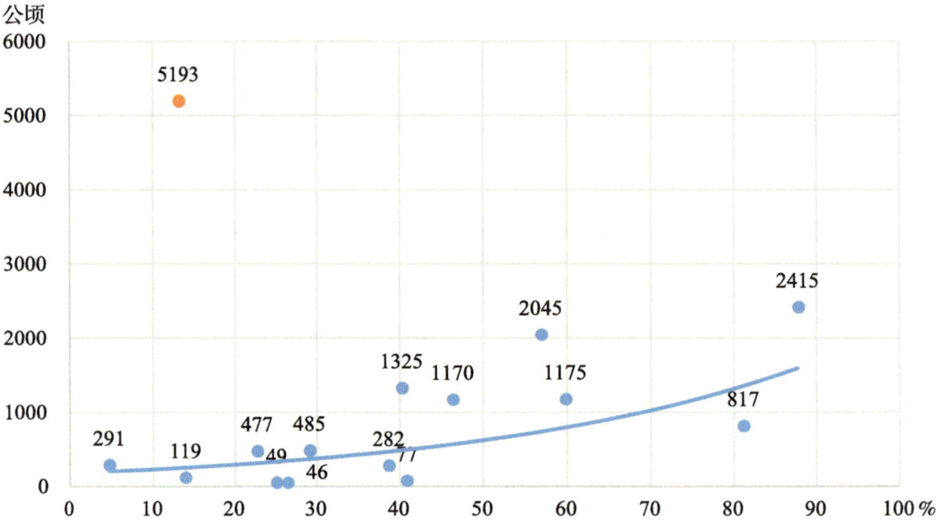

图4-6-29　第一批集体经营性建设用地入市规模与集体工商用地占城乡工商用地的比例的关系

北流市集体经营性建设用地占比不高，仅为13%，人均GDP水平仅有2.86万元/人，在15个第一批入市试点单位中排名倒数第二，不足人均GDP最高的南海区（9.66万元/人）的30%，而其入市规模最高，达89宗，共计5193亩。北流市的入市工作中，将国有土地商住项目的服务和监管制度运用到入市项目中，同等管理、同等监督，工作成效显著。商住用地入市这项举措起到了关键作用，商住用地入市有62宗，总计3511.76亩，分别占入市项目宗数、面积的70%、68%。而乡镇村商住项目用地入市宗数、面积分别占全部入市商住项目宗数、面积的80.64%、87.57%。

4.不同试点单位成效体现不同

土地利用视角是农村土地三项制度改革工作成效的一方面，此外，改革工作成效还体现在其他政策措施、经济收益等方面。如土地征收制度改革，提高征收标准。吉林省九台区于2017年3月发布实施新的征地补偿标准，旱地补偿标准由原本34.5元/平方米提高至49元/平方米，水田补偿标准由原来36.8元/平方米提高至57元/平方米。

第四节　主要结论

1.试点选择特征：33个农村土地三项制度改革试点单位选择统筹了东、中、西部和东北地区，兼顾不同发展阶段和模式，试点单位选择若干有基础、有条件的县或县级市开展，33个试点单位至少包括农村改革试验区、新型城镇化综合试点地区、农民住房财产权抵押贷款试点、农村承包土地经营权抵押贷款试点四项政策试点其中一项。

2.试点单位农村土地利用特征：试点单位城镇集体土地占比高于全国水平，村庄集体土地占比低于全国水平。全部试点单位城乡土地中有7成为集体土地，上海市松江区集体土地占比最低，中部试点占比普遍较高。33个试点单位中，19个试点单位的城乡土地中集体土地占比超过70%，6个试点单位的城乡土地中集体土地占比不足50%，上海市松江区最低，仅为32.8%。

3.试点单位农村建设用地利用特征：农村建设用地结构，东部试点集体经营性建设用地平均占比高，集体经济活跃。对四大经济区试点单位进行对比，重点改革地类中集体经营性建设用地占比越高，在一定程度上反映了集体经济越活跃，集体土地的“市场化”程度越高。东部试点的集体经营性建设用地占比达到39.2%，分别高出东北、西部、中部试点9个百分点、28.6个百分点、31.9个百分点。说明东部试点的集体经济最活跃，西部、中部试点活跃度较低。

4.重点改革地类利用特征：东部地区第一批的试点内容与用地结构明显相关，除武进区外，其他入市试点的工商用地占比较高，宅基地试点的住宅用地占比较高，在改革前已经形成了比较明显的土地利用方向，具备一定的改革基础，试点布局属于“巩固加深”阶段。而西部地区的试点改革内容与用地结构无明显关系，试点布局属于“探索开拓”阶段。

5.试点改革工作成效：超半数试点单位土地征收面积不足100公顷；

试点单位集体经营性建设用地入市平均规模为58.8公顷，武进区、北流市、南海区、长垣县入市规模最大；试点单位的宅基地平均退出面积为477.9公顷。政策协同对改革工作成效作用不显著，贵州省湄潭县、陕西省高陵区、西藏自治区的曲水县3个试点单位的其他试点政策最多，而其集体经营性建设用地入市规模均处于较低水平，改革成效不明显；城乡建设用地中工商用地占比高的试点单位其集体经营性建设用地入市改革工作更容易取得进展；改革时间的增长对于工作成效具有明显正面影响；差别化的制度创新对于改革工作推进有明显促进作用，不同试点单位成效体现不同。

第七章 基于夜间灯光数据的我国重点城市用地强度研究（2017年）

国际上一般都会用夜间灯光数据（Night-time Light Data，NLD）来代表经济发展在不同地域之间的差异分布。在全球尺度上，众多研究都证明各个国家的NLD与用电量、二氧化碳排放、GDP、人口规模及贫困的高度相关关系，是衡量经济发展与环境消耗的一个重要代替指标〔1〕。

基于夜间灯光数据的城市研究成果众多。有研究者运用基尼系数的原理构建夜间灯光发展指数，能够显著衡量地区发展的不均衡性，由此夜间灯光代表了一种城市设施服务水平〔2〕。而在城市尺度上，研究表明，相比人口经济的规模总量数据，NLD与人口经济的密度数据更加相关。同时研究发现在城市中NLD与经济活动的关系被高估，而在农村则恰好相反〔3〕，由此城镇化率成为影响NLD与城市经济活动关系的重要因素。

本章以夜间灯光数据所代表的城市土地的人口承载、经济活动承载以及设施服务水平为出发点，选取我国84个重点城市，对NLD的地域差异特征进行分析，并进行2014—2017年的NLD时空变化对比分析，最后对比统计数据描述的用地效率，通过回归模型、交叉分析等研究两者之间的关系，

---

〔1〕 https://www.seas.harvard.edu/news/2017/03/night-lights-big-data.

〔2〕 The Night Light Development Index（NLDI）：A spatially explicit measure of human development for satellite Data，Social Geography，2012.http：//www.soc-geogr.net/7/23/2012/sg-7-23-2012.pdf.

〔3〕 Night-time light data：A good proxy measure for economic activity?Martin Prosperity Research Institute，2013.http：//martinprosperity.org/papers/Night-time%20LightData-Formatted.pdf.

进而为城市用地效率的研究提出相应建议。

第一节 我国重点城市夜间灯光指数时空差异分析

一、2017年重点城市夜间灯光指数空间差异分析

本研究采用2014—2017年各年3月、7月、11月三个月份已排除杂散光的夜间灯光数据[1]取平均值，然后按照各城市市域范围进行统计，得出市域范围内夜间灯光强度均值，即为城市夜间灯光指数，表征了某个城市平均夜间灯光强度，与城市人口密度、经济密度高度相关，代表城市的经济活力与实际居住密度。

1.城市夜间灯光指数差异悬殊，厦深沪最亮

84个重点城市夜间灯光指数的平均值为2.48，相比较全国334个地级以上城市的夜间灯光指数平均值1.34高出85%，说明与经济社会发展一样，84个重点城市在夜间灯光指数上也处于高位。

城市夜间灯光指数差异悬殊。84个重点城市中，夜间灯光指数最高的城市为厦门市（14.28），其次为深圳市（13.12）和上海市（12.50），最低为伊春市（0.27），最高约是最低的53倍。这个比值远超过重点城市间在商服用地产出效益上的差异（25倍），以及在工矿仓储用地产出效益上的差异（28.8倍）。

夜间灯光指数值比较高的重点城市主要集中在长三角地区、广深地区、京津地区，以及中西部省份的省会城市例如郑州市、海口市、成都市、

---

〔1〕 本研究中采用的NPP-VIIRS 夜间灯光数据来自美国国家地球物理数据中心（http://ngdc.noaa.gov/eog/viirs/）。采用2014—2017年各年3月、7月、11月三个月份的数据。原始数据分辨率为500m左右，为便于统计，预先通过双线性重采样为分辨率10km的栅格数据，后按各城市市域范围进行统计，得出市域范围夜间灯光指数均值，即城市夜间灯光指数，代表了国家尺度上某个城市平均夜间灯光强度。

西安市等。

2.城市夜间灯光指数区域差异明显，东部亮、东北暗

城市夜间灯光指数区域差异明显。按四大经济区统计[1]，东部重点城市夜间灯光指数平均值最高为4.42，比84个重点城市平均值2.48高约80%；东北重点城市均值最低为0.83，仅约为平均值的1/3；中部重点城市均值为1.77，西部重点城市均值为1.63，其中东部重点城市夜间灯光指数值约为东北重点城市的5.3倍，约为中西部重点城市的2.5倍（见表4-7-1）。东北城市夜间灯光指数低与其当年经济发展低迷有关，加之东北城市地域较大，夜间灯光强度平均到全市域范围会降低其数值。

表4-7-1　2017年全国及四大经济重点城市夜间灯光指数对比

类别	夜间灯光指数
334个地级以上行政单位	1.34
84个重点城市	2.48
重点城市-最高值	厦门市：14.28
重点城市-最低值	伊春市：0.27
东部重点城市（30个）平均值	4.42
东北重点城市（19个）平均值	0.83
中部重点城市（21个）平均值	1.77
西部重点城市（14个）平均值	1.63

二、2014—2017 年重点城市夜间灯光指数时空差异分析

目前可从美国国家地球物理数据中心获取2012—2018年的VIIRS夜间灯光数据，其中2012—2013年的夜间灯光数据没有提供去除杂散光的版本，因此为了保证数据连续性和可对比性，在本研究中采用2014—2017年

〔1〕 全国84个重点城市中30个来自东部地区，19个来自东北地区，21个来自中部地区，13个来自西部地区。

的夜间灯光数据进行历史数据分析。

1. 重点城市夜间灯光指数加速上升，厦门变亮最多

2014—2017年，全国84个重点城市夜间灯光指数呈波动上升趋势，年均增速为8.6%，累计增长25.9%。从平均值来看，2014年重点城市灯光指数平均值为1.97，到2015年略微下降到1.89，2016、2017年连续上升至2.48，其中2017年上升加速明显，相比2016年增长21%（见表4-7-2、图4-7-1）。

表4-7-2　2014—2017年全国重点城市夜间灯光指数变化

类别	2014年	2015年	2016年	2017年
84个城市平均值	1.97	1.89	2.05	2.48
年增长率（%）	—	-4.1	8.5	21.0
最高值	深圳市 13.02	深圳市 12.79	深圳市 12.46	厦门市 14.28
最低值	鸡西市 0.05	伊春市 0.13	伊春市 0.10	伊春市 0.27

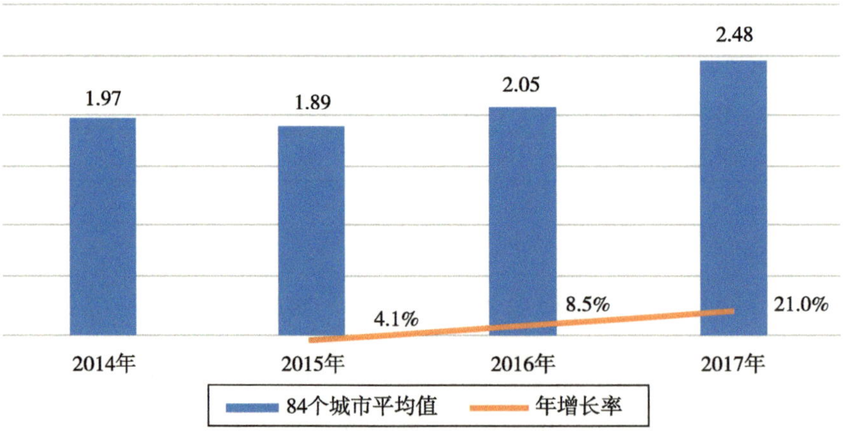

图4-7-1　2014—2017年全国重点城市夜间灯光指数变化

深圳、上海、厦门在2014—2017年一直是重点城市中相对较亮的城市。夜间灯光指数上升量最大的是厦门市，由2014年的11.59在2017年超

过上海和深圳一跃成为最亮城市，夜间灯光指数增加了2.70。其次是上海，四年间夜间灯光指数增加了1.62。而深圳的亮度一直未有显著提高，四年间仅增加了0.1，分别被上海和厦门超越。总体而言，东部沿海城市如汕头、苏州、无锡、常州、杭州、宁波、海口等，以及中部省会城市武汉、长沙、郑州及西部省会成都其夜间灯光指数增长量较高，均超过1。

2. 区域差异在持续缩小，亮度趋于均衡

城市夜间灯光指数的地域差异在持续缩小。东部地区重点城市夜间灯光指数值明显高于其他区域重点城市，但区域间夜间灯光指数值差距也在逐渐缩小。2014—2017年东部重点城市夜间灯光指数平均累计上升19.5%，而东北城市则累计上升53.7%，其次为中部地区累计上升46.3%，四大经济区在亮度上逐步趋于均衡（见表4-7-3）。2014年，东部重点城市夜间灯光指数约是东北重点城市夜间灯光指数值的7倍，而东部重点城市约为中西部重点城市夜间灯光指数值的3倍；到2017年东部重点城市与东北重点城市夜间灯光指数比值缩小到5.3倍，与中西部重点城市的比值缩小到约2.5倍，差距均在缩小。

表4-7-3 2014—2017年全国及四大经济区重点城市夜间灯光指数

单位：个

类别	城市数量	2014年	2015年	2016年	2017年	累计增量
东部重点城市均值	30	3.7	3.56	3.74	4.42	0.72
中部重点城市均值	21	1.21	1.16	1.33	1.77	0.56
西部重点城市均值	14	1.31	1.21	1.38	1.63	0.32
东北重点城市均值	19	0.54	0.58	0.65	0.83	0.29

从统计特征来看，2014、2015年84个重点城市夜间灯光指数的离散系数[1]均为1.29，到2016年下降到1.21，2017年下降到1.14，城市间夜间灯光

〔1〕 离散系数由各年84个重点城市夜间灯光指数的标准差除以平均值得出。

指数差异正在逐年缩小。2014年深圳市夜间灯光指数值最高达13.02，鸡西市夜间灯光指数值最低仅为0.05，差距高达260倍；到2017年厦门市夜间灯光指数值最高达14.28，伊春市夜间灯光指数值最低为0.27，差距缩小到53倍。

3. 东部城市变亮最多，东北、中部城市变亮最快

2014—2017年东部地区重点城市夜间灯光指数平均累计升高0.72，而西部地区则升高0.29，中部、西部城市分别升高0.56和0.32，东部城市亮度提升最多。

东北、部分中部城市成为夜间灯光指数增速最快的城市。例如鸡西市四年间年均增速达180%，伊春、牡丹江、鹤岗、阜新等东北城市以及张家口、株洲、黄石等中东部城市，夜间灯光指数年均增速都超过40%。

第二节　基于夜间灯光数据的城市土地经济强度分析

国内外众多研究成果证明了夜间灯光指数与人口、经济的相关关系，且相比人口/经济总量数据，夜间灯光指数与城市人口/经济密度数据更加相关。城市夜间灯光指数代表了城市的经济活力与实际居住情况。本节的研究目的是探索夜间灯光指数与城镇土地产出效益及人口特征之间的相关性，并对不同地区进行交叉比较，由此讨论夜间灯光指数替代用地效率的使用条件。为了更准确地揭示我国重点城市夜间灯光指数与人口特征、城镇经济强度的关系，以2014—2017年我国84个重点城市作为样本（84个城市，4个年份，共336个样本）构建回归模型如下：

$$Y=\beta_{i0}+\beta_i X_i+\varepsilon,\ i=1,\cdots,\mathrm{n}$$

其中，Y为因变量，代表2014—2017年重点城市夜间灯光指数。

X_i为自变量，代表2014—2017年各城市土地经济产出，如商服用地地

均第三产业增加值（万元/公顷）和工矿仓储用地地均第二产业增加值（万元/公顷）。

ε为不能被模型解释的随机变量。

数据年份、四大经济区、城镇化率高或低作为控制变量。

β_{io}为常数。

一、城市夜间灯光指数与用地产出效益相关性分析

1.城市夜间灯光指数与经济强度显著正相关

从2017年数据图像来看，夜间灯光指数越高的城市，经济强度也越高。例如无锡市，夜间灯光指数为8.7，商服用地地均第三产业增加值为19179.1万元/公顷，工矿仓储用地地均第二产业增加值为1544.9万元/公顷；而夜间灯光指数较低为2.69的沈阳市，经济强度相应地也会较低，其中商服用地地均第三产业增加值为7646.2万元/公顷，工矿仓储用地地均第二产业增加值为722.0万元/公顷。

2.城市夜间灯光指数与商服用地产出效益相关性更高

通过回归分析发现，2014—2017年[1]重点城市夜间灯光指数与商服用地地均第三产业增加值的相关性最高，达0.726（数值范围为0—1，0代表相关性最低，1代表相关性最高），调整R方为0.526，而与工矿仓储用地地均第二产业增加值的相关系数为0.492，调整R方为0.240（见表4-7-4），数据结果说明就全国84个重点城市而言，夜间灯光指数与商服用地产出效益的相关性比与工矿仓储用地产出效益的相关性明显要高。

〔1〕 在各控制变量中，2014—2017年各年份的p值高于0.05，即对回归结果没有显著的统计学影响，说明2014—2017年各年份数据规律是一致的，因此可以将2014—2017年数据共同作为样本进行回归分析，提高回归模型的准确性。

表4-7-4　2014—2017年重点城市夜间灯光指数与各指标回归结果汇总

类别	样本数量	分析过程	城镇商服用地地均第三产业增加值	城镇工矿仓储用地地均第二产业增加值
重点城市	336	相关系数	0.726	0.492
		调整R方	0.526	0.240

从各城市数据点的分布可以直观看出，夜间灯光指数与商服用地产出效益的相关性要高于与工矿仓储用地产出效益的相关性，具体表现为数据点更集中在趋势线附近。其中深圳市、杭州市商服用地地均第三产业增加值明显高于夜间灯光指数相应的水平，苏州市商服用地地均第三产业增加值则明显低于其夜间灯光指数的水平。工矿仓储用地地均第二产业增加值与夜间灯光指数水平偏离的城市相对较多，深圳市、南昌市、长沙市、福州市、杭州市工矿仓储用地地均第二产业增加值相对夜间灯光指数水平明显偏高，而厦门市、合肥市则明显偏低（见图4-7-2、图4-7-3）。

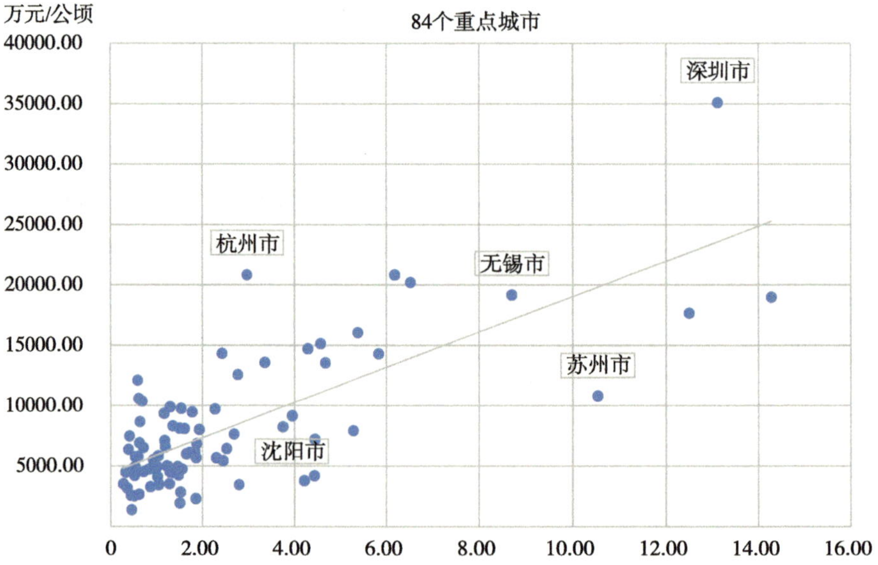

图4-7-2　2017年重点城市夜间灯光指数与商服用地地均第三产业增加值分布

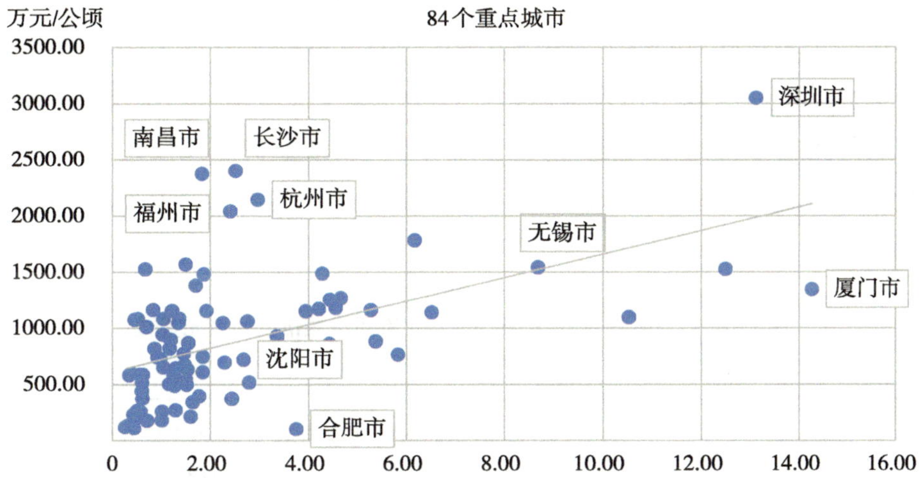

图4-7-3　2017年重点城市夜间灯光指数与工矿仓储用地地均第二产业增加值分布

对于商服用地而言，产出效益越高代表人的活动、商业活动越密集，相应地也会在夜间释放出更多的灯光。而工矿仓储用地的产出效益提升，更多来自技术改进和产业升级，与人的活动关系相对较弱，相对地难以反映在夜间灯光的提升上。由此城市夜间灯光数据指数更能反映出商业等第三产业活动相关的经济活动水平。

二、城市夜间灯光指数与用地产出效益相关性的地域差异分析

1.城镇化率越高的城市，夜间灯光指数对城镇土地产出效益替代性越高，尤其商服用地产出效益替代性最高

高城镇化率重点城市[1]夜间灯光指数与商服用地地均第三产业增加

〔1〕城镇化率高或低和四大经济区的p值低于0.05，即对回归结果有显著的统计学影响，说明不同经济区的重点城市之间，以及城镇化率高、低的重点城市之间，夜间灯光指数与市区常住人口、城镇经济密度、城镇化率等变量的关系具有明显的差异，因此需要将城镇化率高、低的重点城市，以及四大经济区重点城市分别进行模型构建并发现数据规律。

值的相关系数为0.709，调整R方为0.5，与工矿仓储用地地均第二产业增加值的相关系数为0.495，调整R方为0.240（见表4-7-5），均比低城镇化率重点城市同项数据相关系数、调整R方要高，说明在高城镇化率城市，夜间灯光指数与商服用地、工矿仓储用地产出效益的相关性比在低城镇化率重点城市明显，夜间灯光数据对传统数据的可替代性也更高，反之亦然。

表4-7-5　2014—2017年不同城市化率重点城市夜间灯光指数与各指标回归结果汇总

类别	样本数量	分析过程	城镇商服用地地均第三产业增加值	城镇工矿仓储用地地均第二产业增加值
高城镇化率重点年城市	168	相关系数	0.709	0.495
		调整R方	0.500	0.240
低城镇化率重点城市	168	相关系数	0.419	0.246
		调整R方	0.170	0.055

2.东部、中部重点城市，夜间灯光指数与对商服用地产出效益的相关性——工矿仓储用地产出效益；东北重点城市则相反

东部、中部重点城市夜间灯光指数与经济强度的关系类似，夜间灯光与商服用地地均第三产业增加值的相关性均高于与工矿仓储用地地均第二产业增加值的相关性。尤其东部重点城市夜间灯光指数与经济强度的相关性以及可替代性均比中部城市要高（见表4-7-6）。

在东部重点城市中，夜间灯光指数与商服用地地均第三产业增加值的相关系数为0.729，调整R方为0.528，而与工矿仓储用地地均第二产业增加值的相关系数为0.486，调整R方为0.230。在中部重点城市，夜间灯光指

数与商服用地地均第三产业增加值的相关系数为0.545，调整R方为0.288，而与工矿仓储用地地均第二产业增加值的相关系数为0.216，调整R方为0.035。

表4-7-6　2014—2017年四大经济区重点城市夜间灯光指数与各指标相关系数汇总

类别	样本数量	分析过程	城镇商服用地地均第三产业增加值	城镇工矿仓储用地地均第二产业增加值
东部重点城市	120	相关系数	0.729	0.486
		调整R方	0.528	0.230
东北重点城市	76	相关系数	0.349	0.528
		调整R方	0.110	0.269
中部重点城市	84	相关系数	0.545	0.216
		调整R方	0.288	0.035
西部重点城市	56	相关系数	—	—
		调整R方	—	—

东北重点城市的数据特征与东部、中部重点城市相反。其中夜间灯光指数与商服用地地均第三产业增加值的相关系数为0.349，调整R方为0.110，而与工矿仓储用地地均第二产业增加值的相关系数为0.528，调整R方为0.269，均比前者相应数值要高，说明对于东北重点城市，夜间灯光指数与工矿仓储用地产出效益的相关性和可替代性，比商服用地产出效益要高。

西部重点城市夜间灯光指数与商服用地地均第三产业增加值、工矿仓储用地地均第二产业增加值之间不存在显著的相关性。

从2017年数据来看，东部、东北和中部重点城市的夜间灯光指数与商服用地地均第三产业增加值的关系较为接近（见图4-7-4），而西部重点城市夜间灯光强度与商服用地第三产业增加值的相关性则较弱。

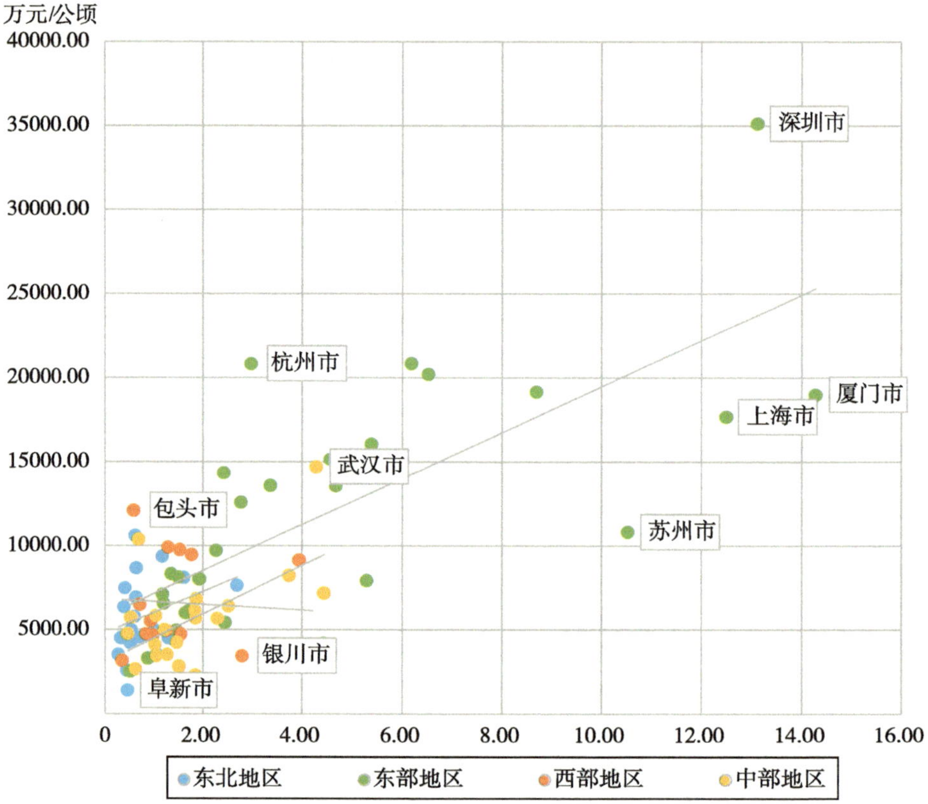

图4-7-4　2017年四大经济区重点城市夜间灯光指数与商服用地地均第三产业增加值分布

四大经济区重点城市夜间灯光指数与工矿仓储用地第二产业增加值均呈正相关关系，其中东部、中部、西部重点城市的数据趋势相近；而夜间灯光指数与工矿仓储用地产出效益同高同低的规律在东北重点城市中更明显（见图4-7-5）。

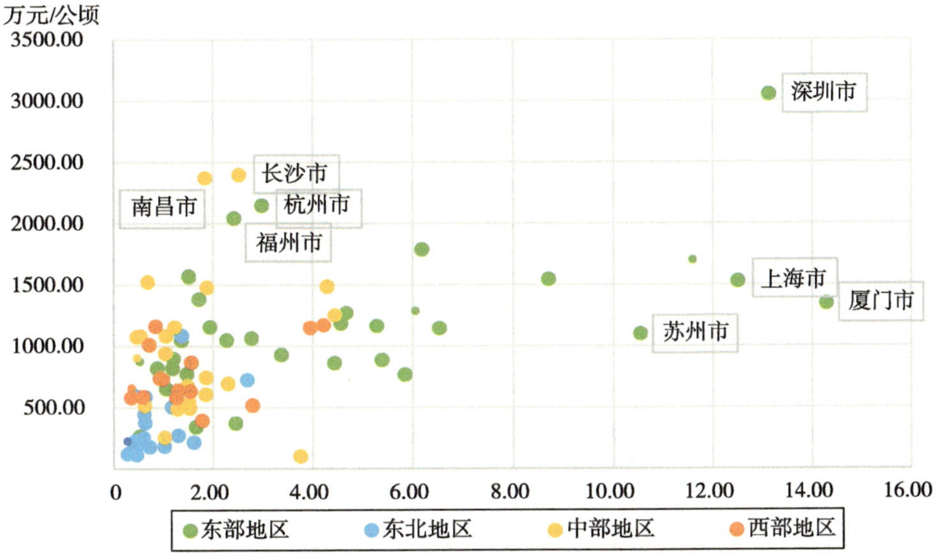

图4-7-5　2017年四大经济区重点城市夜间灯光指数与工矿仓储用地地均第二产业增加值分布

第三节　基于夜间灯光数据的城市土地综合效益分析

一、重点城市夜间灯光指数与人口特征的地域差异分析

1. 城市夜间灯光指数与人口特征呈现正相关，与城镇化率相关性更高

沿用上一节构建回归模型的方法，将2014—2017年全国重点城市人口密度和城镇化率作为自变量纳入回归模型进行分析，结果显示2014—2017年重点城市夜间灯光指数与人口密度的相关系数为0.429，调整R方为0.181，而与城镇化率的相关系数达到0.508，调整R方为0.256（见表4-7-7）。

无锡市和苏州市，2017年夜间灯光指数分别为8.70和10.54，在84个重点城市中排前列，城镇化率分别为76%和76.1%，与夜间灯光指数对应的水平比较接近；但两座城市2017年人口密度分别为44.5人/公顷和34.6人/公顷，远低于其夜间灯光指数相应的水平，排在84个重点城市的倒数位置，与苏州、无锡人口密度相近的城市，夜间灯光指数大多不超过1.5。

表4-7-7　2014—2017年重点城市夜间灯光指数与各指标回归结果汇总

类别	样本数量	分析过程	城镇人口密度	城镇化率
84个重点城市	336	相关系数	0.429	0.508
		调整R方	0.181	0.256

从2017年重点城市数据84个重点城市夜间灯光指数与人口特征的图像来看，夜间灯光指数越高的城市，市区人口密度也越高，如厦门市2017年夜间灯光指数最高达14.28，城镇人口密度为171.2人/公顷，而伊春市夜间灯光指数最低为0.27，城镇人口密度则仅为47.5人/公顷（见图4-7-6）。

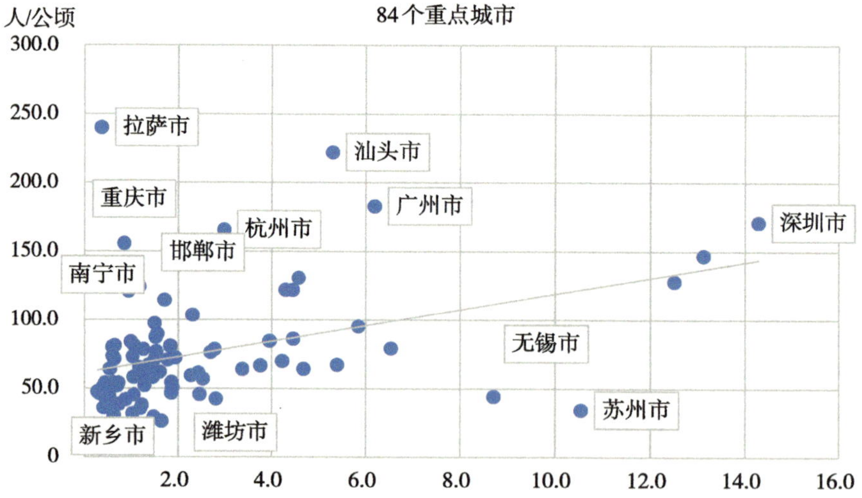

图4-7-6　2017年重点城市夜间灯光指数与人口密度分布

有部分城市与趋势线偏离较大。如拉萨、重庆、汕头、广州、杭州、邯郸、南宁等城市城镇人口密度明显高于其夜间灯光指数所对应的水平，其中拉萨市偏离最为明显，夜间灯光指数仅为0.36，城镇人口密度却高达240.2人/公顷，与其夜间灯光指数水平相近的鹤岗市和鸡西市，城镇人口密度分别为50.9人/公顷和47.5人/公顷。

当人口密度相比夜间灯光水平偏高，则可能侧面说明城市人口过于密集，设施水平与人口密度不匹配。例如在广州市，大量外来人口聚居在城中村这样公共服务设施相对缺乏、不会产生大量夜间灯光的“城中村”。

苏州、无锡的城镇人口密度则明显低于其夜间灯光指数所对应的水平，其中苏州夜间灯光指数为10.54，城镇人口密度则仅为34.6人/公顷，人口密度与其相近的城市如烟台、大庆、齐齐哈尔等，夜间灯光指数均在1.20以下。苏州、无锡人口密度明显低于夜间灯光指数相应的水平，可能与民营经济发达、设施建设水平较高有关，同时也说明这两座城市在目前的设施水平下可以容纳更多的人口。

重点城市夜间灯光指数与城镇化率同样呈现正相关，即夜间灯光指数越高的城市，相应地城镇化率也越高，如深圳市夜间灯光指数为13.12，城镇化率高达97.5%，而牡丹江市夜间灯光指数为0.41，城镇化率为59.3%，明显低于深圳市的水平。

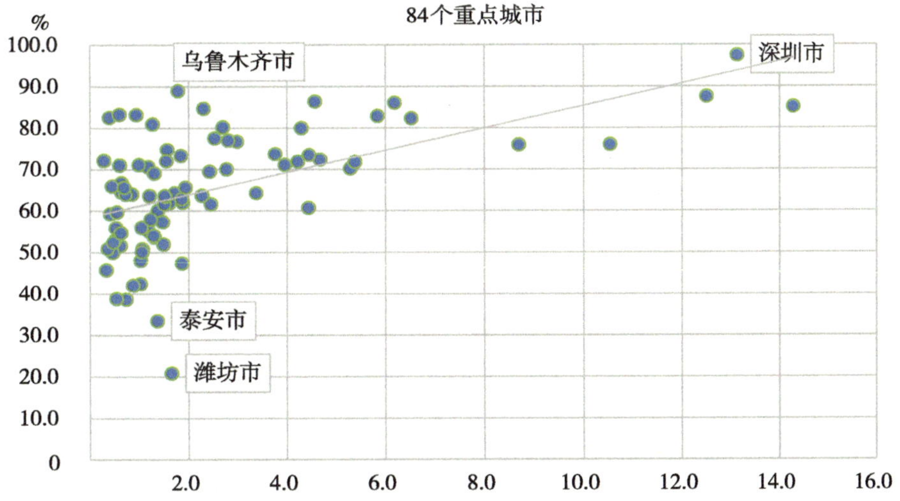

图4-7-7　2017年重点城市夜间灯光指数与城镇化率分布

夜间灯光指数与城镇化率的相关性更高，直观表现为各城市的数据点更集中地分布在趋势线附近，偏离程度较高的城市数量较少。如乌鲁木齐市夜间灯光指数为1.78，城镇化率较高，达89%，明显高于夜间灯光指数相应的水平，夜间灯光指数与其相近的枣庄市、黄石市，城镇化率均为60%左右。潍坊市、泰安市城镇化率则明显低于其夜间灯光指数相应水平，尤其潍坊市夜间灯光指数为1.65，城镇化率仅为20.9%。夜间灯光指数与潍坊市相近的辽阳市，城镇化率在60%以上（见图4-7-6、图4-7-7）。

2.东部重点城市夜间灯光指数与城镇化率的相关性更高，东北重点城市夜间灯光指数与人口密度的相关性更高，中部重点城市两者相近

四大经济区重点城市夜间灯光指数与人口特征的关系各有不同，其中对于东部重点城市，夜间灯光指数与城镇化率的相关系数为0.668，调整R方为0.442；而与人口密度的相关系数为0.426，调整R方为0.175，均比城镇化率低。说明在东部重点城市夜间灯光指数与城镇化率的相关性较高。

东北重点城市的数据特征与东部相反，夜间灯光指数与人口密度的相关系数为0.404，调整R方为0.152，均比城镇化率的相应数值（相关系数0.268，调整R方0.060）要高，说明在东北重点城市，夜间灯光指数与人口密度的相关性更高。

在中部重点城市，夜间灯光指数与人口密度、城镇化率的相关性很接近。其中夜间灯光指数与人口密度的相关系数为0.597，而与城镇化率的相关系数为0.588；人口密度的调整R方为0.349，而城镇化率的调整R方为0.337，数值都很接近。

西部重点城市的数据特征较为异常，其中夜间灯光指数与城镇化率的相关系数达到0.336，但与人口密度的相关性为-0.291，但同时模型解释力度较弱（调整R方较小，低于0.1）（见表4-7-8），即在西部重点城市夜间灯光指数与城市人口密度的关系并不显著。

表4-7-8　2014—2017年四大经济区重点城市夜间灯光指数与各因素相关系数汇总

类别	样本数量（个）	分析过程	城镇人口密度	城镇化率（%）
东部重点城市	120	相关系数	0.426	0.668
		调整R方	0.175	0.442
东北重点城市	76	相关系数	0.404	0.268
		调整R方	0.152	0.060
中部重点城市	84	相关系数	0.597	0.588
		调整R方	0.349	0.337
西部重点城市	56	相关系数	−0.291	0.336
		调整R方	0.068	0.097

在2017年重点城市数据中发现重庆市、拉萨市（见图4-7-8）这两座城市明显呈现夜间灯光指数低但人口密度很高的特点，因此去除了这两座城市后再进行分析。结果显示，无论是从2017年数据图像（见图4-7-8），还是从2014—2017年数据的回归结果来看（见表4-7-9），西部重点城市夜间灯光指数与人口密度的相关性仍然很低。可能由于西部地区重点城市大多数为省会城市，且地域分布较为分散，因此更多地表现出区域差异性而非共性。

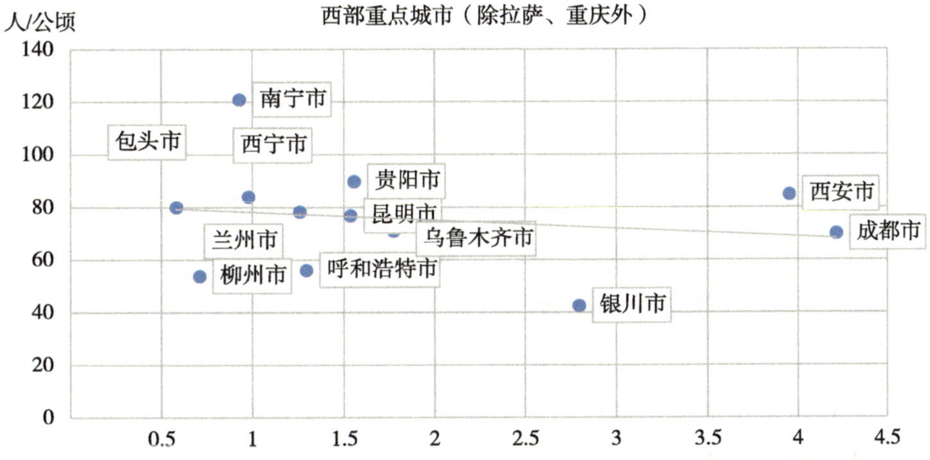

图4-7-8　2017年西部重点城市（除拉萨、重庆外）夜间灯光指数与人口密度分布

表4-7-9　2014—2017年四大经济区重点城市夜间灯光指数与各因素相关系数汇总

类别	样本数量（个）	分析过程	城镇人口密度	城镇化率（%）
西部重点城市	56	相关系数	−0.291	0.336
		调整R方	0.068	0.097
西部重点城市（除拉萨、重庆外）	48	相关系数	−0.239	0.317
		调整R方	0.039	0.083

二、2017我国重点城市夜间灯光指数与城镇土地利用效率及效应关系时空差异分析

将2017年全国84个重点城市商服用地地均第三产业增加值和工矿仓储用地地均第二产业增加值，按四大经济区进行归类统计（见表4-7-10），结合四大经济区单位面积建设用地排放量数据和上一节的分析结果，发现以下规律：

1.东部城市用地效率高、能耗效率高；东北城市工矿仓储用地产出效率低但城市发展仍依仗第二产业

东部地区城市夜间灯光指数、商服用地和工矿仓储用地产出效益、单位面积建设用地碳排放量，以及夜间灯光指数与商服用地地均三产增加值相关系数，均为四大经济区中最高，说明东部地区城市城镇土地利用效率高、单位用地能耗大但能耗效率也高。

东北地区城市夜间灯光指数值、工矿仓储用地产出效益最低，但夜间灯光指数与工矿仓储用地地均第二产业增加值的相关系数最高，说明东北地区城市工矿仓储用地利用效率较低，但城市发展仍然主要依仗第二产业、能耗也多集中在工矿仓储用地。

2.中部城市商服用地产出效率最低，但城市发展依仗第三产业

中部地区城市夜间灯光指数、工矿仓储用地产出效益及单位面积建设

用地碳排放量仅次于东部地区城市，商服用地产出效益为四大经济区中最低，但夜间灯光指数与商服用地地均第三产业增加值的相关系数明显高于与工矿仓储用地地均第二产业增加值的相关系数，说明中部地区城市工矿仓储用地利用效率高、单位用地能耗高，城市发展和能耗却主要向第三产业倾斜。

西部地区城市夜间灯光指数并不低，商服用地、工矿仓储用地产出效益也在平均或较高的水平，但夜间灯光指数与商服用地、工矿仓储用地产出效益的相关性不显著。

表4-7-10　2017年四大经济区及重点城市夜间灯光指数、城镇土地利用效率及效应指标汇总

名称	夜间灯光指数与商服用地产出效益相关系数	夜间灯光指数与工矿仓储用地产出效益相关系数	商服用地地均第三产业增加值（万元，按重点城市统计）	工矿仓储用地地均第二产业增加值（万元，按重点城市统计）	2016年单位面积建设用地碳排放量（吨/公顷，按全省统计）
东部地区	0.729	0.486	11847.4	1165.6	811.12
东北地区	0.349	0.528	5828.4	347.0	690.12
中部地区	0.545	0.216	5620.6	1001.2	729.07
西部地区	—	—	6584.7	770.9	639.41

三、2014—2017 年我国重点城市夜间灯光指数与城镇土地利用效率及效应关系时空差异分析

2014—2017年全国重点城市夜间灯光指数变化呈现“小波动，大增长”的特征。商服用地、工矿仓储用地产出效益的变化趋势与夜间灯光指

数变化趋势不完全趋同，而四大经济区情况各异。

1.除2015年外，东部重点城市夜间灯光指数与用地产出效率和碳排放量变化趋势较为相似

东部重点城市夜间灯光指数在2015年从3.70下降到3.65，同年工矿仓储用地地均第二产业增加值从1035.1万元/公顷小幅下降到1033.7万元/公顷，单位面积建设用地碳排放量也从1064.8吨/公顷下降到849.1吨/公顷，但商服用地地均第三产业增加值则从9290.6万元/公顷大幅提升到10036.4万元/公顷（见图4-7-9）。同时，商服用地、工矿仓储用地产出效益、单位面积建设用地碳排放量也保持上升。

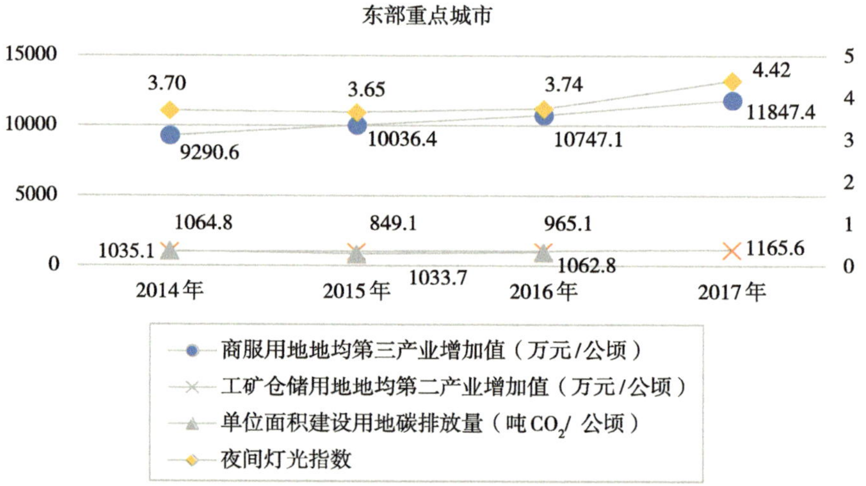

图4-7-9 东部重点城市夜间灯光指数与用地产出效率及碳排放量变化趋势

2.东北重点城市夜间灯光指数持续增长，工矿仓储用地产出效益持续下降，商服用地产出效益波动上升，碳排放量与商服用地产出效益波动趋势相同

东北重点城市夜间灯光指数持续增长，从2014年的0.54增长到2017年的0.83，但与此同时，工矿仓储用地地均第二产业增加值则持续下降，从2014年的477.8万元/公顷，下降到2017年的347万元/公顷，其中2015—2016年下降最多。而2014—2017年商服用地地均第三产业增加值则波动

上升，其中2015年从5553.8万元/公顷上升到5746.8万元/公顷，2016年下滑后，2017年又回升到5828.4万元/公顷。单位面积建设用地碳排放量与商服用地产出效益波动趋势相近，其中2015年从986.9吨/公顷上升到1186.13吨/公顷，2016年又回落到922.2吨/公顷（见图4-7-10）。

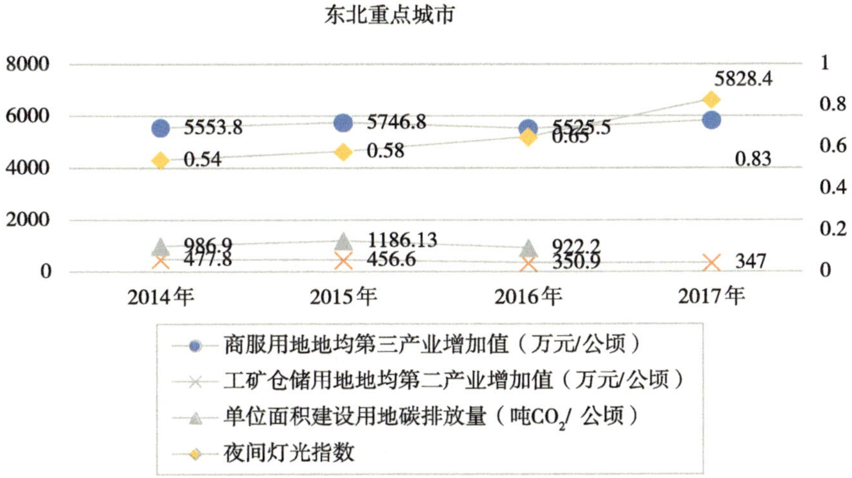

图4-7-10　东北重点城市夜间灯光指数与用地产出效率及碳排放量变化趋势

3. 中西部城市夜间灯光指数先降后升，与用地产出效益及碳排放量的变化趋势相反

中西部重点城市夜间灯光指数变化趋势相近，均在2015年有小幅下降，2016年、2017年保持增长。商服用地、工矿仓储用地产出效益和碳排放量的变化则相反。其中，中部地区商服用地第三产业增加值波动很大，在2015年从4428.3万元/公顷大幅上升到5984.7万元/公顷，2016年又明显下滑到5030万元/公顷，2017年回升到5620.6万元/公顷；工矿仓储用地地均第二产业增加值变化趋势则与夜间灯光指数变化趋势相近，但变化幅度不同：2015年从980.9万元/公顷下降到705.2万元/公顷，2016年、2017年持续上升到1001.2万元/公顷，基本与2015年平齐。西部重点城市商服用地地均第三产业增加值2015年明显下降到4916.2万元/公顷，2016、2017年大幅上涨到6584.7万元/公顷。而工矿仓储用地第二产业增加值则经历

较大波动，在2015年从711.3万元/公顷上升到942.4万元/公顷，2016年大幅下降到730.5万元/公顷，2017年又小幅回升至770.9万元/公顷。单位面积建设用地碳排放量从2014年的976.8吨/公顷上升到2015年的1088.94吨/公顷，2016年又大幅度回落到853.3吨/公顷（见图4-7-11、图4-7-12、表4-7-11）。

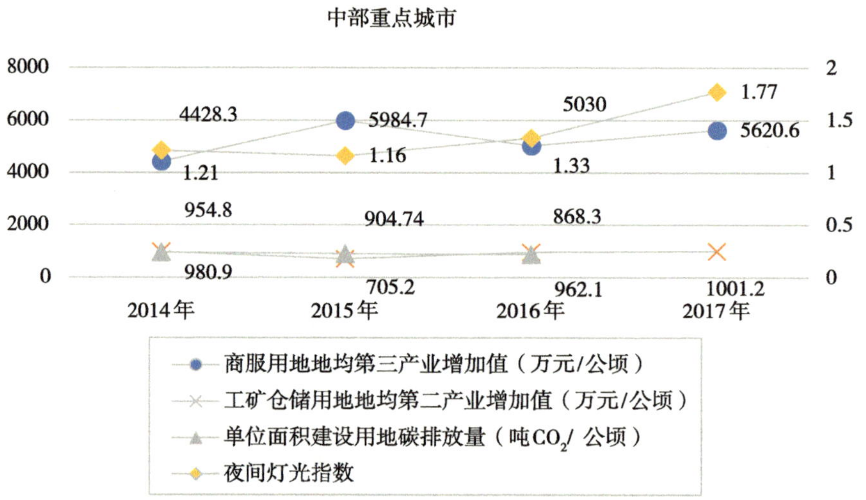

图4-7-11　中部重点城市夜间灯光指数与用地产出效率及碳排放量变化趋势

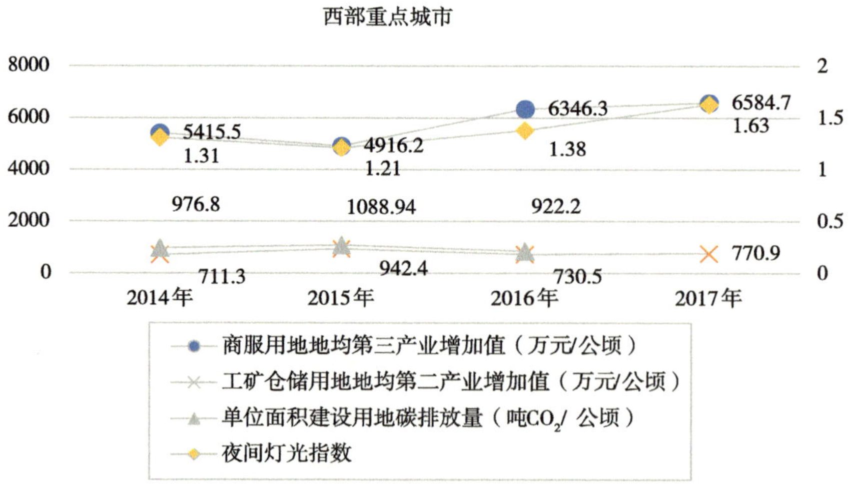

图4-7-12　西部重点城市夜间灯光指数与用地产出效率及碳排放量变化趋势

表4-7-11　四大经济区重点城市夜间灯光指数与城镇土地产出效率回归结果汇总

名称	夜间灯光指数与商服用地产出效益相关系数	夜间灯光指数与工矿仓储用地产出效益相关系数
东部地区	0.729	0.486
中部地区	0.545	0.216
西部地区	—	—
东北地区	0.349	0.528

第四节　主要结论

1. 夜间灯光指数的时空差异分析的主要结论

（1）城市间夜间灯光指数差异悬殊，厦深沪最亮；区域间夜间灯光指数差异明显，东部亮、东北暗。

（2）重点城市夜间灯光指数加速上升，厦门变亮最多；区域间夜间灯光指数的地域差异在持续缩小，亮度趋于均衡；东部城市变亮最多，东北、中部城市变亮最快。

2. 夜间灯光数据与土地经济相关性的分析结论

（1）城市夜间灯光指数对于城镇商服用地产出效益的可替代性最高，尤其是城镇化率高的东部地区城市。

（2）相比较人口特征，城市夜间灯光指数更体现在城镇用地产出效益上。可以猜测生产性灯光，尤其第三产业相关的生产性灯光是主要组成部分，生活性灯光其次。

（3）城市夜间灯光指数与城镇化率的相关性明显高于人口密度，原因可能是城镇化率高的城市普遍表现为现代化水平、设施水平较高，能直观地反映夜间灯光指数更高；而人口密度高的城市，大量人口可能居住在设施水平较差的城中村、棚户区等夜间灯光指数较弱的城市区域。

（4）高城镇化率城市夜间灯光指数与用地产出效益的相关性比相应低城镇化率的明显更高，可以推测高城镇化率城市夜间灯光中生产性灯光占的比例更高，因此夜间灯光的强弱与用地产出效益更相关，夜间灯光数据对传统数据的可替代性也更高。

（5）2014—2017年夜间灯光指数与商服用地、工矿仓储用地产出效益变化及单位面积建设用地碳排放量的总体趋势相近，但变化过程差异较大，其中用地产出效益的波动相对更大。四大经济区重点城市情况各异，其中东部重点城市夜间灯光指数与用地产出效率和碳排放量变化趋势较为接近；东北重点城市夜间灯光指数持续增长，工矿仓储用地产出效益持续下降；中西部城市夜间灯光指数先降后升，与用地产出效益及碳排放量的变化趋势相反。

第八章　基于用地效率的我国收缩型城市土地利用研究（2017年）

第一节　收缩型城市相关研究综述

近年来城市收缩现象越来越受到社会的关注，普遍的认识是部分城市是在增长的同时，伴随局部的、相对的收缩与衰退。本节选取全国地级以上市，对其中的收缩型城市进行识别和分类，并分析不同类型的城市在城市收缩过程中土地利用规模和结构、用地效率演变特征分异。

一、研究样本选取

根据《中国城市建设统计年鉴》2012年数据，全国共662个县级以上市，去除部分经济、人口、用地数据缺失或已撤市设区、撤销行政区划的城市后，剩余621个市作为本次研究的对象。从行政等级来看，621个城市中288个为地级以上市，333个为县级市；从地域分布来看，86个市位于东北地区，207个市位于东部地区，167个市位于中部地区，161个市位于西部地区。在人口规模上看，根据2014年国务院《关于调整城市规模划分标准的通知》标准，全国621个市中5个市属于超大城市，8个市属于特大城市，75个市属于大城市，115个市属于中等城市，418个市属于小城市（见表4-8-1）。

表4-8-1　研究样本城市分布

单位：个

类别	区域	超大城市	特大城市	大城市	中等城市	小城市	总计
按地域分	东北地区	—	1	8	16	61	86
	东部地区	4	4	36	37	126	207
	中部地区	—	2	14	42	109	167
	西部地区	1	1	17	20	122	161
按行政等级分	地级以上市	5	8	75	107	93	288
	县级市	—	—	—	8	325	333
总计		5	8	75	115	418	621

二、收缩型城市相关研究及概念辨析

1.城市收缩是全球普遍的现象

城市收缩（Urban Shrinking）是一个全球性、多维度的现象[1]，用于描述20世纪末城市人口减少与经济衰退的过程[2]，是当今国际城市研究的热点问题。部分学者认为城市收缩与增长一样，是伴随社会与产业成长周期的一个自然阶段，是暂时的、可逆的现象，通过更新、复兴等手段可以实现城市的再增长[3]。总之，城市收缩逐渐成为全球普遍的现象[4]。“二战”后美国大部分工业城市产业、就业人口流失严重，经济发展急转直下。尽管

〔1〕 Oswalt P.Shrinking Cities.*Volume 1*: *International Research*.Ostfildern-Ruit: Hatje Cantz, 2005.

〔2〕 Breckenfeld G.Coping with City Shrinkage.Civil Engineering—ASCE, 1978, 48(11): 112-113.

〔3〕 [6]Booth D E.*Regional Long Waves and Urban Policy*.Urban Studies, 1987, 24(6): 447-459.

〔4〕 Martinez-Fernandez C, Audirac I, Fol S, et al.*Shrinking Cities*: *Urban Challenges of Globalization*.International Journal of Urban and Regional Research, 2012, 36(2): 213-225.

政府和社会采取了一系列复兴城市的政策和行动，但并不能逆转这一趋势[1]。在20世纪最后十年间，全球范围内超过1/4的城市人口正在流失，而在欧洲人口流失的城市比例高达40%[2]。日本中小城市以及南非、韩国的城市也出现了明显的城市收缩现象[3]。与此同时，我国654座城市中超过1/4的城市出现了不同程度的收缩现象[4]

2. 人口收缩是收缩型城市的主要判别标准

根据收缩型城市的定义，城市人口规模或密度的下降是收缩型城市最直接的表现。因此通过城市人口或密度的缩减程度识别和分类收缩型城市成为国内外收缩型城市研究的最常用方法。但城市收缩经常伴随着经济衰退，由此带来失业率下降[5]、产业结构变动、人口结构变化、人均税收水平变化[6]，以及住宅空置[7]、基础服务设施可达性下降[8]等一系列问题。因此单纯采用人口规模维度评价城市收缩具有较大的局限性，无法完整反映城市收缩的特征，因此需要综合人口、经济、社会等维度进行研究。

---

〔1〕 Pallagst K, et al.*The Future of Shrinking Cities: Problems, Patterns and Strategies of Urban Transformation in a Global Context*.Institute of Urban&Regional Development, 2009-05-11.http://escholarship.org/uc/item/7zz6s7bm.

〔2〕 Turok I, Mykhnenko V.*The trajectories of European cities*, 1960–2005.Cities, 2007, 24(3): 165-182.

〔3〕 Rieniets *T.Urbanshrinkage.In: OswaltP, RienietsT.*(Eds.).AtlasofShrinkingCities.Hatje, Ostfildern, 2009.

〔4〕 龙瀛、吴康、王江浩:《中国收缩城市及其研究框架》，载《现代城市研究》2015年第9期。

〔5〕 Pallagst K, Wiechmann T, Martinez-Fernandez C, *Shrinking Cities: International Perspectives and Policy Implications*.London: Routledge, 33-41(2014).

〔6〕 Albecker M F, Fol S.*The Restructuring of Declining Suburbs in the Paris Region[A]// Pallagst K, Wiechmann T, Martinez-Fernandez C.Shrinking Cities: International Perspectives and Policy Implications*.London: Routledge, 78-98(2014).

〔7〕 毛其智、龙瀛、吴康:《中国人口密度时空演变与城镇化空间格局初探——从2000 年到 2010 年》，载《城市规划》2015年第2期。

〔8〕 Schetke S, Haase D.*Multi-criteria assessment of socio-environmental aspects in shrinking cities.Experiences from eastern Germany*.Environmental Impact Assessment Review, 483-503 2008, 28(7).

三、我国收缩型城市的特征提炼及识别标准界定

1. 中国的收缩型城市特征提炼——收缩与扩张并存

近年来，中国城市收缩现象也引起了学界的关注，一些学者针对中国城市收缩现象进行了初步的探索。目前研究对于我国收缩型城市用地演变上达到的共识是，在快速城市化和独特的政治经济体制共同作用下地方具有强烈的发展诉求，这使我们常常看到城市人口流失与空间扩张、城市收缩与规划规模膨胀并存的悖论现象。如杨东峰等（2015）通过对卫星影像进行城市建成区的识别和对比发现，我国的城市收缩相比西方城市收缩过程具有特殊性，180个收缩型城市中有169个城市的建成区范围在2000—2010年表现出不同程度的扩张〔1〕。杜志威等（2017）在对东莞市城镇增长和收缩进行研究中发现，尽管部分城镇从经济、人口或是夜间灯光数据上出现明显的下降，但建设用地仍处于扩张的态势〔2〕。

2. 适应中国收缩型城市识别方法的探索

目前，对中国收缩城市识别的研究主要分为两类。一类对收缩型城市进行识别和测度，方法有二：其一，采用人口规模单一指标的减少来对收缩型城市进行识别和测度，其中地级市一般采用市辖区人口口径，县级市由于数据可得性原因，一般采用市域人口口径。其二，通过构建多因子评价体系，识别测度城市收缩程度。如林雄斌等建立了人口、经济、就业、土地和财政等综合指标体系测算城市综合发展指数，并根据综合发展指数的变化表征来判断全国城市的收缩程度〔3〕。另一类则通过机制讨论对收缩型

〔1〕 杨东峰、龙瀛、杨文诗、孙晖：《人口流失与空间扩张：中国快速城市化进程中的城市收缩悖论》，载《现代城市研究》2015年第9期。

〔2〕 杜志威、李郇：《珠三角快速城镇化地区发展的增长与收缩新现象》，载《地理学报》2017年第10期。

〔3〕 林雄斌、杨家文、张衔春、晁恒：《我国城市收缩测度与影响因素分析——基于人口与经济变化的视角》，载《人文地理》2017年第1期。

城市进行分类，如张京祥根据城市收缩的原因不同，把中国城市收缩总结为趋势型收缩、透支型收缩和调整型收缩三类，但缺乏实证分析支持[1]。

第二节　我国收缩型城市的识别和收缩特征分析

一、2012—2017 年度我国收缩特征分析

1.经济收缩特征

根据2012—2017年621个县级以上城市GDP变化幅度进行统计，经济出现收缩的城市占比为11%，计68个，其中：

（1）按城市规模分，出现经济收缩现象的城市主要为小城市，计49个，占全部经济收缩型城市的72%。

（2）按行政等级分，出现经济收缩的地级市为32个，占纳入计算的288个地级市的11%；出现经济收缩现象的县级市为36个，同样占纳入计算的333个县级市的11%。

（3）按经济区分，出现经济收缩现象的城市主要集中在东北地区，计43个，占全部经济收缩型城市的63%。经济收缩型城市占东北地区城市数量50%，占比远远高于其他三个经济区，平均经济收缩幅度也最高，达到27.3%。东部地区经济收缩型城市占比最低，数量最少，207个城市中仅1个出现经济收缩现象。中部地区167个城市中6个出现经济收缩现象，平均经济收缩幅度为12.3%。西部地区161个城市中18个出现经济收缩现象，平均经济收缩幅度为15.7%。

---

〔1〕 张京祥、冯灿芳、陈浩：《城市收缩的国际研究与中国本土化探索》，载《国际城市规划》2017年第5期。

2. 人口收缩特征

相比经济收缩现象，城市人口收缩现象更为普遍。根据2012—2017年621个县级以上城市人口变化幅度进行统计，经济出现收缩的城市占比为25%，计158个，其中：

（1）按城市规模分，出现人口收缩现象的城市也主要为小城市，计128个，占全部人口收缩型城市的81%。超大城市、特大城市无人口收缩现象，大城市、中等城市中出现人口收缩现象的比例基本持平，为16%左右。

（2）按行政等级分，出现经济收缩的地级市为57个，占纳入计算的288个地级市的20%；出现经济收缩现象的县级市为101个，占纳入计算的333个县级市30%。

（3）按经济区分，出现经济收缩现象的城市主要集中在东北地区和西部地区，分别计61个和41个，分别占全部人口收缩型城市的39%和26%，另外东部地区和中部地区也有不少人口收缩型城市分布。东北地区人口流失现象严重，出现人口收缩型城市占东北地区城市数量的71%，平均人口收缩幅度为5.4%。西部地区人口收缩型城市占比为25%，平均人口收缩幅度为6.1%；中部地区人口收缩型城市占比为17%，平均人口收缩幅度为6.2%；东部地区人口收缩型城市占比为14%，平均人口收缩幅度为4.1%。

二、我国县级以上城市的收缩识别及分类

1. 基于人口与经济增长—收缩分类的城市分类方法

以往研究表明，城市收缩现象在人口、经济、社会、用地等维度均有明显的反映，因此在对全国城市用地效率演变进行研究前，需要结合多维度对城市进行分类，以厘清人口、经济等因素对城市用地演变特征的影响。

在2012—2017年，尽管个别城市用地规模出现收缩现象，但从整体来看，我国城市用地规模呈扩张趋势，因此本研究在城市分类中假定所有分类城市用地规模均为增长。本研究参考杜志威等（2017）的分类方法，根据2012—2017年经济—人口变化情况构建两个维度的分类模型，将全国621个县级以上城市分成四类（见图4-8-1）：

（1）持续增长型（439个）：经济规模、人口规模均增长；

（2）转型增长型（114个）：经济规模增长但人口规模出现收缩；

（3）潜在衰退型（23个）：经济规模收缩，人口规模增长；

（4）显著衰退型（45个）：经济规模、人口规模均出现收缩。

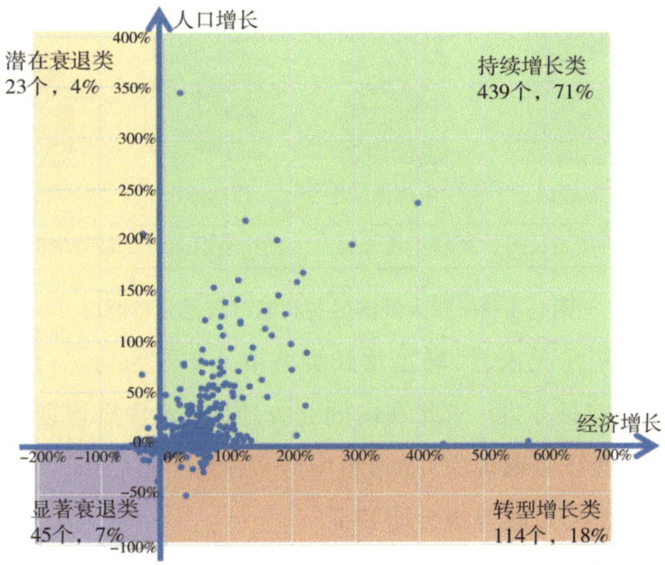

图4-8-1　基于人口/经济增长-收缩的城市分类（2012—2017年）

2.地域分布特征

东北地区出现收缩现象的城市占比最大，远超其他三大地区。从地域分布特征来看，四大经济区出现不同维度收缩的城市（包括转型增长类、潜在衰退类、显著衰退类）占比情况差异较大。其中东北地区出现收缩现象的城市占比最多，86个纳入研究范围的城市中，70个城市出现不同维度的收缩现象，占比超过80%。西部地区161个城市中约30%出现收缩现象，计51个。中部地区167个城市中约20%出现收缩现象，计33个。东部地区207个城市中约14%出现收缩现象，计28个（见图4-8-2）。由此可见东部、中部、西部地区城市出现收缩现象的占比大致呈阶梯状分布，而东北地区城市收缩现象则非常显著。

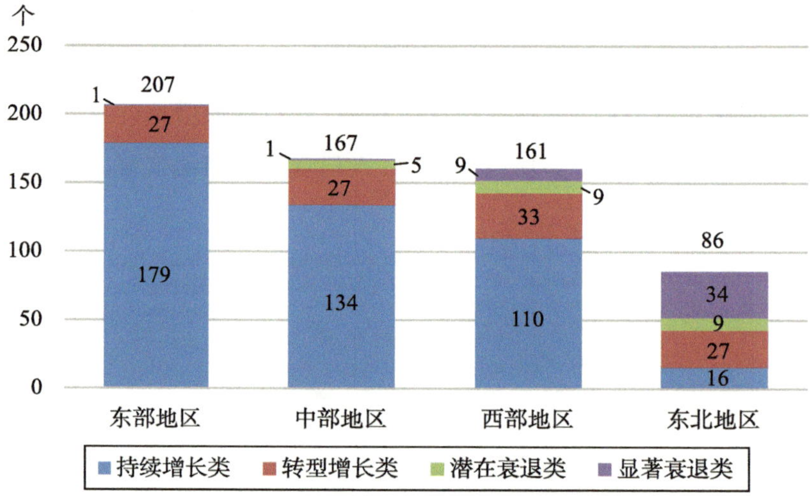

图4-8-2 四大经济区各类城市数量分布情况

从空间聚集情况来看，转型增长类城市分布较为均匀，潜在衰退类城市集中分布在包括东北、华北在内的北方地区；大量显著衰退类（同时出现人口收缩和经济衰退现象）城市集中分布在辽宁省。

3.城市规模与行政等级分布特征

通过分析各类型城市中不同行政等级、不同规模等级城市的占比（见图4-8-3），发现：

（1）县级市转型增长类、显著衰退类城市比例更大，潜在衰退类城市比例略小，说明县级市人口流失更明显。

（2）城市规模越小，城市收缩现象越明显。根据城区常住人口规模对城市进行规模等级划分，共5个等级。发现随着城市人口规模减小，三类不同维度的收缩型城市（包括转型增长类、潜在衰退类、显著衰退类）占比逐渐提高，其中转型增长类和显著衰退类城市占比增高最为明显；潜在衰退类城市比例则有所浮动。

根据数据结果推测，在经济发展的压力下，县级小城市人口流失、产业转型升级的需求更为迫切。

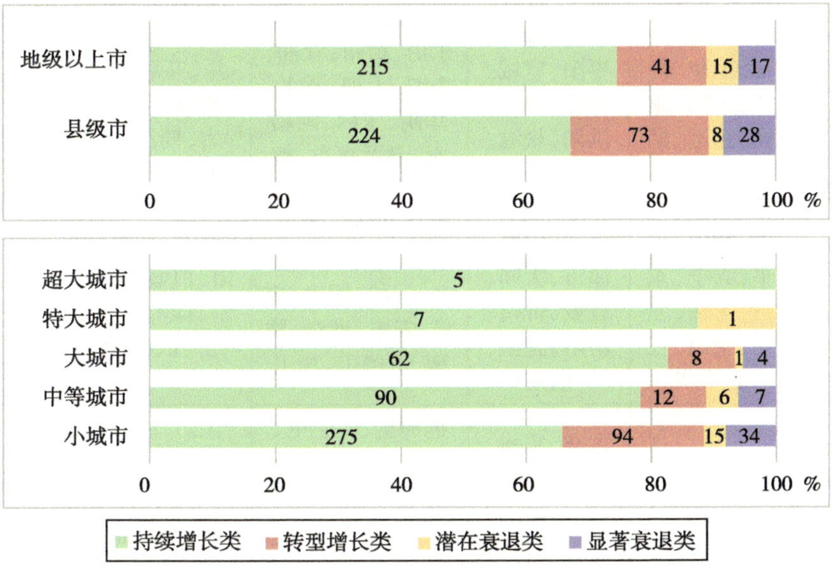

图4-8-3　不同行政等级/规模等级城市中各类收缩型城市占比

第三节　2012—2017 年度我国收缩型城市建设用地利用特征及时空差异分析

一、各类别收缩型城市建设用地利用特征的空间差异分析

本节主要关注转型增长类（人口收缩）、潜在衰退类（经济收缩）和显著衰退类（人口、经济均收缩）城市的城市建设用地利用特征及空间差异（见表4-8-2）。

表4-8-2　四大经济区各类别收缩型城市列表

类别	东部地区	中部地区	西部地区	东北地区	总计（个）
转型增长类	海口、如皋、高邮、泰兴、慈溪、兰溪、江山、龙海、武夷山、莱西、莱阳、莱州、招远、栖霞、海阳、昌邑、乳山、台山、鹤山、恩平、兴宁、东方、无锡、三明、中山、三亚、儋州	潞城、侯马、明光、宁国、巩义、灵宝、当阳、枝江、枣阳、宜城、钟祥、应城、洪湖、松滋、潜江、天门、浏阳、醴陵、武冈、汨罗、津市、大同、晋城、忻州、洛阳、宜昌、荆州	贵阳、苦命、拉萨、乌鲁木齐、额尔古纳、乌兰浩特、阿尔山、彭州、江油、个旧、大理、兴平、华阴、玉门、阿勒泰、乌兰察布、贺州、来宾、攀枝花、遂宁、广安、达州、雅安、资阳、六盘水、铜仁、铜川、宝鸡、安康、商洛、陇南、石嘴山、中卫	公主岭、集安、临江、洮南、大安、图们、敦化、龙井、五常、讷河、虎林、密山、铁力、同江、绥芬河、宁安、穆棱、北安、五大连池、海伦、辽源、白山、白城、齐齐哈尔、佳木斯、牡丹江、绥化	114
潜在衰退类	—	古交、霍州、义马、朔州、吕梁	满洲里、扎兰屯、丰镇、乌海、赤峰、通辽、白银、克拉玛依	沈阳、庄河、蛟河、丹东、辽阳、四平、松原、双鸭山、伊春	23
显著衰退类	遵化	高平	霍林郭勒、牙克石、根河、合山、库尔勒、鄂尔多斯、嘉峪关、金昌、酒泉	新民、瓦房店、海城、东港、凤城、凌海、北镇、盖州、大石桥、灯塔、调兵山、开原、北票、凌源、兴城、桦甸、磐石、双辽、和龙、安达、肇东、鞍山、抚顺、本溪、锦州、阜新、铁岭、朝阳、吉林、通化、鸡西、鹤岗、大庆、七台河	45
总计（个）	28	33	51	70	182

1.用地规模差异

2017年，182个收缩型城市平均城镇用地规模为76.4km^2（见表4-8-2、表4-8-3）。主要包括以下四类：

（1）转型增长类：东部地区城市平均用地规模较大，可能与主动的产业转型有关，平均用地规模为70平方公里；而其中东部地区转型增长类城市用地规模较大，达到93平方公里，主要是由于其江浙地区、珠三角地区以及海南省部分用地规模较大的城市如无锡、慈溪、中山、海口、儋州等拉高了转型升级类城市的平均用地规模，这些城市出现人口流失现象，可能与主动的产业转型有关。

（2）显著衰退类：构成存在明显的地域差异。在东部、中部为县级小城市，在西部、东北则不乏中等城市甚至是大城市。显著衰退类城市，平均规模为73平方公里。在东部、中部地区均只有一个显著衰退类城市，均为县级小城市，用地规模不到30平方公里。而在西部地区、东北地区的显著衰退类城市中，不乏鄂尔多斯、鸡西、鹤岗、抚顺、鞍山、吉林等中等城市甚至是大城市，使平均城市用地规模较高。

（3）转型升级类：东北地区城市平均用地规模在同地区内最小，说明东北小城市经济受地区经济衰落影响相对较小。东部、中部、西部地区显著衰退类城市平均用地规模最小，且从上文分析得知小城市、县级市中显著衰退类城市比例较高，推测原因是规模较小的县级市，在城市竞争的背景下人口、经济被周边大城市吸取，造成收缩；而东北地区城市则不同，反而是转型升级类城市用地规模最小，结合东北地区大面积出现经济收缩的城市这一现象，说明东北地区的小城市、县级市在区域经济衰落的背景下受到的影响反而较小。

（4）潜在衰退类：西部城市地广人稀、东北地区经济收缩严重导致特大城市也“遭殃”。潜在衰退类城市平均城镇用地规模为113平方公里，其中中部地区5个潜在衰退类城市均为小城市（古交市、霍州市、义马市、朔州市、吕梁市），平均城镇用地规模仅为28平方公里；而西部地区、东北地区的潜在衰退类城市平均城镇用地规模分别为128平方公里和146平方公里，但造成两个地区潜在衰退类城市平均规模较大的原因是迥然不同的：西部潜在衰退类城市中，虽然大城市并不多，但由于如乌海、赤峰、通辽、克拉玛依等城市尽管从人口规模来看不大，但均为地级市，城镇用地规模较大。而东北潜在衰退类城市平均规模较大，主要是因为沈阳市这一特大城市在2012—2017年经济出现下滑而被纳入统计，导致东北地区潜在衰退类城市平均用地规模水平被拉高，这也切实反映了东北地区城市较为严重的收缩现象。

表4-8-3　四大经济区各类别收缩型城市平均用地规模

类别		东部地区	中部地区	西部地区	东北地区	总计
转型增长类	平均用地规模（公顷）	9337.8	6009.7	8234.4	4250.0	7025.1
	城市个数（个）	27	27	33	27	114
潜在衰退类	平均用地规模（公顷）	—	2835.3	12788.6	14582.5	11326.8
	城市个数（个）	—	5	9	9	23
显著衰退类	平均用地规模（公顷）	2922.5	1633.1	7720.7	7508.0	7318.1
	城市个数（个）	1	1	9	34	45
总计	平均用地规模（公顷）	9108.7	5396.1	8947.4	7160.9	7641.2
	城市个数（个）	28	33	51	70	182

2. 用地结构差异

从用地结构差异来看，以持续增长型城市作为参考，三类收缩型城市商服用地占比、公服用地占比明显低于持续增长类城市，转型增长类城市工矿仓储用地、住宅用地占比较低，潜在衰退类城市工矿仓储用地占比较大，显著衰退类城市住宅用地占比较低（见表4-8-4）。

表4-8-4　2017年各类别城市（含收缩型城市）建设用地结构

单位：百分点

类别	商服用地	工矿仓储用地	住宅用地	公服用地	交通运输用地
持续增长类	7.5	30.5	32.6	12.7	10.8
转型增长类	6.9	29.0	32.0	12.1	12.4
潜在衰退类	5.2	30.2	32.8	11.5	12.4
显著衰退类	5.2	32.6	31.9	9.6	12.9

3.用地效率差异

从城市分类来看，2017年各类城市用地效率呈现持续增长类＞转型增长类＞潜在衰退类＞显著衰退类的格局。按地区划分来看则呈现东部城市＞中部城市＞西部城市＞东北城市的格局。从三类收缩型城市来看，尽管西部城市整体用地效率高于东北城市，但是西部潜在衰退类城市〔1〕、显著衰退类〔2〕城市用地效率为四大地区中最低（见表4-8-5），用地低效情况需要警惕。东北地区收缩型城市与持续增长类城市用地效率差异非常大，相差接近40%，城市收缩现象对用地效率的影响异常明显。东部、中部均出现显著衰退类城市用地效率畸高的情况，是样本量过少导致（东部仅有遵化市，中部仅有高平市）。

表4-8-5　2017年各类别城市（含收缩型城市）用地效率对比

单位：万元/公顷·年

类别	东部地区	中部地区	西部地区	东北地区	平均
持续增长类	1278.6	841.4	774.9	789.5	1057.2
转型增长类	897.3	871.7	681.2	473.8	758.1
潜在衰退类	—	553.7	459.4	569.1	519.8
显著衰退类	1664.6	1272.4	311.2	483.4	461.5
平均	1248.2	842.6	714.7	599.4	972.5

〔1〕 西部潜在衰退类城市包括：包头、乌海、赤峰、通辽、白银、克拉玛依、满洲里、扎兰屯、丰镇。

〔2〕 西部显著衰退类城市包括：霍林郭勒、牙克石、根河、合山、库尔勒、鄂尔多斯、嘉峪关、金昌、酒泉。

二、2012—2017年度各类别收缩型城市建设用地利用特征的变化特征分析

1.用地规模变化——收缩与增长并存，不同类型城市增长幅度和结构存在明显差异

统计2012—2017年各类型城市建设用地规模变化情况可以发现，从城市分类来看，持续增长类城市用地扩张最快，而在三类收缩型城市中，转型增长类收缩型城市用地扩张最快，潜在衰退类收缩型城市用地扩张最慢。

从分地类来看，转型增长类收缩型城市与持续增长类城市相近，即商服、工矿仓储、住宅、公服、交通用地增幅依次递减。在潜在衰退类收缩型城市中，住宅用地规模增幅最大，而商服、工矿仓储、公服、交通运输等配套服务及产业用地增幅均为四类城市中最低。显著衰退类收缩型城市用地变化情况则与潜在衰退类城市有明显不同，即住宅用地增幅很低，但商服、工矿仓储、公服以及交通运输用地增幅仍比较可观（见图4-8-4）。

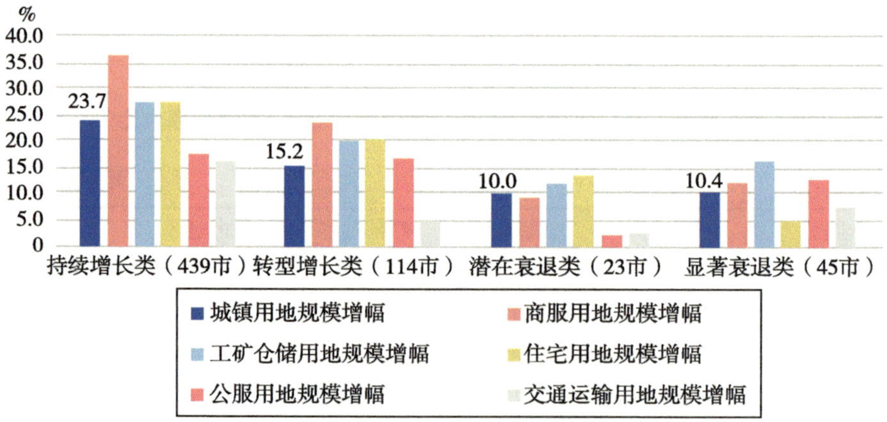

图4-8-4　2012—2017年四类城市建设用地增幅

把地级以上市和县级市分开统计（见图4-8-5、图4-8-6），可以发现

各类城市中，地级以上市各类用地的增幅均明显高于县级市。从城市类型来看，城市行政等级造成差异最明显的为潜在衰退类城市，其中县级潜在衰退类城市用地出现负增长，2012—2017年累计下降1.1%，公服用地、交通运输用地规模均下降2.8个百分点。其次是转型升级类城市，县级与地级以上转型升级类城市用地增幅相差2.1个百分点，其中主要差异来自住宅用地和公服用地，县级转型升级类城市住宅用地和公服用地增幅较低，比市级以上转型升级类城市低10—15个百分点。用地增幅差异最小的是显著衰退类城市，县级与地级以上显著衰退类城市用地增幅差异不到1个百分点，各类用地增幅差异也较小，其中包括商服用地、住宅用地增幅，县级显著衰退类城市反而比地级以上显著衰退类城市高。

从分地类来看，整体来说城市行政等级不同对城市用地增长的影响主要体现在住宅用地和公服用地上，除显著衰退类城市外，其他类型城市住宅用地和公服用地增幅均表现为地级以上城市明显大于县级城市。

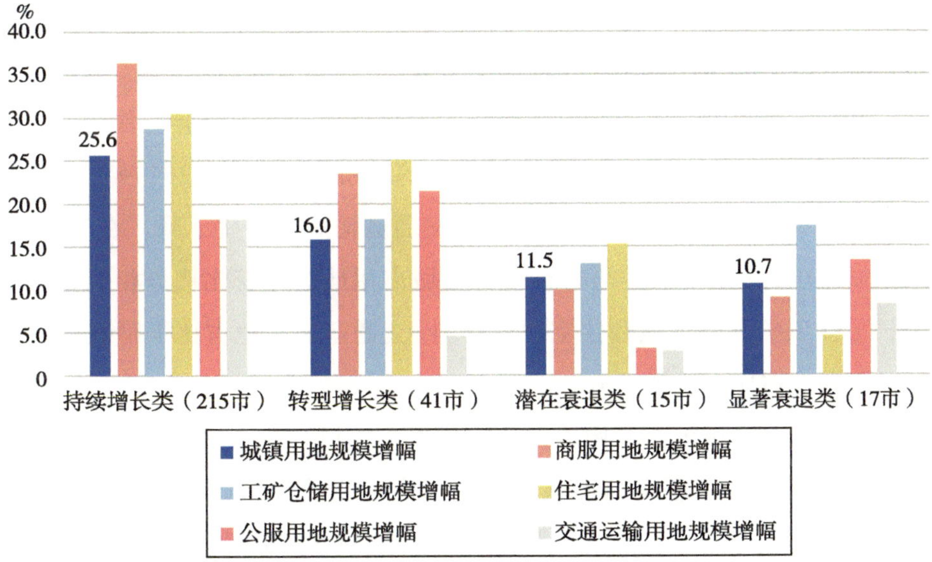

图4-8-5　2012—2017年四类城市建设用地增幅（地级以上市）

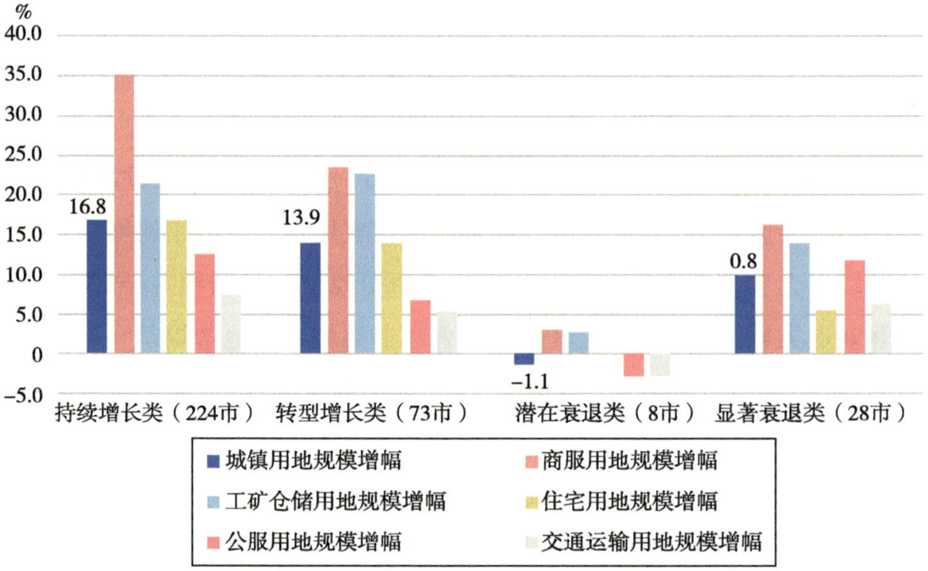

图4-8-6　2012—2017年四类城市建设用地增幅（县级市）

2.用地结构变化——公服用地和交通运输用地占比下降较为普遍，城市行政等级对城市用地结构变化影响明显

2012—2017年，各类城市用地结构变化呈现鲜明的分异。作为参考，持续增长类城市即通常理解为发展良好的城市，在2012—2017年，商服、工矿仓储、住宅用地占比上升，公服和交通运输用地占比下降。在三类收缩型城市中，转型增长类与持续增长类城市用地结构变化趋势相似，用地增长更往工矿仓储用地和住宅用地倾斜，交通运输用地占比下降更多，另外公服用地占比有略微上升。

潜在衰退型城市商服用地占比保持不变，其他用地占比变化与持续增长类城市相近。显著衰退类城市用地结构变化最为明显，其中住宅用地占比是四类城市中唯一出现下降的，用地往工矿仓储用地明显集中，呈现“锐角形”特征（见图4-8-7）。

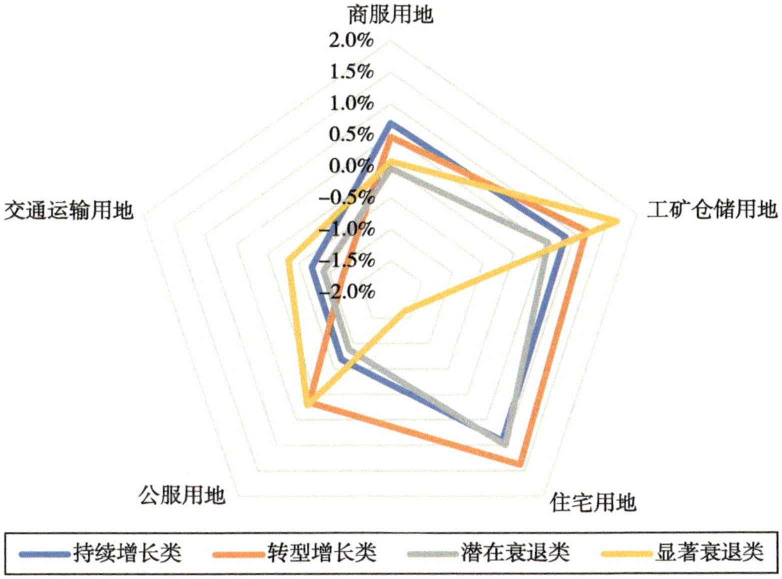

图4-8-7 2012—2017年各类城市用地结构变化

按城市行政等级分别统计后发现（见图4-8-8）：城市行政等级对持续增长类城市用地结构变化的影响很小，县级和地级以上持续增长类城市用地结构变化基本一致。但对于三类收缩型城市而言，城市行政等级的影响较大。地级以上转型增长类城市用地主要向住宅和公服用地倾斜，而县级转型增长类城市用地则主要向工矿仓储用地倾斜。地级以上潜在衰退类城市用地主要向住宅用地倾斜，而县级潜在衰退类城市用地结构变化反而相对均衡，各类用地占比变化不超过1%。地级以上显著衰退类城市“锐角形”特征更为明显，城市用地更集中于工矿仓储用地，县级显著衰退类城市用地结构变化整体来说跟地级以上城市相近，但变化幅度相对较小。

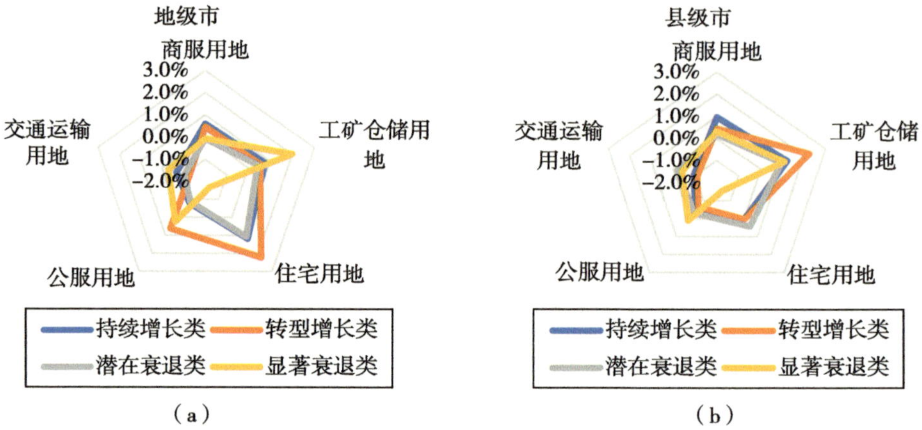

图4-8-8　2012—2017年地级以上（左）与县级（右）各类城市用地结构变化

3.用地效率变化——县级显著衰退类城市下降最快

从用地效率来看，2012年各类城市用地经济承载效率呈现持续增长类>显著衰退类>潜在衰退类>转型增长类的格局，到2017年增长类城市用地效率持续提高，衰退类城市用地效率在2013年后开始下滑并在2014年被转型增长类城市超过（见图4-8-9）。

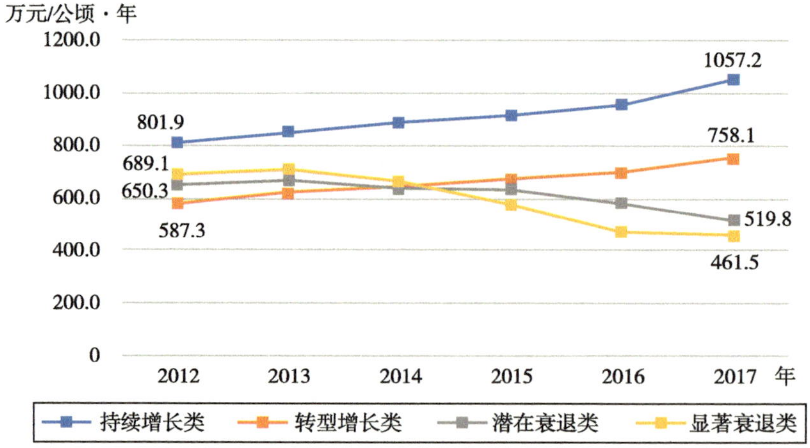

图4-8-9　2012—2017年各类城市用地效率变化情况

按城市行政等级划分进行统计（见图4-8-10），可以发现2012—2017年：

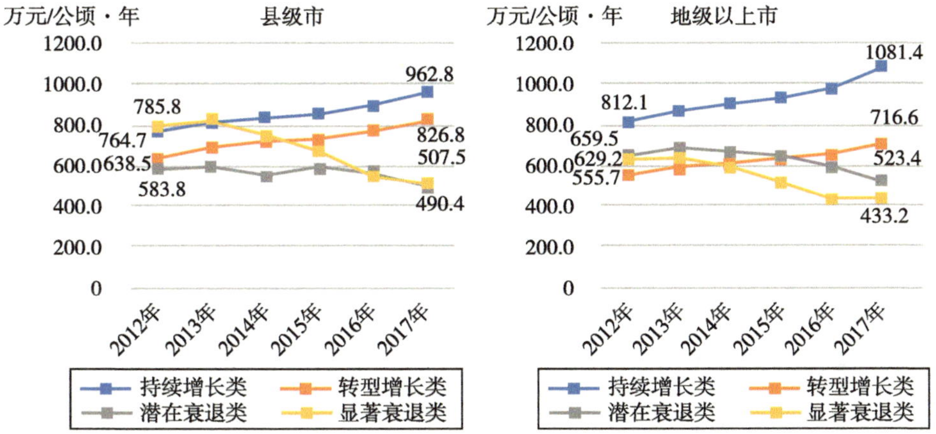

（a）　　　　（b）

图4-8-10　2012—2017年地级以上（左）与县级（右）各类城市用地效率变化情况

（1）持续增长类、转型增长类城市用地效率均持续增长，但地级以上市中，两类城市的用地效率差距更为明显，且差距越发拉大。

（2）持续增长类城市中地级以上市用地效率大于县级市用地效率，转型增长类城市反之。

（3）潜在衰退类城市中，地级以上市用地效率下降更明显，主要原因是用地扩张和经济收缩双重作用导致。而县级潜在衰退类城市用地效率在2012年就为四类城市中最低，并在三类收缩型城市中数量最少，说明少有城市在经济收缩的同时保持人口增长，这些城市可能是整体收缩区域中规模较大，人口吸引力相对较强，如沈阳、包头等地级以上市基于城市吸纳人口的需要，用地规模仍有可观的增长；或是经济明显衰落导致各类用地扩张缓慢甚至出现收缩，但原本人口规模不大，仍保持小幅增长。

（4）对显著衰退类城市而言，用地效率始终呈现县级市>地级以上市的现象，但在2012—2017年，县级市用地效率下降得更快。无论是地级以上市还是县级市，显著衰退类城市仍保持较客观的城市用地增长，但用地效率急剧下降则说明显著衰退类城市虽人口、经济收缩，但仍通过用地扩张的方法推动经济，这在2012年前地级以上的市更明显，在2012—2017年，县级市更积极进行用地扩张，导致用地效率下降更快。县级显著衰退类城市主要由东北地区小城市组成，地级以上显著衰退类城市主要由东北地区大、中城市组成，因此能直观反映东北地区收缩型城市的用地效率变化特征。

第四节　主要结论

1.收缩城市的识别与特征分析结论

（1）全国621个县级以上城市中识别出182个收缩型城市，其中转型增长类114个，潜在衰退类23个，显著衰退类45个。

（2）整体来看，东北地区收缩型城市最多，高达70个，城市收缩现象对城市用地效率的影响最严重。与此同时，西部9个潜在衰退类城市和9个显著衰退类城市用地效率低下的现象不容忽视。

2.收缩城市的建设用地时空变化分析

（1）我国收缩型城市呈现“人口/经济收缩与用地扩张”同时进行的现象，整体来看收缩程度高的城市，用地扩张相对慢；地级以上收缩型城市的用地扩张大于县级收缩型城市，差异主要体现在住宅用地和公服用地上。

（2）2012—2017年，地级各类城市（含收缩型城市）之间用地效率差距越发拉大，且呈现地级以上市大于县级市的情况。

（3）从用地演变的角度，全国45个经济、人口收缩的“显著衰退类”城市用地效率下降最快，用地结构变化最为明显的；用地结构演变呈现“锐角型”特征，即用地结构向工矿仓储用地倾斜。在2012—2017年，县级显著衰退类城市因用地扩张导致用地效率下降的情况较地级以上显著衰退类城市严重。

（4）同为人口收缩的两类收缩型城市用地规模、效率变化差距较大，而同为经济收缩的两类收缩型城市则较为接近，侧面说明影响城市用地演变的主要因素是经济，人口则起辅助作用，若城市经济、人口均出现收缩，则城市用地效率会受到很大影响。